"十三五"国家重点图书出版规划项目

国家出版基金项目
NATIONAL PUBLICATION FOUNDATION

《中国经济地理》丛书

孙久文 总主编

黑龙江经济地理

张 鹏 吴相利 姜丽丽 初楠臣◎编著

HEILONGJIANG

经济管理出版社
ECONOMY & MANAGEMENT PUBLISHING HOUSE

图书在版编目（CIP）数据

黑龙江经济地理/张鹏等编著 . —北京：经济管理出版社，2023. 12
ISBN 978-7-5096-9316-2

Ⅰ.①黑…　Ⅱ.①张…　Ⅲ.①区域经济地理—黑龙江省　Ⅳ.①F129. 935

中国国家版本馆 CIP 数据核字（2023）第 187797 号

审图号:GS 黑(2023)110 号

组稿编辑：申桂萍
责任编辑：申桂萍　亢文琴
责任印制：黄章平
责任校对：陈　颖

出版发行：经济管理出版社
　　　　　（北京市海淀区北蜂窝 8 号中雅大厦 A 座 11 层　100038）
网　　　址：www. E-mp. com. cn
电　　　话：(010) 51915602
印　　　刷：唐山昊达印刷有限公司
经　　　销：新华书店
开　　　本：720mm×1000mm/16
印　　　张：20. 5
字　　　数：315 千字
版　　　次：2023 年 12 月第 1 版　　2023 年 12 月第 1 次印刷
书　　　号：ISBN 978-7-5096-9316-2
定　　　价：98. 00 元

《中国经济地理》丛书

总　序

今天，我们正处在一个继往开来的伟大时代。受现代科技飞速发展的影响，人们的时空观念已经发生了巨大的变化：从深邃的远古到缥缈的未来，从极地的冰寒到赤道的骄阳，从地心游记到外太空的探索，人类正步步地从必然王国向自由王国迈进。

世界在变，人类在变，但我们脚下的土地没有变，土地是留在心里不变的根。我们是这块土地的子孙，我们祖祖辈辈生活在这里。我们的国土面积有960万平方千米，有种类繁多的地貌类型，地上和地下蕴藏了丰富多样的自然资源，14亿中国人民有五千年延绵不绝的文明历史，经过40多年的改革开放，中国经济实现了腾飞，中国社会发展日新月异。

早在抗日战争时期，毛泽东同志就明确指出："中国革命斗争的胜利，要靠中国同志了解中国情况。"又说："认清中国的国情，乃是认清一切革命问题的基本根据。"习近平总书记在给地理测绘队员的信中指出："测绘队员不畏困苦、不怕牺牲，用汗水乃至生命默默丈量着祖国的壮美山河，为祖国发展、人民幸福作出了突出贡献。"李克强总理更具体地提出："地理国情是重要的基本国情，要围绕服务国计民生，推出更好的地理信息产品和服务。"

我们认识中国基本国情，离不开认识中国的经济地理。中国经济地理的基本条件，为国家发展开辟了广阔的前景，是经济腾飞的本底要素。当前，中国经济地理大势的变化呈现出区别于以往的三个新特点：第一，中国东部地区面向太平洋和西部地区深入欧亚大陆内陆深处的陆海分布的自然地理空间格局，迎合东亚区域发展和国际产业大尺度空间转移的趋势，使我们面向沿海、融入国际的改革开放战略得以顺利实施。第二，我国各区域自然资源丰裕程度和区域经济发达程度的相向分布，使经济地理主要标识的区内同一性和区际差异性异常突出，为发挥区域优势、实施开发战略、促进协调发展奠定了客观基础。第三，以经济地理格局为依据调整生产力布局，以改革开放促进区域经济发展，以经济发达程度和市场发育程度为导向制定区域经济政策和区域规划，使区域经济发展战略上升为国家重大战略。

因此，中国经济地理在我国人民的生产和生活中具有坚实的存在感，日益发挥出重要的基石性作用。正因为这样，编撰一套真实反映当前中国经济地理现实情况的丛书，就比以往任何时候都更加迫切。

在西方，在亚历山大·洪堡和李特尔之后，编撰经济地理书籍的努力就一直没有停止过。在中国，《淮南子》可能是最早的经济地理书籍。近代以来，在西方思潮激荡下的地理学，成为中国人"睁开眼睛看世界"所看到的最初的东西。对中国经济地理的研究却鲜有鸿篇巨制。中华人民共和国成立特别是改革开放之后，中国经济地理的书籍进入大爆发时期，各种力作如雨后春笋。1982年，在中国现代经济地理学的奠基人孙敬之教授和著名区域经济学家刘再兴教授的带领和推动下，全国经济地理研究会启动编撰《中国经济地理》丛书。然而，人事有代谢，往来成古今。自两位教授谢世之后，编撰工作也就停了下来。

《中国经济地理》丛书再次启动编撰工作是在2013年。全国经济地理研究会经过常务理事会的讨论，决定成立《中国经济地理》丛书编委会，重新开始编撰新时期的《中国经济地理》丛书。在全体同仁的努力和经济管理出版社的大力协助下，一套全新的《中国经济地理》丛书计划在2018年全部完成。

《中国经济地理》丛书是一套大型系列丛书。该丛书共计40册：概论1册，思想史1册，"四大板块"共4册，34个省（自治区、直辖市）及特别行政区共34册。我们编撰这套丛书的目的，是为读者全面呈现中国分省区的经济地理和产业布局的状况。当前，中国经济发展伴随人口资源环境的一系列重大问题，复杂而严峻。资源开发问题、国土整治问题、城镇化问题、产业转移问题等，无一不是与中国经济地理密切相连的；京津冀协同发展、长江经济带战略和"一带一路"倡议，都是以中国经济地理为基础依据而展开的。我们相信，《中国经济地理》丛书可以为一般读者了解中国各地区的情况提供手札，为从事经济工作和规划工作的读者提供参考资料。

我们深感丛书的编撰困难巨大，任重道远。正如宋朝张载所言"为往圣继绝学，为万世开太平"，我想这代表了全体编撰者的心声。

我们组织编撰这套丛书，提出一句口号：让读者认识中国，了解中国，从中国经济地理开始。

让我们共同努力奋斗。

孙久文

全国经济地理研究会会长

中国人民大学教授

2016 年 12 月 1 日于北京

序　言

　　黑龙江省位居祖国最北部,东部和北部以乌苏里江和黑龙江为界河与俄罗斯为邻,水陆边界长 3000 多千米,处东北亚核心地区;西接内蒙古自治区,南连吉林省,是新中国成立初期支撑国家经济建设的重要老工业基地,为新中国发展做出了巨大贡献,目前仍然承担着维护国家国防安全、粮食安全、生态安全、能源安全、产业安全的重任。

　　黑龙江省面积广大,平原广布,耕地众多,是我国重要的粮食主产区和优质商品粮基地;林木资源丰富,生态环境基础优越;由于拥有丰富的石油、煤炭资源,新中国成立初期成为国家重化工业发展建设的重点区域,有中国工业的摇篮之称,是我国重要的煤炭、石油、化工、机械工业基地,直至 20 世纪 80 年代仍然在全国经济发展中占有重要的地位。

　　改革开放以来,特别是近 20 年来,由于国有大中型企业占比较大,虽然这些企业为国家发展做出了巨大贡献,但在市场经济发展背景下,产品的市场适应性差,转型发展慢;资源型城市多,随着资源日趋枯竭,经济发展出现停滞乃至收缩局面;产业结构偏重,重化工业为主体的产业结构亟待升级,加快战略性新兴产业发展已成为区域发展动能转换的关键。面临经济发展失速、人口收缩的"东北现象",全面实施东北地区老工业基地振兴战略已成为发展的迫切需要,也是国家重大战略的关注点。

　　随着国家一系列引导支持东北振兴战略的出台,黑龙江省已经开始进入资源优化整合、产业结构优化升级、投资环境优化提质、经济活力日益凸显的振兴发展阶段,发挥资源优势,加大开发力度,提升创新能力,增强竞争优势,提高发展效率已成为其当前发展的主题。

　　本书在梳理黑龙江经济社会发展脉络和沿革的基础上,以地理学的视角对黑龙江省发展的资源环境、产业布局、经济区划、城镇化发展等现状特征进行了分析,对黑龙江省经济社会发展的战略框架和部署进行了初步的阐释。相信此书会为读者认识黑龙江省的经济发展提供系统的基础文献。

吴相利

2021 年末

目　录

第一篇　禀赋条件与发展沿革

第一章　地理位置与区位条件 ………………………………………………… 3
　　第一节　地理位置 ……………………………………………………………… 3
　　第二节　战略地位 ……………………………………………………………… 4

第二章　地理环境与资源禀赋 ………………………………………………… 9
　　第一节　自然地理环境 ………………………………………………………… 9
　　第二节　自然资源禀赋 ………………………………………………………… 13
　　第三节　人文地理环境及资源禀赋 …………………………………………… 23

第三章　历史沿革与行政区划 ……………………………………………… 33
　　第一节　历史发展沿革 ……………………………………………………… 33
　　第二节　行政区划 …………………………………………………………… 34

第四章　经济发展历程与结构特征 ………………………………………… 38
　　第一节　改革开放以来经济发展特点 ……………………………………… 38
　　第二节　经济发展现状特征 ………………………………………………… 52
　　第三节　经济发展结构特征 ………………………………………………… 54
　　第四节　经济发展存在的问题 ……………………………………………… 57

第二篇　经济发展与产业布局

第五章　第一产业 …………………………………………………………… 63
　　第一节　总体发展概况 ……………………………………………………… 63

第二节 农业地理分区 ………………………………………………… 67

第三节 发展与布局 …………………………………………………… 70

第六章 第二产业 …………………………………………………… 79

第一节 发展现状及特征 ……………………………………………… 79

第二节 主要产业部门及布局 ………………………………………… 83

第三节 新兴产业布局与产业集群建设 ……………………………… 88

第七章 第三产业 …………………………………………………… 90

第一节 旅游业发展与布局 …………………………………………… 90

第二节 金融业发展与布局 …………………………………………… 94

第三节 物流业的发展与布局 ………………………………………… 98

第四节 信息服务业的发展 …………………………………………… 101

第五节 第三产业其他行业的发展 …………………………………… 103

第三篇 基础设施建设与发展

第八章 交通基础设施发展与空间格局 …………………………… 109

第一节 公路路网结构与发展水平 …………………………………… 109

第二节 铁路发展与贡献 ……………………………………………… 122

第三节 航空交通的兴起与发展 ……………………………………… 129

第四节 水运发展与变迁 ……………………………………………… 136

第五节 管道运输的发展 ……………………………………………… 144

第九章 公共基础服务业发展与空间格局 ………………………… 147

第一节 邮政与通信业发展 …………………………………………… 147

第二节 教育与科技事业发展 ………………………………………… 155

第三节 能源、水利供给与保障 ……………………………………… 165

第十章 基础设施建设 ……………………………………………… 174

第一节 公路基础设施建设 …………………………………………… 174

第二节 铁路基础设施建设 …………………………………………… 179

第三节 航空基础设施建设 …………………………………………… 185

第四节 邮政与通信业基础设施建设 ………………………………… 189

第五节 教育与科技创新发展水平 …………………………………… 192

第六节　能源与水利保障基础设施建设 ……………………………… 195
第七节　基础设施建设发展战略 ………………………………………… 197

第四篇　城镇化发展与区域空间格局

第十一章　改革开放以来城镇化空间格局 …………………………… 213
　　第一节　城镇化空间格局演变情况 ………………………………… 213
　　第二节　城镇化发展道路 …………………………………………… 219
　　第三节　城镇体系与城镇空间格局 ………………………………… 221

第十二章　区域空间结构 ……………………………………………… 225
　　第一节　区域空间结构特征 ………………………………………… 225
　　第二节　主体功能区划分与发展 …………………………………… 228
　　第三节　经济区划与经济区的发展 ………………………………… 231
　　第四节　开发区与产业集群的发展 ………………………………… 234

第十三章　开放与发展 ………………………………………………… 245
　　第一节　口岸开放时空演变 ………………………………………… 245
　　第二节　口岸贸易的发展 …………………………………………… 254
　　第三节　利用外资与现代外贸 ……………………………………… 259

第五篇　可持续发展与战略展望

第十四章　生态文明与可持续发展 …………………………………… 275
　　第一节　生态环境现状 ……………………………………………… 275
　　第二节　生态文明建设 ……………………………………………… 277
　　第三节　生态环境可持续发展 ……………………………………… 280

第十五章　生态建设与绿色发展 ……………………………………… 283
　　第一节　重点生态区 ………………………………………………… 283
　　第二节　生态建设与绿色发展 ……………………………………… 286

第十六章　区域经济发展战略与展望 ………………………………… 291
　　第一节　发展目标 …………………………………………………… 291
　　第二节　发展任务 …………………………………………………… 292

第三节 哈长城市群发展战略 ……………………………… 302

第四节 哈尔滨都市圈发展战略 …………………………… 304

第五节 东部城市组团发展战略 …………………………… 306

第六节 陆海丝路带发展战略 ……………………………… 309

后 记 ……………………………………………………… 313

第一篇

禀赋条件与发展沿革

第一章 地理位置与区位条件

第一节　　地理位置

黑龙江省位于中国东北地区的北部（见图1-1），北纬43°25′-53°33′，东经121°11′-135°05′。全省总面积47.3万平方千米（含加格达奇和松岭区），约占中国陆地总面积的4.9%，仅次于新疆、西藏、内蒙古、青海、四川，居全国第六位。

审图号：GS(2020)4630号

图1-1　黑龙江省在全国的位置

注：基于自然资源部标准地图服务网站GS（2020）4630号标准地图制作，底图边界无修改。

黑龙江省东至抚远市以东，黑龙江与乌苏里江主航道交汇处（东经135°05′），是中国领土的最东端；西至兴安岭北部漠河县的大林河上游，克波河源头以西（东经121°11′），东西宽约930千米，跨14个经度、3个湿润区；北起中国领土最北端——漠河以北的黑龙江主航道中心线（北纬53°33′）；南至东宁市三岔河林场南端（北纬43°25′），南北长约1120千米，跨越10个纬度、2个热量带。黑龙江省西邻内蒙古自治区，南接吉林省，北部和东部隔黑龙江、乌苏里江与俄罗斯相望。

黑龙江省地处大兴安岭以东中国地势的第三阶梯，地势大致呈西北部、北部和东南部高，东北部、西南部低。西北部为东北—西南走向的大兴安岭山地；北部为西北—东南走向的小兴安岭山地；东部为东北—西南走向的张广才岭、老爷岭、完达山山脉；东北部为三江平原（包括兴凯湖平原）；西部循着松花江谷地与中部辽阔的松嫩平原相通，是中国最大平原——东北平原的一部分。

黑龙江省地处中纬度的欧亚大陆东部，地跨中国中温带和寒温带，大部分地区属于温带大陆性季风气候，其中西北部大兴安岭地区属于寒温带大陆性气候。从东部山地到西部平原，按干燥指标可划分为湿润、半湿润和半干旱地区。受内陆及海上高气压、低气压和季风的交替影响，四季分明，雨热同期。冬季漫长，寒冷干燥；夏季短促，高温多雨；春季干燥多大风，天气多变；秋季秋高清爽，天气晴朗。气温日相差较大，降水变率大，气候的地域差异明显。从水系的流域分布看，黑龙江省大部分属黑龙江流域，即由黑龙江、松花江、乌苏里江等构成的黑龙江水系。黑龙江省位于松花江的中下游，松花江由西到东横贯黑龙江省，是黑龙江省重要的水上运输线，它加强了哈尔滨、佳木斯等省内城市的联系，也密切了与吉林省及黑龙江、乌苏里江国际界河的联系。

第二节　战略地位

一、东北亚的战略地位

黑龙江省地处东北亚经济圈的腹地，是亚洲及太平洋地区陆路通往俄罗斯和欧洲大陆的重要通道，是中国与外界联系的交通要塞，具有独特的沿边开放优势和开发潜力。黑龙江省拥有3045千米的边境线与俄罗斯接壤，其中江界线

2300 千米，有 33 个中俄边境通商口岸，其中 19 个国家一类口岸①，绥芬河、黑河、同江等口岸城市是沟通东欧各国经济贸易往来的窗口，在中国沿边开放中占有独特的地位。

黑龙江省幅员辽阔，是东北亚仅次于俄罗斯西伯利亚和远东地区的资源宝库，耕地、草原、森林、石油、黄金、石墨、铜、铅、锌等资源极为丰富，并具有一定的开发基础，成为东北亚地区经济发展一个十分重要的资源基地。另外，丰富的高质量劳动力资源使黑龙江省对外劳务输出具有较大的潜力。

二、"一带一路"中的地位

与国家"一带一路"倡议对接，2014 年，黑龙江省提出要构建龙江陆海丝绸之路经济带（见图 1-2），重点推进运输体系、基础设施、产业对接、配套服务、人文合作五方面的建设，规划内容被纳入国家"一带一路"发展规划中的"中蒙俄经济走廊"。黑龙江充分发挥与俄罗斯毗邻的地缘优势和"北开"传统，以哈尔滨为中心，以绥满通道、哈尔滨至黑河通道、哈尔滨至同江通道及沿边铁路干线和俄罗斯西伯利亚大铁路形成的东部通道为依托，以公路、水运、航空、管道、电网为辅助线，着力打造国际商贸物流带、要素集聚产业带、互利共赢开放带，以沿线城市进出口产业园区为重要支撑，建设连接亚欧的国际货物运输大通道，助力黑龙江构建开放型经济新体制，对内对外发挥辐射作用。同时，黑龙江省以沿线已有的重点产业园区为支撑，吸引生产要素向通道沿线聚集，发展境外产业园区，提高对外开放水平。

三、国家重要的农业生产基地

黑龙江省土地条件居全国之首，总耕地面积和可开发土地后备资源均占全国 1/10 以上。现有土壤有机质含量高于全国其他地区，黑土、黑钙土和草甸土等占耕地的 60% 以上，是世界著名的三大黑土带之一。黑龙江省盛产大豆、水稻、玉米、小麦、马铃薯等粮食作物及甜菜、亚麻、烤烟等经济作物。黑龙江省是中国水资源较丰富的省份之一，年降水量的 70% 集中在农作物生长期，雨热同期，生物生长环境良好。得天独厚的水土资源，让黑龙江省成为重要的商品粮基地。2019 年，黑龙江省耕地面积 1584.4 万公顷，粮食生产能力已突破7000 万吨，跃居全国首位。2019 年，黑龙江省粮食总产量达到 7503.0 万吨，豆

---

① 10 个水运边境口岸：漠河、黑河、逊克、嘉荫、萝北、同江、抚远、饶河、孙吴、呼玛；6 个公路边境口岸：东宁、绥芬河、密山、虎林、黑瞎子岛、黑河；2 个铁路边境口岸：绥芬河、同江；1 个步行边境口岸：黑河。

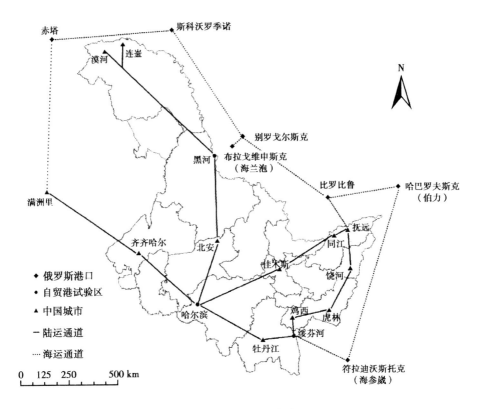

图 1-2 "龙江丝路"走向

资料来源：笔者根据资料自绘。

类总产量达到 441.9 万吨，成为中国首屈一指的"大粮仓"。2019 年，黑龙江省农业总产值达到 3774.5 亿元，农林牧渔业的增加值为 3267.4 亿元，是名副其实的农业大省①。

黑龙江省也是全国 10 个拥有大草原的省份之一，黑龙江省草地面积约 201.8 万公顷，优质的牧草为畜牧业发展提供了丰厚的天然条件，全省牛奶和乳制品产量均居全国第二位。2019 年，奶牛数量 107.6 万头，奶类产量 467.2 万吨，牛奶产量 465.2 万吨。松嫩平原的天然草原以碱草为主，草质优良，是发展牲畜畜牧业的基地，根据各地区的资源优势，黑龙江省已经形成了大庆市、安达市、杜尔伯特蒙古族自治县、牡丹江市郊区、富裕县、黑龙江垦区农场等绿色奶牛生产基地，安达市、宾县、虎林

---

① 资料来源于《黑龙江省统计年鉴（2020）》。

市、龙江县、杜尔伯特蒙古族自治县等多个绿色牛肉生产基地，望奎县、齐齐哈尔市昂昂溪区、龙江县绿色羊肉生产基地，鸡西市、双鸭山市特色养殖生产基地。

黑龙江省林业用地面积占全省土地总面积的 1/2，林地面积 2623 万公顷，森林蓄积 20.52 亿立方米，森林覆盖率达到 47.3%，森林面积、森林总蓄积均居全国前列，是国家最重要的国有林区，森林树种 100 多种，利用价值较高的有 30 余种。黑龙江省是全国最大的林业省份之一，林业生态地位十分重要，天然林资源是黑龙江省森林资源的主体，主要分布在大小兴安岭、长白山及完达山山脉。

四、国家重要能源、原材料工业基地

黑龙江省蕴藏着丰富的矿产资源，是全国矿产资源大省之一，已发现的矿产达 135 种，其中已经探明储量的矿产有 84 种。石油、石墨、石棉用玄武岩、水泥用大理岩、颜料黄土、火山灰、玻璃用大理岩和钾长岩等 10 种矿产的储量居全国之首，煤炭储量居东北三省第一位。黑龙江省现已开发利用的矿产达 71 种，各类矿产年产值居全国第二位。

黑龙江省是国家重要的能源工业基地，黑龙江省地域辽阔，矿产资源种类较全，分布广泛又相对集中。石油、天然气主要集中在松辽盆地的大庆一带；煤炭则分布在东部的双鸭山、鸡西、鹤岗和七台河等地；黑色、有色金属矿产主要分布在大、小兴安岭、双鸭山和哈尔滨一带；贵金属矿产主要分布在黑河、大兴安岭、伊春、牡丹江等地；非金属矿产主要分布在东部和中部地区。2019年，黑龙江省矿产总产量 14948.17 万吨，煤炭产量 5213.77 万吨，金属矿石产量 2773.09 万吨，非金属矿石产量 6894.39 立方米[1]。

依托丰富的资源，黑龙江省形成了以石油和天然气开采业、石油加工业、电力、农副食品加工业、交通运输及器材制造业等重工业为主体，以大型企业为骨干，以石油化工、食品、机械、煤炭、森工等为支柱的产业体系，是国家重要的工业基地，在中国现代化建设中发挥着不可替代的重要作用。

五、中国旅游资源大省

黑龙江省地域辽阔，四季分明，文化底蕴厚重，物产丰富，旅游资源特色鲜明。世界组织专家把黑龙江旅游形象定位为"黑龙江——中国旅游 COOL

---

[1]　资料来源于黑龙江省自然资源厅。

（酷）省"，这是对黑龙江省凉爽宜人的气候、独特神奇的生态旅游资源、时尚浪漫的旅游产品和独具地域民族特色的人文景观的高度概括，具体解读为："黑龙江——春季活力世界，夏季清凉世界，秋季多彩世界，冬季冰雪世界。"具体旅游资源介绍可参考本书第七章第一节相关内容。

第二章　地理环境与资源禀赋

第一节　自然地理环境

一、地貌特征以山地、平原为主

黑龙江省地貌类型复杂多样，形态类型广泛，成因类型独特。从形态上来看，海拔在 300 米以上，相对高度在 100 米以上的丘陵和低山面积占黑龙江省总面积的 60.5%，平原和台地面积占全省总面积的 39.5%。

（一）贯穿西北—东南的山地

黑龙江省内群山绵延起伏，由西北到东南贯穿全省，大兴安岭、小兴安岭和东部山地构成全省的山地骨架。黑龙江省的地势大致为西北部、北部和东南部高，东北部、西南部低。受新华夏构造体系控制，除小兴安岭外主要山脉均呈东北—西南走向，东南部由西向东是张广才岭、老爷岭、太平岭和完达山山脉，构成了华夏系的第二隆起带，西北部的大兴安岭则称为第三隆起带。北部是沿黑龙江干流自北向东南延伸的小兴安岭，三大山地呈马蹄形环绕着肥沃广袤的松嫩平原。黑龙江省山地海拔大部分在 500~1000 米，境内无巍峨峻拔的高大山脉，中山也不多，大多为低山丘陵。

黑龙江省东部山地多是花岗岩山岭。新生代以来，新华夏构造体系继续活动，境内山地不断抬升隆起。由于气候湿润，降水较多，侵蚀作用强烈，地表切割显著，河谷多呈"V"形，山间河谷平原较多。

（二）分居山地两侧的平原

黑龙江省平原主要有东北部的三江平原和中部、西南部的松嫩平原，两者之间有松花江谷地相通，是中国最大的平原——东北平原的重要组成部分。

1. 松嫩平原

松嫩平原位于东北平原北部，黑龙江省中南部和吉林省中北部，西起大兴安岭东麓，南到松辽分水岭，东北界为小兴安岭西缘，并以松花江谷地与松江平原相连。松嫩平原是在松花江、嫩江的侵蚀和冲击作用下形成的。松嫩平原南北长约540千米，东西长约430千米，面积约10.3万平方千米，分布在黑龙江省32个县和3个省辖市。松嫩平原海拔120~300米，地势北高南低，最低处在齐齐哈尔—哈尔滨—白城三角地带，海拔仅100米左右。松嫩平原全区可分为3个地貌单元：东部隆起区、西部台地区（统称山前冲积、洪积台地，又称高平原或漫岗）、冲积平原区。山前台地分布于东、北、西三面，海拔180~300米，地面波状起伏，岗凹相间，形态复杂，现代侵蚀严重，多冲沟，水土流失明显。冲积平原海拔110~180米，地形平坦开阔，但微地形复杂，沟谷稀少，排水不畅，多盐碱湖泡、沼泽凹地，且风积地貌发育，沙丘、沙岗分布广泛。

2. 三江平原

三江平原，又称三江低地，即东北平原东北部，是中国最大的沼泽分布区。三江平原的"三江"即黑龙江、乌苏里江和松花江，三条大江浩浩荡荡，三江汇流、冲积而成了这块低平的沃土平原。三江平原西起小兴安岭东南端，东至乌苏里江，北自黑龙江畔，南抵兴凯湖，总面积12.5万平方千米。区内水资源丰富，总量187.64亿立方米，人均耕地面积大致相当于全国平均水平的5倍，在低山丘陵地带还分布有252万公顷的针阔混交林。三江平原广阔低平的地貌，夏秋降水集中的冷湿气候、径流缓慢、洪峰突发的河流及季节性冻融的黏重土质，促使地表长期过湿、积水过多，形成了大面积沼泽水体和沼泽化植被、土壤，构成了独特的沼泽景观。沼泽与沼泽化土地面积约240万公顷，是中国最大的沼泽分布区。湿生和沼生植物主要有小叶章、沼柳、苔草和芦苇等。首先以苔草沼泽分布最广，占沼泽总面积的85%左右；其次是芦苇沼泽。土壤类型主要有黑土、白浆土、草甸土、沼泽土等，草甸土和沼泽土分布最广。三江平原素以"北大荒"著称，在20世纪50年代大规模开垦前，草甸、沼泽茫茫无际，亦有成片森林，野生动物繁多，开垦后建有许多大型国营农场，"北大荒"已变成了"北大仓"，成为国家重要的商品粮基地。

二、大陆性气候显著

（一）日照、太阳辐射的地区与季节差异

黑龙江省全年实际日照时数为2300~3000小时，以松嫩平原西南部为最多，泰来、肇州、肇源可达3000小时，春季略低于夏季，夏季最多，冬季最低。全省日照百分率松嫩平原南部最高，可超过65%，大兴安岭、小兴安岭山地和三江平原东部最少，低于50%。

（二）季节气温差异显著

黑龙江省年平均气温为4.68℃，年平均气温最低的地区是加格达奇，为

0.4℃；黑龙江省哈尔滨市年平均气温最高，为 5.9℃，南北相差 5.5℃。黑龙江省四季气温变化显著，冬季严寒，1 月气温最低，黑龙江省 1 月平均气温为 -30℃至 -15℃，大部分地区平均气温低于 -20℃，是中国也是世界同纬度地区最冷的地方。夏季，黑龙江省是世界同纬度地区温度最高的地方，7 月是黑龙江气温最高的月份，平均气温 18℃至 23℃，除大兴安岭、小兴安岭北部地区外，黑龙江省大部分地区平均气温高于 20℃，西南部气温最高。秋季，受西伯利亚冷空气影响，冷空气活动频繁，黑龙江省大部分地区气温迅速下降，昼夜温差变大。可以说黑龙江省"只有冬夏，没有春秋"。

（三）降水地区差异明显

黑龙江省全年降水量为 400~650 毫米，受东亚环流季风的影响，降水季节分布不均，年际变化大，地区差异明显，东部降水较多，由东向西递减。黑龙江省冬干夏湿，降水多集中在 6~9 月，冬季多数地区降水量为 10~20 毫米，占全年降水量的 5% 左右，1 月最少。夏季降水量占全年降水量比重大，6~9 月平均降水量为 300~400 毫米，大多数地区降水量占全年降水量的 60%~70%，7~8 月占全年降水量的 48%，7 月最多。春季降水量多数地区不足 100 毫米，为 50~80 毫米，仅占全年降水量的 15% 左右。秋季降水量较少，平均为 50~100 毫米。黑龙江省是全国降雪日数最多、积雪最厚的地区，黑龙江省大部分地区降雪日数为 30 日，大兴安岭、小兴安岭和三江平原东北部超过 40 日，小兴安岭五营地区降雪日数最多，超过 60 日，松嫩平原南部低于 20 日。

积雪日数总趋势是自北向南递减，大兴安岭地区是中国积雪日数最多的地区之一，年平均积雪日数超过 160 日，漠河县的阿穆尔高达 187 日。小兴安岭、三江平原东北部超过 140 日，松嫩平原西南部低于 70 日。积雪对土壤水分有一定的保护作用，在一定程度上可减轻春旱对农业的危害。

黑龙江省降水量年际变化大。多雨年和少雨年降水量可相差 2~3 倍，降水变率多数地区为 15%~20%。中西部降水变率多数地区为 20%~22%，易造成洪涝灾害。

（四）风向季节变化明显

黑龙江省各地全年盛行偏西风，东部、南部多盛行西南风，西部、北部多盛行西北风。受地形影响，在山间河谷风向一般与河流方向一致。黑龙江省属季风气候，风向季节变化十分明显，每年 9 月至翌年 5 月盛行偏西风、西北风，6~8 月北部、东北部盛行东北风，南部盛行南风。黑龙江省年平均风速为 1.8~4.5 米/秒，春季各地风速较大，首先是 4 月最大；其次是冬季；夏季风速最小，黑龙江省大部分地区风速为 3 米/秒左右，7 月平均风速不超过 4 米/秒。

黑龙江省春季降水少，多大风天气，蒸发、蒸腾增快，多发生春旱，影响作物播种和初期发育，也易发生森林火灾，给农业生产造成不利影响。

三、土壤类型多样

黑龙江省地域辽阔，土壤类型繁多。全省现有森林土壤、草原土壤、水域土壤、盐碱土壤和岩成土壤5个自然系列和1个耕作系列16个土类，48个亚类，约占全国土壤类型的1/4。

①山地草甸土：主要分布在张广才岭顶峰，海拔1450~1600米；②绿色针叶林土：主要在针叶林下发育的土壤，分布在大兴安岭的中山、低山和丘陵区，平均海拔500~1000米，占全省土壤总面积的9.94%；③暗棕壤：暗棕壤是黑龙江省山地主要土壤，主要分布在小兴安岭和由完达山、张广才岭及老爷岭组成的东部山地，大兴安岭东坡也有分布，海拔为大兴安岭东坡600米以下，小兴安岭800米以下，东部山区900米以下，其中耕地115万公顷；④白浆土：主要分布在三江平原和东部山区，除齐齐哈尔、大庆、大兴安岭外，其他地区均有分布，其中耕地116.4万公顷；⑤黑土：是黑龙江省主要耕地土壤，除牡丹江外，其他各地均有分布，主要集中分布在滨北、滨长铁路沿线两侧，其中耕地360.6万公顷，占全省耕地总面积的31.34%；⑥黑钙土：主要分布在松嫩平原，其中耕地面积158.9万公顷；⑦栗钙土：俗称白干土，主要分布在泰来县，其中耕地1.03万公顷；⑧草甸土：是黑龙江省主要耕地土壤之一，全省各地均有分布，其中耕地面积302.5万公顷，占全省耕地总面积的26.2%；⑨沼泽土：全省各地均有分布，但有由寒温带向温带、由东部湿润区向西部半干旱区逐渐减少的趋势，其中耕地面积38.2万公顷；⑩泥炭土：主要分布在黑龙江省东部和北部，其中耕地面积1.2万公顷，泥炭总储量约115077.1万顷；⑪盐渍土：黑龙江省盐渍土属内陆型盐渍土，包括盐土、碱土，主要分布在松嫩平原，其中盐土13.2万公顷，碱土11.1万公顷；⑫石质土：主要分布于小兴安岭、张广才岭、老爷岭、完达山等山地丘陵区；⑬火山灰土：主要分布在五大连池火山群、鸡西火山熔岩台地、镜泊湖火山口周围等地，其中耕地0.2万公顷；⑭新积土：主要分布在江、河水系的两岸，其中耕地19.4万公顷；⑮风沙土：主要分布在嫩江及其支流、河湖、漫滩和低阶地，其中耕地14.6万公顷；⑯水稻土：全省各地均有分布，全部为耕地。

四、植被种类丰富

黑龙江省地处欧亚大陆东缘，由东向西依次形成湿润区、半湿润区和半干旱区。黑龙江省位于长白植物区系、大兴安岭植物区系和蒙古植物区系汇合处，植物区系成分较复杂，并具有过渡性特征。全省可划分为大兴安岭植物区、小兴安岭—老爷岭植物区和松嫩平原植物区。全省共有高等植物约 183 科、737 属、2000 余种，种类数量居东北地区首位。其中，种子植物 176 多种，占全国总种数的 72%，国家级珍贵保护树种现有 10 种，即一级保护树种有黄菠萝 1 种，二级保护树种有红松、樟子松、紫松、兴凯湖松、钻天柳、核桃楸、水曲柳、山槐、蒙古栎 9 种。

黑龙江省植被景观有以大兴安岭、小兴安岭和东南部山地为分布中心的大森林，以松嫩平原为分布中心的大草原和以三江平原为分布中心的大湿地。黑龙江省森林面积大，森林覆盖率为 47.3%。北部的寒温带针叶林是东西伯利亚明亮针叶林向南延伸的部分，东部、东南部的温带针阔混交林是远东针阔混交林的一部分。全省植被类型有森林、森林草甸、草甸草原及隐域性草甸和沼泽。其水平分布特点是大兴安岭北部为寒温带针叶林，小兴安岭及东南部山地为温带针阔混交林，南北景观呈现鲜明的纬度地带分布规律。在中温带区域内，从东部湿润地区往西部半干旱地区依次出现湿润的针阔混交林带、森林草甸带、半湿润半干旱的草甸带和草原带。

第二节　自然资源禀赋

一、矿产资源

（一）矿产资源种类概况

黑龙江是矿产资源大省。截至 2020 年底，黑龙江省共发现各类矿产 136 种（含亚矿种），已查明资源储量的矿产有 88 种（含亚矿种、下同），已开发利用的有 61 种，其中石油、天然气、钼矿、铜矿、石墨、高岭土、水泥用大理岩等矿产居全国前十位。2020 年全省采矿业工业总产值 1458.6 亿元（其中石油和天然气开采业 714.8 亿元），占全省工业总产值（9081.3 亿元）的 16.1%，矿业在全省经济社会发展中占有重要地位[①]。

黑龙江矿产资源主要分布在大兴安岭、小兴安岭两个重点成矿带（这两个成矿带已被列为国家重点成矿带）和东部矿区。其中，石油、天然气主要集中在松辽盆地的大庆地区；煤炭主要分布在东部的鹤岗、双鸭山、七台河、鸡西和北部的黑河等地；有色金属和黑色金属矿产主要分布在伊春、大兴安岭和哈尔滨的部分市县；贵金属矿产主要分布在大小兴安岭及伊春、黑河、佳木斯、

---

① 资料来源于《黑龙江省矿产资源总体规划（2021—2025 年）》。

牡丹江等地。

（二）矿产资源储量情况

石墨已查明矿物量 1.16 亿吨，居全国首位，代表矿山有萝北云山、鸡西柳毛等；铜矿查明储量 425 万吨，代表矿床为多宝山铜矿；钼矿查明资源储量 286 万吨，代表矿山为伊春铁力鹿鸣钼矿和大兴安岭岔路口钼矿；铁矿查明储量 4.02 亿吨，代表矿区为翠宏山铁多金属矿和翠中铁多金属矿；岩金矿查明储量 146 吨，代表矿山为东安岩金矿、争光岩金矿；煤炭查明储量 203 亿吨，全省共有煤炭开采企业 822 户，年开采量 8000 万吨左右；高岭土查明储量 1700 万吨，主要分布在依安、讷河、肇源、鸡西等地；矿泉水查明年可采量 6267 万立方米，代表产地为五大连池矿泉水，是世界三大冷泉之一。

黑龙江煤炭保有资源储量 203 亿吨，预测远景资源近 100 亿吨。从分布上来看：双鸭山 77.18 亿吨（其中主要有褐煤 50 亿吨、气煤 18.6 亿吨），占全省储量的 37.8%；鸡西 59.46 亿吨（其中主要有焦煤 21 亿吨、褐煤 18 亿吨、气煤 4.2 亿吨、弱黏煤 6.1 亿吨），占全省的 29.1%；鹤岗 26.69 亿吨（其中主要有焦煤 10 亿吨、气煤 14 亿吨），占全省的 13.1%；七台河 18.42 亿吨（其中主要有焦煤 10 亿吨、无烟煤 1.6 亿吨、贫煤 2.8 亿吨），占全省的 10%。四市煤炭保有资源储量合计 181 亿吨，占全省的 90%。其中：龙煤集团占有的资源储量 57.7 亿吨，占全省的 28.3%；龙兴集团占有资源储量 61.8 亿吨（上储量表的），占全省的 30.3%，两者合计占全省总储量的 58.6%。全省 67 个市、县中，有 29 个发现有煤田或煤产地，含煤面积共 2 万平方千米左右，其中以东北部地区为最好，著名的鸡西、鹤岗、双鸭山及七台河等矿区，是我国煤油焦煤的重要产区之一。中部为缺煤区，西部和北部因地处边远，交通不便，勘探与开发程度均较低。全省煤炭主要开采点有：黑龙江东宁、老黑山矿区，黑龙江依兰矿区，黑龙江七台河矿区，黑龙江集贤矿区，黑龙江双鸭山、双桦矿区，黑龙江鹤岗矿区，黑龙江鸡西矿区。

黑龙江省的石油资源主要分布在松辽盆地北部及其外围盆地。黑龙江大庆油田闻名中外，也是世界上少有的大油田之一。大庆油田自 1976 年达到年产量 5000 万吨以来，进入特大油田系列。大庆油田及其周围现有油气田 28 个，油田面积约 5470 平方千米，主要油气田有喇嘛甸、萨尔图、杏树岗、太平屯、高台子、葡萄花、敖包塔 7 个背斜形储油构造，大庆油田含油面积 6000 多平方千米，已探明石油地质储量 64 亿吨。截至 2019 年 9 月 26 日，大庆油田连续 27 年保持 5000 万吨以上高产、12 年保持 4000 万吨以上稳产，累计生产原油 24.3 亿吨，继续书写"我为祖国献石油"新篇章。

（三）矿产资源现状特征

（1）能源矿产地位显著。截至 2017 年底，黑龙江省石油累计探明地质储量

55.87 亿吨，保有可采储量 1.97 亿吨，居全国第 2 位。2019 年，大庆油田生产原油 3090 万吨，占当年全国原油产量的 16.18%；煤炭累计探明地质储量 222.8 亿吨，保有地质储量 198.2 亿吨，居全国第 8 位，煤种齐全，多为低磷、低硫，尤其是七台河煤田的优质主焦煤，具有独特的优势。2020 年，黑龙江省原煤产量 5206.3 万吨，居全国第 12 位。

（2）重要矿产相对集中。黑龙江省石油、天然气集中分布在松辽盆地的大庆油田。煤炭主要分布在东部的鹤岗、双鸭山、七台河和鸡西四大煤田，占全省总储量的 90% 以上。砂金矿沿黑龙江流域分布，开采历史悠久，曾有"金镶边"美称。石墨、硅线石集中分布在东部的鸡西和萝北。

（3）中小型矿多、大矿少，贫矿多、富矿少。黑龙江省矿产储量表中，大型、特大型矿床 91 处（大型煤矿共计 29 处），仅占探明矿产地 684 处的 13.3%；富铜、富铁矿仅占其资源储量的 5% 左右。

（4）砂金矿多、岩金矿少。截至 2018 年底，探明金矿矿区 159 处，探明储量 643.6 吨，其中砂金矿探明储量 481.3 吨（岩金矿探明储量 162.3 吨）[①]。

（5）共伴生矿多，单一矿少。嫩江县多宝山大型铜（钼）矿床共伴生有钼、金、银、铂、钯、锇、铱、铼、硒等，还有逊克县翠宏山铁多金属矿、铁力市二股铁多金属矿、宾县弓棚子铜锌钨矿等均为黑色金属、有色金属、贵金属、稀散元素矿产共伴生矿床。

（6）大宗矿产短缺，探明储量不足。黑龙江省急缺的铁、铝土矿、磷矿、钾盐、硫铁矿等，探明储量不足或还未发现。

（7）地勘工作薄弱，研究程度低，找矿潜力大。黑龙江省属掩盖——半掩盖地区，植被发育，第四系覆盖厚，1∶20 万和 1∶5 万区调精度低。全国每万平方千米有 26 个探明储量的矿区，而黑龙江省仅有 15 个。

总的来说，黑龙江省矿产资源品种齐全、储量丰富，但开发程度低，市场化程度低，矿产调查评价和勘查程度低，找矿潜力较大。黑龙江省是矿业大省，但矿产发展不平衡，主要以石油、天然气、煤炭、黄金及部分非金属建材矿产为开发重点，其他矿产的开发程度不高。

二、土地资源

2019 年，黑龙江省土地总面积为 4525.3 万公顷。其中，耕地 1584.4 万公顷（23766 万亩）；园地 4.4 万公顷（66 万亩）；林地 2181.9 万公顷（32847 万亩）；草地 201.8 万公顷（3027 万亩）；城镇村及工矿用地：123.7 万公顷

---

① 资料来源于《黑龙江统计年鉴（2020）》。

（1855.5 万亩）；交通运输用地 59.4 万公顷（891 万亩）；水域及水利设施用地 217.1 万公顷（3256.5 万亩）；其他用地 152.6 万公顷（2289 万亩）。

（一）土地资源现状特征

1. 人均土地面积逐渐增多

根据对历年《黑龙江统计年鉴》的数据分析，黑龙江省人均土地面积逐渐增多。将 2000 年数据与 2019 年数据进行对比，2000 年，黑龙江省人口为 3807 万人，人均土地面积约为 1.19 公顷；2019 年，黑龙江省人口为 3751.3 万人，人均土地面积约为 1.21 公顷，20 年间人均土地面积增加 0.02 公顷。2000~2019 年，黑龙江省人均耕地面积增加 0.17 公顷（2000 年耕地面积为 961.7 万公顷，人均 0.25 公顷，2019 年为 1584.4 万公顷，人均 0.42 公顷）。20 年间，黑龙江省人口明显减少，这是黑龙江省人均土地面积和耕地面积增长的主要因素，同时在保证粮食产量逐年增长的前提下，人均耕地面积增加凸显出黑龙江省耕地保护政策实施的有效性及农业机械化发展的优势。

2. 掠夺式经营破坏了土地资源的生态平衡

黑龙江省土地资源利用以农业用地为主，但在土地资源利用中忽视了对土壤肥力的保持和提高，耕地掠夺式经营现象严重。黑龙江省土质肥沃，自然肥力较高，松嫩平原中部是世界三大黑土带之一，耕地中黑土、黑钙土、草甸土等优质土壤占 67.5%。但由于土地利用存在经营粗放，投入少、索取多的现象，特别是一些坡耕地、风沙地、盐碱地，水土流失和土壤沙化、盐渍化严重，有机质含量逐年减少，质量呈逐年下降趋势。以化肥的施用为例，近年来存在突出的化肥投入量激增，忽视绿肥、堆肥等有机肥施用的现象。长期大量施用化肥会恶化土壤的物理化学性质，导致土壤板结，造成耕地资源生产力下降；在农业及其他土地资源利用中还存在不合理的耕作和灌溉措施，这也导致土壤破坏、土地肥力下降；在草原和林地的管理使用上长期存在草原超载过牧、森林过量采伐、乱砍滥伐、重采轻造，以及毁林毁草盲目开垦的现象。以上情况都导致土地环境恶化，并造成水土流失、风蚀沙化、水旱灾害加重等。

3. 土地利用结构不够合理，土地生产力水平较低

黑龙江省地域辽阔，土地资源丰富，人均占有耕地数量多。全省耕地面积约占全国耕地面积的 1/10，2019 年黑龙江省人均耕地面积 0.42 公顷。全省林地面积占土地面积的 1/2，人均林地面积 6.0 公顷，是全国人均林地面积的 4 倍，森林覆盖率是全国的 2 倍多。但由于地处高纬度地带，无霜期短，加上耕作经营粗放，农田基础设施薄弱等因素，农作物单产水平较低，林木生长缓慢，土地产出水平在全国属于低值区。全省林地生产力水平较低，木材蓄积量低于四川、西藏等地区；牧草地生产力水平较低，其平均载畜量只相当于先进国家的

1/3。与黑龙江省同纬度的欧洲、美国、加拿大地区均为世界上著名的农、牧、林、畜主产区。因此，上述差距主要应归结于应用及管理造成的土地生产力水平差距。

4. 土地资源污染严重

黑龙江省土地污染面积已达 10 万公顷。黑龙江省土地资源污染源主要来自以下三个方面：一是工业"三废"污染。工业污染主要是工业排放的废渣、废水、废气造成大气、水体和土壤等环境的污染。由于黑龙江省是石化、矿业资源大省，又是国家重要的低端工业制造（冶金、造纸、化工等）基地，工业"三废"污染十分突出。黑龙江省受工业污染耕地土壤面积约为 2.3 万公顷，污染草原土壤 5.1 万公顷，损失粮食 1500 万千克，经济损失 2400 万元（姜虹和孙伟嘉，2009）。二是农业残留污染。大量农药、化肥残留在土壤中，造成土壤理化性质变坏，影响农作物正常生长和品质，大量的农用地膜留在土壤中，白色污染严重。三是人们在日常生活中产生的各种生活污水和生活垃圾等污染，随着黑龙江省城市化进程加快，生活污染量急剧增加。黑龙江省是一个内陆省份，生活污染物的自消化能力较低，这也使土地资源受到严重污染。

（二）耕地分布现状及质量

1. 耕地分布

黑龙江省耕地按地区划分，松嫩平原地区耕地约 880.5 万公顷；三江平原地区耕地约 634.7 万公顷；张广才岭、老爷岭地区耕地面积约 132.2 万公顷；小兴安岭地区耕地面积约 266.3 万公顷；大兴安岭地区耕地面积约 14.5 万公顷。全省耕地按权属划分，国家所有耕地 626.3 万公顷，其中，农垦系统耕地 306.0 万公顷；集体所有耕地 968.1 万公顷。

2. 耕地质量

全省耕地按坡度划分，2 度以下耕地 1221.4 万公顷，占全省耕地的 76.6%；2~6 度耕地 290.4 万公顷，占 18.2%；6~15 度耕地 77.7 万公顷，占 4.9%；15 度以上耕地 4.9 万公顷，占 0.3%。在全省耕地中，有灌溉设施的耕地 249.5 万公顷，比重为 15.6%；无灌溉设施的耕地 1344.9 万公顷，比重为 84.4%。

三、水资源

（一）河流

黑龙江省地域广阔，河流众多，水资源较为丰富。流域面积在 50 平方千米以上的河流有 1928 条，其中，50~300 平方千米的有 1587 条，300~1000 平方千米的有 220 条，1000~5000 平方千米的 84 条，5000~10000 平方千米的有 18 条，河流中绝大部分属于黑龙江水系。省内河流总流域面积为 45.4 万平方千米。黑龙江省松嫩平原中部还分布着乌裕尔河、双阳河等内流河。全省流程 10 千米以上的河流有 484 条。黑龙江省是中国的边境省份，国界河流多，其北部、东北部、东部分别以黑龙江、乌苏里江、松阿察河、绥芬河、瑚布图河与俄罗斯为界。黑龙江省纬度高，冬季气候严寒，河流结冰期长，冰层厚度大。在结冻和融冻时均有流冰现象，春季流冰时在某些河段常形成冰坝阻水，造成危害。黑龙江省河流平均径流量为 655.8×10⁴ 万立方米，河流径流量约占中国河川径流总量的 3%。年内分布不均，地区差异显著，7~9 月径流量占全年径流量的 55%~80%，形成一年中最大的汛期，冬季径流量占全年径流量的 4%~20%。黑龙江省冬季有一定厚度的积雪，造成春季融雪积水量增加，5~6 月径流量占全年径流量的 10%~40%，形成春汛。黑龙江省植被覆盖率较高，水流对地面侵蚀程度低，因此河流含沙量不大，尤其冬季最低，4~9 月含沙量最高。近年来由于植被的破坏，南部地区已造成了较为严重的水土流失。

1. 松花江

松花江是中国七大河之一，是黑龙江在中国境内的最大支流。松花江流域位于中国东北地区的北部，东西长 920 千米，南北宽 1070 千米，流经吉林、黑龙江两个省，流域面积 55.72 万平方千米，涵盖黑龙江、吉林、辽宁、内蒙古四个地区，年径流量 762 亿立方米。松花江是黑龙江右岸最大支流，东晋至南北朝时，上游称速末水，下游称难水。

松花江有南、北两源，南源为第二松花江，北源为嫩江。南源发源于长白山主峰白头山天池，海拔高程 2744 米，由天池流出的水流经闼门外流，称二道白河，习惯上以此作为第二松花江的正源。嫩江发源于大兴安岭支脉伊勒呼里山中段南侧，源头称南瓮河，河源高程 1030 米，自河源向东南流约 172 千米后，在第十二站林场附近与二根河汇合，之后称嫩江。嫩江与第二松花江在吉林省扶余市的三岔河附近汇合后称松花江。如以嫩江为源，松花江河流总长 2309 千米，以第二松花江为源，则为 1897 千米。从南源的河源至三岔河为松花江上游，河道长 958 千米，落差 1556 米。从三岔河至佳木斯为松花江中游，河道长 672 千米。从佳木斯至河门为松花江下游，河道长 267 千米，中下游落差共 78.4 米。

松花江流域范围内山岭重叠，满布原始森林，蓄积在大兴安岭、小兴安岭、长白山等山脉上的木材，共计有数十亿立方米，是中国面积最大的森林区。这里矿产蕴藏量极为丰富，除主要的煤外，还有金、铜、铁等。松花江流域土地肥沃，盛产大豆、玉米、高粱、小麦。此外，亚麻、棉花、菸草、苹果和甜菜亦品质优良。松花江也是中国东北地区的一大淡水鱼场，每年供应的鲤鱼、鲫鱼、鲤鱼、哲罗鱼等达 4000 万千克以上。因此松花江的确是东北地区的一条大动脉。冬季的松花江，气候严寒，有时会降至零下三十摄氏度，结冰期长达五个月。但是在丰满水电厂这一段从不结冰，据说是因为通过发电厂流入江里的水温甚高。这一段夹带暖流的江面，不断冒起团团蒸汽，凝结在岸边的柳丝、松叶上，形成一簇簇、一串串晶莹似玉的冰花，十里长堤顿时成了玲珑剔透、玉树银枝的世界，这就是闻名全国的"树挂"奇景。

2. 黑龙江

黑龙江总长度约 4478 千米（以海拉尔河为源头计算），发源于蒙古肯特山东麓，在石喀勒河与额尔古纳河交汇处形成，经过中国黑龙江省北界与俄罗斯哈巴罗夫斯克区东南界，流到鄂霍次克海的鞑靼海峡。黑龙江是中国三大河流之一、世界十大河流之一，黑龙江沿线曾盛产沙金，在清朝达到繁荣，为带动当地经济发展起到了重要作用。

黑龙江上游有两源：北源石勒喀河（上源鄂嫩河）出蒙古国北部肯特山东麓；南源额尔古纳河，上源又分 3 支，其中一支海拉尔河发源于中国内蒙古自治区大兴安岭西侧古利牙山麓。南、北两源在漠河以西洛古河村汇合后始称黑龙江，蜿蜒东流沿途接纳结雅河、布列亚河、松花江、乌苏里江等大支流，最后在俄罗斯境内注入鄂霍次克海。黑龙江全长 4370 千米（从上源至河口），流域面积 184.3 万平方千米，在中国境内河长 3474 千米，流域面积约 88.7 万平方千米，占流域的 48.1%。从黑龙江南北源汇合点起，到俄罗斯哈巴罗夫斯克（伯力）的黑龙江与乌苏里江汇合点止，为中国、俄罗斯界江。自洛古河村至黑河市为上游，长 900 千米；黑河市至乌苏里江口为中游，长 950 千米；乌苏里江口以下为下游，长 970 千米。黑龙江流域水量丰富，流域年径流量 3465 亿立方米。降水季节分配不均，每年 4~10 月暖季降水量占全年的 90%~93%，其中 6~8 月就占 60%~70%。11 月进入冬半年枯水期，冬半年降水均以雪的形式降落。地表积雪厚度一般在 20~50 厘米，待春季气温回升，积雪才能融化补给河流，河水上涨形成春汛。这样，河流径流量的季节分配是：春季占 10%~27%，夏季占 50%，秋季占 20%~30%，冬季占 4% 以下。干流径流量的年际变化也较大，丰水年的径流量约为枯水年径流量的 3.5~4.0 倍。水力资源理论蕴藏量 1153 万千瓦，其中松花江 660 万千瓦，干流 304 万千瓦。有可能开发水力资源装机容量在 500 千瓦以上的电站有 312 座，装机容量为 1096 万千瓦，年发电量为 343 亿千瓦时。江宽水深，干流自漠河以下和兴凯湖以下的乌苏里江均可以通行轮船。冰期长达 6 个月。流域内森林及金、煤等矿产资源丰富，盛产鱼类，以大马哈鱼和鳇鱼最为著名。

3. 乌苏里江

乌苏里江自其支流松阿察河注入之处起，至江水与黑龙江汇合之处止，全长 880 千米，流域面积 187000 平方千米，在中国黑龙江省内 6.15 万平方千米，流量 2000 立方米/秒。乌苏里江是黑龙江右岸的一大支流，也是中国东北部俄罗斯边境上的一条重要界河。其上游由乌拉河与道比河汇合而成，向东北流至伯力一带急转折向西南，注入黑龙江。

乌苏里江有东西两源，东源乌拉河发源于俄罗斯的锡霍特山之西侧，乌拉河长 398 千米在俄罗斯境内。西源松阿察河发源于兴凯湖。两河汇合后，由南向北流经密山、虎林、饶河、抚远等县，至抚远三角洲东北角，从右岸注入黑龙江。河道宽度，松阿察河口至饶河为 200～500 米，饶河至黑龙江口为 500～1000 米。正常水位平均水深 2～5 米。多年平均封冻时间为 148 天，最大冰厚 1.15 米。下游饶河站多年平均径流量 232.9 亿立方米，河口处多年平均径流量 623.5 亿立方米。其中国境内的主要支流有穆棱河、七虎林河、阿布沁河、挠力河。

（二）湖泊

黑龙江省常年水面面积 1 平方千米及以上的湖泊有 235 个，水面总面积 3037 平方千米（不含跨国界湖泊境外面积）。其中：淡水湖 241 个，咸水湖 12 个；10 平方千米及以上湖泊 42 个，水面总面积 2409 平方千米；100 平方千米及以上湖泊 3 个，水面总面积 1339 平方千米；1000 平方千米及以上湖泊 1 个，水面总面积 1068 平方千米。

1. 镜泊湖

镜泊湖是中国最大、世界第二大高山堰塞湖，位于黑龙江省宁安县境西南部的松花江支流牡丹江干流上，距宁安城 50 千米，海拔 351 米。湖水深度平均为 40 米。常年一般水位最高 353.65 米，最低 345.61 米，年平均流量每秒 9.2 立方米至 10 立方米，蓄水量 16.25 亿立方米。注入湖泊的河流除牡丹江干流外，还有大梨树沟河、尔站西沟河等小河流。镜泊湖是著名旅游、避暑和疗养胜地，全国文明风景旅游区示范点，国家重点风景名胜区，国际生态旅游度假避暑胜地，世界地质公园。

2. 五大连池

五大连池位于黑龙江省北部。"名山如画屏，珠带五湖清"，五大连池拔地而起的 14 座火山锥中间，一条蜿蜒曲折的河流宛如一条蓝色绸带串联起 5 个堰塞湖，从火山锥之间穿流而过。除此之外，五大连池风景区范围内还分布着药泉湖、南北月牙泡、八卦湖、温泊等湖泊。柔美灵动的湖水中倒映着雄峻青山，山水辉映，构成一幅优美的中国传统山水画卷。这里先后荣获了世界地质公园、世界生物圈保护区、中国矿泉水之乡、中国著名火山之乡等称号。2004 年 2 月 3 日，五大连池风景名胜区自然保护区被联合国教科文组织批准为全球首批世界地质公园之一。

黑龙江省地下水资源 286.87 亿立方米，水能总理论蕴藏量超过 900 万千瓦，理论蕴藏量 500 千瓦以上的河流有 481 条，1 万千瓦以上的河流有 64 条，可能开发建设的水能资源装机容量在 500 千瓦的水电站有 270 座，总装机容量为 612.3 万千瓦，年总发电量 221.3×10^4 万千瓦时。目前，黑龙江省水能利用率较低，开发潜力很大。

3. 兴凯湖

兴凯为满语，兴凯湖，原为中国内湖，1860 年《中俄北京条约》签订后，变成了中俄界湖。兴凯湖唐代称为湄沱湖，以盛产"湄沱之鲫"驰誉，又因湖形如"月琴"，故金代有"北琴海"之称，清代后改为兴凯湖，兴凯湖是中俄边界上的浅水湖，为中俄界湖。兴凯湖在黑龙江省东南部，位于黑龙江垦区的兴凯湖农场和八五一零农场区域，距密山市 35 千米，北部 1/3 的面积属于中国，南部属于俄罗斯。大兴凯湖南北长达 100 多千米，东西宽达 60 多千米，面积 4380 平方千米，湖面海拔 69 米，最深处 10 米，总储水量 240 亿~260 亿立方米；小兴凯湖位于大兴凯湖的北部，全部在中国境内，东西长 35 千米，南北宽 4.5 千米，面积 140 平方千米，最深处 4~5 米。虽然大兴凯湖和小兴凯湖离得很近，但景观却不同。兴凯湖多沼泽，湖水浑浊，透明度仅 60 厘米。两湖之间隔着一条长约 90 千米、宽约 1 千米的天然湖岗。湖岗上是茂密的森林，林间铺着厚厚的松毯，以及兴凯湖松、橡树。鹿、貂、狐狸、山鸡、野猪、黄鼬等动物出没其中，沿着中国这一侧 100 千米绵延不断，上面长满了兴凯赤松，这是当地特有的品种。

环湖多沼泽，湖底多淤泥和腐殖质。湖水混浊，透明度仅 60 厘米。湖水从东北部龙王庙附近流出为松阿察河，注入乌苏里江，富产鱼类。2010 年 9 月 28 日，国家旅游局批准黑龙江农垦垦区兴凯湖当壁镇旅游度假区为国家级 4A 旅游景区，这是垦区首个国家级 4A 景区，素有"东方夏威夷"之美称。这里罕见的原生态湿地环境已成为摄影人心中的理想国及影视剧外景拍摄基地。

四、动植物资源

(一) 动物资源

黑龙江省地处温带、寒温带大陆性季风气候地带，在中国动物地理区划中属于古北界，东北区的大兴安岭亚区、长白山地亚区和松辽平原亚区。其动物区系特点是古老复杂、种类繁多。这不仅与现代自然地理环境的多样性有关，也与古生物的起源与地质年代的演变历史有关。

黑龙江省属于全国三大动物地理群中耐湿动物群的最东北部组成部分，是南北方耐湿动物，特别是鸟类分布的通道，被称为古北界动物分布上最宽广的过渡地带。在各类陆栖脊椎动物中，均出现了许多北方型的代表动物，如驼鹿、紫貂、雪兔、柳雷鸟；也有许多适合本地自然条件生长的东北型代表动物，如黑龙江林蛙、蝮蛇、细嘴松鸡、丹顶鹤、东北兔、野猪等。又由于黑龙江省西部气候比较干旱，在地形上又与蒙古高原无明显的屏障，因而有少量中亚型代表性动物渗入，如麻蜥、达乌尔黄鼠、蒙古百灵、蒙古兔等。总之，黑龙江省的动物在种类组成上兼有北方型、东北型和中亚型的混合特点。据统计，黑龙江省有陆栖脊椎动物482种。其中两栖类13种，占全国两栖类种数的6.37%；爬行类15种，占全国爬行类种数的5.02%；鸟类364种，占全国鸟类种数的31.22%；哺乳类90种，占全国哺乳类种数的21.03%。黑龙江省的陆栖脊椎动物种数约占全国种数的23%，其中以哺乳类和鸟类最丰富，尤其是鸟类的种数，几乎占全国的1/3。

（二）植物资源

黑龙江省划分3个植物区和3个亚区：一是大兴安岭植物区；二是小兴安岭—老爷岭植物区，该区又分为小兴安岭—张广才岭亚区、老爷岭亚区、穆棱—三江平原亚区；三是松嫩平原亚区。黑龙江省植物种类丰富，仅高等植物就有2000多种，其中森林树种百余种，材质优良，利用价值高的有30余种，如红松、落叶松、樟子松、云杉、冷杉、水曲柳、黄菠萝、胡桃楸、椴、槭、榆、栎、杨、桦等。

黑龙江省可食用的真菌类有松茸、黑木耳、猴头蘑、元蘑、榛蘑等。其中松茸又名松菇，肉质细腻，甜润甘滑，且富含多种维生素、蛋白质和矿物质，有抗癌药效，在国外有野生蘑菇王之称。黑木耳、蘑菇等野生菌类的人工栽培规模高效发展。野菜类有蕨菜、黄瓜香、桔梗、猴腿蕨、刺老芽、黄花菜、山芹菜等。野果类有山核桃、红松籽、毛榛、刺玫果、山葡萄、树莓、草莓、都柿、山丁子、山里红、狗枣、软枣等。山葡萄含有约10%的葡萄糖、果糖等糖类和多种氨基酸，为理想的酿酒原料，黑龙江省山区各县均有分布，资源极为丰富。都柿分布在大兴安岭、小兴安岭湿润的沼泽地，其果汁酿成的黑豆蜜酒，风味独特，资源丰富，销售广泛。灌木浆果黑加仑，在黑龙江省已有七八十年的栽培历史，它含有多种蛋白质、氨基酸和维生素，为酿酒佳品。

黑龙江省药用植物约有740种、387属、108科，列入《中华人民共和国药典》的有107种。药用植物分布遍于全省山区、丘陵、草原，主要集中在小兴安岭、张广才岭、老爷岭和完达山4个山区及松嫩草原。黑龙江省出产的药材主要有：防风、龙胆草、黄芪、黄柏、五味子、人参、党参、平贝、甘草、刺五加、桔梗、柴胡、山龙、山杏、满山红、黄芩、知母、远志、大力子、蒲公英、玉竹、赤芍、仓术、寄生、车前子、芡实、紫苑、独活、细辛等。其中草原药材防风、龙胆草、甘草、桔梗、知母、柴胡、黄芩，山区药材人参、五味子、党参、刺五加、满山红、黄柏、平贝、细辛、黄芪共16种列为国家保护资源，这些药材的产量和质量都居全国首位。

为了保护野生药用植物资源，有计划地发展种植药材，黑龙江省已建立了人参、黄芪、平贝、党参、芡实、红花等生产基地635处，野生药材保护区17处，同时还积极地开展了野生植物药材家种和南药引种试种工作。人参、防风、桔梗、平贝、细辛、黄芪、党参、大力子等药材由野生变家植获得了成功。长期依靠外地供应的川芎、枸杞、生地、独角莲、冬花、板蓝根等16种药材已引种、试种成功，扩大了黑龙江省药用植物资源。黑龙江省药用植物资源不仅保证了省内需要，还支援了外省和出口。其中，防风、黄柏、刺五加、满山红、寄生、车前子的调出量占全国第一位；人参、仓术、龙胆草、赤芍、蒲公英的调出量占第二位；黄芩、五味子和玉竹的调出量占第三位；大力子及黄芪的调出量分别占第四位和第五位。

黑龙江省有多种野生珍稀濒危植物已被列入《中国珍稀濒危保护植物名录》。人参为东北"三宝"之首。野生人参随着生态条件的破坏及人为的过度采挖，在东北地区已极为罕见，濒于灭绝的边缘，因此，被国家列为一级保护的濒危种；此外，被列入二级保护的有岩高兰（稀有种）和狭叶瓶尔小草（渐危种）；被列入三级保护的有牛皮杜鹃、野大豆、兴凯湖松、樟子松、刺五加、黄蓍、黄檗、核桃秋、水曲柳、钻天柳、天麻、草苁蓉、平贝母等。黑龙江省有大量蜜源植物可供利用，主要有紫椴、糠椴、胡枝子。这里广布野豌豆、毛水苏、白花草木樨，还有60余种野生辅助蜜源植物。这些植物对蜂群的发展及蜂蜜、蜂王浆的产量都有很大影响。

第三节　人文地理环境及资源禀赋

一、区域文化

东北地区有漫长的移民开发历史，广阔的生存空间、丰富的自然资源形成了独特的黑土地地域文化，黑龙江省是黑土文化的代表。自清末建立行政区划到社会主义建设以来，黑龙江人民为了求生存、图发展历尽艰辛、奋勇开拓，取得了辉煌的成就。计划经济时期，东北地区是国家重点建设的重工业基地，建设项目、建设投资、企业发展、基础设施建设在国家重点支持下取得了重大成绩，支持了新中国经济的发展，成为我国重要的工业基地，形成了开拓的文化。经过几代黑龙江人的长期开发、建设和革命斗争，在这里形成了以"闯关东精神""大庆精神""铁人精神""北大荒精神""东北抗联精神"等为代表的爱国奋斗、艰苦创业、求真务实、开拓进取、顾全大局、无私奉献的黑龙江优秀精神，它们体现了以爱国主义为核心的民族精神和以改革创新为核心的时代精神，展示了黑龙江人民的高尚品格和坚定志向。

闯关东精神是在中国最大的移民开发过程中孕育出来的悲壮豪迈、感天动地的开拓创新精神；大庆精神是在开发建设大庆油田的艰苦环境和激情岁月里形成的艰苦奋斗、创业发展、胸怀全局、为国争光、无私奉献的时代精神；铁人精神则是在大庆油田开发过程中形成的以铁人王进喜为代表的自强、自律、负重、拼搏的人格力量、崇高精神、优良品德和模范作风；北大荒精神是在广大复转官兵、内地支边青年、城市知识青年、大中专毕业生及大批地方干部组成的垦荒大军，在艰苦的岁月里开垦荒原过程中形成的艰苦奋斗、勇于开拓的精神；东北抗联精神是20世纪三四十年代中国共产党领导的东北抗日联军为抗击强大的日本法西斯，在长达十四年艰苦卓绝、气壮山河的英勇斗争中，所铸就的光耀千秋、彪炳史册的民族精神，是中华民族精神的重要组成部分，是中国革命精神的继承和发扬，是我们党、军队和民族的宝贵精神财富。这些精神同井冈山精神、长征精神、延安精神、西柏坡精神等革命精神一样，是激励全国各族人民奋勇前进的强大精神力量源泉。

二、民族组成

截至2019年底，黑龙江省人口总数达到3751万，其中少数民族112万人。黑龙江省是一个多民族散杂居的边疆省份，共有53个少数民族，占黑龙江省总人口的3.52%。其中人口数超过2000的少数民族有回族、苗族、彝族、壮族、朝鲜族、满族、土家族、达斡尔族、锡伯族、鄂温克族、鄂伦春族、赫哲族等。在10个世居少数民族中，满族、朝鲜族、蒙古族、回族4个民族人口超过10万，达斡尔族人口4.03万，其余5个少数民族人口不足万人。赫哲族有3910人，是黑龙江省独有的民族。鄂伦春3871人，占全国鄂伦春族人口的52%。满族、回族普遍使用汉语言；朝鲜族、蒙古族使用本民族语言、文字，大多数人通用汉语；达斡尔族、鄂伦春族、鄂温克族、赫哲族有本民族语言，没有文字，普遍使用汉语；其他43个少数民族大部分是在黑龙江开发和建设中，从外地调入、分配、转业、移居而来的，大多通用汉语言文字。少数民族人口按城乡比例划分，人口居住在城市和县镇的占48.3%，比上一次人口普查增加了21%。黑龙江省建有1个自治县（大庆市杜尔伯特蒙古族自治县)、1个民族区(齐齐哈尔市梅里斯达斡尔族区)、69个民族乡镇,其中,满族乡(镇)24个、朝鲜族乡(镇)19个、蒙古族乡(镇)6个、达斡尔族乡3个、鄂伦春族乡5个、鄂温克族乡1个、赫哲族乡3个、联合民族乡(镇)8个。黑龙江省还认定了少数民族聚居村680个。自2005年以来,民族工作为富民、强省、兴边、睦邻,构建和谐龙江做出了积极贡献。黑龙江省少数民族和民族地区的经济和社会事业有了较快发展,综合经济实力显著增强,民族地区初步建立了多元经济结构,种植业、畜牧业已成为民族地区的基础产业。黑龙江省少数民族和民族地区占有耕地面积3973万公顷,人均占有耕地面积0.37公顷,高于全省农民平均水平。

三、人口与劳动力

黑龙江省人口数据记录始于1771年。近代是黑龙江省人口发展的高峰时期,显著特征是人口迁移,总趋势是由南而北。新中国成立后,黑龙江省人口特点表现为老龄化明显,性别比例趋于平衡,人口素质明显提高,人口分布地区差异性强等特征。近40年来,黑龙江省人口迁移发生重大逆转,人口迁移类型发生根本性变化,总趋势是由北向南,人口流失情况严重,出现了人口负增长现象,随着人口大量外流程度的不断加深,呈现出人口的空间分布不平衡等特征。

(一) 人口城乡分布

黑龙江省城镇人口多于乡村人口,但城镇人口增长幅度缓慢。据统计,1949年黑龙江省城镇人口为245万,占全省总人口的24.2%;到2000年达到1977万人,占51.93%;到2019年达到2284.5万人,占60.9%。1949~2000年的50多年时间里,城镇人口的比重上升了27.73个百分点,平均每年提高0.53个百分点;2000~2019年,城镇人口比重上升了8.97个百分点,平均每年提高0.45个百分点,可见,城镇人口增速较缓慢。

黑龙江省是中国重要的老工业基地,新中国成立之初,为支援全国经济建设,充分挖掘潜力,以资源为代价迅速形成了产业集群,因油而兴、因林而生、因煤而建的城市如雨后春笋,吸纳了来自全国各地的农村人口。改革开放以后,尽管黑龙江省城镇人口比重逐年上升,但市场经济体制改革后,城市工业发展脚步放缓,劳动就业岗位减少,人口向外迁移,人口城市化速度减缓。2000~2019年,中国进入快速城市化阶段,全国城市化水平飞速提升,国家发展变化日新月异,虽然黑龙江省城市化水平基础条件优越,但发展速度与全国城市化水平的速度相比却过于缓慢。其中,2017~2019年,黑龙江省的城市化水平与全国城市化水平差距逐年缩小,并趋于同一发展水平(见图2-1)。

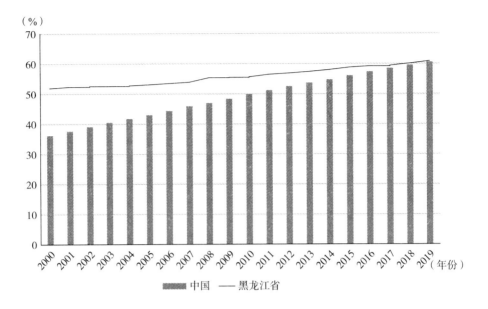

图 2-1　中国及黑龙江省城镇化率

资料来源:《黑龙江统计年鉴（2020）》和《中国统计年鉴（2020）》。

（二）人口地区分布

黑龙江省辖 13 个地市，人口主要集中在 6 个较大的城市及其所辖县（市），即哈尔滨市、绥化市、齐齐哈尔市、大庆市、牡丹江市和佳木斯市，2019 年这 6 个较大城市的人口占黑龙江省人口总量的 73.49%（见表 2-1）。

表 2-1　2019 年黑龙江省行政区划人口分布状况

地区	哈尔滨	齐齐哈尔	鸡西	鹤岗	双鸭山	伊春	大庆	佳木斯	七台河	黑河	绥化	牡丹江	大兴安岭
总人口（万人）	951.3	526.7	169.4	98.5	140.7	112.4	274.7	232.0	77.0	158.1	521.7	250.4	41.7
比重（%）	25.36	14.04	4.52	2.63	3.75	3.00	7.32	6.18	2.05	4.21	13.91	6.68	1.11

资料来源:《黑龙江统计年鉴（2020）》。

从表 2-1 中可以看出，黑龙江省行政区划人口分布呈现出差异性与不平衡性，黑龙江省 6 个较大城市及其所辖县（市）的人口总数均在 200 万以上，这是因为这 6 个城市开发建设较早，开发密度大，人居环境适宜性和社会物质积累水平明显高于其他地区，人口繁衍环境也优于其他地区。其中省会哈尔滨市无论是人口总量还是人口密度均排在首位。其他城市人口数量较少，人口密度低，城市开发建设水平低，大兴安岭地区土地面积最大但人口密度最小，相对而言七台河市是黑龙江省除大兴安岭地区外人口总量最少的地区。

（三）人口密度分布

从2019年黑龙江省的人口密度表可以看出（见表2-2），南部普遍高于北部。哈尔滨市是黑龙江省人口密度最大的城市，之后依次是绥化市、大庆市、齐齐哈尔市和七台河市；除大兴安岭地区外，伊春市和黑河市是黑龙江省人口密度最小的城市。黑龙江省的平均人口密度为0.785人/公顷，只有五个城市的人口密度高于黑龙江省平均人口密度；与全国人口密度相比，黑龙江省的人口密度排名第29位，与上海38.3人/公顷、北京14.4人/公顷、江苏7.5人/公顷、广东6.5人/公顷相比相差甚远，属于低密度地区。

表2-2 2019年黑龙江省人口密度

地区	总人口（万人）	总面积（万公顷）	人口密度（人/公顷）
哈尔滨市	951.34	530.76	1.79
绥化市	521.74	348.73	1.50
大庆市	274.70	212.04	1.30
齐齐哈尔市	526.65	422.55	1.25
七台河市	76.97	61.90	1.24
鸡西市	169.35	224.91	0.75
佳木斯市	232.03	324.64	0.71
鹤岗市	98.49	146.66	0.67
牡丹江市	250.40	388.27	0.64
双鸭山市	140.69	220.51	0.64
伊春市	112.44	328.01	0.34
黑河市	158.05	668.63	0.24
大兴安岭地区	41.68	647.71	0.06

资料来源：《黑龙江统计年鉴（2020）》。

（四）劳动力与就业

1. 就业人口总量增加

2019年，黑龙江省就业人口总数为1776.9万人，黑龙江省城镇新增就业59.69万人，城镇失业人员再就业43.15万人，其中就业困难人员就业16.33万人。2019年底，城镇登记失业率为3.53%。其中城镇就业人员901.5万人，城乡就业结构之比为 50.7∶49.3。

2. 就业人口的行业集中度高

黑龙江省就业人口主要集中在农林牧渔业、制造业、批发和零售业、交通运输仓储及邮政业，这 4 个行业吸纳了全省 39.3% 的就业人口。交通运输仓储及邮政业、建筑业、采矿业男性就业人口比重较高，分别占 85.42%、85.07% 和 79.60%。

3. 专业技术人员比重稳步提升

2019 年，黑龙江省专业技术人员为 158 万人，其中高技能人才 56.7 万人，占全部就业人员的 3.2%，专业技术人员在就业人口中的比重稳步提升，截至 2019 年底，黑龙江省共建成高技能人才培训基地 91 个，建成技能大师工作室 114 个，开展政府补贴性职业技能培训 36.46 万人次，其中，就业技能培训 12.91 万人次，开展岗位技能提升培训 18.49 万人次，开展创业培训 5.04 万人次，开展新型学徒制培训 7130 人；技工院校招生 4.73 万人；各类用人单位通过公共就业和人才服务机构登记招聘 96.71 万人，劳动者登记求职 85.55 万人。2019 年，全省高校毕业生 21.4 万人，实现就业 20.9 万人。

4. 劳动力文化素质明显提高

劳动年龄人口是劳动力资源的主体，其受教育程度直接影响着劳动力资源的素质，直接影响着经济的发展。近 10 年来，黑龙江省的教育事业有了较大的发展，劳动年龄人口文化素质得到了极大的提升。主要体现在以下两个方面：一是高学历人口增长幅度大，低学历人口显著下降。2019 年，黑龙江省人口中具有大专及以上文化程度的有 471.1 万人，比 1990 年多 305.7 万人，占全部劳动年龄人口的 12%。二是女性劳动年龄人口的受教育机会增加。随着妇女地位的不断提高，女性受教育的机会和人数不断增加。2019 年，黑龙江省女性劳动人口为 132.4 万人，主要集中在农林牧渔业、金融业、教育、卫生、社会工作、公共管理、社会保障和娱乐业等行业。

总的来说，黑龙江省劳动力资源较为丰富，劳动年龄人口以中青年为主，整体文化素质较高，失业人口还有一定的比例，就业压力依然较大。随着城市化进程的快速推进，大量农村人口向城市转移已成趋势，2010 年以来，黑龙江省人口流失严重，劳动人口急速减少，总体上人口呈现净流出状态。黑龙江省人口中，人户分离人口 1155 万人，其中，省内流动人口 765 万人，其余全部流出省外。

四、经济基础

黑龙江省农业发达，粮食商品量、专储量均居全国第一，是国家重要的商品粮生产基地之一。2019 年，黑龙江省全年实现农林牧渔业增加值 3267.4 亿元，全年粮食总产量达 7503 万吨。黑龙江省的大豆产量和出口量均居全国首位，亚麻、甜菜、烤烟等经济作物的产量也均居全国前列，在整个农业经济中，畜牧业占有相当比重，奶牛存栏数、牛奶产量和乳制品产量居全国前列。

黑龙江省工业基础雄厚，门类比较齐全，是国家重要的工业基地之一。截至 2019 年末，黑龙江省共有国有大中型企业 492 户，其中，大型企业 184 户，中型企业 308 户，2019 年全年完成工业增加值 3483.5 亿元。目前，煤炭采掘、木材采运、石油开采、机械化工、轻工纺织、食品等行业已具有相当规模。主要工业产品中，原油、木材、大型发电设备、铁路货车、冶金设备、工具量具、微型轻型汽车、重型机床等的产量居全国前列，产品调出量大多在 90% 以上。

五、交通运输

经过长期的建设和发展，黑龙江省已经形成了以铁路、公路为主，以哈尔滨为中心，包括航空、内河和管道运输在内的较为完善的交通运输体系，这促进了黑龙江省工业地域体系的形成。交通运输业在黑龙江省经济社会发展中占有重要的地位，产业结构对交通的依赖性强，对城镇体系布局的影响较大。

黑龙江省交通运输以铁路为主。黑龙江省是我国修建铁路最早的省份之一，干支线以哈尔滨、齐齐哈尔、牡丹江、佳木斯 4 个经济中心城市为轴心向四周辐射，并通过国际干线和国内干线外接俄罗斯、朝鲜等国家，内联吉林、辽宁和内蒙古等地区。铁路营业里程达 0.68 万千米，居全国第四位，铁路正线延展里程达 9732 千米。公路交通也发展很快，公路线路里程达 16.9 万千米，其中，高速公路达 4512 千米，对外公路达 23744 千米。黑龙江省水力资源非常丰富，居东北三省第一，黑龙江省以松花江、黑龙江、乌苏里江为骨干，以哈尔滨和佳木斯港为枢纽的水运网贯穿全境。内河通航里程达 5495 千米，民用运输船舶拥有量 1403 艘，私人运输船舶拥有量 927 艘。航空运输是现代化发展必不可少的运输手段，黑龙江省航空业发展较好。省内民用机场现有哈尔滨太平机场、齐齐哈尔三家子机场、鸡西兴凯湖机场、大庆萨尔图机场、伊春林都机场、佳木斯东郊机场、抚远东极机场、牡丹江海浪机场、黑河机场、漠河古莲机场、五大连池德都机场、加格达奇机场，其中哈尔滨太平机场已成为我国东北第一大国际航空机场。

截至 2019 年，黑龙江省全年各种运输方式共完成货物周转量 1951.5 亿吨千米，比上年增长 1.6%。其中，铁路 814.4 亿吨千米，增长 3.8%；公路 795.1 亿吨千米，下降 1.9%；水运 5.6 亿吨千米，下降 8.2%；民航 2.9 亿吨千米，增长 7.4%；管道 333.5 亿吨千米，增长 5.5%。2019 年黑龙江省全年完成旅客周转量 874.9 亿人千米，比上年增长 0.8%。其中，铁路 289.4 亿人千米，增长 3.6%；公路 139.3 亿人千米，下降 9.6%；水运 0.35 亿人千米，下降 2.8%；民航 445.8 亿人千米，增长 2.7%。年末公路线路里程 16.9 万千米，比上年增长 1.0%，其中高速公路 4512 千米。

六、教育科研

2019 年末黑龙江省共有研究生培养单位 29 所，普通高校 81 所，成人高校 16 所，中等职业教育学校 219 所，普通高中 368 所，普通初中 1420 所，普通小学 1431 所，特殊教育学校招生 1736 人，幼儿园 5881 个。

黑龙江省 2019 年末共有科学研究开发机构 226 个，全年科技活动研究与试验发展（R&D）经费支出 146.6 亿元，较上年上升 8.6%，R&D 经费支出相当于地区生产总值的 1.1%。

1. 哈尔滨工业大学

哈尔滨工业大学，隶属于工业和信息化部，是首批进入国家"211 工程"和"985 工程"建设的大学之一。自 1920 建校以来，学校发展成为一所以理工为主，多学科协调发展的国家重点大学，形成了以航天特色为主，由重点学科、新兴学科和支撑学科构成的较为完善的学科体系。

学校会聚、培养了以两院院士为带头人，以长江学者和国家杰青、教育部新世纪优秀人才等中青年骨干为代表的高水平师资队伍。学校坚持为工业化、信息化和国防现代化服务，为地方经济社会发展服务，突出国民经济和社会发展的重大国家需求，不断提高学术研究水平、科研创新能力和科研竞争力，解决了国内外相关领域内一系列创新性好、探索性强的前沿基础学科问题，取得了一批具有世界领先水平的原创性科研成果。

2. 哈尔滨工程大学

哈尔滨工程大学，是直属工业和信息化部并由工信部、教育部、黑龙江省、哈尔滨市、海军共建的全国重点大学，是首批具有博士、硕士学位授予权单位，首批"211 工程"重点建设高校。学校具有"三海一核"领域主体学科特色鲜明、相关学科支撑配套、专业结构布局合理的特色学科专业体系。

截至 2018 年 8 月，学校拥有国家级电工电子教学基地 1 个，国家级实验教学示范中心 7 个，国家级虚拟仿真实验教学中心 3 个，国家级人才培养模式创新实验区 1 个。

学校紧紧围绕提高人才培养质量这一主题，全面落实立德树人根本任务，深化创新创业教育改革，推动信息技术与教育教学深度融合，推进国际化进程，着力培养"视野宽、基础厚、能力强、素质优、可靠顶用"的一流工程师、行业领军人才和科学家。

3. 东北林业大学

东北林业大学是一所以林科为优势、以林业工程为特色的中华人民共和国教育部直属高校；2015年10月经国家发展改革委、财政部和教育部批准，成为国家"211工程"重点建设高校；拥有林学、林业工程两个一流学科，3个一级学科国家重点学科，11个二级学科国家重点学科、6个国家林业局重点学科、2个国家林业局重点（培育）学科、1个黑龙江省重点学科群、7个黑龙江省重点一级学科、4个黑龙江省领军人才梯队。学校拥有优良的教学科研基地和实践教学基地。

学校高度重视人才培养，为社会输送了大批高级专门人才，涌现出以国家和省部级领导、中国工程院院士、商界和企业界精英等为代表的一大批杰出的专业人才、管理人才和创业创新人才，为我国的林业建设事业、生态文明建设和经济社会发展做出了重要贡献。

4. 东北农业大学

东北农业大学是世界一流学科建设高校，国家首批"211工程"重点建设高校，黑龙江省人民政府与中华人民共和国农业部共建高校，是全国首批具有博士、硕士学位授予权的高等学校之一。学校有3个国家重点学科（二级学科），3个国家重点（培育）学科，2个农业部重点学科（二级学科），2个黑龙江省级重点学科群（二级学科），10个黑龙江省级一级重点学科。

学校入选国家中西部高校基础能力建设工程、卓越农林人才教育培养计划项目试点、高等学校创新能力提升计划，是全国首批博士、硕士学位授予单位，黑龙江省重点建设的省属特色高水平大学，是"援疆学科建设计划"，首批高等学校科技成果转化和技术转移基地。

5. 哈尔滨师范大学

哈尔滨师范大学是一所具有悠久办学历史、以教师教育为特色的高水平教学研究型大学，是黑龙江省教育、艺术、人文社会科学和自然科学的重要人才培养基地和科学研究基地，是黑龙江省属重点建设的高水平大学，是教育部本科教学工作水平评估优秀学校。学校是国家中西部高校基础能力建设重点院校，是"十三五"时期国家重点支持建设的百所中西部高校之一。

学校具有完备的学士、硕士、博士学位授予体系，有一级、二级博士学位授权学科24个，一级、二级硕士学位授权学科104个，6个博士后科研流动站和7个专业硕士学位培养类别。学校是全国教育硕士专业学位研究生联合培养示范基地。

6. 黑龙江大学

黑龙江大学是教育部与黑龙江省人民政府共建的有特色、高水平、现代化地方综合性大学，是国家国防科技工业局和黑龙江省共建高校，其前身是 1941 年成立的中国人民抗日军政大学第三分校俄文队。2018 年，学校获批黑龙江省"双一流"建设国内一流大学 A 类高校。

　　黑龙江大学学科门类齐全、综合优势明显，共设有 30 个教学院部，拥有涵盖哲、经、法、教、文、史、理、工、农、管、艺 11 个学科门类的本科专业 86 个，拥有博士学位授权一级学科 11 个，硕士学位授权一级学科 35 个，硕士专业学位类别 22 个；拥有 2 个国家重点学科（含培育）；拥有 7 个博士后科研流动站，3 个博士后科研工作站；现拥有国家级一流本科专业建设点 26 个、国家级特色专业 10 个。

第三章　历史沿革与行政区划

第一节　历史发展沿革

隋唐时期是黑龙江地区历史发展的一个重要时期。唐朝在黑龙江流域普遍建立了管理机构，在黑龙江西部设室韦都督府，在东部设忽汗州都督府（又称渤海都督府），在黑龙江下游和乌苏里江汇合地区设黑水都督府。此时东部地区经济发展起来。公元698年，牡丹江上游的粟末靺鞨部首领大祚荣建立了震国，后改称渤海国，农业和手工业相当发达，极盛时拥兵10万，被称作"海东盛国"。

辽继唐在黑龙江地区设治管辖，在黑龙江中上游、牡丹江以北到黑龙江下游一带都设有节度使。公元1115年，女真完颜部首领阿骨打击败辽国，立国号大金，定都会宁（今黑龙江哈尔滨市阿城区）。会宁是金迁都北京前的政治、经济和文化中心。

元朝时东北地区属辽阳行省统辖，嫩江流域设蒲峪路屯田万户府和肇州蒙古万户府，黑龙江下游和乌苏里江流域设开元路和水达达路，明代属奴儿干都指挥司，所辖区域北到外兴安岭，东到鄂霍次克海的库页岛。

清代是黑龙江地区历史发展的重要阶段。远在清朝入关前，东起鄂霍次克海，西至贝加尔湖之间的广大地区的蒙古族、达斡尔族、女真族、鄂伦春族等都已臣服刚刚兴起的后金。清朝入关后，东北地区由盛京总管统辖，顺治十年（公元1653年）设宁古塔昂邦章京，辖区包括今吉林、黑龙江地区。康熙十年（公元1671年）筑黑龙江城（黑龙江左岸旧爱珲城）。康熙二十二年（公元1683年）设黑龙江将军，这是以黑龙江命名地方区划之始。抗日战争时期，初设龙江、滨江、三江、黑河4个省和东省特别区及哈尔滨特别市，后增设有牡丹江省、北安省、东安省等，1949年合并为黑龙江省和松江省，1954年撤销松江省并入黑龙江省，1969年内蒙古自治区的呼伦贝尔盟划入，后划出，形成现今的行政区域。

第二节　行政区划

黑龙江省简称黑，省会哈尔滨市。截至 2019 年底，黑龙江省辖 12 个地级市、1 个地区行署（合计 13 个地级行政区划单位），58 个市辖区、21 个县级市、45 个县、1 个自治县（见图 3-1、表 3-1）。

图 3-1　黑龙江省行政区划图

注：大兴安岭地区行政公署驻加格达奇区。

资料来源：《黑龙江统计年鉴（2020）》。

表 3-1　2019 年黑龙江省行政区划统计

市	市辖区	县级市和县
哈尔滨	道里区、南岗区、道外区、平房区、松北区、香坊区、呼兰区、阿城区、双城区	2 县级市：尚志市、五常市 7 县：依兰县、方正县、宾县、巴彦县、木兰县、通河县、延寿县
齐齐哈尔	龙沙区、建华区、铁锋区、昂昂溪区、富拉尔基区、碾子山区、梅里斯达斡尔族区	1 县级市：讷河市 8 县：龙江县、依安县、泰来县、甘南县、富裕县、克山县、克东县、拜泉县

续表

市	市辖区	县级市和县
鹤岗	向阳区、工农区、南山区、兴安区、东山区、兴山区	2县：萝北县、绥滨县
双鸭山	尖山区、岭东区、四方台区、宝山区	4县：集贤县、友谊县、宝清县、饶河县
鸡西	鸡冠区、恒山区、滴道、梨树区、城子河区、麻山区	2县级市：虎林市、密山市 1县：鸡东县
大庆	萨尔图区、龙凤区、让胡路区、红岗区、大同区	3县：肇州县、肇源县、林甸县 1自治县：杜尔伯特蒙古族自治县
伊春	伊美区、乌翠区、友好区、金林区	1县级市：铁力市 5县：嘉荫县、汤旺县、丰林县、大箐山县、南岔县
牡丹江	东安区、阳明区、爱民区、西安区	5县级市：绥芬河市、海林市、宁安市、穆棱市、东宁市 1县：林口县
佳木斯	向阳区、前进区、东风区、郊区	3县级市：同江市、富锦市、抚远市 3县：桦南县、桦川县、汤原县
七台河	新兴区、桃山区、茄子河区	1县：勃利县
黑河	爱辉区	3县级市：北安市、五大连池市、嫩江市 2县：逊克县、孙吴县
绥化	北林区	3县级市：安达市、肇东市、海伦市 6县：望奎县、兰西县、青冈县、庆安县、明水县、绥棱县
大兴安岭地区	新林区、呼中区、松岭区、加格达奇区	1县级市：漠河市 2县：呼玛县、塔河县

注：加格达奇区和松岭区地权属于内蒙古自治区。

资料来源：《黑龙江统计年鉴（2020）》。

一、新中国成立前行政区划

中华民国定都南京后，对原来的市建制进行了改革，将市定为地方行政区域兼自治团体，其后市作为行政区划的一种建制，经历演变沿袭至今。当时国民政府于1928年增设了哈尔滨特别市，后又于1930年公布了《市组织法》，废止特别市、普通市，改分为直隶于行政院和隶属于省两种，前者称为直辖市或院辖市，后者则称为省辖市。根据《中国之行政督察区》资料，截至1948年4月，在今黑龙江省省域内共有设市城市5个，其中哈尔滨为直辖市，牡丹江、佳木斯、北安、齐齐哈尔为省辖市。

二、新中国成立后行政区划

新中国成立后，黑龙江省的社会经济面貌发生了翻天覆地的变化。根据不同时期国家政策、经济发展水平、社会和技术条件变化的侧重点不同，可将黑龙江省行政区划演变过程分为以下几个时期：

1. 省区变动时期（1949～1953 年）

今天的黑龙江地区在 1949～1953 年划为黑龙江省和松江省。1949 年，松江省辖 3 个地级市、1 个县级市、32 个县；黑龙江省辖 1 个地级市、1 个专区、38 个县和 2 个旗（见表 3-2）。

表 3-2　1949 年松江省、黑龙江省行政区划

省级	专区	县	地级市	县级市
松江省		双城、尚志、巴彦、宾县、阿城、呼兰、五常、海林、木兰、延寿、拉林、安宁、勃利、鸡西、汤原、密山、桦南、桦川、依兰、富锦、穆棱、通河、东宁、方正、集贤、林口、宝清、虎林、萝北、饶河、抚远	哈尔滨、佳木斯、牡丹江	鹤岗
黑龙江省	黑河	瑷珲、孙吴、逊克、呼玛、海伦、绥化、肇东、望奎、安达、青冈、兰西、肇州、庆安、明水、绥棱、克山、铁骊、拜泉、龙江、讷河、泰安、泰来、甘南、富裕、克东、林甸、嫩江、北安、都督、景星、通北、镇赉、洮安、洮南、安广、大赉、开通、瞻榆、杜尔伯特镇、郭尔罗斯后旗	齐齐哈尔	

资料来源：中华人民共和国民政部行政区划处编.中华人民共和国行政区划手册［M］.北京：光明日报出版社，1986.

1950 年，洮安县更名为白城县；1952 年，泰安县更名为依安县；1952 年，松江省由东北行政委员会领导，同时将佛山县划归黑龙江省，原汤原县所属南岔地区设置伊春县，驻伊春街。1953 年，哈尔滨市改为中央直辖市，由东北行政委员会代管。1954 年，双鸭山矿山设立相当于县级的矿区人民政府，由松江直接领导；后松江建制撤销，原松江省所属各县、市划归黑龙江省。

2. 缓慢调整时期（1954～1986 年）

1954 年底，黑龙江省辖黑河、嫩江、合江 3 个专区，哈尔滨、齐齐哈尔、牡丹江、佳木斯 4 个省辖市，64 个县，鹤岗市 1 个县级市，2 个旗，22 个市辖区，双鸭山 2 个矿区。1955 年，国务院发布了中华人民共和国成立后第一部关于市、镇设置的正式法律文件《国务院关于设置市、镇建制的决定》，黑龙江省新建了一批工业城市。1956 年，鸡西、双鸭山设市；1957 年，伊春设市；1960

年，安达设市（1964年撤销）；1970年，七台河设市；1975年，绥芬河设市；1979年，大庆设市。

3. 加速调整时期（1986年至今）

1986年，国务院批准实行新的市镇设置标准，扩大了非农业人口的范围并适当降低了条件，以镇设市模式改变为撤县设市，行政区划格局进入了加速调整的阶段。1980年，黑河新设市；1982年，北安、绥化新设市；1983年，五大连池新设市；1984年，安达新设市；1986年，肇东新设市；1987年，同江、阿城新设市；1988年，富锦、铁力、尚志、双城、密山新设市；1989年，海伦新设市；1992年，海林、讷河新设市；1993年，安宁、五常新设市；1995年，穆棱新设市；1996年，虎林新设市；2015年，撤销东宁县，设立县级东宁市；2016年，撤销抚远县，设立县级抚远市。

第四章 经济发展历程与结构特征

第一节 改革开放以来经济发展特点

1979~2019 年，黑龙江地区生产总值呈现增长趋势。第一产业生产总值从 44.3 亿元上升至 3182.5 亿元，增长幅度高达 7083.97%，第二产业生产总值相比 1979 年增长了 3122.10%，其中工业生产总值增长趋势放缓，建筑业生产总值增长率略高于工业，2019 年第三产业生产总值则是 1979 年的 280 倍，批发零售贸易餐饮业生产总值增长迅猛（见表 4-1）。

表 4-1 1979~2019 年黑龙江省三次产业生产总值统计

阶段划分	年份	地区生产总值（亿元）	一产产值（亿元）	二产产值（亿元）	其中		三产产值（亿元）	其中	
					#工业产值（亿元）	#建筑业产值（亿元）		#交通运输仓储邮电通信业产值（亿元）	#批发零售贸易餐饮业产值（亿元）
改革开放初期	1979	180.8	44.3	112.2	107.3	4.9	24.3	8.9	4.2
	1980	212.5	55.3	128.8	122.5	6.3	28.4	9.9	4.6
"六五"计划时期	1981	218.3	57.8	129.7	122.6	7.1	30.8	9.6	5.3
	1982	236.2	63.8	136.9	127.3	9.7	35.5	10.8	5.3
	1983	263.1	78.9	145.6	134.8	10.8	38.6	11.9	5.6
	1984	300.3	86.0	169.0	154.8	14.1	45.3	13.3	6.8
	1985	331.5	77.0	197.7	180.9	16.8	56.8	15.8	10.4

续表

阶段划分	年份	地区生产总值（亿元）	一产产值（亿元）	二产产值（亿元）	其中		三产产值（亿元）	其中	
					#工业产值（亿元）	#建筑业产值（亿元）		#交通运输仓储邮电通信业产值（亿元）	#批发零售贸易餐饮业产值（亿元）
"七五"计划时期	1986	371.1	92.7	206.6	189.0	17.6	71.8	19.3	11.9
	1987	422.9	90.7	252.0	231.9	20.1	80.2	20.5	13.7
	1988	499.0	94.2	286.5	261.6	24.9	118.3	27.9	27.5
	1989	569.6	93.9	335.5	310.0	25.5	140.2	31.0	29.6
	1990	654.0	156.9	343.1	323.9	25.4	154.0	26.2	30.7
"八五"计划时期	1991	734.5	145.2	390.8	369.5	28.4	198.5	34.7	47.4
	1992	857.4	163.5	465.5	440.0	34.1	228.4	32.2	50.7
	1993	1075.3	194.2	613.1	580.4	44.0	268.0	26.6	58.5
	1994	1448.1	298.8	803.6	764.3	54.0	345.7	45.1	73.8
	1995	1790.2	363.5	992.5	949.1	61.7	434.2	54.6	88.0
"九五"计划时期	1996	2137.6	434.9	1205.4	1160.0	67.8	497.3	65.1	98.4
	1997	2397.6	450.6	1357.2	1304.9	77.7	589.8	90.2	114.0
	1998	2470.2	419.9	1396.1	1332.0	90.2	654.2	98.3	120.2
	1999	2536.9	369.2	1466.6	1399.9	93.0	701.1	100.5	123.3
	2000	2855.5	375.5	1633.4	1566.4	97.0	846.6	131.7	155.1
"十五"计划时期	2001	3043.4	426.6	1665.9	1592.0	105.2	950.9	159.2	166.7
	2002	3242.7	464.2	1758.3	1650.8	110.7	1050.2	177.5	180.3
	2003	3609.7	493.0	1956.4	1874.8	119.1	1160.3	184.2	195.0
	2004	4134.7	580.9	2270.3	2175.7	137.4	1283.5	201.2	216.6
	2005	4756.4	674.6	2656.4	2556.6	152.9	1425.4	224.0	226.3
"十一五"规划时期	2006	5329.8	731.8	2998.0	2890.2	173.6	1600.0	236.1	243.8
	2007	6126.3	892.4	3383.0	3254.1	200.2	1850.9	274.9	271.0
	2008	7134.2	1073.8	3935.0	3765.6	243.4	2125.4	286.8	331.1
	2009	7218.9	1141.9	3668.1	3470.2	271.3	2408.9	284.4	406.3
	2010	8308.3	1291.8	4146.1	3894.1	312.9	2870.4	316.4	496.6

续表

阶段划分	年份	地区生产总值（亿元）	一产产值（亿元）	二产产值（亿元）	其中		三产产值（亿元）	其中	
					#工业产值（亿元）	#建筑业产值（亿元）		#交通运输仓储邮电通信业产值（亿元）	#批发零售贸易餐饮业产值（亿元）
"十二五"规划时期	2011	9935.0	1695.5	4916.3	4624.4	363.0	3323.2	346.3	577.2
	2012	11015.8	2119.6	5099.8	4776.0	409.3	3796.4	380.4	688.0
	2013	11849.1	2539.6	5202.7	4857.5	428.6	4106.8	374.4	713.5
	2014	12170.8	2691.0	4872.4	4527.9	424.5	4607.4	426.6	795.0
	2015	11690.0	2712.2	3926.9	3593.9	422.3	5050.9	434.3	830.9
"十三五"规划时期	2016	11895.0	2751.2	3689.7	3367.3	429.5	5454.1	463.9	876.0
	2017	12313.0	2965.3	3519.5	3226.1	414.3	5828.2	488.7	900.6
	2018	12846.5	3001.2	3536.3	3266.7	409.4	6309.3	508.5	946.3
	2019	13612.7	3182.5	3615.2	3291.1	419.2	6815.0	533.0	1005.3

资料来源：《黑龙江统计年鉴（2020）》。

一、第一产业发展历程

改革开放初期，黑龙江省渔业产值很低，林业也主要以人工开采为主，在"六五"计划末年，农业产值仍占据第一产业总产值的绝大份额，"八五"计划末年，牧业产值增长态势明显，2001年我国加入世界贸易组织前后，林业产值出现小幅度降低后迅速增长。总体来看，自1978~2019年，黑龙江省农业和林业生产总值增长水平低于全省第一产业总增长率，而牧业和渔业则是指数型增长趋势，特别是渔业生产总值1978年仅为0.1亿元，到2019年增至123.1亿元。

改革开放后经过40多年发展，黑龙江省已经初步打响了"寒地黑土""北奇神""北大荒""大兴安岭""乌苏里江"等一批资源环境型绿色食品和特色农产品品牌，发展了以"五常大米""庆安大米"为代表的地理标志产品，形成了玉米、大豆、水稻、乳品、肉类、山产品、饮品和特色产品8大类绿色产业体系，绿色食品产品远销国内外。黑龙江省形成了以哈尔滨、大庆、齐齐哈尔、牡丹江、佳木斯、绥化和鸡西为主要农业城市，以伊春市为主要林业城市，以同江、勤得利、萝北、绥缤等城市为主要渔业城市的产业结构布局。牧业则主要以双鸭山、大庆、绥化等为主要发展地区。黑龙江省在主要发展黑木耳这一特色蔬菜产业的同时，以芸豆、绿豆、红小豆、谷子、糜子、高粱、啤酒大麦、向日葵等为特色粮油产品，大力发展特色纤维（亚麻）替代森林造纸，提高中药材黄芪、林蛙及黑龙江中南部的鹿茸标准化、组织化水平（见表4-2）。

表4-2 黑龙江省农业优势产业区位布局统计

类别	产品名称	优势区范围
特色蔬菜	黑木耳	铁力、嘉荫、海林、林口、宁安、穆棱、东宁、虎林、鸡东、五常、尚志、木兰、延寿、方正、富锦、桦川、逊克、嫩江、孙吴、呼玛、梨树区、加格达奇、安达、塔河、伊春、北安、通河、饶河
	松茸	东宁、穆棱、宁安、海林、林口、鸡东、庆安、铁力、尚志
	辣椒	勃利、双城、桦南、宝清、北安、五常
特色粮油	芸豆	爱辉、北林区、塔河、五常、庆安、富锦、绥棱、宝清、嫩江、五大连池、北安、依安、讷河、克山、克东、拜泉、明水、青冈、望奎、密山、海伦、龙江、林甸、兰西、逊克、农垦（宝泉岭分局、红兴隆分局、牡丹江分局、北安分局、九三分局、齐齐哈尔分局）
	绿豆	桦南、同江、五常、明水、集贤、通河、泰来、肇源、杜蒙、肇州、肇东、富裕、农垦（宝泉岭分局、红兴隆分局、牡丹江分局、北安分局、九三分局、齐齐哈尔分局）
	红小豆	依兰、兰西、呼玛、七台河、茄子河、绥滨、同江、双城、青冈、明水、密山、萝北、集贤、北安、汤原、宝清、桦川、桦南、虎林、五常、尚志、肇源、肇州、林甸、杜蒙、大同、肇东、安达、龙江、依安、泰来、甘南、富裕、拜泉、农垦（宝泉岭分局、红兴隆分局、牡丹江分局、北安分局、九三分局、齐齐哈尔分局）
	谷子	兰西、青冈、望奎、巴彦、肇东、五常、肇源、肇州、林甸、杜蒙、大同、肇东、安达、龙江、依安、泰来、甘南、富裕、拜泉、双城、宾县、阿城、巴彦、五常、明水、呼兰
	糜子	兰西、拜泉、富裕、青冈
	高粱	兰西、拜泉、富裕、泰来、肇州、肇东、双城、青冈、明水、集贤、安达、明水、肇源、巴彦、大庆、齐齐哈尔、绥化、哈尔滨、鸡西、农垦（红兴隆分局、绥化分局）
特色粮油	啤酒大麦	友谊、红兴隆、建三江、北安、九三、宝泉岭、牡丹江、齐齐哈尔、绥化、农垦（宝泉岭分局、红兴隆分局、建三江分局、牡丹江分局、北安分局、九三分局）
	向日葵	甘南、拜泉、依安、富裕、肇源、明水、龙江、青冈、兰西、泰来、尚志、林甸、肇州、克山、密山、讷河、宝清、桦南、饶河、林口、穆棱、东宁、海林、宁安
特色纤维	亚麻	兰西、肇东、肇州、青岗、明水、呼兰、延寿、海伦、勃利、依兰、克山、拜泉、阿城、尚志、双城、五常、方正、宾县、巴彦、通河、木兰、同江、富锦、桦川、抚远、桦南、汤原、爱辉区、呼玛、海林、塔河、依安、讷河、嫩江、呼兰、北安、望奎

续表

类别	产品名称	优势区范围
中药材	黄芪	呼玛、塔河、漠河、爱辉、北安、五大连池、逊克、嫩江、孙吴、讷河、富裕、拜泉、甘南、依安、克山、泰来、克东、龙江
	人参	宁安、靖宇、新宾、铁力、东宁、林口、黑龙江农垦总局、绥棱
	林蛙	呼中、塔河、呼玛、富锦、同江、汤源、铁力、阿城、五常、尚志、方正、通河、宁安、穆棱、带岭、富锦、同江、桦南
	鹿茸	依兰、牡丹江市辖区、穆棱、绥芬河、海林、宁安、东宁、林口、铁力、伊春市乌马河区、庆安、明水、绥棱、农垦总局（宝泉岭分局、牡丹江分局、红兴隆分局）
	北五味子	伊春、依兰、呼玛、铁力、五常、庆安、木兰、通河、阿城区
特色草食牲畜	细毛羊	讷河、甘南、肇东市、肇源、林口农场、海林农场、穆棱农场、宁安农场
	绒山羊	红兴隆分局、建三江分局、北安分局、绥化分局、依兰、呼玛、逊克、嘉荫、肇东、宝清、安达
特色猪禽蜂	特色肉鸡	同江、五大连池、安达、北安、拜泉、望奎、通河、青冈、泰来、绥滨、呼兰、宾县、双城、宝清、绥棱、巴彦、梅区、昂昂溪区、克山、依兰、庆安、明水、甘南、汤原、虎林
	特色水禽	依安、肇州、望奎、肇源、桃山、巴彦、安达、肇东、海伦、绥棱、兰西、明水、青冈、庆安、延寿、友谊、宝清
	特色蜂产品	虎林、饶河、林口
特色水产	鳟鱼	伊春市西林区、宁安、牡丹江、齐齐哈尔、五常
	黄颡鱼	肇东市、讷河市、虎林市、通河县

资料来源：《全国特色农产品区域布局规划（2006~2015）》。

（一）农业发展历程

改革开放40多年来，黑龙江垦区已成为国家重要的商品粮基地、粮食战略后备基地和现代农业示范基地，农产品商品率达到了现代农业平均95%以上的商品率标准。黑龙江省以北大荒米业、九三油脂、九三丰缘、北大荒肉业等企业为龙头，积极拓宽原料基地建设，推进粮食加工转化，为农业结构的优化提供了保障。

黑龙江农业发展注重发挥资源丰富、生态良好的优势，坚持绿色发展、特色发展，农产品良种覆盖率和质量安全明显提高，绿色食品产量、认证面积、标准化生产水平、产品质量、市场网络和品牌影响力等指标连续多年居全国首位，绿色食品抽检合格率连续多年保持在99%以上，"龙江米""龙江奶""龙江肉""龙江油"成为黑龙江现代农业的亮丽名片和金字招牌。2019年末，全省绿色、有机食品认证面积 8510.3 万亩，约占全国的 1/5，占黑龙江省耕地面积的 35.6%，出现了以佳木斯市为代表的全国绿色农业示范市及富锦、同江、抚远、桦南等国家级农业生态县。位于佳木斯市富锦二龙山镇与建三江管理局交界处的 3000 亩"局市共建高科技示范园区"，更是推进现代化农业发展的较为典型的案例。

黑龙江省是我国玉米主产区之一，玉米产量占全省粮食总产量的 50% 左右，2019 年玉米总产量高达 3940.00 万吨（见表 4-3）。在哈尔滨、绥化、齐齐哈尔、大庆等玉米主产区，拥有中粮生化（肇东）、黑龙江龙凤玉米开发有限公司、哈尔滨大成玉米、大庆展华、大庆博润、绥化昊昌玉米等产业化龙头企业，形成了以玉米淀粉为原料的精深加工产业发展集聚区，可以生产工业淀粉、淀粉糖等玉米深加工产品 30 多种。2016~2020 年，黑龙江省玉米生产情况受到国家补贴政策及"台风、冰雹、干旱"等恶劣天气的影响，大部分农户开始选种大豆或其他农作物，从而导致玉米产量与播种面积开始不断减少（见表 4-3）。

表 4-3　2016~2020 年黑龙江玉米生产情况统计

年份	播种面积（万亩）	总产量（万吨）	单产（斤/亩）
2016	9792.63	3912.81	799.13
2017	8794.22	3703.11	842.17
2018	9476.73	3982.16	840.41
2019	8811.90	3940.00	894.25
2020	8221.00	3646.50	887.12

注：2016~2019 年为国家统计局数据，2020 年为国家统计局黑龙江省调查总队数据。

（二）林草业发展历程

黑龙江是全国重点林区和草区之一。全省森林面积 2145 万公顷（全国第 2 位），约占全国的 1/10，森林蓄积量 20.52 亿立方米（全国第 4 位），森林覆盖率 47.3%（全国第 9 位）。全省草原面积 3027 万亩，草原综合植被覆盖度 75%。全省有自然湿地面积 556 万公顷，约占全国湿地面积的 1/7，其中有 10 处国际重要湿地，居全国之首。全省有各类自然保护地 481 处，总面积 1141.31 万公顷，占全省面积的 24.1%。其中自然保护区 222 处（国家级 49 处、省级 75 处），总面积 745.77 万公顷；各类自然公园 258 处，其中森林公园 110 处（国家级 69 处、省级 41 处），面积为 248.68 万公顷；湿地公园 78 处（国家级 63 处、省级 14 处、地级 1 处），面积为 22.8 万公顷；地质公园 32 处（世界级 2 处、国家级 6 处、省级 24 处），面积为 134.5 万公顷；风景名胜区 38 处（国家级 4 处、省级 34 处）；建有东北虎豹国家公园 1 处，试点区域总面积 146.12 万公顷，其中全省内面积 44.68 万公顷。全省野生植物 2400 种，药用植物 740 种，其中国家一级保护植物 2 种，国家二级保护植物 13 种。

丰富的森林、草原、保护地和物种资源，使黑龙江省成为我国东北甚至华北重要的天然生态屏障，在维护国家生态安全、粮食安全、国土安全、物种安全、产业安全和水资源安全等方面发挥着重要作用。

（三）牧业发展历程

改革开放以来，黑龙江省畜牧业发展迅速，全省畜牧业生产水平和供给能力显著提高，彻底改变了过去畜产品极度匮乏的局面。畜牧业从家庭副业成长为农业农村经济的支柱产业。2019 年，全省肉蛋奶产量分别达到 248 万吨、109 万吨、486 万吨，分别是 1978 年的 7.1 倍、15.9 倍和 24 倍，逐渐形成了以哈尔滨市郊区及双城市、尚志市，齐齐哈尔市郊区及富裕、甘南、泰来、龙江县，大庆市郊区及杜蒙、林甸、肇州、肇源县，绥化市的安达、肇东、海伦、青冈县农垦系统等为主的年存栏 3 万头以上的规模化奶牛养殖产业带。奶粉和婴幼儿配方奶粉产量均居全国第一。全省畜禽养殖规模化、标准化、集约化进程不断加快，通过推进科学、健康养殖，生产水平、养殖效益、畜产品质量明显提升，蛋白、脂肪、菌落总数等生鲜乳指标，已达到甚至超过欧美发达国家水平。

（四）渔业发展历程

在渔业生产较高的经济效益驱动下，黑龙江省水域资源特别是大中型水域开发利用不断取得新进展。2019 年，全省养鱼水面达到 600.45 万亩。全省在以特色水产黄颡鱼、鳟鱼养殖为主的基础上，大力普及集约化养殖方式，加快池塘驯化养鱼和网箱养鱼高产技术的推广应用，实现具有全省区域特色的渔业生产规模化发展。例如，在绥化市北林区、肇东市、密山市和佳木斯市郊区等池塘养鱼先进地区，增氧机和投饵机等先进渔业机械设备的应用十分普遍，而虎林、泰来、齐齐哈尔市郊区等地生产的河蟹因品质优良全部销往辽宁等外埠市场。此外，通过推广普及无公害水产品养殖技术，无公害（绿色）水产品养殖规模不断扩大。绥化市北林区从 2006 年开始建设水产健康养殖示范区，哈尔滨市西泉眼水库也大力发展水产健康养殖，年产绿色水产品近千吨。黑河市已有"五大连池矿泉鱼"、山口湖的"鑫生"牌、爱辉区"卧牛湖"等品牌注册了商标，五大连池风景区、五大连池山口湖鱼类畅销湖南、山东、辽宁、吉林等省份及省内的哈尔滨等地，产品供不应求，渔业发展潜力大。2020 年，黑龙江省发挥其特有的资源优势，对渔业结构进行调整：整合大水面资源 100 余万亩，黑龙江省河蟹产量达到 1.4 万吨，泥鳅、鲶鱼产量分别超过 5000 吨，大白鱼、方正银鲫、大银鱼、柳根鱼、黄颡鱼产量均超过 1000 吨；建设省级示范区 20个，于第四届全国稻渔综合种养模式创新大赛中，黑龙江省 4 家企业分别荣获银奖和绿色生态奖；持续开展国家级水产健康养殖示范创建活动，打造一批绿色生态渔业发展模式，29 家生产经营主体获得国家级水产健康养殖示范场称号，全省健康养殖示范场总数达到 170 家，杜蒙县成功创建国家级渔业健康养殖示范县。

二、第二产业发展历程

改革开放初期，我国工业基础薄弱，需要大量的投资来完善和优化工业结构。随着经济的快速发展，人民生活水平日益提高，对于家电、汽车等工业产品的需求也日益旺盛。2003 年，振兴东北老工业基地战略开始实施，黑龙江省不断加大工业结构调整力度，逐渐形成了适应现代市场发展需求的装备、石化、能源和食品四大主导产业蓬勃发展的局面。作为国家重要的商品粮生产基地，依托大庆、牡丹江制造产业的基础优势，黑龙江省成为农机装备销售大省。作为黑龙江省的支柱产业之一，石化工业起步则较早。大庆有宏伟、兴化、林源三个专业化工园区，规划面积达 119.2 平方千米，经济总量在千亿元以上，水电气等公用工程配套完善，具有较强的承载能力。2009～2019 年，黑龙江省主要矿产资源储备总量逐年增加，其中煤炭和铁矿、铅矿、钨矿波动幅度较大，铜矿、锌矿、镍矿储备量则一直保持持续增长态势，镁矿储备量基本稳定（见表 4-4）。此外，黑龙江省素有"黑金子"之称的石墨资源储量丰富，累计查明石墨资源保有矿物量 2.02 亿吨，占全国的 53.16%，居全国首位。截至 2019 年底，已发现的石墨矿产地多达 63 处，其中大型矿床 9 处、中型矿床 13 处。这些丰富的石墨资源主要分布在鸡西、鹤岗、七台河、双鸭山、佳木斯及北部的大兴安岭、伊春地区，分布范围较广。其中鹤岗市萝北云山石墨矿为已发现的亚洲第一大石墨矿区；鸡西市被中国矿业联合会授予"中国石墨之都"称号。黑龙江省的石墨矿石品位高且质量稳定，已查明的石墨资源总量中 95% 以上为鳞片状晶质类型，平均品位 7%～10%，局部地段品位高达 35%，有害杂质少、埋藏浅、易采选，最适宜提取高纯石墨，工业价值高。

表 4-4　2009～2019 年黑龙江省主要矿产资源储量统计

矿产资源储量	2009 年	2010 年	2011 年	2012 年	2013 年	2014 年	2015 年	2016 年	2017 年	2018 年	2019 年
煤炭（亿吨）	217.0	217.8	195.2	197.5	204.1	202.9	198.5	198.0	199.1	198.2	198.2
铁矿（矿石）（亿吨）	3.73	3.72	3.58	3.57	3.55	4.02	4.02	4.03	4.06	3.68	3.65

续表

矿产资源储量	2009 年	2010 年	2011 年	2012 年	2013 年	2014 年	2015 年	2016 年	2017 年	2018 年	2019 年
铜矿（铜）（万吨）	377.9	379.2	424.2	424.3	422.6	424.9	425.0	425.2	425.2	573.5	317.8
铅矿（万吨）	51.9	57.9	56.0	57.6	58.7	55.5	54.8	54.7	58.0	57.5	57.4
锌矿（万吨）	165.2	180.1	189.6	191.0	189.3	186.0	185.9	185.3	192.7	190.8	190.2
镁矿（万吨）	891.3	891.3	891.3	891.3	891.3	891.3	891.3	891.3	891.3	891.3	891.3
镍矿（吨）	20319	20319	21612	21612	21612	21612	21612	21612	21612	21612	21612
钨矿（WO_3）（万吨）	19.46	19.46	18.90	18.90	18.90	18.90	16.50	16.51	16.51	15.67	15.40

资料来源：《黑龙江统计年鉴（2020）》。

经过改革开放 40 年来的发展，黑龙江省逐步建立起以能源、机械、化工、基础原材料等行业为主体的重工业占绝对优势的工业体系，但具有国际竞争力的出口制成品仍主要为劳动密集型产品，呈现显著的重型化特点，农业、轻工业和重工业三者之间的比例关系严重失调。工业发展战略逐步转变为轻工业和重工业两者之间均衡发展的战略，食品、纺织服装、家电、冶金、建材能源等行业加大发展力度。高新技术产业例如医药制造业、航空航天制造业、电子及通信设备制造业、电子计算机及办公设备制造业、医疗设备及仪器仪表制造业等也开始新兴起来。

随着工业基础建设的加强和生产能力的提高，黑龙江省主要工业品产量快速增长，涌现出一批技术含量高、市场占有率大、品牌信誉良好的名牌产品，如哈电站设备、齐一重（中国第一重型机械集团公司）等，制造业取代采矿业成为工业总产值的重要贡献力量。2017～2019 年，黑龙江省轻工业产值占工业总产值比重越来越大，达到了 30.85%；黑龙江省工业结构不断优化，轻工业与重工业的比例趋于合理，小微企业数量猛增，发展潜力巨大。从具体地区看，大型工业主要分布在哈尔滨市、齐齐哈尔市、大庆市、绥化市和七台河市，中型工业则主要分布在哈尔滨市、齐齐哈尔市、大庆市、绥化市和牡丹江市，除了上述城市以外，双鸭山市、佳木斯市的小型工业也较为发达，微型工业则以哈尔滨市、大庆市为代表。就各地区的轻工业和重工业的布局对比而言，哈尔滨市和齐齐哈尔市、双鸭山市、佳木斯市轻工业和重工业发展相对均衡，鸡西市、鹤岗市、大庆市、七台河市、牡丹江市则以重工业为主，绥化市轻工业则为优势产业（见表 4-5、表 4-6）。

表 4-5 2017～2019 年黑龙江省工业企业单位数统计

年份	大型企业（个）	中型企业（个）	小型企业（个）	微型企业（个）	轻工业企业（个）	重工业企业（个）
2017	79	389	2601	662	1793	1938
2018	81	339	2194	637	1564	1687
2019	79	348	2286	818	1664	1867

资料来源：《黑龙江统计年鉴（2020）》。

表 4-6 2019 年黑龙江省各地工业企业单位数统计

地区	大型企业（个）	中型企业（个）	小型企业（个）	微型企业（个）	轻工业企业（个）	重工业企业（个）
哈尔滨	30	106	776	215	554	573
齐齐哈尔	7	41	204	66	167	151
鸡西	3	23	102	56	83	101
鹤岗	3	23	82	22	38	92
双鸭山	3	13	99	48	67	96
大庆	13	36	293	111	178	275
伊春	1	5	48	9	34	29
佳木斯	1	21	161	90	167	106
七台河	6	15	48	21	14	76
牡丹江	4	18	178	75	107	168
黑河	1	12	76	23	43	69
绥化	6	33	206	80	208	117
大兴安岭	0	2	13	2	4	13

资料来源：《黑龙江统计年鉴（2020）》。

三、第三产业发展历程

改革开放之前，黑龙江省第三产业发展相对滞后。随着社会主义市场经济体制基本建立后，黑龙江省为实现城市的可持续发展，亟须对城市产业结构进行调整，并促进第三产业迅速发展。随着东北地区边境贸易、物流业、商贸交通业、农产品和原料加工业、旅游业等新兴产业的迅速发展，绥芬河、满洲里、黑河、珲春、五大连池、阿尔山、兴城等一批新型职能城市开始快速发展，同时还兴起了西柳、同江、抚远等以贸易、旅游、交通为主要职能的新型小城镇，而高新技术产业的发展则强化了哈尔滨、齐齐哈尔等大型城市的城市职能。

以1978年改革开放为分界线，黑龙江省第三产业的发展历程可分为1978年以前计划经济体制下的缓慢发展阶段和1978年以后第三产业的快速发展阶段。1978年以前，在计划经济体制下的黑龙江省经济发展主要倾向于重化工业，忽视第三产业的发展，导致多数服务行业发展缓慢，在国民经济中所占的比重呈下降趋势。1978年以后，黑龙江省进行了以压缩重化工业为特征的产业结构调整，重工业的发展速度开始放慢，第三产业的发展速度加快。这一阶段，第三产业发展又大致分为两个时期：

（一）1978~1991年的恢复性高速增长时期

1978~1991年的恢复性高速增长时期，黑龙江省第三产业发展的基本特点是增长速度较高，增加值比重提高较快，但是就业比重增幅不大，内部结构改善不大。如图4-1所示，黑龙江省第三产业产值由1978年的23.1亿元增加到1991年的198.5亿元，年均增长18.00%，远高于同期地区生产总值年均增速（11.96%），也高于同期第一产业年均增长速度（10.22%）、同期第二产业年均增长速度（10.63%）。黑龙江省第三产业占黑龙江省生产总值的比重由1978年的13.7%上升至1991年的27.0%，13年间上升了13.3个百分点。黑龙江省平均每年增加就业岗位15.67万个，低于第二产业每年增加15.12万个。从第三产业内部结构来看，以商贸餐饮、居民服务等传统服务业的恢复增长为主，新兴服务业发展不快。

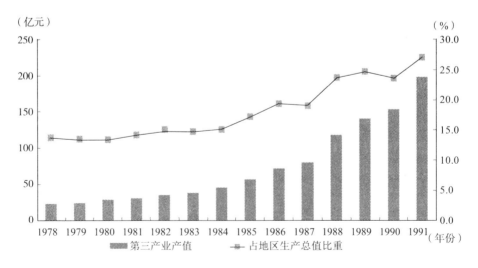

图4-1 1978~1991年黑龙江省第三产业产值及其占地区生产总值的比重

资料来源：《黑龙江统计年鉴（2020）》。

（二）1992年至今步入正常发展轨道后的较快增长时期

1992年至今步入正常发展轨道后的较快增长时期，黑龙江省第三产业发展的基本特点是总体规模扩大、对国民经济增长的贡献增加、第三产业内部结构优化等。20世纪90年代以来，党中央提出了大力发展第三产业的方针。1992年，中共中央、国务院发布了《关于加快发展第三产业的决定》。"九五"期间，当时的国家发展计划委员会发表《国家发展计划委员会关于发展第三产业扩大就业的指导意见》。2001年，国务院办公厅转发了国家发展计划委员会《"十五"期间加快发展服务业若干政策措施的意见》。党的十六大提出了"加快发展现代服务业，不断提高第三产业在国民经济中的比重"的战略方针，党的十八大又提出了"继续推进经济结构战略性调整，大力发展第三产业"的重大战略决策。党的十九大报告中指出，"支持传统产业优化升级，加快发展现代服务业，瞄准国际标准提高水平，推动数字经济等新兴产业蓬勃发展"。这些都为黑龙江省第三产业加快发展提供了有利契机。如图4-2所示，1992年以来，黑龙江省的第三产业进入了一个较快的发展时期，黑龙江省第三产业产值由1992年的228.4亿元增加到2019年的6815.0亿元，年均增长13.40%，远高于同期地区生产总值年均增速（10.78%），也高于同期第一产业年均增长速度（11.62%）、同期第二产业的年均增长速度（7.89%）。黑龙江省第三产业占黑龙江省生产总值的比重由1992年的26.6%上升至2019年的50.0%，27年间上升了23.4个百分点。2019年黑龙江省第三产业产值占黑龙江省生产总值的比重

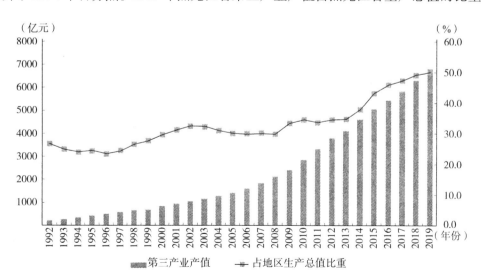

图4-2 1992~2019年黑龙江省第三产业产值及所占地区生产总值的比重

资料来源：《黑龙江统计年鉴（2020）》。

为 50.0%，远高于第一产业产值占黑龙江省生产总值的比重（23.4%）、第二产业产值占黑龙江省生产总值的比重（26.6%）。从第三产业内部结构来看，批发零售贸易餐饮业依旧占很大比重，而现代物流、金融保险、房地产、社会服务、卫生体育和社会福利、教育文化及广播电影电视等现代服务行业也得到了较快发展。

2000 年后，黑龙江省对第三产业的产业结构做了一定的调整，其中变化最大的是以交通运输、仓储和邮政业及批发和零售业为主的传统服务业，另外随着利率市场化改革和信用体系的优化，国家出台了降低企业利息、向实体企业让利等金融优惠政策，推动了黑龙江省金融业大发展。同时随着城镇化的推进，大量农村人口涌入城市从而促进了房地产业发展。

总体来看，黑龙江省第三产业发展速度较快，产值比重和就业比重都有所上升，产业结构不断优化，主要以加快发展金融保险业、信息产业、特色旅游业、教育文化艺术业等发展潜力大的行业为目标（见图 4-3 和图 4-4）。特别是自 2001 年我国加入世界贸易组织以来，出口额连年保持高增长趋势，由此第三产业带来的固定资产投资需求在整体经济中占有重要份额。黑龙江省三次产业贡献率中第一产业由 2000 年的 -5.1% 提高到 2019 年的 13.3%，第二产业由 2000 年的 74.6% 降低为 2019 年的 20.5%，而第三产业则由 2000 年的 30.5% 增长为 2020 年的 66.2%（见图 4-3、图 4-4）。其中工业贡献率在 2000~

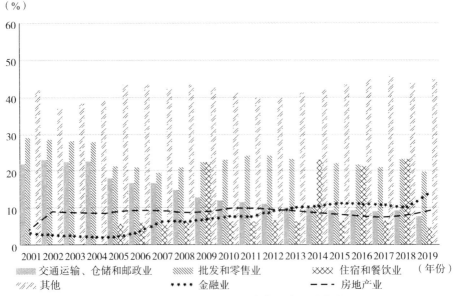

图 4-3　2001~2019 年黑龙江省第三产业结构占比

资料来源：《黑龙江统计年鉴（2020）》。

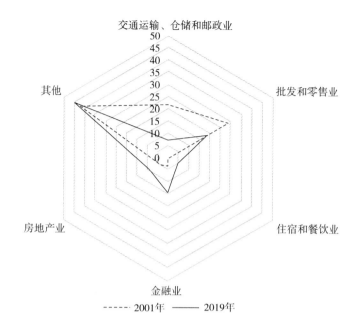

图 4-4　2001~2019 年黑龙江省第三产业结构对比

资料来源:《黑龙江统计年鉴(2020)》。

2015 年处于波动状态,并在 2015 年跌至低谷,而在 2016~2019 年又有所上升,但从总体来看呈现急剧下降趋势(见图 4-5)。可以看到,黑龙江省第三产

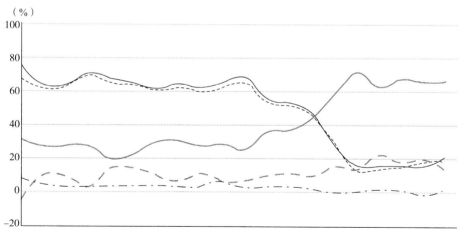

图 4-5　2000~2019 年黑龙江省三次产业贡献率

资料来源:《黑龙江统计年鉴(2020)》。

业的发展质量不高，出现了结构失衡现象。增加值最高的产业部门容纳了最低的就业人口比例，而增加值最低的产业部门中的就业人口最多。第三产业的高就业比更多是通过低层次的密集服务业来实现的，它深刻反映出城市化的繁荣泡沫。

第二节　经济发展现状特征

一、国民经济增速下滑

在经济新常态背景下，2019 年中国 GDP 增幅 6.1%，而黑龙江省实现地区生产总值 13612.7 亿元，按可比价格计算比上年增长 4.2%，增幅低于全国 1.9 个百分点。其中第一产业增加值 3182.5 亿元，增长 2.4%，低于全国平均水平 0.7 个百分点；第二产业增加值 3615.2 亿元，增长 2.7%，低于全国平均水平 3 个百分点；第三产业增加值 6815.0 亿元，增长 5.9%，低于全国平均水平 1 个百分点。三次产业结构为 23.4∶26.6∶50.0，第一、第二、第三产业对 GDP 增长的贡献率分别为 13.3%、20.5% 和 66.2%。黑龙江省人均地区生产总值实现 36183 元，同比增长 4.7%，黑龙江省 GDP 增速下降，主要问题出在第二产业特别是工业上。

二、固定资产投资增速放缓

黑龙江省固定资产投资完成额（不含农户）比上年增长 6.3%。第二产业投资增长 7.7%，其中工业投资增长 8.5%；第三产业投资增长 7.6%。国有控股投资增长 22.0%，外商及港澳台投资增长 11.1%，民间投资下降 6.3%。全年施工项目比上年增长 17.3%；新开工项目比上年下降 38.5%。建筑业增幅收窄。全年建筑业企业实现增加值 419.2 亿元，按可比价格计算比上年增长 1.8%。全省房地产开发投资 958.0 亿元，比上年增长 1.4%。商品房销售面积 1684.5 万平方米，下降 12.0%，其中住宅销售面积 1461.1 万平方米，下降 12.3%。

三、消费品市场繁荣兴旺

2019 年，黑龙江省社会消费品零售总额比上年增长 6.2%。按地域划分，城镇零售额增长 6.1%，其中城区增长 6.1%；乡村零售额增长 7.0%。从行业来看，批发业零售额增长 6.9%；零售业零售额增长 6.2%；住宿业零售额增长 2.7%；餐饮业零售额增长 6.3%。在黑龙江省限额以上单位商品零售额中，煤炭及其制品类增长 1.4 倍，饮料类增长 26.0%，体育、娱乐用品类增长 18.1%，五金、电料类增长 17.7%，中西药品类增长 13.9%，日用品类增长 11.0%。

四、利用外资增长势头良好

2019 年黑龙江省实际利用外资 5.4 亿美元，增长 15.6%，其中，外商直接投资 20.3 亿美元，下降 90.8%。在外商直接投资中，第一产业实际利用外资 657 万美元，增长 34.4%；第二产业实际利用外资 28759 万美元，下降 33.4%；第三产业实际利用外资 24908 万美元，增长 6.4 倍。这说明黑龙江对外开放力度逐步加强，新形势下利用外资仍具有较大的优势与拓展空间。

五、信贷支持力度加大

创造宽松的宏观经济环境、良好的微观经济基础，首先要有效刺激消费创造更多的信贷需求，截至 2019 年末，黑龙江省金融机构人民币存款余额 27716.7 亿元，比年初增加 2384.0 亿元。黑龙江省金融机构人民币贷款余额 21370.0 亿元，比年初增加 1124.0 亿元，其中短期贷款 1508.8 亿元，比年初增加 88.3 亿元；中长期贷款 4416.2 亿元，比年初增加 460.3 亿元。

六、市场物价涨幅开始回升

随着中国经济逐渐进入新一轮增长周期，市场物价也逐步开始恢复性回升。2019 年黑龙江省物价涨幅呈现上升之势，居民消费价格指数同比上涨 2.8%，涨幅同比上涨 0.8 个百分点，和全国涨幅保持一致，其中城市上涨 2.7%，农村上涨 3.2%。工业生产者出厂价格同比下降 1.8%，工业生产者购进价格同比上涨 0.3%。

七、科教文卫体事业蓬勃发展

科教文卫体事业的蓬勃发展，有利于惠民生、聚民心，有利于提高全民素质、促进社会和谐，有利于推动经济、政治、生态等各方面的改革和发展，加快社会主义现代化的建设进程。截至 2019 年末，黑龙江省共有科学研究开发机构 226 个，2019 年科学研究与试验发展经费支出 146.6 亿元，增长 8.6%，相当于地区生产总值的 1.08%。全年共取得各类基础理论成果 331 项，应用技术成果 1241 项，软科学成果 52 项。受理专利申请 37313 件，增长 7.9%；授权专利 19989 件，增长 2.9%。全年共签订技术合同 3799 份，成交金额 235.8 亿元，增长 38.7%。

第三节　经济发展结构特征

国民经济结构一般可以分成生产力结构和生产关系结构两大类，其中，生产力结构主要包括产业结构、就业结构、产品结构和技术结构等，生产关系结构主要包括所有制结构、投资结构、消费结构、分配结构和流通结构等。分析黑龙江省的经济发展结构可以从其所有制结构、产业结构、区域结构和城乡结构等方面进行认知。

一、所有制结构总体分析

改革开放以来，黑龙江省所有制结构发生了重大变化，由单一的国家或集体所有两种公有制形式演变为多种所有制并存，公有、非公有经济协调发展的格局。截至 2019 年末，非公有经济增加值 8742.73 亿元，比上年增长 11.1%，占黑龙江省地区生产总值的 64.2%，稳居全省半壁江山。在工业总量中，非公有经济的产值比重稳步上升，50% 左右的工业总产值由非公有经济所贡献。这种所有制结构的变化反映到经济增长速度（增长率）的结构分解上，呈现如下态势：改革开放 40 多年来，非国有工业总产值的增速一直高于国有工业的增长速度。2004~2019 年非国有工业总产值年均增速 11.9%，比同一时期国有工业的增长速度高出近 15 个百分点。但是，由于受传统经济结构的影响，黑龙江省非国有经济的整体发展呈现滞后趋势。据测算，黑龙江省国有单位从业人员占城镇从业人员的比重自 2006 年的 37.3% 降至 2019 年的 19.6%，降低了 17.7 个百分点。尽管黑龙江省国有单位从业人员比重虽有下降，但仍高于全国平均水平，可见国有单位仍是容纳社会劳动者的主渠道。虽然从业人员结构中出现了私营、个体和其他混合所有制经济，但这三类从业人员的比重均低于全国平均水平。在同期工业总产值中，非国有经济的产值贡献率也低于历年全国水平，说明黑龙江省整体经济仍然是以国有经济占绝对主导地位。

二、产业结构总体分析

改革开放以前，黑龙江省是典型的重工业主导型的产业结构，第二产业当中主要是工业的增长速度较快。1953~1980 年，黑龙江省生产总值年均增长 6.3%，而工业生产总值年均增长 10.8%，后者比前者高 4.5 个百分点。改革开放以后，黑龙江省产业结构演进逐渐趋于良性或均衡状况（见表 4-7）。1980 年黑龙江省国内生产总值 221 亿元，其中第一产业增加值 55.3 亿元，第二产业增加131.1亿元，第三产业增加值34.7亿元，三次产业比例为25∶59.3∶15.7；2000年，黑龙江省国内生产总值2855.5亿元，其中第一产业增加值375.5亿元，第二产业增加值1633.4亿元，第三产业增加值1566.4亿元，三次产业比例为13.2∶57.2∶29.6。2019年实现国内生产总值13612.7亿元，三次产业比例为23.4∶26.6∶50.0。第一、第二产业比重的下降和第三产业比重的明显攀升，说明黑龙江省产业结构正在向现代产业结构趋近。从产业内部情况来看，第一产业中，渔业发展较快，近几年年均增速已超过其他产业，成为产业增长的主要支撑。林业比重则逐步下降，第一产业抗干扰能力有所加强。第二产业中，装备、石化、食品三大主导产业的产值增长较快，能源工业有所下降，新的经济增长点不断壮大。第三产业在传统行业稳步发展的同时，新兴行业不断加速成长，旅游业发展迅速并带动了相关产业的发展，成为新的经济增长点。

表4-7　历年黑龙江省及全国生产总值结构

年份	第一产业（%）		第二产业（%）		第三产业（%）	
	黑龙江省	全国	黑龙江省	全国	黑龙江省	全国
1980	26.0	29.6	60.6	48.1	13.4	22.3
1990	24.0	26.6	52.5	41.0	23.5	32.4
2000	13.2	14.7	57.2	45.5	29.6	39.8
2010	15.5	9.3	49.9	46.5	34.6	44.2
2019	23.4	7.1	26.6	38.6	50.0	54.3

资料来源：历年《黑龙江统计年鉴》、历年《中国统计年鉴》。

与此同时，黑龙江省产业结构中也存在一些问题。总体来看，黑龙江省的三次产业走的依然是粗放型发展的路子，第一、第三产业结构调整步伐慢，限制了市场经济中企业经营活力的形成；第二产业即传统产业呈现衰落迹象，所形成的低度化的供给结构对经济增长产生逆拉动作用，这就意味着黑龙江省将陷入一个出售资源型产品等低增值型产品而采购科技型产品、轻工业产品等高增值型产品的恶性循环圈，产业结构将不断恶化，经济落后将变成必然。因此，黑龙江省产业结构调整的任务十分突出。

三、区域经济结构总体分析

黑龙江省经济的发展存在着明显的不平衡性。根据地理、资源、工业和贸易等区位因素，通常将黑龙江省分为哈大齐工业走廊、东部煤电化基地、大小兴安岭生态经济功能区和沿边对外开放区四大经济区。目前，哈大齐工业走廊、东部煤电化基地、沿边对外开放区已占全省GDP的90%，成为黑龙江省经济发展新的增长点。

　　黑龙江省四大经济区域在其发展上存在的一些问题仍值得关注，从总体上来看，无论是 GDP 总量还是人均 GDP，区域之间都存着严重的两极分化（见表4-8）。2019 年，哈大齐工业走廊哈尔滨、大庆、齐齐哈尔所创造的地区 GDP 占黑龙江省 GDP 的 65.7%，分别居黑龙江省第 1、第 2 和第 3 位，由于受传统计划经济体制强行政区划的影响，哈大齐工业走廊内的多数地方政府至今仍习惯于严格按照行政区划、使用行政手段来管制经济。经济上的"条块分割"严重阻碍了走廊经济的发展。东部煤电化基地的四大煤城鸡西、双鸭山、鹤岗、七台河所创造的 GDP 占全省 GDP 的 11.7%，分别居黑龙江省第 8、第 9、第 10 和第 12 位，由于资源赋存条件及体制、机制相同，致使该区域经济战略模式与经济、产业、产品结构雷同，整体竞争力弱等问题十分突出。大小兴安岭生态经济功能区所创造的地区 GDP 占黑龙江省 GDP 的 1.0%，居黑龙江省第 13 位，由于大小兴安岭一直存在着政企不分的问题，导致生产和经营与市场严重脱节，由于产权不清造成管理者和职工群众的工作热情、生产积极性不高，阻碍了林业的发展。

表 4-8　2019 年黑龙江各市 GDP 总量、人均 GDP

地区	哈尔滨	齐齐哈尔	鸡西	鹤岗	双鸭山	伊春	大庆	佳木斯	七台河	黑河	绥化	牡丹江	大兴安岭
GDP（亿元）	5249.4	1128.9	552.0	336.4	476.4	298.8	2568.3	762.9	231.3	578.9	1101.1	825.0	138.6
人均 GDP（元）	55175	22667	32278	33981	33844	26384	94289	32788	29913	36478	21045	32811	32744

资料来源：《黑龙江统计年鉴（2020）》。

　　区域经济发展不平衡将直接影响区域经济协调发展目标的实现和经济的增长。黑龙江省的经济结构在所有制、产业结构、区域经济结构方面都存在着一些问题，矛盾仍然十分突出。非公有制所占比重较少，公有制所占比重大；产业结构层次不高，传统产业多，新兴产业少；资源依赖型产业多，高科技产业少；第一产业比重大，但大而不强，第二产业总产值大，但大而不优，第三产业比重不断加大，但对经济的拉动力太弱。所以，要进一步提高经济增长的质量和效益，必须继续推进经济结构调整、进一步优化所有制结构，使黑龙江省经济从资源成本型向生态效益型、从单一粗放型向复合精细型、从原生松散型向市场集约型、从劳动密集型向技术先导型的方向转变。

第四节　经济发展存在的问题

新常态下的黑龙江发展，压力和动力同在，机遇和挑战并存：经济增长速度有所回落的同时仍有着巨大的发展空间和发展潜力；产业结构调整存在艰巨性的同时，也正朝着合理化演变；体制性矛盾突出的同时仍然存在新的动力和机遇。

一、经济发展动力不足

黑龙江经济在国家建设初期的倾斜政策支持下，从无到有，获得了长足的发展，经济发展速度始终位居全国前列。直到改革开放之初的1978年，除京、津、沪三个直辖市及台湾地区外，在全国27个省、市、自治区中，黑龙江的GDP总量位于全国的第二位，但到2019年，则名列全国第24位，且GDP增长速度则下降到全国平均水平以下，全国为6.1%，黑龙江为4.2%，已经位居全国倒数第一。值得指出的是，2019年，黑龙江省的城镇居民人均可支配收入低于全国平均水平，全国平均为28166元，黑龙江为22726元，比全国平均水平低5440元，在全国的排序为第22位。在经济发展大环境影响下，相同项目竞争激烈，使黑龙江招商面临巨大挑战，受气候和地域距经济腹地远的影响，吸引投资面临着严峻考验，竞价发展优势减弱，经济持续发展压力增加，导致黑龙江省经济发展速度减慢，动力下降。

二、工业发展存在短板，高新技术产业发展偏弱

在计划经济时期得到充分发展的许多重工业企业，由于长时间没有投入成本去创新，在资源日渐衰竭的情况下，物质基础也逐渐崩溃。各种主客观因素让老工业地区的许多传统工业都失去了昔日的光彩，逐渐衰落。例如，黑龙江的石油产业、林业产业因资源枯竭日益陷于困境；其他产业如矿山机械、金、轻工、纺织、制药等国有大中型企业，因产业结构老化、耗能严重，即将被市场淘汰出局。与此相伴随，工业化水平也出现下降趋势。这一现象并不是黑龙江所独有的，而是整个东北老工业基地的一个缩影。在东北老工业基地的经济结构中，与发达省份相比，黑龙江省具有广阔市场前景的高新技术产业产值规模小，比重低，缺乏对经济增长的整体带动作用。同时，黑龙江的工业产业比例失衡，能源产业抵御市场波动能力弱，容易拖累黑龙江省经济发展速度，加之新的经济增长点缺乏，无法形成新的支柱产业。

三、科技驱动创新发展优势不足

改革开放以来，国家为了进一步推进黑龙江地区的经济增长，先后投入了上千亿元的技改投资。但由于原有经济体制中一些制度因素制约，各自为政，分散决策，导致重复建设、相互掣肘的问题经常发生，投资效果并不明显。特别是在拨改贷以后，由于大部分国有企业自有资金有限，技改资金多为银行贷款，大大加重了企业负担。很多项目经过多次讨论、多方论证终获批复。但在论证期间，失去了良好的市场机遇，加之贷款导致沉重的债务包袱，致使项目投产之日，即是亏损之时。这不仅无法让企业再次恢复其原有的生命力，更是增加了银行贷款的负担。此外，黑龙江的绝大部分规模以上企业和中小企业都普遍存在创新动力不足、缺乏创新活力、缺乏创新人才和创新平台的问题，工业发展支撑能力受限，制约了经济的发展。

四、产业缺乏吸引力，劳动力持续流失

黑龙江省产业发展主要以重工业为主，产业结构发展不均衡，许多企业因违反了国家的相关政策或者缺乏竞争力而逐渐被淘汰。改革开放以来，黑龙江省第三产业得到了长足发展，其内部结构也得到了优化和提高，但还存在一些问题。在工业产值比值降低的情况下，许多大型企业都被迫缩减规模甚至停产，以致第二产业劳动力占比骤降。同时，本地再就业的第二产业失业劳动力并没有选择前景较好的第三产业从业，而是将第一产业作为二次从业选择。同时，大量高技术人才和高素质劳动力包括再就业劳动力和农村剩余劳动力大量外流，给黑龙江产业发展带来了更大阻力。

参考文献：

[1] 臧淑英. 黑龙江地理［M］. 北京：北京师范大学出版社，2014.

[2] 黑龙江省统计局. 黑龙江统计年鉴（2020）［M］. 北京：中国统计出版社，2020.

[3] 中华人民共和国统计局. 中国统计年鉴2020年［M］. 北京：中国统计出版社，2020.

[4] 黑龙江省统计局. 2020年黑龙江省国民经济和社会发展统计公报［N］. 黑龙江日报，2021-03-15（007）.

[5] 关口寿一. 满洲经济十年史［M］. 长春：伪满洲国通信社，1942.

[6] 贾诚先. 民国时期黑龙江省商办金矿［J］. 黑河学刊，1989（1）：104-106+114.

[7] 黑龙江省统计局. 黑龙江统计年鉴（1987）［M］. 北京：中国统计出版社，1987.

[8] 国家统计局. 中国统计年鉴（1983）［M］. 北京：中国统计出版社，1983.

[9] 黄彦震. 解放后黑龙江人口演变过程分析［J］. 黑龙江史志，2008（1）：8-9.

［10］董鸿扬．黑龙江省优秀精神资源学习读本［M］．哈尔滨：黑龙江大学出版社，2009.

［11］吴松弟，樊如森．近代中国北方经济地理格局的演变［M］．北京：人民出版社，2013.

［12］陈晓红．东北地区城市化与生态环境协调发展研究［D］．长春：东北师范大学，2008.

［13］赵德馨．中华人民共和国经济史纲要［M］．武汉：湖北人民出版社，1988.

［14］黑龙江省统计局．龙江六十年［M］．北京：中国统计出版社，2009.

［15］沈宏达．东北地区经济结构优化与调整战略研究［M］．北京：经济管理出版社，2002.

［16］蔡体久，姜孟霞．森林分类经营：理论、实践及可视化［M］．北京：科学出版社，2005.

［17］张晓平．改革开放30年中国工业发展与空间布局变化［J］．经济地理，2008，28（6）：897-903.

［18］王春．黑龙江省产业结构升级中存在的问题及对策研究［J］．理论观察，2010（6）：73-74.

［19］于洪雁．黑龙江省经济结构调整与经济增长关系探析［J］．北方经贸，2011（4）：64-65.

［20］张慧娣．黑龙江省经济发展问题研究［J］．中国证券期货，2012（4）：194.

［21］商长江．大众创业万众创新背景下黑龙江省经济发展问题研究［J］．商场现代化，2016（6）：125-126.

［22］黑龙江省自然资源厅．2018年黑龙江自然资源公报［EB/OL］．［2019-12-30］. http：//www.hljlr.gov.cn/zwgk/tjxx/201912/P020191230357389282063.pdf.

［23］中华人民共和国自然资源部．中国矿产资源报告2019［EB/OL］．［2019-10-22］. http：//www.mnr.gov.cn/sj/sjfw/kc_19263/zgkczybg/201910/t20191022_2473040.html.

［24］王爱丽．黑龙江社会发展报告［M］．北京：社会科学文献出版社，2018.

［25］黑龙江省统计局．2020年黑龙江省第七次全国人口普查主要数据公报［N］．黑龙江日报，2021-5-27（002）.

［26］中国民用航空局．2019年民航机场生产统计公报［EB/OL］．［2020-03-09］. http：www.caac.gov.cn/XXGK/XXGK/TJSJ/202003/t20200309_201358.html.

［27］黑龙江省人力资源和社会保障厅．2019年度黑龙江省人力资源和社会保障厅统计公报［EB/OL］．［2020-1-24］. http：//hrss.hlj.gov.cn/hrss/login/seeZcDetail.ks？id=202012246664.

［28］中共黑龙江省委．中共黑龙江省委关于制定黑龙江省国民经济和社会发展第十二个五年规划的建议［EB/OL］．［2010-10-26］. https：//wenku.baidu.com/view/b457a8ae824d2b160b4e767f5acfa1c7ab008220.html.

［29］中国发展门户网．黑龙江省国民经济和社会发展第十三个五年规划纲要［EB/OL］. ［2016-08-25］. http：//cn.chinagate.cn/reports/2016-08/25/content_39165646.htm.

［30］黑龙江省人民政府．黑龙江省人民政府关于印发黑龙江省国民经济和社会发展第

十四个五年规划和二〇三五年远景目标纲要的通知［EB/OL］.［2021-03-02］. https：//
www. ndrc. gov. cn/fggz/fzzlgh/dffzgh/202106/P020210628416237004949. pdf.

　　［31］中华人民共和国交通运输部. 中国交通运输60年［M］. 北京：人民交通出版
社，2009.

　　［32］黑龙江省发展和改革委员会. 黑龙江省现代综合交通运输体系发展"十三五"规
划.［EB/OL］.［2017-05-31］. http：//jiaotongyunshuju. harbin. gov. cn/attach/0/d46aa1ec
f4214ccaaaedcb5bc6499802. pdf.

　　［33］黑龙江省人民政府. 黑龙江省人民政府办公厅关于印发黑龙江省高等学校设置
"十二五"规划的通知［EB/OL］.［2012-11-09］. https：//www.hlj. gov. cn/n200/2012/
1109/c75-10448769. html.

　　［34］黑龙江省发展和改革委员会. 黑龙江省教育事业发展"十三五"规划［EB/OL］.
［2017-11-03］. https：//ghc. hrbfu. edu. cn/info/1142/1039. htm.

　　［35］黑龙江省卫生健康委员会. 黑龙江省卫生和计划生育事业发展"十三五"规划
［EB/OL］.［2017-09-30］. http：//wsjkw. gov. cn/pages/5eead4596df5eb2bd8008a44.

　　［36］黑龙江省旅游发展委员会. 黑龙江省旅游业"十三五"发展规划［EB/OL］.
［2018-03-19］. https：//www. sohu. com/a/227439311_505583.

　　［37］王洪章. 王洪章：东北发展面临的困难与问题［EB/OL］.［2020-11-12］. ht-
tp：//finance. sina. com. cn/zl/China/2020-11-12/zl-iiznezxs1460752. shtml.

　　［38］徐黎丽，乌日丽格. 中俄边境口岸的特点及发展优劣势反思［J］. 贵州民族研究，
2021，42（2）：52-61.

　　［39］黑龙江省自然资源厅. 矿产资源概况［EB/OL］.［2019-11-11］http：//www.
hljlr. gov. cn/zwgk/zygk/kczygk/201911/t20191111_277813. html.

　　［40］黑龙江省人民政府. 黑龙江省矿产资源总体规划（2016—2020年）［EB/OL］.
［2018-01-29］. https：//www. hlj. gov. cn/n200/2018/0328/c75-10867022. html.

　　［41］吴齐强，郝迎灿，方圆，刘梦丹. 大庆油田60多年来累计生产原油24.3亿吨当好
标杆旗帜建设百年油田（奋斗百年路　启航新征程）［N］. 人民日报，2021-02-22（004）.

　　［42］张延成. 基于遥感的黑龙江省松嫩平原黑土耕地辨识与水土流失评价［D］. 哈尔
滨：东北林业大学，2020.

　　［43］李梦圆，陈小敏，肖巧玲，李苗. 近30年来三江平原耕地面积变化分析［J］. 环
境与发展，2020，32（11）：179-181.

　　［44］黄春英. 我省渔业牵手科技共建现代渔业［N］. 黑龙江日报，2019-4-25（006）.

　　［45］闫一菲. 释放资源优势——延长产业链条龙江石墨正发力［N］. 黑龙江日报，
2018-12-28（008）.

　　［46］国家林业和草原局. 黑龙江林业草原改革发展纪实［EB/OL］.［2019-10-18］.
http：//www. forestry. gov. cn/main/72/20190930/172435450898812. html.

　　［47］姜虹，孙伟嘉. 黑龙江省土地资源现状及合理利用的建议［J］. 黑龙江八一农垦
大学学报，2009（2）：106-108.

第二篇

经济发展与产业布局

第五章　第一产业

第一节　总体发展概况

一、发展特点

（一）发展基础坚实

①产业规模不断壮大。2019 年，全省实现农林牧渔业增加值 3267.4 亿元，按可比价格计算，比上年增长 2.5%。其中，种植业增加值 2355.1 亿元，增长 2.5%；林业增加值 101.4 亿元，增长 5.1%；畜牧业增加值 664.3 亿元，增长 1.7%；渔业增加值 61.6 亿元，增长 4.1%；农林牧渔服务业增加值 85.0 亿元，增长 5.5%。全省粮食产量 7503 万吨，连续 9 年位列全国第一（见表 5-1）。畜牧、水产、蔬菜等产业稳步发展，"菜篮子"产品供应充足。②基础设施不断完善。开工建设尼尔基引嫩扩建骨干一期等一批大型水利工程，全省农田有效灌溉面积达到 617.76 万公顷。农业机械总动力 6775.1 万千瓦时，比上年增长 6.5%，农业综合机械化率达 98%，科技水平不断提升。③农民收入不断增加。农业结构调整成效显著，增收渠道进一步拓宽，农民收入保持连续快速增长势头。2019 年农村常住居民人均可支配收入 14982 元，增长 8.5%；农村常住居民人均生活消费支出 12495 元，增长 9.4%。

表 5-1　2019 年全国各省（区、市）粮食总产量

	地区	播种面积 （千公顷）	单位面积产量 （千克/公顷）	总产量 （万吨）
	全国总计	116064	5720	66384
1	黑龙江	14338	5233	7503
2	河南	10735	6237	6695

续表

	地区	播种面积 （千公顷）	单位面积产量 （千克/公顷）	总产量 （万吨）
3	山东	8313	6444	5357
4	安徽	7287	5563	4054
5	吉林	5645	6870	3878
6	河北	6469	5780	3739
7	江苏	5381	6887	3706
8	内蒙古	6828	5350	3653
9	四川	6279	5571	3498
10	湖南	4616	6444	2975
11	湖北	4609	5913	2725
12	辽宁	3489	6965	2430
13	江西	3665	5886	2157
14	云南	4166	4489	1870
15	新疆	2204	6930	1527
16	山西	3126	4356	1362
17	广西	2747	4847	1332
18	广东	2161	5743	1241
19	陕西	2999	4105	1231
20	甘肃	2581	4504	1163
21	重庆	1999	5378	1075
22	贵州	2709	3880	1051
23	浙江	977	6058	592
24	福建	822	6005	494
25	宁夏	677	5500	373
26	天津	339	6580	223
27	海南	273	5311	145
28	青海	280	3767	106
29	西藏	184	5678	105
30	上海	117	8170	96
31	北京	47	6183	29

注：不包括港澳台地区数据。

资料来源：国家统计局官网发布的《国家统计局关于2019年粮食产量数据的公告》。

（二）发展优势明显

（1）土地肥力优势。全省处在温带气候中，黑土地清凉湿润，土壤中含有的有机物质十分丰富，含有的氮磷钾量很高，普遍比华北、长江中下游位置的平原土壤所含有的肥力高 2~5 倍。

（2）水资源优势。境内河流湖泊众多，水资源总量达到 810 亿立方米，居东北、华北和西北各地区之首，是我国北方地区水资源最富集的省份。

（3）农机装备优势。农机保有量、田间作业综合机械化程度位居全国之首。特别是近年来，新型农机装备制造业快速发展，具备了研发生产大型农机装备的能力。

（4）技术人才优势。拥有东北农业大学、黑龙江八一农垦大学、黑龙江省农科院等科研教学单位 40 多所，农业科技和推广人员 4.7 万名，农业科技力量雄厚，近年已研发出一批具有全国先进水平的科技成果。

（5）产品质量优势。地处高寒高纬度地区，开发时间较晚，森林、草场、湿地资源丰富，生态环境良好，具备开发有机食品和绿色食品得天独厚的条件，绿色无公害食品认证面积、实物生产总量连续多年位居全国之首，安全优质的农产品在国内外市场有较高的知名度和占有率。

（6）产业基础优势。形成了以粮食、畜牧产品、山特产品为主的农产品加工体系，拥有一批国内外知名的大型农产品加工企业集团，对全省农业产业化经营具有较强的拉动作用。

（7）农垦示范优势。黑龙江垦区耕地占全省的 1/5，是国内耕地规模最大、机械化水平最高、综合生产能力最强的国有农场群，农业机械化、标准化、规模化和产业化走在全国前列，粮食生产达到世界先进水平。

（三）发展潜力巨大

①资源利用潜力。全省通过进一步合理开发利用中低产田、后备耕地和宜渔水面，实施草场和林地改造，加强农田水利设施建设，提高水资源利用率，能够有效提升农业综合生产能力。②结构调整潜力。通过推进农业结构战略性调整，优化生产力和区域布局，将进一步放大黑龙江省优质粮食、畜产品、蔬菜、特色种植养殖和农村新型服务等产业的比较优势，能够促进农村各产业协调发展，实现优化结构增产增效。③单产提高潜力。通过加快土地流转和规模经营步伐，全面实施大农机作业，推行现代农业耕作制度，推广标准化和规模化种养技术，推进农业科技进步，能够进一步提高粮食、蔬菜、畜禽单产水平。

（四）发展机遇凸显

①战略导向机遇。中央明确提出"在工业化、城镇化深入发展中同步推进农业现代化"的发展战略，在这一大背景、大趋势下，黑龙江省推进城乡统筹

和加快建设现代化大农业的力度必将不断加大。②政策强化机遇。中央强农惠农富农政策体系将不断完善，扶持力度不断加大，黑龙江省将在粮食主产区生态和利益补偿、农业基础设施建设、农产品精深加工等方面得到更多的政策和资金支持，加快建设现代化大农业的外部条件将更加有利。③深化改革机遇。黑龙江省松嫩平原、三江平原现代农业综合改革试验区将上升到国家战略层面，通过开展先行先试，加快转变农业发展方式，能够有效破解制约快发展、大发展的诸多体制性障碍，加快建设现代化大农业的内生动力更加强劲。

（五）发展任务艰巨

①基础设施弱的问题依然突出。农业基础设施建设滞后，特别是缺少大型水利工程和大型农机装备，抵御自然灾害的能力不强，粮食持续稳定增产的基础不稳固。②服务能力低的问题依然突出。黑龙江省农业技术推广、农产品质量检测、动植物疫病防控、农业信息、农资供应、农村金融保险等社会化服务体系条件和能力建设滞后，制约了现代化大农业发展。③产业链条短的问题依然突出。农产品原字号出售和粗加工比重大，产业链条短，精深加工率、附加值和综合效益偏低，资源优势未能转化为产业和经济优势。④经营规模小的问题依然突出。农业生产的组织化、规模化、市场化、专业化程度较低，小规模、分散经营的生产方式难以适应现代化大农业发展。⑤粮食生产与流通能力不匹配的问题依然突出。粮食仓储、烘干、加工、物流等基础设施落后，粮食保管和运输成本高；市场体系建设滞后，粮食顺畅流通压力较大。

二、发展战略及方向

（1）坚持把提高粮食综合生产能力作为主攻重点。继续强化政策扶持，充分调动农民种粮和基层抓粮积极性，深入实施千亿斤粮食产能工程，集中生产要素投入，优化生产布局与品种结构，依靠科技主攻单产和改善品质，稳步提升粮食综合生产能力，打造国家优质、安全、可靠的"大粮仓"。

（2）坚持把增加农民收入作为核心任务。进一步加大农业结构调整力度，通过区域化布局、标准化生产、市场化营销、产业化经营、职业化从业，拓宽农民工资性和财产性收入渠道，促进农民持续快速增收。

（3）坚持把创新体制机制作为内生动力。稳定以家庭承包经营为基础、统分结合的双层经营体制，不断深化农村改革，创新农村经营体制机制，大力发展股份制农业，推进农村土地使用权流转，发展适度规模经营，加快农业发展方式由粗放型向集约型转变，经营形式由一家一户分散经营向种养大户、家庭农牧场、专业合作社规模经营转变，增强农村经济发展活力。

（4）坚持把推动科技创新作为重要支撑。强化现代农业科技支撑体系建设，加快农业农村科技人才培养，促进农业劳动者由传统农民向新型职业农民转变，切实提高农业科技创新能力和科研成果转化应用水平，促进农业增长向主要依靠科技进步、劳动者素质提高和管理创新转变。

（5）坚持把统筹协调发展作为根本要求。正确处理资源保护与合理开发、结构调整与环境承载、粮食增产与农民增收之间的关系，统筹城乡经济社会一体化发展，统筹农业与农村、人与自然协调发展，保护农业生态环境，促进农业可持续发展。

第二节　农业地理分区

一、两大平原农业综合改革试验区

（一）总体概况

为进一步保障国家粮食安全、探索新型农业生产关系，黑龙江提出建设"黑龙江两大平原农业综合改革试验区"（以下简称试验区），2013年6月获国务院批准上升为国家发展战略规划。黑龙江省松嫩平原、三江平原是我国黑土资源的主要分布地区，位于黑龙江腹地，是世界仅存三大黑土资源分布区之一，包括11个市的51个县（市、区），面积28.9万平方千米，占全省面积的63%。

三江平原主要位于黑龙江东北部，是黑龙江、松花江、乌苏里江汇流的三角地带和穆棱河流域，即西起小兴安岭，东至乌苏里江，北邻黑龙江，南达兴凯湖。三江平原总面积为12.5万平方千米，占黑龙江省面积的27.2%，平均海拔在100~200米，地理区位位于N43°49′55″-48°27′40″，E129°11′20″-135°05′26″。三江平原主要行政区划包括：鹤岗市区及萝北县、绥滨县；佳木斯市区及桦南县、汤原县、桦川县、富锦市、同江市、抚远市；双鸭山市区及集贤县、宝清县、友谊县、饶河县；七台河市区及勃利县；鸡西市鸡东县、虎林市、密山市。黑龙江松嫩平原主要位于黑龙江省中西部，包括黑龙江松嫩低平原、高平原和嫩江流域上游山地，总面积为16.4万平方千米，占黑龙江省总面积的35.7%，平均海拔高度在100~200米，地理区位位于N43°48′-49°10′，E122°05′-128°37′。黑龙江松嫩平原区域现辖30个县（市），主要包括：哈尔滨市区、木兰县、呼兰区、宾县、五常市、阿城区、巴彦县和双城区；西部城市齐齐哈尔市区、讷河市、拜泉县、依安县、富裕县、甘南县、克山县、龙江县和泰来县；大庆市区、肇源县、肇州县、林甸和杜尔伯特蒙古族自治县；绥化市区、望奎县、青冈县、海伦市、肇东市、明水县、兰西县、安达市、绥棱县、庆安县。

两大平原农业综合改革试验区耕地面积 1.62 亿亩，占全省耕地面积的80%；粮食产量占全省的90%，占全国商品粮的8.8%，是我国重要的粮食主产区和商品粮生产基地。在"两大平原"开展现代化农业综合配套改革试验，是2013 年以来国家开展的唯一涉及农业生产关系的重大调整和变革，已纳入国家综合配套改革试验区管理。综合配套改革试验为黑龙江省加快发展带来了难得的机遇。它既是进一步释放农业发展潜力，保障国家粮食安全的现实需要，也是巩固和完善农村基本经营制度，探索农业现代化与工业化、信息化、城镇化协调发展的重大举措，具有十分重大的意义。

（二）发展目标

一是两大平原区粮食总产量占全省的90%以上；二是两大平原区畜牧业、劳务产业、绿色食品产业规模进一步扩大，质量效益有新的提高，对经济发展牵动能力大幅度增强；三是两大平原区农民人均纯收入增幅高于全省平均水平1.5 个百分点。四是深化农林试点改革。

（三）发展任务及重点

以提高农业综合生产能力、确保国家粮食安全、确保农民持续增收为目标，将牢牢守住农村基本经营制度和生态环境保护的底线，坚持走合作经营道路，着力破解制约现代农业发展的体制机制问题和深层次矛盾，努力把试验区建成国家商品粮基地核心区、绿色食品生产样板区、高效生态农业先行区和统筹城乡发展先导区，加快推动黑龙江省由农业大省向农业强省转变。

重点从加快构建现代农业产业体系、创新农业生产经营主体、深化农村土地管理制度改革、创新农村金融保险服务、大力推进农业科技创新和应用、搞活农产品市场流通、加快水利建设与管理体制改革、加强生态建设与保护、完善农产品质量安全体系、加快城乡一体化发展、完善农业支持保护政策等方面细化分解改革试验任务，谋划和设计区域布局、实施路径和方法。其主要任务有以下六个方面：一是加快构建现代农业产业体系。科学发展优质高效种养业，抓好玉米、水稻、大豆、小麦等优势产业带建设。重点发展"两牛一猪"，兼顾发展其他畜禽和水产养殖业。大力发展绿色食品产业，重点搞好大米、山特产品、水产品和蔬菜等产品的系列开发。积极发展农产品精深加工，打造全产业链经济。二是创新农业生产经营主体。培育农民合作组织、专业大户、家庭农场和农业企业四种经营主体，逐步建立起以农民合作组织为主体、以专业大户和家庭农场为两翼的新型农业生产经营体系。加快土地流转，促进土地规模化经营，增强农业抗风险能力和市场竞争力。新型农业生产经营主体带动农户覆盖面达到80%以上。深化农村土地管理制度改革，优化城乡用地结构。三是提高农业综合生产能力。大力兴水用水，创新管理体制和投资主体，加强水利基础设施建设，推进水价改革，实现水资源优化配置。发挥农业科技的支撑作用，加快农业科技服务合作化、社会化步伐。提高现代农业装备水平，提高田间综合机械化程度和农机装备省内配套率。四是强化农业社会化服务。搞活农产品市场流通，创新农产品流通方式和交易方式，培育壮大多元化市场流通主体。完善农产品质量安全体系，树立绿色有机品牌，实现从农田到餐桌全程质量控制，打造全产业链的食品安全品牌。建立健全农村金融服务体系，创新农村金融产品和服务，增强金融保障能力、拓宽农业保险形式。五是加快城乡一体化发展。加大社会公共服务和社会保障体系投入，在规划布局、公共服务、社会保障、城乡就业上，探索建立在现代农业基础上的城乡一体化发展之路。六是完善农业支持保护政策。增加资金投入，建立完善粮食生产和生态补偿机制等支持保护政策体系，调动政府抓粮和农民种粮积极性。

二、两大林业基地

（一）黑龙江省森工林区

黑龙江省森工林区经营总面积1009.8万公顷，占全省面积的22%；有林地面积846万公顷，占全国国有林面积的11.7%；活立木总蓄积7.7亿立方米，占全国国有林区的31%；森林覆盖率83.9%。分布在小兴安岭、张广才岭、老爷岭、完达山等山系的广袤森林，是东北亚陆地自然生态系统的主体之一，是东北大粮仓的天然生态屏障，是六大水系（黑龙江、乌苏里江、松花江、嫩江、牡丹江、绥芬河）主要发源地和涵养地，生态地位十分重要。

黑龙江省森工总局下辖伊春、牡丹江、松花江、合江4个林管局，40个林业局，627个林场（所）和林产工业企业，以及林机修造、公检法司、科研院所、文教卫生、森林调查、建筑施工等处级以上企事业单位140个。林业人口155.8万，职工36.9万，离退休人员24.8万。40个林业局跨全省10个地市、37个县（市）分布，其中跨省分布的有4个局，跨2个以上县（市）分布的有19个局。

黑龙江省森工为国家做出了巨大贡献。在生态建设方面，坚持以营林为基础的方针，大力进行人工造林，人工造林保存面积达到293.8万公顷。在经济发展方面，木材产量最高时占全国的33.5%，累计为国家生产木材5.19亿立方米，占全国产量的21%；上缴利税119亿元。这些木材装入60吨标准火车皮，首尾相接，可绕地球三圈多。在社会发展方面，在昔日人迹罕至、基础设施几近于零的原始林区，建起了星罗棋布的小城镇。经过70多年的艰苦创业，形成了比较完备的林业生态体系、比较发达的林业产业体系、比较完善的林区社会体系。

（二）大兴安岭林区

大兴安岭林区是国家重点林区，总经营面积为803万公顷，林业经营面积为790万公顷，有林地面积678.4万公顷，森林覆盖率81.23%，活立木蓄积5.38亿立方米，是国家生态安全重要保障区和木材资源战略储备基地，每年仅制氧纳碳、涵养水源、吸收二氧化硫、滞尘和杀菌等生态服务价值就达1940亿元。林下适生经济植物540多种，药材1475种，蓝莓、红豆、偃松储量丰富，年允收量分别达到1.4万吨、1.4万吨和900吨，是享誉国内外的"中国野生蓝莓之乡"。大兴安岭自1964年开发建设以来，累计为国家提供商品材1.3亿立方米，上缴利税78亿元，为国家经济建设做出了巨大贡献。

2014年4月，黑龙江省森工和大兴安岭森工两大国有重点林区已全面停止商业性采伐。

第三节　发展与布局

一、粮食作物生产与布局

（一）粮食作物种植结构现状

（1）粮食播种面积持续增加。黑龙江省农作物总播种面积由2005年的1008.3万公顷扩大到2019年的1477万公顷，面积增加468.7万公顷，平均每年增加31.2万公顷。其中粮食作物播种面积由865.1万公顷扩大到1433.8万公顷，增加面积568.7万公顷，平均每年增加37.9万公顷，占农作物播种面积的比重由85.8%提高到97.1%。从各地区来看，建三江、红兴隆和牡丹江粮食作物播种面积排在前三，分别为748811公顷、499636公顷和445673公顷，分别占各地区总播种面积的100.0%、99.1%和98.7%。

（2）主栽高产作物明确。黑龙江省的粮食种植结构以水稻、玉米、大豆、小麦四大作物为主，尤其是玉米和水稻发展速度较快。2019年，全省水田面积发展到381.3万公顷，玉米面积587.5万公顷，两大高产作物面积合计达到968.8万公顷，占粮食总面积的67.6%，大豆播种面积427.9万公顷，产量达到780.8万吨。

（3）主要粮食作物种植日趋集中。2019年，黑龙江省水稻播种面积主要集中在农垦系统中的宝泉岭、红兴隆、建三江、牡丹江，占全省的92.66%；小麦播种面积主要集中在农垦系统中的北安和九三地区,占全省的92.76%;玉米播种面积主要集中在农垦系统中的红兴隆、宝泉岭、牡丹江和北安,占全省的73.38%;大豆播种面积主要集中在农垦系统中的北安、九三和红兴隆等地区,占全省的68.49%。

(二)粮食种植结构存在的问题

(1)作物结构不够合理。长期以来,黑龙江省粮食生产一直是单元结构,近年来虽然经多次调整,但效果不佳。目前在全省粮食作物中小麦播种面积过少。只有北部高寒地区小麦面积比重较高,但单一种植还很严重。国营农场多局限于稻、豆粮食作物生产,结构明显单一。

(2)作物布局不够均衡。①北部大兴安岭地区小麦比重过大,造成作物单一种植,农田生态条件恶化。②东部三江平原大豆种植比例偏大,重迎茬严重,破坏了当地用养结合的轮作制度。③西部地区个别县玉米种植面积过大,需要调整。

(3)品种及品质结构调整有待改善。从几次品种结构调整来看,大多是适应性调整,而不是提高科技含量的战略性调整,"重数量、轻质量"的现象严重。

(三)粮食作物的布局与优化

1. 大豆

黑龙江省大豆主产区为农垦总局、齐齐哈尔、黑河、哈尔滨、绥化和佳木斯地区,其中农垦总局种植规模最大,约占全省总产量的1/3。大豆主产市县为巴彦、克山、克东、拜泉、海伦、讷河、嫩江、富锦、北安、林口、五大连池。

黑龙江省大多数地区都适合进行大豆生产,是大豆生产的优势产业地带。依照规模连片、重点突出,并考虑全省大豆面积大、分布广的实际,对黑龙江省大豆生产区域进行布局,还应该坚持相对集中的原则,既要集中落实,又要发挥辐射带动作用,以拉动全省大豆产业整体快速发展。具体来看,黑龙江省大豆生产区域布局如下:

(1)高油大豆生产区域分布。根据农业部《高油大豆优势区域发展规划》,黑龙江省高油大豆松嫩平原优势区,包括哈尔滨、绥化、齐齐哈尔、大庆、黑河、伊春6个地区的38个县(市、区),其中重点发展24个县(市、区);三江平原优势产区,包括哈尔滨、牡丹江、鸡西、七台河、双鸭山、佳木斯、鹤岗7个地区的23个县(市、区),其中重点发展16个县、市。结合黑龙江省实际,将高油大豆生产具体分为5个区域,共42个县(市、区、场)。其中,南部种植区包括:宾县、巴彦、木兰、尚志、阿城、呼兰、穆棱、海林8个县市;中部种植区包括:海伦、北林区、望奎、庆安、绥棱、兰西、依兰、林甸共

8个县（市、区）；西部种植区包括：讷河、拜泉、依安、克山、克东、龙江和监狱管理局老莱农场共7个县（市、场）；东部种植区包括：富锦、同江、桦川、绥滨、集贤、宝清、饶河、勃利、虎林9个县、市；北部种植区包括：五大连池、北安、爱辉、逊克、嫩江、孙吴、嘉荫、塔河、大兴安岭大杨树及岭南共10个县（市、区）。

（2）高蛋白大豆生产区域分布。具体分5个区域，共32个县、市。其中，南部种植区包括：宾县、五常、巴彦、呼兰、延寿、尚志、林口、海林、宁安9个县、市；中部种植区包括：海伦、北林、望奎、绥棱、庆安、青岗、明水、依兰、汤原9个县、市；西部种植区包括：讷河、甘南、克山、克东、拜泉、林甸6个县、市；东部种植区包括：富锦、桦南、密山3个县、市；北部种植区包括：五大连池、北安、逊克、嫩江、嘉荫5个县、市。

2. 玉米

黑龙江省玉米主产区为哈尔滨、绥化、齐齐哈尔地区，面积约占全省的1/2，产量约占全省的55%。其中，双城、呼兰、巴彦、肇东、北林区、五常、青冈、拜泉、桦南、宾县、海伦、依兰是黑龙江省传统玉米主产市、县。根据农业部《专用玉米优势区域发展规划》，黑龙江春玉米优势区共有40个县（市、农场），主要分布在黑龙江南部和中部，主要包括：双城、肇东、巴彦、龙江、海伦、呼兰、肇州、五常、宾县、兰西、青冈、依兰、拜泉、望奎、富锦、阿城、安达、明水、桦南、泰来、富裕、林口、木兰、肇源、汤原、林甸、桦川、尚志。优势区内重点推广饲用（粒用）、青贮、高油及优质蛋白等专用饲料玉米和高淀粉、加工型糯玉米等专用加工玉米品种。

3. 水稻

黑龙江省水稻主产区为农垦总局、哈尔滨、佳木斯、绥化和齐齐哈尔等地区，总产占全省水稻总产的90%以上。五常、富锦、庆安、北林区、桦川、虎林、密山、尚志是黑龙江省著名水稻产区，年产量都在20万吨以上。依据比较优势，结合各地的实际条件，确定黑龙江省水稻生产布局，具体如下：西部地区包括五常、通河、方正、尚志、延寿、木兰、阿城、庆安、兰西、依兰、绥棱、肇源、望奎、海伦、铁力、肇东、讷河、巴彦、克东、林甸；东部地区包括桦南、密山、鸡东、汤原、桦川、富锦、虎林、宁安、饶河、萝北、绥滨、集贤、宝清、同江。此外，哈尔滨以五常、尚志、方正为主构建水稻产业带；绥化以庆安、北林区、绥棱为主构建优质水稻产业带；齐齐哈尔以龙江、泰来、克东为主构建产业带。

4. 小麦

黑龙江省小麦主产区为农垦总局、黑河、齐齐哈尔、佳木斯地区，其中，农垦总局播种面积和产量均占全省一半以上，产量约占全省的 2/3。富锦、嫩江、五大连池、讷河、克山、桦川、拜泉为黑龙江省小麦主产市、县。根据农业部《专用小麦优势区域发展规划》，黑龙江省小麦产业带如下：一是大兴安岭沿麓专用小麦优势产业带，主要包括黑龙江西北部的大兴安岭、黑河、齐齐哈尔 3 个地区、8 个市县；二是东部三江平原专用小麦优势产业带，主要包括佳木斯的桦川、富锦及垦区九三、北安两个管理局。这些地区是全国重要的商品春小麦生产基地，土地肥沃，生态条件适宜，具有发展我国面包用硬红春小麦的生态资源优势。

5. 其他粮食作物

（1）谷子、高粱。黑龙江省谷子生产布局主要集中在大庆、绥化、齐齐哈尔和哈尔滨等地区。黑龙江省高粱生产集中在大庆、绥化和齐齐哈尔等地区。根据黑龙江省杂粮良种生产基地布局结构来看，谷子和高粱生产在龙江、泰来、杜蒙、肇源等地应该优先发展。

（2）马铃薯。黑龙江省马铃薯主要生产地区为：大兴安岭、齐齐哈尔、黑河，具体包括克山、克东、依安、拜泉、北安、讷河、嫩江、加格达奇等地；七台河、绥化、大庆、哈尔滨，其中绥化以望奎、北林区、明水、海伦等地为主。

二、经济作物生产与布局

2019 年，黑龙江经济作物呈现出优势经济作物面积增加、传统经济作物面积减少、总播种面积减少的趋势。2019 年，黑龙江省经济作物总播种面积 42.8 万公顷，占农作物总播种面积的 2.9%，比 2005 年减少 11.3%，总产量 191.9 万吨，比 2005 年增加了 218.9%。

蔬菜、食用菌播种面积 14.1 万公顷，比 2005 年减少 55.9%，其中，哈尔滨、齐齐哈尔、大庆、佳木斯、牡丹江、绥化播种面积较大，占全省播种面积的 85.3%，绥化播种面积最大，达到 3.6 万公顷。

瓜果类面积 4.2 万公顷，比 2005 年减少 61.8%，其中，哈尔滨、齐齐哈尔、双鸭山、大庆、牡丹江、绥化和农垦总局播种面积较大，占全省播种面积的 89.4%，绥化播种面积最大，达到 0.49 万公顷。

药材快速增长达到 7.1 万公顷。甜菜播种面积 0.9 万公顷，白瓜子播种面积 2.6 万公顷，向日葵播种面积 0.2 万公顷，亚麻面积 0.2 万公顷，烟草 1.0 万公顷。上述经济作物种植面积较大的地区主要集中在哈尔滨、大庆、牡丹江和绥化等地区。

另外，黑龙江省具有寒地特色的经济作物如小浆果、白瓜子等在国际和国内市场已经占据了一定的份额，并以其食品安全性高和品质优良备受市场青睐，出口量每年都有所增加，形成了黑龙江省独特的优势经济作物。

三、林业生产与布局

（一）森林资源特点

①黑龙江省森林资源主要分布在东部和北部，松嫩平原和三江平原森林较少，生态环境比较脆弱，全省尚有30个覆盖率低于全国覆盖率水平的县（市）。②森林龄组结构不合理，用材林可采资源比重小。黑龙江省现有森林资源幼、中龄林面积、蓄积分别占用材林的83.7%和75.3%，成过熟林面积、蓄积仅占用材林的7.9%和11.8%。③林分生产力低。林分每公顷蓄积量仅为71.3立方米。④国有比重大，集体比重小。国有森林面积占93.2，集体森林面积仅占6.8%。⑤天然林比重大，人工林比重小。天然林面积占79.7%，人工林面积占20.2%。⑥人均占有森林数量较高。黑龙江省人均占有林地面积约为0.70公顷，人均占有蓄积约为44.8立方米（中国人均占有林地面积约为0.02公顷，人均占有蓄积约为9.048立方米）。

（二）林业生产与主要林区

黑龙江林区是全国重要的林业生产基地，素有大森林的美称。全省林业经营总面积3375万平方米，由森工集团、大兴安岭林业集团和省林业厅管理。省林业厅管理13个市（地）、68个县（市）及10个有林行业，经营总面积占全省经营总面积的49.3%。森工集团下设4个管理局、40个林业局、17个林产工业企业及林机修造、建筑施工、科研院所、森林调查、商粮服务、文教用品、公检法司等县团体以上企事业单位140个，林区主要分布在小兴安岭、张广才岭、老爷岭和完达山等山系，经营总面积1009.8万公顷，占全省经营总面积的31.7%，约占黑龙江省国土面积的1/4（见表5-2）。大兴安岭集团下设8个林业局，林区分布在大兴安岭山地，经营总面积占全省经营总面积的19%。

表5-2 黑龙江省森林资源

系统、主要市（地）	林地面积（万公顷）	有林地面积		活立木总蓄积量（亿立方米）
		规模（万公顷）	占全省百分比（%）	
合计	2617	2125	100	19.28
地方林业	1019	734	34.50	6.21
黑河	307.7	207	9.70	1.26
哈尔滨	111	91.3	4.30	0.9
牡丹江	76.2	57.4	2.70	0.49

续表

系统、主要市（地）	林地面积（万公顷）	有林地面积		活立木总蓄积量（亿立方米）
		规模（万公顷）	占全省百分比（%）	
齐齐哈尔	56.4	38.6	1.80	0.36
鸡西	51.6	36.3	1.70	0.32
佳木斯	55.4	27.2	1.30	0.27
绥化	33.9	21.6	1.00	0.25
双鸭山	26.4	20.7	1.00	0.18
鹤岗	26	20	0.90	0.19
大庆	22.4	16.7	0.80	0.16
七台河	17.6	14.3	0.70	0.13
省森工总局	627	551	26	5.74
伊春	382	307	14.40	2.9
大兴安岭	595	533	25.10	4.43

资料来源：《黑龙江统计年鉴（2020）》。

黑龙江省共有三个植物区和三个亚区。一是大兴安岭植物区；二是小兴安岭—老爷岭植物区，该植物区又被具体分为老爷岭亚区、穆棱—三江平原亚区以及小兴安岭—张广才岭亚区；三是松嫩平原植物区。省内植物资源的种类繁多，森林树种有百余种，高等植物有 2000 余种，其中森林树种百余种，材质优良，利用价值高的有 30 余种，如红松、落叶松、樟子松、云杉、冷杉、水曲柳、黄菠萝、胡桃楸、椴、槭、榆、栎、杨、桦等，目前已经初步形成了以营林、木材生产、林产工业等多种经营为主的森林工业体系和林区社会体系。

四、畜牧业生产与布局

（一）发展概况

改革开放 40 多年来，社会经济不断发展，人们生活水平显著提高，消费结构持续调整，人们对肉蛋奶类食品的需求快速增长，有效拉动了畜牧业的快速发展，畜牧业经济取得了令人瞩目的成就，畜牧业在农业和农村经济中的地位也更加突出，作用更加明显。畜牧业是满足城乡市场供应、提高人民生活水平、维护国家战略安全的重要产业。利用种植业资源优势大力发展规模化畜牧养殖，再依托规模化养殖优势推进生物有机肥生产，通过有机肥还田提高种植业产量，继而再为养殖业提供优质原料，可实现粮多、肉多、肥多的生态循环之路，是资源可持续利用、农业可持续发展的有效途径。

多年来，黑龙江省畜牧业稳步发展，产业规模迅速扩大，产业素质持续提高，核心竞争力不断增强，重点发展奶牛、肉牛、生猪三大主导品种，全省深入推进《黑龙江省五千万头生猪规模化养殖战略工程规划》与《黑龙江省千万吨奶战略工程规划》的"两个千万工程"建设，截至 2019 年底，全省肉、蛋、奶产量达到 237.1 万吨、114 万吨和 465.2 万吨，同比增长 -3.97%、4.59% 和 2.04%，牧业产值增长 1.91%。畜牧业的长足发展，为调整优化黑龙江省农业和农村经济结构、维护国家食品安全、促进农民增收做出了重要贡献。

（二）畜牧业生产类型及布局

1. 农区畜牧业

黑龙江省农区以耕作业为主要农业生产部门，其畜牧业生产在全省畜牧业中占主导地位，在农区大农业生产中的地位也在逐步提高。目前农区饲养的牲畜主要种类有猪、牛、羊、驴等，全省肉类总产量的 95% 以上和鲜奶的 80% 以上来自农区。禽蛋和禽肉更是主要由农区提供。农区不仅有大量可开发利用的草山草地，而且农区是饲料粮的主要产地。

黑龙江省农区畜牧业以养猪为主，分布广，数量多。全省生猪存栏和出栏量分别为 1371.2 万头和 1790.0 万头，分别比上年增长 16.9% 和 5.2%；牛和羊出栏量分别为 289.4 万头和 788.7 万只。饲养量较大的地级市有绥化、哈尔滨、齐齐哈尔、佳木斯、大庆和牡丹江等。

农区畜禽养殖一般以舍饲为主，经营管理的集约化水平相对较高，生产比较稳定。由于农区畜牧业发展对种植业尤其是粮食生产的依存度高，所以粮食收成的丰歉与畜牧业的发展有密切关系，粮食主产区和余粮较多的地区，畜牧业发达程度也相对较高。

2. 牧区畜牧业

黑龙江省牧区集中分布在松嫩平原地区，草原和草场是牧区发展畜牧业的主要物质基础。黑龙江省目前拥有草原 3027 万亩，草地类型以草甸类草地和干草地为主，草地植被覆盖度平均约 70%。黑龙江省的牧区畜牧业的畜群构成，首先是以羊占有绝对优势，其次是牛。所产肉类和奶类以自给和提供给大中城市为主。黑龙江省牧区畜牧业生产仍处于自然放牧利用向集约化经营的过渡时期，已利用的草地中，人工草地和围栏草场比例较低，以天然草地的放牧利用为主，总体生产水平还比较低，有待进一步提高。

3. 城郊畜牧业

城郊畜牧业，也称城市型畜牧业，主要指城市郊区的畜牧业，也包括受城市市场影响较大，主要为近邻城市服务的非城郊地区的畜牧业。城郊畜牧业与一般农区畜牧业相比，有较大的差异性。城郊畜牧业生产副食品，在城郊农业中占有很高的地位，其生产总规模更多地取决于城市市场对畜产品的需求，而较少受制于当地粮食和饲料生产规模。畜产品中禽、蛋、奶等产品的生产比重较高，特种畜禽养殖也有一定发展，不同于农区以猪为主、牧区以牛羊为主的生产结构。此外，城郊畜牧业对产品的质量和品种要求很高，而且需均衡生产，均衡上市。因此，城郊畜牧业中各种国有和集体经营的规模化饲养场相当多。相比之下，农区畜牧业仍以户养小规模生产为主。

五、水产业发展与布局

（一）发展概况及特点

1. 水产养殖业突飞猛进，渔业生产力不断提高

养鱼水面不断扩大，2019 年达到 600.45 万亩，较上年增长了 2%；水产品产量持续上升，2019 年达到 64.83 万吨，较上年增长了 3.84%。

2. 调整和优化结构，渔业经济实力不断增强

拓宽生产经营领域，由单一渔业向多元渔业方向发展。2019 年，全省以稻渔结合为主的综合种养面积发展到 88.8 万亩，并向"垄稻沟鱼""稻、鱼、饵"和"稻、鱼、鸭"深层次发展，以鱼畜禽结合为主的综合养鱼面积发展到 30 万亩。另外，黑龙江省边境渔业资源优势凸显，具有少数民族特色的水产品加工工艺代代相传，各地将水产品传统加工方法和现代加工工艺相结合，创建了"黑瞎子岛"牌、"东龙鲟"牌等著名水产品品牌。赫哲族利用鱼皮制作的鱼皮画和服饰等手工艺品更是享誉全国。同时，各地充分挖掘渔猎文化资源，通过举办开湖节、冬捕节、垂钓大赛等系列活动，讲述边境民族地区渔猎文化，使休闲渔业得到长足发展，转变了渔民传统"猫冬"观念，全省冰雪渔业经济逐渐掀起热潮。

（二）基地建设与布局

黑龙江省具有丰富的水域资源，全省水域总面积 3498 万亩，水产养殖面积 2018 年已发展到 600.5 万亩，位列全国第六，且水面类型多，其中：池塘 163.1 万亩，湖泊 185.4 万亩，水库 211.2 万亩，其他 40.8 万亩，发展渔业生产的水域资源条件优越。依据全省水面资源分布特点，围绕产业重点和优势产品，黑龙江省水域资源可分为三大类水产业产业化基地：

1. 外向型渔业基地

在西部的大庆市、齐齐哈尔市、安达市，东部的宁安县、密山市、桦南县，中部的海伦市，北部的五大连池市，形成了以出口创汇为主的大银鱼生产基地，并在发展中逐步形成契约式经营的大银鱼生产出口企业集团。同时，充分利用并发挥大中水面资源优势，选择有条件的养殖场（水库）作为大银鱼供卵、生

产基地。

2. 养殖生产基地

养殖生产基地按生产方式分为两种类型。第一种类型是驯化养鱼基地。黑龙江省中部的各县（市、区）和西部、东部、南部的商品鱼基地县（市、区）池塘面积较大，占全省已利用池塘总面积的70%，通过维修改造，实施驯化养鱼高产技术。第二种类型是生态渔业基地。在松嫩平原和三江平原地区，将渔业开发纳入农业总体开发规划之中，实行鱼、畜、禽综合养殖生产。

3. 名特优水产品苗种生产基地

在大力发展国家级原种基地——方正银鲫（方正县）、黑龙江野鲤（佳木斯市郊区）原种场的基础上，推进以省属茂兴湖渔场（肇源县）为主的鲇鱼、黑鱼、团头鲂、大眼狮鲈基地，以西部林甸、拜泉和东部饶河为主的泥鳅基地，以省属兴凯湖渔场为主的大白鱼基地，以抚远和勤得利为主的鲟鳇鱼基地，以东宁、抚远为主的大马哈鱼基地等名特优苗种生产基地建设。

第六章　第二产业

第二产业包括工业和建筑业两大部门。建筑业是我国国民经济的一个重要部门，有其自身的特点，与许多加工制造业一样同为支柱产业。建筑业布局特别是工业建筑业布局又与工业布局密不可分，本章因限于篇幅，建筑业从略。

第一节　发展现状及特征

一、行业覆盖更加广泛

按照《国民经济行业分类》（GB/T 4754-2017）划分标准，规模以上工业由 41 个大类、207 个中类、666 个小类构成，目前黑龙江省涵盖 40 个大类、162 个中类、364 个小类的上千种工业产品，基本形成了以中直大型国有企业为骨干，以装备、能源、石化、食品、医药、冶金、建材等主要行业为主体的门类齐全的工业体系，成为国家重要的能源、原材料和重型装备生产制造基地。与 2005 年相比，行业大类增加 2 个，行业中类增加 2 个，行业小类增加 26 个，行业覆盖更加广泛。

目前，黑龙江省规模以上工业企业行业集中度较高。2019 年，在全省 3513 户规模以上企业中，1010 户企业属于农副食品加工行业，274 户企业属于非金属矿物制品业，144 户企业属于煤炭开采和洗选业，110 户企业属于木材加工业，482 户企业属于电力、热力生产和供应业，153 户企业属于专用设备制造业，178 户企业属于化学原料和化学制品制造业，7 个行业共有企业 2351 户，占规模以上工业企业的 66.9%。此外，单一行业集中度分化，2019 年全省规模以上企业户数比 2005 年减少了 792 户，全省 7 个行业企业户数比 2005 年有所减少，以往几个企业一统整个行业的状况不复存在，取而代之的是多个企业瓜分市场，体现出更强劲的市场竞争力。

二、工业综合实力迈上新台阶

黑龙江省工业整体呈现"稳中有进、稳中向好"的发展态势。一是工业经济运行平稳。2019 年，全省规模以上工业增加值比上年增长 2.8%。全省规模以上工业企业营业收入比上年增长 4.6%；利润总额下降 21.8%。二是工业固定资产投资快速增长。2019 年，全省固定资产投资完成额（不含农户）比上年增长 6.3%。第二产业投资增长 7.7%，其中工业投资增长 8.5%。三是各行各业稳中向好。从行业看，装备工业增长 11.0%，食品工业增长 8.7%，是全省工业的重要支撑力量。高技术制造业增加值比上年增长 10.2%，快于全省规模以上工业 7.4 个百分点。从产品产量来看，在重点监测的工业产品中，增长较快的有：新能源汽车 15886 辆，增长 1.8 倍；铜金属含量 14.6 万吨，增长 1.8 倍；化学药品原药 2811.2 吨，增长 1.1 倍；汽车用发动机 1948.3 万千瓦，增长 56.9%；电工仪器仪表 352.6 万台，增长 52.6%；钢材 782.0 万吨，增长 38.8%；发动机 2382.6 万千瓦，增长 32.7%；农用氮、磷、钾化学肥料 46.6 万吨，增长 31.1%。

三、产业结构调整实现新进展

全省工业经济转方式、调结构效果不断显现。工业结构、所有制结构、产品结构，总体向调优、调轻、调新方向迈进。一是轻重工业结构逐步改善。轻工业与重工业的比例由 2010 年的 17∶83 调整为 2019 年的 21∶79。二是制造业对增长的贡献加大。全省制造业与采掘业的比例由 2010 年的 48∶52 调整为 2019 年的 60∶40。2019 年，制造业在城市发展建设中的地位日益凸显，制造业比重逐渐增大。随着可持续发展战略的优化，采掘业产业增加值占比持续下降，制造业比重逐渐升高。三是所有制结构调整加快。全省非公经济增加值占比总体呈现上升趋势，所有制结构持续优化。四是优势产品保持快速发展。2019 年，全省十大行业增加值全部实现正增长，增速均同比加快。规模以上工业 40 个行业大类中，有 35 个行业增加值实现同比增长，其中 25 个行业增速超过全国行业平均水平。能源、石化、装备、食品作为全省四大主导行业持续发力。五是高技术制造业加快壮大。2019 年，全省高新技术制造业增加值比上年增长 10.2%，快于全省规模以上工业 7.4 个百分点。新产品中，新能源汽车产量增长 1.8 倍，集成电路（芯片）增长 16.6%，电工仪器仪表增长 52.6%。石墨产业发展较快，石墨及碳素制品产量比上年增长 18.6%。

四、创新能力提升取得新成效

按创新驱动的内在要求，依靠创新打造发展新引擎，培育新经济增长点，以创新塑造工业核心竞争力的效果逐步显现。一是创新体系不断完善。以国家技术创新示范企业为龙头、省级企业技术中心为主体、产学研联合为基础的全省企业技术创新平台体系基本形成。二是科技成果转化步伐加快。2019年，发表科技论文51826篇，获得国家科学技术进步奖15项；技术合同成交额达到236亿元，增长38.8%。三是重点领域创新成果不断涌现。2019年中国航天做出重大突破，全年我国实现34次航天发射，占全球发射总数的1/3，连续两年成为全球年度航天发射次数最多的国家，嫦娥问月、北斗指路、长五复飞等工程建设都离不开黑龙江工业的贡献。核电装备和燃气轮机、百万千瓦水轮发电机组、超临界燃煤发电机组、高速重载铁路货车等一批创新产品已达到或接近世界先进水平。

五、集聚发展态势呈现新局面

以"哈大齐"城市群为引领的高端装备、绿色食品、生物医药、新一代信息技术等产业的集聚和辐射带动效果进一步增强，产业集聚度大幅提升，产业集群发展呈现良好态势。一是园区载体功能和集聚效应不断增强。开发区现已成为全省现代制造业集聚、外商投资密集、投资环境优化、高新技术发展的新兴产业基地，成为促进所在城市产业结构和区域经济协调发展的重要载体。2019年，黑龙江省拥有国家级新型工业化产业示范基地2个。二是特色产业集群和比较优势逐步显现。2019年已形成哈尔滨—大庆—牡丹江的生物医药、鸡西—鹤岗的石墨新材料、哈尔滨—齐齐哈尔的能源装备、哈尔滨的机器人和绿色食品、大庆的精细化工等在全国和区域内有一定影响力和竞争力的产业集群，成为全省工业发展的重要支撑。三是区域增长极和产业支撑带加速形成。"哈大齐"城市群成为工业核心发展带，集聚起全省86%的高新技术企业、95%以上的高精尖人才，对全省工业发展的辐射和带动作用不断增强。

六、对外开放新格局加速形成

黑龙江省工业对外合作领域不断拓展，与重点国家和地区的合作日益深入。一是优势产品产能"走出去"步伐加快。大量优势装备和产能沿中蒙俄经济走廊向西输出到中亚地区，以开放促工业发展的成效日益呈现。哈电集团的产品和服务已覆盖40多个国家和地区及"一带一路"倡议的六大经济走廊。以哈药集团、哈量集团为代表的一批企业在收购国际知名品牌、吸收先进技术、拓展国际市场方面已取得巨大进步。二是"引进来"项目水平不断提高。依托本地产业基础，吸引了沃尔沃等一批国内外知名企业来黑龙江省投资，为全省工业发展注入新动力。三是区域对口合作、央地合作取得明显成效。民企与央企合

作进一步深化，一批重大项目通过"央企合作""民企龙江行"等平台相继
落地。

七、绿色低碳发展实现新突破

黑龙江省坚持秉承着"绿色低碳、生态和谐"的基本发展理念，不断创新
更适合龙江的发展模式，努力实现绿色的全方位振兴工作，在工业、农业、节
能减排、生态环境保护等方向取得显著成效。一是加快工业绿色升级步伐。将
优化工业结构作为重中之重，推进项目源头控碳、生产过程降碳、生态系统固
碳，加快发展绿色低碳产业，依法依规淘汰落后产能和化解过剩产能。二是提
升农业绿色发展品质。围绕科技助农、绿色优农、质量兴农、品牌强农、产业
富农"五大行动"，加强农业环境管控，强化土壤固碳减排功能，推进农产品绿
色化低碳化生态化。三是在工业锅炉、电机、配电变压器、余热余压利用等领
域，一批技术先进适用、节能效果明显、市场应用前景广阔的先进工业节能技
术和产品广泛应用。四是黑龙江省第十三次党代会系统阐述了五年来黑龙江省
始终坚持绿色发展、改善生态环境的积极成就，经济社会发展与生态资源环境
之间的关系实现了有效的脱钩与实质性的转化。

八、工业发展存在的主要问题

一是市场观念落后，旧体制束缚较重。在我国现有的市场经济体制内已经
有比较完备成熟的运作机制，但是目前的黑龙江经济建设受到旧体制的束缚情
况比较严重。尤其是一些国企、政府投资的企业，存在着政企不分、产权不清、
责任不明等体制性问题，影响着经济社会的进一步发展。因此必须以市场为基
础进行资源调配，将市场和宏观调控进行有机结合，打破不能适应市场机制的
财政、金融、人事等机制，最终形成适应现代化企业经营的管理体制。

二是经济自主增长机制未形成。黑龙江长期受到计划经济体制的影响，市
场化水平不高，尚未形成独立的经济增长机制，具体表现在：传统国企占据主
导地位，非公有制经济发展较慢，国企改革进展缓慢，这些直接导致了科技水
平不高、生产率不高、三产比重不合理。加上伊春、大庆、鸡西、鹤岗、七台
河、双鸭山等资源型城市转入资源枯竭状态，城市转型的后劲不足，传统老工
业基地的产业结构不合理，产业转型升级面临多重困难，这导致：非公经济发
展的规模较小、质量不高；外资、中外合资等具有优秀管理能力、市场竞争性
强的企业占比不高；国有企业数量较多，但质量普遍不高。

三是产业层次不合理。产业结构矛盾突出，产业水平层次不高，挖掘采矿
的经济比重较大，而这些产业已经进入衰退期。传统加工制造业的市场竞争力

弱、替代产业尚未形成气候、高新技术企业刚起步,黑龙江省工业尚未形成自己的核心竞争力。资源配置不尽合理,工业企业主要集中在几个地区或城市内,地区间、城市间的联动不足,专业化协同优势无法发挥,横向连接不紧密,导致企业的经济效益不高、产业间结构协调困难。目前,资源开采行业面临着资源递减的影响,这些都会导致资源开采企业的生产效益下降。例如,大庆油田的开采成本上升明显、大兴安岭地区的木材产量下降、煤矿因为过度开采导致沉陷。这些情况都会影响产业结构的调整以及可持续发展。所有制结构方面,国有经济比重偏高,有八成以上的工业资产属于国有经济,而且这些企业的负债率较高。另外,民营经济还没有成长起来,所创造的工业总产值较低。所有制结构的失衡,对于黑龙江省打造工业强省而言非常不利。组织结构方面,省内的规模企业集团数量多,但是拥有核心竞争力的企业弱。龙头集团对全省工业的带动作用不明显,没有龙头企业强有力的拉动,就难以通过以点带面的方式实现工业进一步发展。

第二节 主要产业部门及布局

一、装备制造业

黑龙江省是国家开发建设最早的工业基地之一,经过近60年的建设,装备制造业已成为黑龙江省的支柱产业,形成了一个基础比较稳固的制造体系。黑龙江省云集着一重集团、哈电集团、哈航集团、齐重数控等优秀的制造业企业,自中华人民共和国成立以来累计为全国提供了1/3的电站成套设备,1/2的铁路货车,为北京奥运、青藏铁路、西电东送、南水北调、西气东输、"神舟"飞船等国家重点工程提供了大量的重型装备和国防设备。

黑龙江省装备制造业以哈尔滨、齐齐哈尔、大庆、佳木斯、鸡西五个城市为核心,分别形成了以哈尔滨市为首的发电设备、飞机、汽车、燃气轮机、机器人产业聚集区,以齐齐哈尔市为核心的铁路货车、数控机床、重型冶金成套装备产业聚集区,以大庆市为首的石油装备产业区,以佳木斯为首的农机装备产业区,以鸡西为首的煤矿综采装备产业区。其中,电力装备在国内水电市场占有率达50%,火电市场占有率为30%,核电市场占有率达23%;轨道交通领域累计为全国提供了1/2的铁路货车(其中重载铁路货车产品产量被列为世界前三名,亚洲第一名);重型机械领域累计为全国提供了1/3的重型高档数控机床(其中铣镗金属切割类机床和多工位压力金属成型类机床国内综合市场占有率达到50%）。2019年全省装备工业同比增长11.0%，是全省工业经济增长的重要支持。

（1）哈尔滨。哈尔滨装备制造业基础雄厚，部门众多，以发电设备、汽车、民用飞机、功能部件、燃气动力等产业为主。重点支撑企业包括哈电集团、哈空调、哈飞汽车、东安集团、哈轴、哈量、七〇三所等。

（2）齐齐哈尔。齐齐哈尔是黑龙江省第二大装备制造业生产基地，地区内装备制造业企业众多，基础雄厚，主要产业包括重型装备、重型机床、重载铁路货车等产业。重点企业包括一重集团、齐重数控、齐二机床等龙头企业。

（3）佳木斯。佳木斯的农业机械产业发展迅猛，以约翰迪尔佳联（佳木斯）等企业为龙头，发展联合收割机、拖拉机、农机具等农业机械产业链。

（4）大庆。以大庆石油管理局等企业为龙头，石油石化装备产业发展势头迅猛。

（5）鸡西。鸡西是黑龙江省重要的煤炭生产基地，装备制造业依托丰富的煤炭资源，以生产煤矿综采设备为主，发展大型数控重型立卧车和铣镗床、大型数控并联及混联机床、工业CT检测系统、重型机械压力机、自动锻压机等主机及配套产品，具备形成国际先进水平的重型数控机床生产基地。

二、化学工业

随着大庆油田的开发建设，黑龙江省的石化产业经历了从无到有、由小到大的发展历程。石化产业经过40多年的发展，已成为我国大型石化生产基地，建成了燃料成品油、润滑油、合成树脂、合成纤维、合成橡胶、油田化学品、有机化工原料、化肥8大类产品生产基地。目前，仅大庆地区炼油能力就达到16000kt/a（另外，哈尔滨石化公司还有5000kt/a的原油加工能力），乙烯生产能力达到1200kt/a，聚乙烯达到1100kt/a，聚丙烯达到800kt/a，除此之外，还有160kt/a顺丁橡胶、200kt/a丁辛醇、800kt/a尿素、150kt/a聚丙烯酰胺、190kt/a苯乙烯、200kt/a甲醇、200kt/a醋酸、70kt/a腈纶的生产能力。仅中国石油所属的大庆地区2家大型石化企业年销售收入就在1000亿元以上。

其他化工产业方面。黑龙江省除石化产业以外的其他化工产业发展相对迟缓，不仅生产企业布局分散，多数企业规模还比较小，没有达到规模优势，而且部分企业的设备陈旧落后，不具备竞争能力，为大型石化企业配套的能力较弱，上下游一体化的发展格局尚未形成。黑龙江省地方化工产业的生产企业主要集中在化学原料及化学品制造业、塑料制品业、橡胶制品业、化学纤维制造业等行业。其中，化学原料及化学品制造方面，主要从事油田化学品和精细化工产品的生产；塑料制品方面，主要从事塑料编织袋、膜、管、塑料门窗及日用塑料制品的生产；橡胶制品方面，主要从事轮胎、胶管、胶件、胶带、密封件等橡胶制品的生产；化学纤维制造方面，主要从事腈纶纤维、玻璃纤维、涤纶短丝的生产等。

（1）石化产品深加工。大庆和哈尔滨石化工业基础雄厚，在炼油及乙烯副产品综合利用、大宗石化产品深度加工和油田化工生产配套协作方面具有较好的发展基础，需统筹考虑资源并进行有效整合、配置，以资源合理化和利用最大化来增强地方化工企业的整体竞争能力，向产业链长、附加值高的方向延伸，分担市场风险，提高产品竞争能力。

（2）塑料加工。黑龙江省塑料加工业拥有大庆百万吨聚乙烯和百万吨聚丙烯2个基地的有利条件，整合哈尔滨、齐齐哈尔和佳木斯等塑料加工业形成产业集群，重点发展建材塑料、家电及汽车塑料、包装塑料、改性塑料、农用塑料、日用塑料等。

（3）煤化工。黑龙江省重点发展煤化工的地区包括鸡西、双鸭山、七台河、鹤岗以及大庆市。我国是富煤少天然气的国家，从资源来看，煤制甲醇具有明显的竞争优势，而甲醇又是重要的煤化工基本原料，可生产二甲醚等一系列化工产品，为化工深加工提供难得的原料资源。

（4）生物化工。黑龙江省农业资源丰富，各地区均可依托自身农业资源重点发展以玉米为原料的燃料酒精、赖氨酸等，以大豆为原料的生物柴油、卵磷脂等，以玉米芯、秸秆等废弃物为原料的糠醛、非粮生物液体燃料等，以蓖麻籽为原料的高级航空润滑剂等高附加值化工产品。

三、食品工业

食品工业是黑龙江省最具发展潜力和比较优势的工业产业之一，黑龙江省经过70多年的建设，食品工业已成为黑龙江省包括石油、装备、能源在内的四大支柱产业之一，并且其增速排在首位。近年来，黑龙江省食品工业发展态势强劲，食品加工体系初具规模，品牌产品数量有所提高，食品安全体系建设也日渐推进。全省绿色食品认证个数已达1250个，形成了以九三粮油、红星、完达山乳业、飞鹤企业等为代表的4个中国驰名商标、22个中国名牌产品和138个黑龙江名牌产品。但与同为农业大省的河南省、山东省横向比较，黑龙江省食品工业发展仍然相对滞后，存在着原字号产品多、附加值低，食品企业规模较小、布局比较分散，精深加工能力弱等问题。

（1）水稻加工。黑龙江省水稻加工主要以食用专用米、发芽糙米、留胚米等营养健康型大米，米糠油、米糠蛋白、谷维素、维生素E等米糠类产品为主，目前已形成自身品牌，主要布局集中在松嫩、三江两大平原优质水稻主产县。

（2）玉米加工。黑龙江省玉米加工主要以玉米油系列产品、玉米浆饮料、方便型营养玉米食品、玉米饲料和调整玉米结构的高附加值玉米深加工产品为主，目前已经形成位居全国前列的玉米加工基地，主要布局在哈尔滨、绥化、齐齐哈尔、大庆、牡丹江等优质高淀粉、高赖氨酸玉米产区。

（3）大豆加工。黑龙江省大豆加工在传统豆制品工业化生产的基础上，加快发展豆奶、豆粉等市场容量大的速食系列产品，重点发展小包装、精选、高蛋白的食用大豆，提高大豆精深加工比例，积极开发生产大豆组织蛋白、大豆磷脂、大豆异黄酮、低聚糖、维生素 E 等深加工系列产品，已逐步形成全国非转基因食用大豆生产基地、国内最大的非转基因油脂加工基地和大豆深加工基地，主要布局在松嫩平原、三江平原等高产、高油和高蛋白优质非转基因大豆产区。

（4）乳品加工。依托哈尔滨、大庆、齐齐哈尔、绥化等奶牛产业带，稳步发展乳饮料、酸奶、乳珍、奶油、奶酪、功能性乳粉等产品，加大浓缩牛乳蛋白粉、高端配方粉和高端液体奶开发力度，完善乳制品质量安全管理体系，扩大乳制品市场份额，已逐步形成我国重要的高端乳基料及配方奶粉生产基地。

（5）肉类加工。以分割冷鲜肉、各类熟肉精制品，加快开发血液蛋白粉、皮、毛、骨等综合利用产品为主，主要布局在哈尔滨、大庆、齐齐哈尔、绥化、佳木斯、鸡西、牡丹江等地。

（6）果蔬加工。以"城郊型、出口型、外销型、特色型"蔬菜生产为重点，重点发展绿色有机蔬菜和浆果加工产品。

（7）马铃薯等加工。以马铃薯休闲食品、变性淀粉、精淀粉等马铃薯系列产品为主，主要布局在黑龙江省中西部。

四、能源产业

（一）石油工业

黑龙江省是我国最大的石油工业基地，2020 年，黑龙江省以 3000 万吨的石油产量位居中国省份第二，产量全部来自大庆油田。大庆油田是继新中国第一座大油田"克拉玛依油田"被发现后，于 1959 年 9 月 26 日发现的又一个大油田，而后发展成为中国最大的油田、世界级特大砂岩油田。大庆油田自 1960 年开发建设，至 2007 年，累计探明石油地质储量 56.7 亿吨，累计生产原油 18.21 亿吨，占同期全国陆上石油总产量的 47%，实现连续 27 年高产 5000 万吨以上、连续 12 年稳产 4000 万吨以上，已累计生产原油 21 亿多吨，被誉为"世界石油开发史的奇迹"。但是随着石油资源逐渐枯竭，大庆油田探明石油储量约 56183 亿吨，约占全国的 47.14%，以年产 4000 万吨和主动实行保护性开采的前提下

（每年 200 万吨的数量递减），剩余开采量可供开采不足 20 年。

（二）煤炭工业

我国能源生产结构和消费结构都以煤炭为主，约占 60% 以上，煤炭工业是名副其实的基础产业。黑龙江省是我国重要的产煤大省，2020 年黑龙江省原煤产量为 5206.3 万吨，同比增长 11.3 万吨。黑龙江省煤炭资源赋存比较广泛，全省 78 个市、县中，有 47 个市、县赋存煤炭，煤炭资源东多西少，其中，东北部的煤炭资源最优，94% 的煤炭分布在鸡西、鹤岗、双鸭山、七台河等地；中部是缺煤区，煤炭的含量仅占 1%；5% 的煤炭储量分布在西部，集中在大兴安岭、黑河等地。随着煤炭资源逐渐枯竭，黑龙江四大煤城经济发展面临严峻挑战，2019 年四城市 GDP 总量不足全省的 1/10，加之"一煤独大"的单一产业结构、人口外流严重、生态环境的严重破坏，城市经济转型发展压力巨大。

五、医药产业

黑龙江省的制药工业具有辉煌的历史，在 21 世纪初期作为黑龙江省的传统优势产业曾经一度跻身全国医药行业的前列。但随着社会的发展，市场竞争的不断加剧，产品科技含量低、粗放式经营管理、企业呈小散乱分布等弊端逐渐显现，造成市场竞争力严重不足，经济效益大幅滑坡。黑龙江省医药工业自 20 世纪末期由计划经济转型为市场经济后，省委、省政府高度重视医药产业的发展，把在全国具有一定优势的医药工业列为支柱产业和新的经济增长点，抓住了改革开放的有利时机，制定了鼓励和支持国有、非国有经济共同发展的政策，并不断推进企业实施新产品和名牌产品战略。宽松的政策环境及有力的资金支持保证了黑龙江省医药工业发展的强劲势头，出色地完成了从小到大、由弱到强的质变历程，不仅为黑龙江省经济发展做出了重大贡献，在全国的医药行业中也占据了重要的地位。在激烈的市场竞争中黑龙江省医药行业涌现出了哈药集团、葵花药业、珍宝岛制药等一批优秀的国有股份制及民营企业，为可持续发展积累了后劲。

黑龙江省共有药品生产企业 214 家，其中，集团化企业 9 家，分别为哈药集团旗下企业 15 家，黑龙江乌苏里江药业有限公司旗下企业 6 家，葵花药业集团旗下企业 4 家，黑龙江省珍宝岛制药有限公司旗下企业 4 家，黑龙江省格润药业有限责任公司旗下企业 3 家，哈尔滨誉衡药业股份有限公司旗下企业 2 家，哈尔滨一洲制药有限公司旗下企业 2 家，哈尔滨凯程制药有限公司旗下企业 2 家，哈尔滨黎明气体有限公司旗下企业 6 家。其他企业均为单体制药企业。中药饮片及药用辅料生产企业尚未形成规模。各地级市以哈尔滨市医药产业发展最为突出，其他发展较好的地区包括牡丹江、绥化等。

第三节 新兴产业布局与产业集群建设

黑龙江省战略性新兴产业的主要部门包括新能源、新材料、新型环保、生物、信息产业和现代装备制造六个产业。2021年，六大新兴产业企业单位726户，实现工业增加值526.1亿元，占全省规模以上工业企业的10.9%，同比增长17.2%。

一、空间布局

新能源产业主要分布在哈尔滨（23户）和牡丹江（9户）等地市。

新材料产业主要分布在哈尔滨（55户）、牡丹江（47户）、鸡西（14户）、大庆（13户）、齐齐哈尔（12户）等地市。

新型环保产业集中分布在哈尔滨（35户）、大庆（26户）、牡丹江（8户）等地市。

生物产业全省各个地市都有分布，尤其以哈尔滨（66户）、牡丹江（39户）、大庆（27户）、齐齐哈尔（18户）等为主要集中区域。

信息产业仅在哈尔滨（17户）、大庆（7户）、伊春（1户）、牡丹江（1户）、绥化（1户）5个地市拥有。

现代装备制造业以哈尔滨（107户）、牡丹江（76户）、大庆（49户）、齐齐哈尔（38户）、佳木斯（21户）为龙头区域分布。

二、产业集群

（1）哈尔滨—大庆生物医药产业集群。依托哈尔滨市国家生物产业基地和大庆生物产业园，辐射带动牡丹江市、伊春市、大兴安岭地区，构建创新型生物医药产业集群。重点打造哈尔滨利民生物医药园区和大庆福瑞邦生物产业园，发挥园区内哈药集团有限公司、福瑞邦生物科技股份有限公司、哈尔滨誉衡药业股份有限公司等龙头企业的产品、技术和品牌效应，延伸大品种化学药产业链，加强基因工程药物、疫苗和诊断试剂、现代中药优势品种的研发和产业化，扩大产业规模。推进哈尔滨医科大学制剂车间、国药集团药业股份有限公司、农业部国家动物疾病控制中心动物疫苗项目等前期工作，围绕产业价值链加大引进力度，吸引项目和企业落户，增强集聚效应。

（2）哈尔滨云计算产业集群。充分发挥黑龙江省气温较低、能源充足、电价优惠等优势，在哈尔滨市重点发展云计算产业，在大庆市和七台河市结合信息惠民试点城市建设，开展云服务示范应用。重点推进哈尔滨云计算中心、中国移动哈尔滨数据中心、中国联通哈尔滨数据中心、名气通云数据中心等项目建设，建成一批云计算基础设施和服务平台。依托数据中心，争取大型数据容灾备份中心落地。

（3）鸡西—鹤岗石墨新材料产业集群。依托鸡西市、鹤岗市丰富石墨资源和哈尔滨市科技人才优势，引进和培育龙头企业，建设产业链完备的全国重要石墨新材料产业集群。重点发展高端产品，推进延伸产业链。大力发展负极材料、密封材料、硬质材料和高纯石墨制品等高端石墨深加工产业链条，重点发展锂电池、高性能密封材料、石墨高分子材料添加剂、石墨烯、大颗粒人造金刚石等石墨高端下游产品。

（4）哈尔滨机器人产业集群。依托哈工大机器人集团有限公司、哈尔滨博实自动化股份有限公司等重点企业，打造国家重要的机器人产业集群。加快哈南机器人产业园建设，支持哈工大机器人集团做大做强。集中优势资源向哈工大机器人集团倾斜，通过产业链上下游的纵向合作及相关企业的横向并购，快速提升机器人产业整体规模水平。依托哈南机器人产业园区，打造机器人产业集聚区，以提高自动化生产线整套解决方案水平为牵动，逐步形成核心零部件生产、系统集成、工业软件设计开发、外围设备配套供应等机器人相关产业集聚发展的良好态势。

（5）哈尔滨—齐齐哈尔清洁能源装备产业集群。发展以水电装备、核电装备、燃气轮机为代表的清洁能源装备制造产业集群。开拓清洁能源装备国内外市场，发挥哈尔滨电气集团公司和中国第一重型机械集团公司已经形成的清洁能源装备产业优势，积极发展电站设备EPC、设备租赁等现代服务业，带动产品销售。发挥一重集团锻件和反应堆压力容器技术与市场优势和哈电集团核岛常规岛设备系统供应能力，与中国广核集团有限公司、中国核工业集团公司等龙头企业联合，积极开拓国内外核电装备市场。

第七章　第三产业

第一节　旅游业发展与布局

黑龙江省地域辽阔、四季分明，因其特有的地理位置和区位条件赐予了它得天独厚的旅游资源。世界旅游组织把黑龙江省的旅游形象定位为：黑龙江——中国旅游COOL（酷）省。黑龙江省是中国北方森林覆盖率最高的省份，拥有全国最大的连片林区（大兴安岭、小兴安岭）、全国最大的湿地群、种类众多的生物资源和各种类型保护地资源；黑龙江省以黑龙江、乌苏里江、松花江三大水系和兴凯湖、镜泊湖、莲花湖、五大连池四大湖泊为代表河流，湖泊旅游资源丰富。黑龙江省作为中国最北的省份以极寒气候、冰雪人文主题、冰雪自然环境为代表的顶级冰雪旅游资源独具魅力。黑龙江省是世界著名的三大黑土带之一和中国粮食产量第一大省，以三江平原为代表的绿色农业旅游资源特色突出。黑龙江省以界江、百年口岸为代表的边境旅游资源优势明显，是中国最重要的对俄边境旅游区和"一带一路"中蒙俄经济走廊的重要节点。黑龙江省历史悠久，是唐渤海国上京龙泉府和金上京会宁府所在地，鄂伦春族、赫哲族等世居少数民族文化特色明显，发源于黑龙江省的抗联文化、北大荒文化具有重要的文化影响力和知名度。

一、发展现状

截至2019年，黑龙江省拥有国家全域旅游示范区2家；A级旅游景区411家，其中5A级旅游景区6家，4A级旅游景区104家；S级旅游滑雪场27家，其中5S级4家、4S级4家；星级饭店189家，其中五星级6家、四星级39家；旅行社832家，其中国内社609家、边境社125家，出境社（不带边境）43家，出境社（带边境）55家，全国百强社4家，导游22964人，出境领队1584人。

2019年，黑龙江省共接待国内外游客2.16亿人次，同比增长19%，其中国内游客 2.15 亿人次，入境游客 110.7 万人次，实现旅游收入 2683.8 亿元，同比增长 19.6%。旅游业总收入占黑龙江省生产总值 19.72%，占黑龙江省第三产业产值 39.38% 的比重，旅游业对黑龙江省经济的贡献率在稳步提高。黑龙江省旅游业已经连续数年成为全国旅游业发展最快的省份之一，旅游业的发展也有效带动了交通、商贸、饭店、文化、体育、物流、休闲等服务业的发展，推动了房地产发展和新型社区的建设，促进了生态环境和文化遗产的保护。

二、旅游资源

（一）民俗风情旅游资源

随着人们生活水平的提高，人们生活的节奏也在加快，人们每天都生活在充满科技信息的都市里，向往着能够体验原生形态的生活，这就是参加民俗风情旅游的动机之一。黑龙江省边境地区居住着许多少数民族，多年来他们吸引着众多的国外旅游者和国内旅游者。他们在饮食、起居、服饰、婚嫁、节庆等方面仍然保留着我国北方地区少数民族狩猎文化的原生形态，特别是达斡尔族（齐齐哈尔）、鄂伦春族（黑河）、赫哲族（同江）、满族（富裕）、蒙古族（杜蒙）等，为黑龙江省的边境旅游增添了许多神秘的色彩。黑龙江省少数民族数量较多，主要集中在农耕文化、游牧文化、渔猎文化、手工业，以及衣、食、住、行传统文化上。在省内的少数民族中，自然崇拜、图腾崇拜和一些生活中的禁忌还保持着原生形态，少数民族的信仰也还保持着原有的传统，具有很强的旅游吸引力。黑龙江省还保留了较为丰富的人类文化遗存，如昂昂溪遗址和新开流遗址、唐代渤海国上京龙泉府遗址、金代上京会宁府遗址等。黑龙江省有 51 个少数民族，经过历史的传承，民俗产品种类和形式繁多，但是已经开发出来的民俗旅游精品路线却很少，产品种类也都比较单一。

（二）冰雪旅游资源

冰雪旅游已经成为黑龙江省发展速度最快、最具发展潜力的产业。黑龙江省是我国初雪最早、终雪最晚的地区之一，雪质丰厚洁净且硬度适宜，可利用雪期较长。每年一度的中国·黑龙江国际滑雪节、雪雕艺术博览会以及哈尔滨冰雪节都能使中外游客体会到冰雪的魅力。来黑龙江省冰雪旅游的游客以省外游客为主，其中以南方人为主，现在的人们喜欢选择到环境反差较大的地区旅游，给自己的身心以最大的刺激。冰雪旅游是一种刺激性较强的活动，如滑雪、滑冰。选择冰雪旅游的游客大多是喜欢新鲜事物、喜欢挑战自己的人，冰雪旅游消费的主力军是 21~35 岁的年轻人，所以在开发冰雪旅游项目时应该多关注年轻人的消费心理。黑龙江省的体育冰雪旅游因其资源优势、政府主导等原因而受到国内外游客的喜爱。如今冰雪旅游已不再是只属于黑龙江省的特色旅游了，全国已有很多城市开始大力开发冰雪旅游，黑龙江省的滑雪市场在全国滑雪市场的份额也在逐渐减少，冰雪旅游资源优势逐渐减弱。滑雪资源主要集中在四大区域：哈尔滨市、伊春市、牡丹江市和大兴安岭地区。冰灯和冰雪游乐主要集中在哈尔滨、牡丹江、齐齐哈尔等大中城市。

（三）湿地旅游资源

湿地是一种独特的自然景观，黑龙江省是沼泽湿地分布最广、类型最丰富的区域。现在开发较好的湿地有扎龙湿地（齐齐哈尔）、当奈湿地（大庆）和哈尔滨市湿地。三江平原中的湿地范围达到200万公顷，松嫩平原的湿地范围达123万公顷，但并没有集中连片。目前，体系保存较完整的单个湿地超过20万公顷的有迎春（虎林）和扎龙两块湿地，10万~20万公顷的有兴凯湖（密山）和镜泊湖（牡丹江）两块湿地。黑龙江省的湿地旅游发展较晚，大部分湿地还处于尚未开发的状态。在湿地旅游发展的过程中，环境保护一直处于首要地位，所以湿地旅游发展一直在经济效益和环境保护之间徘徊。在各省市地区纷纷大力发展湿地旅游的态势下，黑龙江省要想在湿地旅游市场中占据一定的市场份额，就必须要加大对湿地旅游的开发力度。

（四）森林旅游资源

黑龙江省森林旅游资源分布较广，森林公园百余处，森林面积居全国之首。与南方的热带雨林相比，黑龙江省的森林具有非常明显的北方寒带的特色，并且可进入性强。黑龙江省较为著名的山脉林地资源有：大小兴安岭和东北部山地。其中，大兴安岭是祖国的绿色宝库，森林面积451.5万公顷，覆盖率为70%。小兴安岭森林面积504万公顷，森林覆盖率50%左右。东北部山地包括的主要山系为大青山、张广才岭、完达山等山脉。这些山地的观赏性很强，但由于其地处北部边疆因而不受关注。所以森林旅游的重点客源将是省内游客和入境游客，省内游客是因为地理优势，不会舍近求远。入境游客的收入普遍较高，有对大自然的向往和探索心理，这些游客会成为黑龙江省森林旅游的主要客源。黑龙江省著名的风景名胜区有国家级的五大连池、镜泊湖，省级的太阳岛、明月岛、晨星岛、兴凯湖、莲花湖、二龙山、桃山，著名的森林公园有五营国家森林公园、哈尔滨国家森林公园、宁安火山口国家森林公园、牡丹江国家森林公园等。

（五）历史文化与红色旅游资源

哈尔滨市和齐齐哈尔市是国家级历史文化名城，其中哈尔滨也是国家首批优秀旅游城市，有代表世界多种建筑风格的建筑物近百处，素有"东方小巴黎""东方莫斯科"之称。宁安、依兰、阿城、呼兰等是省级历史文化名城。东北烈士纪念馆、侵华日军第七三一部队罪证陈列馆、虎林要塞陈列馆、爱辉历史陈列馆、大庆铁人纪念馆是全国百家爱国主义教育基地。

三、发展布局

(一)旅游枢纽城市

(1)一个一级旅游枢纽城市：哈尔滨市。

(2)七个二级旅游枢纽城市：齐齐哈尔市、牡丹江市、佳木斯市、大庆市、鸡西市、伊春市、黑河市。

(3)三个三级旅游枢纽城市：双鸭山市、鹤岗市、加格达奇区。

(二)旅游集群

1. 五个综合旅游集群

哈尔滨集群：文化、冰雪、娱乐和城市旅游。

大庆—齐齐哈尔集群：文化、温泉、湿地、草原和河湖风景、研学旅行、康养旅游。

亚布力—牡丹江集群：冰雪旅游、历史文化（中东铁路遗产、林海雪原、渤海国等）和四季山地运动生态旅游。

伊春集群：森林导向的自然和生态旅游，康养和户外运动旅游。

三江集群：界江界岛旅游、农业旅游、农垦文化旅游、湿地旅游、赫哲民俗。

2. 八个主题旅游集群

黑河跨境商贸旅游集群：商贸购物（自贸区）、跨境体验游、界江旅游。

五大连池地质生态康养集群：火山地质、生态旅游、康养度假。

漠河极地生态旅游集群：地理标志、生态旅游、冰雪旅游、特色文化、沿江风景、山野景观。

抚远东极文化旅游集群：地理标志、跨境旅游（一岛两国）、民族文化（赫哲之乡、淡水鱼都）、自驾旅游、界江旅游。

镜泊湖生态文化旅游集群：渤海国考古研学旅游、火山地质研学旅游、冰上运动（镜泊湖冰上国际马拉松）、火山口森林康养、镜泊湖南湖温泉度假。

绥芬河—东宁边境商贸文化旅游集群：历史地标（中东铁路遗址、战争遗址）、商贸购物（自贸区）、跨境体验游、红色教育研学、中医药健康旅游。

兴凯湖湖泊度假集群：湖泊旅游、边境旅游、湖泊度假、北大荒文化旅游。

虎林—饶河界江民俗文化旅游集群：跨界旅游、特色文化（赫哲族等）、红色教育研学、乌苏里江风光。

(三)旅游廊道

黑龙江"醉美331边防路"自驾旅游廊道：以"醉美331边防路"旅游风

景道为核心，重点发展自驾车旅游、户外运动、界江观光等。

黑龙江冰雪景观廊道：哈尔滨市（亚布力、凤凰山）—牡丹江市（中国雪乡、火山口地下森林、镜泊湖）—鸡西市（兴凯湖），重点发展自驾车旅游、冰雪观光旅游、冰雪运动休闲旅游、红色与历史文化研学旅游和特色乡村民俗旅游。

乌苏里江慢游观光廊道：抚远市—虎林市—兴凯湖，重点发展慢行（自行车、徒步）旅游、自驾车旅游、民俗文化（赫哲族等）、红色教育研学、湿地旅游等。

五大连池—伊春山地探险旅游廊道：五大连池—伊春市，重点发展自驾车旅游、生态旅游、山地旅游等。

东部湿地与现代农业旅游廊道：佳木斯市—鸡西市（经双鸭山），重点发展农业旅游、红色教育研学、湿地旅游、特色文化、乡村自驾车旅游等。

中东铁路文化遗产旅游廊道：齐齐哈尔市（经哈尔滨市、牡丹江市）—绥芬河市（沿中东铁路线），重点发展文化遗产、工业旅游、火车旅游等。

黄金古驿路廊道：齐齐哈尔市—黑河市—大兴安岭地区，重点发展古驿站、古驿路历史文化旅游。

（四）旅游节点

黑龙江省25个"必到必游"的重要旅游节点具体如下：

太阳岛旅游区、五大连池旅游区、镜泊湖旅游区、汤旺河林海奇石景区、北极村景区、虎头旅游景区、亚布力滑雪旅游度假、波塞冬海洋王国、哈尔滨极地馆、东北虎林园、融创乐园、伏尔加庄园、中央欧陆风情旅游区、凤凰山国家森林公园、扎龙生态旅游区、中国雪乡旅游区、黑瞎子岛旅游区、华夏东极旅游区、兴凯湖景区、五营国家森林公园、嘉荫恐龙国家地质公园、龙江三峡、瑷珲—腾冲中国人口地理分界线主题公园、龙江第一湾景区、大兴安岭爱情小镇等。

第二节 金融业发展与布局

一、发展现状及特点

（一）银行业稳健经营，支持实体经济效果显著

（1）金融机构存款余额增加，增势呈现结构分化。2020年黑龙江省金融机构本外币存款余额31610.6亿元，比年初增加3742.3亿元，比上年增长13.4%。

其中，住户存款21294.2亿元，比年初增加3113.0亿元，增长17.1%；非金融企业存款4578.1亿元，比年初增加183.8亿元，增长4.2%。2020年黑龙江省金融机构本外币贷款余额22585.9亿元，比年初增加1079.3亿元，比上年增长5.0%。其中，住户贷款6479.6亿元，比年初增加554.0亿元，增长9.4%；企（事）业单位贷款15748.9亿元，比年初增加498.9亿元，增长3.3%。

（2）跨境人民币业务提质增量，卢布现钞使用试点取得新突破。2020年，黑龙江省跨境人民币实际收付金额同比增长13.7%，占同期本外币跨境收付总额的比重达32.9%，创历史最高水平。其中，经常项目同比增长33.6%。①积极帮助自贸区简化优质企业业务办理流程，累计为35家企业办理跨境人民币业务22.5亿元。②支持国家开发银行黑龙江省分行新增对俄同业融资50亿元，同比增长66.7%。③建立"特许机构+银行"的卢布现钞兑换新模式，有效解决了特许机构兑换卢布现钞出清问题，盘活了卢布现钞兑换市场。④新增绥芬河—海参崴陆路现钞调运渠道，2020年末，累计调运人民币现钞5.6亿元，有效满足了中俄企业和个人经贸旅游等兑换需求。

（3）银行业资产负债增长提速，地方法人金融机构有序改制。2020年末，黑龙江省银行业金融机构资产、负债总额分别为4.3万亿元和4.2万亿元，分别同比增长7.9%和8.1%，分别同比提高4.5个和4.9个百分点；当年累计实现净利润217.8亿元，同比下降20.8%；不良贷款率创近十年最低水平，达到2.7%，比上年末下降0.1个百分点。2020年末，黑龙江省地方法人金融机构资产总额和负债总额分别为1.5万亿元和1.4万亿元，分别同比增长7.5%和7.9%；当年累计实现净利润58.5亿元，同比下降43.3%；地方法人金融机构数量131家，与上年持平，其中，已改制农商行62家，新成立财务公司1家。

（二）证券业发展稳定，股票市场融资改善

（1）上市公司市值增长。2020年黑龙江省共有境内上市公司39家，其中，沪市27家，深市12家。按照企业类型划分，国有控股15家，民营控股21家，外资控股1家，其他控股2家。上市公司总股本579.4亿股，比上年增长11.69%；总市值3605.0亿元，比上年增长29.56%。年内累计实现境内股权融资28.11亿元；9家公司债券发行人通过沪深交易所发行公司债券及资产支持证券筹资170.68亿元；全国中小企业股份转让系统挂牌公司66家，挂牌公司累计股票筹资2.26亿元，年内黑龙江省企业资本市场直接融资201.06亿元。截至年末，黑龙江省拥有：证券公司1家，证券分支机构185家；证券投资咨询机构1家；期货公司2家，期货分支机构15家。

（2）证券投资者数量较快增长，证券交易额大幅增加。2020年末，黑龙江省有法人证券公司1家，证券分支机构185家，法人期货经纪公司2家，期货分支机构 15 家。证券市场交易额 54755.0 亿元，同比增长 37.1%；法人证券公司营业收入同比增长 9.8%；法人期货公司营业收入同比增长 7.8%。

（三）保险市场体系完善，农业保险保障能力增强

（1）各类保险收入增加，保险赔付下降。2020 年黑龙江省原保险保费收入 987.3 亿元，比上年增长 3.7%，其中，财产险收入 209.9 亿元，增长 3.9%；人身险收入 777.3 亿元，增长 3.6%。人身险中，寿险收入 528.3 亿元，增长 0.2%；健康险收入 230.9 亿元，增长 12.8%；人身意外伤害险收入 18.1 亿元，增长 1.1%。2020 年黑龙江省原保险赔付支出 309.3 亿元，比上年下降 4.6%，其中财产险赔付 133.3 亿元，下降 5.8%；人身险赔付 175.9 亿元，下降 3.6%。人身险中，寿险赔付 103.2 亿元，下降 1.7%；健康险赔付 69.3 亿元，下降 5.8%；人身意外伤害险赔付 3.4 亿元，下降 15.2%。

（2）农业保险保费规模位居全国前列，保险试点范围和品种进一步扩大。2020 年，黑龙江省累计实现农业保险保费收入 51.2 亿元，保费规模位于全国第 3 位，同比增长 18.3%。其中，种植业和养殖业保费收入分别同比增长 17.4% 和 40.8%。2020 年黑龙江省政策性种植险承保面积 1.5 亿亩，同比增长 15%，承保覆盖率 71.0%，同比提高 12.0 个百分点。全年农业保险为 246.4 万户次，农户提供风险保障 1001 亿元，赔款支出 46.3 亿元，受益农户达 143.2 万户次。大灾保险试点由 20 个县（区）扩大至 50 个县（区）；黑木耳、汉麻、奶山羊三种农产品列入以奖代补政策试点品种。

（四）社会融资规模保持增长，金融市场交易活跃度下降

（1）社会融资规模保持增长，政府债券增加较多。2020 年，黑龙江省社会融资规模增加 1899.1 亿元。其中，人民币贷款增加 1065.3 亿元，政府债券增加 933.5 亿元，同比增长 27.4%，两项分别占地区社会融资规模增量的 56.1% 和 49.2%，是社会融资规模增长的主要拉动因素；表外融资和直接融资共计减少 334.5 亿元，其中信托贷款降幅较大。

（2）债券市场成交量回落，债券融资发展趋缓。2020 年，黑龙江省银行间债券市场累计成交金额 12.9 万亿元，同比下降 10.3%。其中，融入资金 4.9 万亿元，融出资金 7.9 万亿元，净融出资金 3.0 万亿元。黑龙江省当年新发行非金融企业直接债务融资工具 124.6 亿元，发行量同比小幅下降；龙江银行新发行二级资本债券 12 亿元，资本充足率得到提升。

（3）票据业务稳定增长，票据贴现利率震荡波动。2020 年，黑龙江省银行承兑汇票业务累计发生额 1009.5 亿元，同比增长 11.7%。票据贴现业务累计发生额 5934.5 亿元，同比增长 56.5%。全年各季度受市场利率及供需情况影响，票据贴现利率震荡波动。

（五）金融生态环境建设加快推进，金融基础设施不断完善

（1）征信系统服务功能进一步提升，征信平台建设和应用取得丰硕成果。2020年末，企业征信系统已收录黑龙江省企业及其他组织111.8万户，同比增长1.7%。黑龙江省共布设164台个人信用报告自助查询机，推动辖内8家全国性商业银行开通"信用报告网上查、手机查"业务，征信服务效率明显提升。农村信用体系建设依托"农业大数据+金融科技"优势持续深化。2020年末，黑龙江省有9家商业银行与省农业大数据中心开展合作，有403.0万户、2.3亿亩土地信息录入"黑龙江省农村土地承包经营权抵押担保贷款系统"，累计投放贷款156.0亿元，服务农业经营主体15.4万户。哈尔滨、大庆、绥化和牡丹江四市建立了地方信用服务平台，畅通小微企业融资渠道。实现核心企业与中征应收账款融资服务平台系统对接零突破，1家核心企业支持上游5家小微企业全流程线上应收账款融资4700万元。2020年累计促成应收账款融资交易198笔，融资金额94.69亿元。

（2）支付系统安全稳定运行，移动支付便民工程建设持续深化。2020年，黑龙江省大小额支付系统共计处理业务4096.9万笔、金额41.3万亿元。统筹城市与农村地区移动支付便民工程建设，云闪付APP用户占黑龙江省人口比例超20%。农村支付体系不断完善，黑龙江省农村及贫困地区金融机构服务覆盖率达到99.7%，基本消灭辖内金融服务空白。建立优化企业银行账户服务长效机制，企业银行结算账户的事前、事中、事后监管水平进一步提高，为黑龙江实体经济提质增效注入新动力。

（3）推动建立金融消费者权益保护协调机制，积极改善辖区金融消费环境。成立黑龙江省首家金融教育示范基地，线上线下相结合广泛开展金融知识和消费者权益宣传活动。黑龙江省金融纠纷多元化解机制实施，与其他金融监管机构签订金融消费者权益保护监管合作备忘录，形成了多方联动监管合作格局。

二、发展布局

（一）哈尔滨区域金融中心

哈尔滨市尚志大街及其周边地区，已经集中了众多的各类金融机构，金融区的传统优势明显，在结合哈尔滨城市总体规划的基础上，逐渐与松北金融商贸区联合，形成了哈尔滨江南江北金融区遥相呼应的格局，大幅提高了哈尔滨区域性金融中心的辐射力和国际影响力，主要金融功能包括农业金融、货币兑换、货币结算等，形成了与黑龙江省农业特色和对俄贸易相配套的金融服务产业群。

（二）区域金融节点

大庆、牡丹江、双鸭山和齐齐哈尔、佳木斯等城市金融业发展速度迅猛，具有一定基础，在结合自身优势及特色产业的基础上，已经形成了农村金融、外贸金融、制造业金融、能源金融等金融服务体系，增强了金融业对地方经济发展的支持力度。

（三）东北亚金融区域布局

哈尔滨作为区域性金融中心，积极寻求东北亚金融合作，引进俄资、日资、韩资金融机构及其他外资金融机构亚太区、中国区域总部等，进一步增强了哈尔滨市作为区域金融中心对东北亚地区的辐射和影响力。

第三节　物流业的发展与布局

一、发展现状

2019 年，黑龙江省物流业积极应对经济下行压力，总体运行平稳，物流服务保障能力和水平不断提升，运输结构调整取得成效，社会物流运行宏观指标数据变化处于合理区间。2019 年黑龙江省物流业总收入为 1556 亿元，同比下降 13.4%；社会物流总费用与 GDP 的比率为 16.5%，比上年同期下降 0.1 个百分点，物流运行效率有所提升，但成本费率依然偏高。

（一）社会物流总额保持平稳增长，增幅收窄

2019 年，黑龙江省社会物流总额为 34565 亿元，按可比价格计算（下同），同比增长 3.4%（全国增长 5.9%），增速比上年同期下降 2.0 个百分点。

从构成看，农产品物流总额为 5763 亿元，同比增长 2.5%，增速比上年同期提高 1.8 个百分点，占社会物流总额的比重为 16.7%；工业品物流总额为 14385 亿元，同比增长 2.6%，增速比上年同期回落 2.6 个百分点，占社会物流总额的比重为 41.6%；进口货物物流总额为 1517 亿元，同比增长 3.7%，增速比上年回落 49.6 个百分点，占社会物流总额的比重为 4.4%；再生资源物流总额为 109 亿元，同比增长 7.1%，增速比上年同期回落 2 个百分点，占社会物流总额的比重为 0.3%；单位与居民物品物流总额为 137 亿元，同比增长 20.6%，增速比上年同期提高 10.8 个百分点，占社会物流总额的比重为 0.4%；省外流入物流总额为 12250 亿元，同比增长 4.6%，增速比上年同期回落 0.3 个百分点，占社会物流总额的比重为 35.4%；出口过境物流总额为 404 亿元，同比增长 5.0%，增速比上年同期提高 20 个百分点，占社会物流总额的比重为 1.2%。其中，单位与居民物品物流总额增速比全社会物流总额增速高出 17.2 个百分点。黑龙江省社会消费品零售总额同比增长 6.2%，实物商品网上零售额高速增长，增幅达到 31.8%，反映出消费新业态、新模式已成为拉动社会物流需求的重要力量。

（二）物流业运行效率有所改善，成本费率依然偏高

2019 年，黑龙江省社会物流总费用为 2246 亿元，同比下降 17.5%（全国增长 7.3%），增速比上年同期下降 19.3 个百分点。其中：运输费用 1188 亿元，同比下降 18.7%，增速比上年同期下降 16.4 个百分点，占社会物流总费用的比重为 52.9%；保管费用 802 亿元，同比下降 9.4%，增速比上年同期下降 16.5 个百分点，占社会物流总费用的比重为 35.7%；管理费用 256 亿元，同比下降 32.2%，增速比上年同期下降 38.6 个百分点，占社会物流总费用的比重为 11.4%。

2019 年，黑龙江省社会物流总费用与 GDP 的比率为 16.5%，比上年下降了 0.1 个百分点，表明黑龙江省物流业运行效率有所改善，但比率与全国（14.7%）相差 1.8 个百分点，成本费率依然偏高。

（三）物流相关行业固定资产投资呈增长态势，贸易业投资降幅较大

2019 年，黑龙江省物流相关行业固定资产投资额占黑龙江省固定资产投资总额的 16.3%，同比增长 9.8%。其中：交通运输业投资同比增长 15.4%，道路运输业投资同比增长 49.5%，是主要拉动因素；仓储业投资同比下降 5.9%；邮政业投资同比增长 7.2%；贸易业投资同比下降 30.6%。

（四）运输效率不断提高，社会货运结构呈现优化趋势

2019 年，黑龙江省货物运输量小幅下降，各类运输实现货运总量为 58070.3 万吨，同比下降 6.8%，增速比上年同期下降 8.7 个百分点。其中：铁路货运量 12100 万吨，同比增长 8.6%，增速比上年同期提高 6.3 个百分点；道路货运量 37624 万吨；水路货运量 779.8 万吨，同比下降 12.3%；航空货运量 14.1 万吨，同比增长 8.3%；管道运输货运量 7552.4 万吨，同比增长 3%。道路和铁路货运量占黑龙江省货运总量的 86.4%，其中：铁路货运量占比 20.8%，同比增长 2.9 个百分点；道路货运量占比 64.8%，同比下降 4.2 个百分点。从运输方式来看，铁路运输组织模式不断优化，配套设施和服务能力不断提升，高铁布局趋于合理且运能不断释放，大宗货物运输、公铁、铁海联运优势得到充分发挥，货运量保持稳定增长；道路运输量占比再次下降；水运规模不断萎缩；铁路、航空和管道运输量占比逐年提高，运输结构更趋合理。

二、发展布局

黑龙江省物流产业主要布局在哈大齐物流发展区、哈牡绥物流发展区、东部城市群物流发展区和沿边物流发展带的"三区一带"的物流区域,形成了以哈尔滨为中心,服务全省、辐射全国、联通国际的物流通道体系。

（一）哈大齐物流发展区

以服务哈大齐工业走廊、高新科技产业集中开发区为主要目标,包括哈尔滨、大庆、齐齐哈尔市和绥化市。该区域产业基础雄厚,制造业与物流业关联度较高;商贸业态发达,物流需求迫切;综合运输网络发达,铁路、公路、水运、航空和管道5种运输方式齐全,物流产业以装备制造业物流、石油化工物流、商贸物流、医药物流和涉农物流为主。

（二）哈牡绥物流发展区

以服务东北亚经济贸易开发区、哈牡绥东对俄贸易加工区等经济区的建设为主,包括哈尔滨市城区及东南部县（市）和牡丹江市、绥芬河市。该区域是国家对俄罗斯及东北亚地区开放的门户和全省沿边开放的先导区,具备对俄经贸、科技、物流合作的基础。机电、医药、食品、木材加工、轻纺、建材装饰等产业特色突出;综合运输网络完善,滨绥铁路、哈牡高速、301国道横贯全境,201国道、图佳铁路纵向穿越;开通了陆海联运国际大通道,国际物流发展优势明显,物流产业以保税物流、对俄国际物流、制造业物流和涉农物流为主。

（三）东部城市群物流发展区

以服务东部煤电化基地、三江平原农业综合开发试验区等经济区的建设为主,包括佳木斯、鹤岗、双鸭山、鸡西、七台河市和伊春市。该区域煤炭、农业、装备制造、森工等产业发展基础较好,铁路、公路、水运、航空等综合运输网络完善,物流产业以煤炭及煤化工物流、涉农物流、制造业物流、森工产品物流和对俄国际物流为主。

（四）沿边物流发展带

东部沿边物流发展带:以绥芬河、东宁为节点,辐射穆棱、宁安、林口、虎林、密山、鸡东等县（市）。该发展带与俄罗斯远东地区最发达的滨海边疆区接壤,是黑龙江省对俄国际物流通道的重要组成部分,以木材、建材、机电、轻纺等产业物流和保税物流为主。

三江沿边物流发展带:以同江、抚远为节点,辐射富锦、桦川、萝北、绥滨、饶河等县（市）。该发展带与俄罗斯犹太自治州隔江相对,是黑龙江省实施对俄陆水联运、江海联运的核心区域,通过水运可达俄罗斯哈巴罗夫斯克,以矿产、冶金、木材、食品等产业物流为主。

北部沿边物流发展带:以黑河、漠河为节点,辐射呼玛、塔河、逊克、孙吴、嘉荫等县。该发展带与俄罗斯阿穆尔州、外贝加尔边疆区接壤。黑河口岸功能健全,已形成"一江两城"发展格局;我国俄罗斯原油进口管道物流通道——漠河至大庆输油管线已经开通供油。该发展带以石油、冶金、木材等产业物流为主。

第四节　信息服务业的发展

近年来，黑龙江省信息服务业发展总体处于平稳较快发展态势。

一、网民概况

截至 2019 年底，黑龙江省网民规模约 2816.3 万人，互联网普及率为 75.1%。网民移动终端设备使用数量达到 3624 万台，比 2018 年增长 157.2 万台，增速为 4.5%。网民年龄以 30 岁以下群体为主，其中以 19~24 岁年龄段网民占比最高，为 27.5%；大学本科学历网民为主要人群，占比达 50%；在职业结构方面，以在校学生人群为主，占比达 18.0%；网民月收入在 1000 元至 2000 元为最多，占比为 29.6%；家庭月收入在 2000 元至 4000 元的最多，占 39.5%。

二、互联网资源发展

2019 年，黑龙江省网站数量达 4.3 万个，占全国网站总量的 1.0%，居全国第 23 位；已备案网站主体 3.2 万个，占全国网站主体总量的 1.0%，居全国第 24 位；IPv4 地址数达 595.3 万个，占全国总量的 1.7%，居全国第 18 位。

三、互联网基础设施建设

2019 年，黑龙江省光缆线路总长度达到 127.4 万千米，比 2018 年增加 19.2 万千米，增幅为 17.7%；省际出口带宽达 10408.8Gbps，比 2018 年增长 927Gbps，增幅达 9.8%；移动基站数量达 17.7 万个，比 2018 年增长 3.9 万个，增幅为 28.3%；移动电话用户达到 3929 万户，比 2018 年增长 95.4 万户，增幅为 2.5%；移动电话普及率为 104.1%，位列全国第 23；宽带用户数量达到 848.3 万户，比 2018 年增长 37.6 万户，增幅为 4.6%。

四、网络应用发展

截至 2019 年底，黑龙江省各类网站中以搜索引擎网站用户覆盖率最高，达 96.1%；在移动端、视频服务类移动应用用户覆盖率最高，达 94.8%，其次是通信聊天类应用和应用分发类应用，占比分别为 90% 和 78%。网民最常使用的 App 应用主要以即时通信、视频服务、移动购物为主。其中，微信以 81.5% 的移动用户覆盖率居榜首；支付宝以46.6%位居第二；手机淘宝、新浪微博、QQ和爱奇艺分别居第3、第4、第5、第6位。

在PC端上，黑龙江省网民月均网络访问次数约为34.9亿次，月均页面浏览量约为99.3亿页，人均月度页面浏览量约为773.3页，人均月度网络访问时长约为41.8小时。在移动端上，黑龙江省移动网民月均网络访问次数约为288.4亿次，月均单机网络访问次数约为809.9次，月均单机网络访问时长约87.9小时。

五、网络安全

截至2019年底，黑龙江省内被木马或僵尸程序控制的主机IP为15.47万个，网络安全漏洞为407个，恶意代码感染数量为1488个，个人信息及重要数据不安全保存事件31起，涉及省内约35万多条敏感信息。

六、信息通信发展

2019年，黑龙江省基础电信业务收入完成214.4亿元，行业增加值达到105.5亿元，同比增加6.7%，对黑龙江省经济发展的支撑作用显著。

固定宽带用户提速升级明显，黑龙江省20M以上宽带用户占比达98.1%，100M以上宽带用户占比达88.5%，高于全国平均水平3.1个百分点。其中，光纤接入FTTH/0用户总体达到774.4万户，占固定宽带用户比重达到91.3%，为2020年全面建成"全光网省"奠定了良好基础。三家基础电信企业积极推广高清IPTV业务，IPTV用户达到457.4万户，比上年净增142.9万户。净增数在全国排名第10位，在东北三省排名第一。

七、互联网领军企业

黑龙江省互联网20强企业2018年度营业收入总额为287.82亿元，其中互联网业务收入50.68亿元，占总比为17.6%，比上年增长1.3个百分点。企业利润不断增加，20强企业2018年总利润较上年增长43.1个百分点，并为国家纳税6.93亿元。企业创新创业与研发投入显著提高，年度研发费用投入累计达到2.17亿元，同比增长45.13个百分点。研发人员总数达6110人，同比增加近2成。拥有国家专利权590项，参与或形成国家标准42项，国际标准1项。领军企业在"互联网+"创新项目上取得了显著成绩。云计算、大数据、物联网、移动互联网、人工智能及5G等各种新产品、新服务、新应用层出不穷，带动传统产业向互联网转型，加速产业互联网改造，深化工业互联网应用，全面服务于东北老工业转型升级，实现产业链转型赋能。

第五节 第三产业其他行业的发展

一、文化产业的发展

近年来，黑龙江省文化事业和文化产业发展水平不断提升，文化铸魂赋能和旅游综合带动作用全面凸显，文化和旅游成为黑龙江省经济社会发展和人民幸福生活的强大动力和重要支撑。社会文明程度提高取得新突破，边疆特色文化更加繁荣，新兴文化业态加快发展，人民精神文化生活更加丰富，文化强省建设稳步推进。

①黑龙江省的社会文明促进和提升工程成效明显，社会主义核心价值观深入人心，文化凝聚力引领力显著增强，人民思想道德素质、科学文化素质和社会文明程度不断提高。②现代公共文旅服务体系更加健全，公共文旅服务效能和保障能力进一步增强，全省公共图书馆、文化馆（站）、美术馆、博物馆、艺术表演场所等各类文化设施达到1750个以上，市级综合类博物馆实现全覆盖，重点旅游景区厕所A级率达到90%以上。③新时代艺术创作体系建立健全，国有文艺院团创新创造活力和内生动力不断增强，民营文艺团体繁荣有序发展，推出一批讴歌新时代、反映新成就、展现新风采的舞台艺术精品，逐步实现从高原到高峰的迈进。④文化遗产保护传承利用体系基本形成，省级以上重点文物保护单位"四有"工作完成率达到100%，省级非物质文化遗产项目代表性传承人记录工程实现全覆盖，古籍保护工程系统推进。⑤现代文化和旅游产业体系不断完善，文化及相关产业增加值占GDP比重力争达到4%，主营业务收入百万元级的"专精特新"中小文化企业达到1000家以上，文化产业成为新的支柱产业。⑥现代文化和旅游市场体系日益完备，文化和旅游市场繁荣有序，市场在文化和旅游资源配置中的作用得到更好发挥，市场监管能力不断提高。⑦文化和旅游交流合作体系更加成熟，实施一批对外文化交流项目，设立3~5个境外黑龙江文化旅游推广中心。

二、科技服务业的发展

当前，黑龙江省正处在转变发展方式、优化经济结构、转换增长动力的关键时期。随着国家新一轮东北振兴战略的深入实施，绿色生态文明建设持续加强，数字经济发展推动产业升级，"一带一路中蒙俄经济走廊"建设不断推进，国家自创区、自贸区和哈尔滨新区开放灵活的政策利好，为黑龙江科技创新带来了新的机遇与使命。黑龙江省委、省政府将科技创新作为建设社会主义现代化新龙江的核心动力，从建设科技强省的总体目标来看，黑龙江省创新发展仍有很大提升空间。

在新的发展阶段，黑龙江省肩负着维护国家国防安全、粮食安全、生态安全、能源安全、产业安全的重要使命。面向世界科技前沿、面向经济主战场、面向国家和黑龙江省重大需求、面向人民生命健康，加快科技创新是支撑引领高质量发展的需要，是实现人民高品质生活的需要，是构建新发展格局的需要，是顺利开启全面建设社会主义现代化新征程的需要。全省科技战线要准确识变、科学应变、主动求变，善于在危机中育先机、于变局中开新局，坚持创新是引领发展的第一动力，在重塑竞争新优势、拓展发展新空间上下功夫，打造出具有强劲活力的创新增长极和开放新高地，完成从资源驱动向创新驱动的转型发展。

三、电商服务业的发展

目前，黑龙江省电商服务业发展势头迅猛，已建成一批直播电商共享基地（1 个大型、5 个中型、20 个区域直播电商共享基地），培育了 100 余个骨干企业、千余个网红品牌，培训近 10 万名直播销售和运营人员。未来黑龙江省发展电商服务业应从以下四个方面着手：一是大规模培育直播电商人才，支持具有培训能力的企业、高校、各类职业院校（含技工院校）、职业培训机构、MCN 机构等培训主体，面向城乡未升学初高中毕业生、未就业高校毕业生、新生代农民工、下岗失业人员、退役军人等就业重点群体，以及传统商贸企业、专业市场商家、个体工商户、传统电商从业人员等，分类组织开展直播电商技能培训，培育一大批掌握电商运营基本知识和直播电商技能的主播素人和运营人员。二是打造直播电商共享基地。鼓励利用政府部门闲置房产以及市区闲置厂房仓库等设施建设或将原有电商产业园区改造升级成为集内容制造、视频技术、直播场景、品牌孵化、供应链、生活配套服务于一体，硬件齐备、专业化团队支撑、人才培养孵化功能完备的直播电商共享基地。三是创新直播电商应用，鼓励直播电商助力农产品上行。推进"直播+农业""直播+扶贫"，开展农业产地、基地直播，拍摄农产品短视频，加大原生态农产品与扶贫产品营销力度，倡导优质优价，促进贫困地区农特产品卖得掉、卖得快、卖得好、卖得远。四是营造良好的直播电商环境，深化与直播平台合作。加大与阿里巴巴、腾讯、抖音、快手、拼多多等直播平台的合作，争取流量、曝光、培训、活动等支持并建立直播电商"诚信规范经营"机制，制定直播电商"诚信规范经营"标准，推动行业可持续健康发展。

参考文献：

[1] 范英.黑龙江工业强省对策研究［J］.经济界，2021（2）：14-21.

[2] 陈旭.黑龙江省装备制造业智能化发展研究［J］.经济研究导刊，2020（35）：29-31.

[3] 黑龙江省人民政府.一季度全省规上工业增加值增速达 13.9% 十大行业增加值全部实现正增长［EB/OL］.［2021-05-13］.https：//www.hlj.gov.cn/n200/2021/0513/c35-11017455.html.

[4] 黑龙江省统计局.2019 年全省宏观经济运行情况［EB/OL］.［2020-01-19］.http：//tjj.hlj.gov.cn/zxfb/202001/t20200119_76395.html.

[5] 黑龙江省人民政府.黑龙江省人民政府关于印发黑龙江省工业强省建设规划（2019—2025 年）的通知［EB/OL］.［2019-06-04］.https：//www.sohu.com/a/325484955_120209028.

[6] 国家统计局.2010-2019 年我国有效灌溉面积数据统计表（附各省数据）［EB/OL］.［2021-02-23］.http：//data.chinabaogao.com/nonglinmuyu/2021/022353314H021.html.

[7] 黑龙江省林业和草原局.2019 年黑龙江省草原监测报告［EB/OL］.［2020-04-02］.http：//lyhcyj.hlj.gov.cn/xxfb/001002/20200402/baef56af-7ec7-40df-8a10-dfe2ec7bc283.html.

[8] 搜狐黑龙江.黑龙江省土地流转市场分析报告［EB/OL］.［2021-06-25］.https：//www.sohu.com/a/473997952_121009622.

[9] 秦会艳.黑龙江省国有林区森林生态与贫困关系研究［D］.哈尔滨：东北林业大学，2019.

[10] 北大荒农垦集团有限公司经济分析与统计中心.黑龙江垦区统计年鉴（2020）［M］.北京：中国统计出版社，2020.

[11] 中华人民共和国农业农村部.黑龙江省渔业牵手科技共建现代渔业［EB/OL］.［2019-04-25］.http：//www.moa.gov.cn/xw/qg/201904/t20190425_6212746.htm.

[12] 东北网.18 个边境县渔业经济年产值达 20 亿元　渔业成为黑龙江省兴边富民"生力军"［EB/OL］.［2019-07-15］.https：//baijiahao.baidu.com/s？id=1639094181873204268&wfr=spider&for=pc.

[13] 黑龙江省农业农村厅.关于印发《黑龙江省渔业产业发展规划（2019-2021 年）》的通知［EB/OL］.［2018-12-27］.http：//m.foodcta.com/spfg/detail32385.html.

[14] 中华人民共和国工业和信息化部.国家新型工业化产业示范基地（第九批）名单公示［EB/OL］.［2020-01-17］.https：//www.cnii.com.cn/cygh/202001/t20200117_150055.html.

[15] 网易新闻.黑龙江省的石油资源为何如此丰富——大庆油田［EB/OL］.［2021-10-05］.https：//3g.163.com/dy/article/GLIGBH5G053721KP.html.

[16] 陈兆琦，陈培友，陈晨."一带一路"战略下黑龙江省煤炭产业分析与发展建议［J］.煤炭经济研究，2017，37（8）：53-57.

[17] 李兰，李秉坤，肖双琼.黑龙江省产业集群测度及发展情况评析［J］.产业与科

技论坛，2014，13（22）：68-70.

［18］杨爽."中蒙俄经济走廊"下黑龙江省产业集群发展政策研究［D］.哈尔滨：哈尔滨工程大学，2017.

［19］陈荣坤.黑龙江省产业集群的发展现状及对策研究［J］.现代商贸工业，2007（12）：25-26.

［20］华经产业研究院.2015-2020年黑龙江省原煤产量及月均产量对比分析［EB/OL］.［2021-05-20］.https：//www.sohu.com/a/467136100_120934988.

［21］黑龙江省人民政府.黑龙江省培育和发展新兴产业三年实施方案［EB/OL］.［2016-01-13］.http：//www.harbin.gov.cn/art/2016/4/6/art_3064_32842.html.

［22］黑龙江省人民政府.黑龙江省人民政府关于印发黑龙江省全域旅游发展总体规划（2020—2030年）的通知［EB/OL］.［2020-09-04］.https：//www.hlj.gov.cn/n200/2020/0924/c668-11008233.html.

［23］陈福宁.黑龙江省第三产业结构优化及对策研究［J］.商业经济，2012（22）：10-11.

［24］徐林实，徐冉.黑龙江省第三产业优势特色及国际化研究［J］.商业研究，2008（12）：104-108.

［25］吕迅.黑龙江省第三产业发展现状及对策研究［D］.哈尔滨：哈尔滨工程大学，2006.

［26］初楠臣，张平宇，吴相利，等.基于日流量视角的俄罗斯首府城市铁路客运网络空间特征［J］.地理研究，2021，40（1）：247-262.

［27］黑龙江省统计局，国家统计局黑龙江调查总队.2020年黑龙江省国民经济和社会发展统计公报［EB/OL］.［2021-03-02］.https：//www.hlj.gov.cn/n200/2021/0313/c35-11015484.html.

［28］中国人民银行哈尔滨中心支行货币政策分析小组.黑龙江省金融运行报告（2021）［EB/OL］.http：//haerbin.pbc.gov.cn/haerbin/112690/4264369/index.html.

［29］黑龙江省发展和改革委员会.2019年度黑龙江省物流业运行情况通报［EB/OL］.［2020-06-10］http：//drc.hlj.gov.cn/art/2020/6/10/art_350_30314.html.

［30］黑龙江省文化和旅游厅.黑龙江省文化和旅游厅关于印发《"十四五"文化和旅游发展规划》的通知［EB/OL］.［2021-08-18］.http：//www.cnci.net.cn/content/2021-08/18/content_24492904.htm.

［31］黑龙江省人民政府.黑龙江省人民政府关于印发黑龙江省中长期科学和技术发展规划（2021—2035年）的通知［EB/OL］.［2021-11-08］.http：//www.hlj.gov.cn/n200/2021/1108/c668-11024577.html.

［32］黑龙江省人民政府.黑龙江省人民政府办公厅关于印发黑龙江省直播电商发展三年行动计划（2020—2022年）的通知［EB/OL］.［2020-12-02］.https：//www.hlj.gov.cn/n200/2020/1202/c668-11011800.html.

第三篇

基础设施建设与发展

第八章　交通基础设施发展与空间格局

第一节　公路路网结构与发展水平

20世纪70年代以后，黑龙江省公路建设进入全面发展阶段。自70年代起，黑龙江省交通厅把提高公路技术状况作为主攻方向，运用大量先进技术、设备和新型材料在公路建设中，因此黑龙江省的公路路面质量日益提高，渣油路面、沥青路面广泛铺设。在此期间，黑龙江省重点改造了干线公路，修建了一级、二级公路并打通了部分断头路，初步解决了黑龙江省大中城市出口路车辆拥挤的问题。

至80年代初，路面铺装里程已达80%以上，晴雨通车里程由60年代初期的20%上升到55%。当时采用连续梁、T字梁等永久性桥梁取代简支梁，大跨度桥梁不断兴建，哈尔滨松花江公路桥的建设标志着黑龙江省的公路建设迈向新阶段。

至90年代末，"OK"形公路骨架（见图8-1）和"一环五射"高速公路网格局（见图8-2）取得突破性进展，通车里程达3000千米，占总里程的80%，同时，公路技术等级得到全面提高。

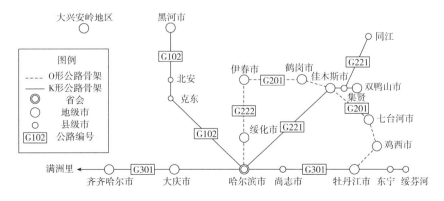

图8-1　黑龙江省"OK"形公路骨架

资料来源：《东北区运输地理》。

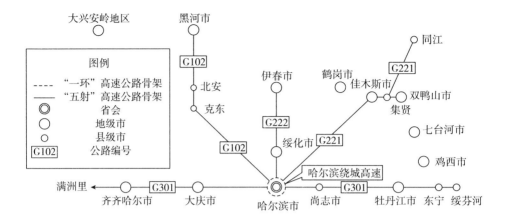

图 8-2　黑龙江省"一环五射"高速公路网

资料来源：笔者根据文献整理得到。

2000 年以后，黑龙江省公路建设进入快速提升阶段。2003～2005 年，全省投入资金 99.3 亿元，建设农村公路，共建成水泥、沥青路 8092 千米，是新中国成立以来全省农村高等级公路建设里程总和的 3.1 倍，开创了农村公路建设发展的新局面。

2006 年，黑龙江省确定"十一五"交通建设总体目标，启动实施"1135"工程，即完成交通投资 1000 亿元，建设高速公路 1000 千米，建设一级和二级公路 3000 千米，建设通村公路通畅工程 50000 千米。

2008 年，黑龙江省委、省政府对全省经济社会发展全局作出重大战略决策，即实施公路建设三年决战，以实现 13 个市（地）全部通高速公路或一级公路，64 个县（市）全部通二级以上公路，所有乡（镇）和行政村通硬化路面公路。

截至 2019 年底，黑龙江省公路总里程已达 168710 千米，比 1949 年增长 29.64 倍，有路面里程 146000 千米，占总里程的 86.54%，公路总里程位居全国第四。

一、公路网络的结构特征

黑龙江省公路交通较发达，基本形成了以省会哈尔滨为中心、以区域性中心城市为枢纽、以高等级城市为支撑点的公路体系，以及以国道、省道和边防干线公路为骨干，以四通八达的县、乡公路为支线的干支相连、纵横交错的多层次公路网。这不仅彻底改变了公路交通制约地方经济发展的局面，而且为全省经济建设的发展和投资环境的改善提供了有利的条件。

（一）干线公路

黑龙江省境内的干线公路由国道、省道、边防干线公路三类公路组成。

1. 国道

到 2005 年，10 条过境国道（同江—三亚公路、绥芬河—满洲里公路、北京—哈尔滨公路、北京—加格达奇公路、鹤岗—大连公路、黑河—大连公路、明水—沈阳公路、哈尔滨—伊春公路、同江—哈尔滨原有路、绥芬河—满洲里原有路）（见图 8-3）贯通黑龙江省 46 个市、县，公路总里程达 5428.23 千米（见表 8-1）。1986~2005 年，凭借改革开放的历史机遇，黑龙江省扩大公路建设资金来源，对省内国道先后进行了大规模的新建、扩建和改建，新建高速公路 896.33 千米，新建、改建一级公路 780.34 千米、二级公路 1949.47 千米，改建三级公路 841.32 千米。

表 8-1　黑龙江省国道路线统计（2005 年）

序号	编号	线路名称 起讫地点	公路总里程 （千米）	重复里程 （千米）	公路技术等级			
					高速公路 （千米）	一级公路 （千米）	二级公路 （千米）	三级公路 （千米）
1	010	同江—三亚	675.78	—	426.46	—	249.32	—
2	015	绥芬河—满洲里	874.98	—	345.71	170.23	359.05	—
3	102	北京—哈尔滨	72.37	—	—	—	72.37	—
4	111	北京—加格达奇	422.57	—	—	14.77	54.30	353.50
5	201	鹤岗—大连	548.89	—	34.76	342.88	117.95	53.31
6	202	黑河—大连	652.80	10.59	—	102.29	539.92	
7	203	明水—沈阳	236.57	7.68	—	5.95	79.40	143.54
8	222	哈尔滨—伊春	343.51	5.21	89.40	23.81	211.51	13.58
9	221	同江—哈尔滨	641.35	155.44	—	37.33	171.19	277.39
10	301	绥芬河—满洲里	959.41	285.49	—	83.08	94.41	

注："—"表示此项数据不存在。

资料来源：《黑龙江省志·公路志（1986~2005）》。

2. 省道

省道由具有全省政治、经济意义的公路且不属于国家公路的省际重要公路组成，起着连接省会与地级行政中心及所有市、县，以及通达重要城镇和重要经济开发区、产业基地、交通枢纽、旅游景区的作用，主要承担省域内市际、县际和部分省际的客货运输。

1985 年底，黑龙江省已建成省道 10 条，线路总长度达 3243.10 千米，重复里程为 140.70 千米，晴雨通车里程为 3102.10 千米。其中，二级公路 1.80 千米，三级公路 2259.90 千米，四级公路 840.70 千米。大部分公路为低等级公路，因此公路技术等级偏低。

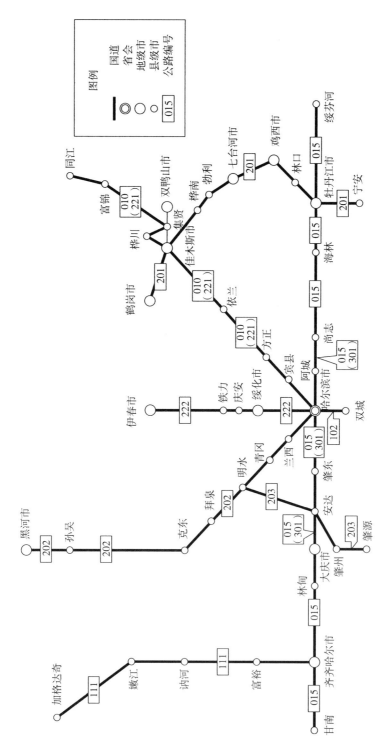

图 8-3　黑龙江省国道网络布局

资料来源:《黑龙江省志・公路志（1986～2005）》。

1996 年，根据国家交通部国道主干线建设规划，黑龙江省对省道进行了调整，把一部分重要干线县道划分为省道，使省道由 10 条增加到 20 条。2001 年，黑龙江省又将省道增加到 30 条。

到 2005 年底，黑龙江省的 30 条省道总里程达 9032.09 千米，净公路里程为 8169.74 千米，晴雨通车里程为 8121.63 千米，养护里程为 8168.14 千米。其中，一级公路 174.27 千米，二级公路 3323.15 千米，三级公路 3408.27 千米，四级公路 1210.96 千米，等外公路 53.09 千米。一级、二级高等级公路里程值大幅度提高，表明黑龙江省的公路技术等级有所提高。

3. 边防干线公路

边防公路是通往边境县（市）和连接边防驻军地及哨所的公路。黑龙江省边境地区毗邻俄罗斯，地理区位独特，生态环境好，土地、矿产、森林、旅游资源丰富，具有很大的发展潜力。原有边防公路技术等级低、基础较差，但随着边疆开放、开发的不断深入，边防公路改造和建设进入了新阶段。

1985 年，黑龙江省划定 6 条边防干线公路（绥滨至嘉荫、孙吴至嘉荫、黑河至漠河、虎头至饶河、饶河至抚远、同江至抚远），公路总里程达 1735.00 千米。其中，等级公路全部为低等级公路（三级公路 466.20 千米，四级公路 1247.60 千米），并且等外公路 21.20 千米，公路技术等级略低。

2001 年，边防干线增加了虎头至鸡西和鸡西至图们（黑龙江段）两条公路，公路总里程达 3689.90 千米，其中二级以上公路 498.20 千米，占总里程的 13.5%，公路技术等级有所提高，边防公路木桥改造任务已完成大部分。边防支线三级以上公路 615.90 千米，占支线里程的 46.7%，改造木险桥近百座。

2005 年，黑龙江省边防公路总里程达 5284.90 千米，净里程为 5065.00 千米，晴雨通车里程为 4675.60 千米。其中，边防干线公路 8 条，总里程达 2587.70 千米（重复里程为 219.80 千米）；边防支线公路 100 条，总里程达 2697.19 千米。

（二）县乡公路

1. 县道

1985~2005 年，黑龙江省的县道数量和里程值均不断变化。其中，县道数量从 1985 年的 173 条增加至 2005 年的 249 条；县道净里程从 1985 年的 8026.40 千米增长至 2005 年的 8577.30 千米（见表 8-2），由于在此期间一部分县道或路段逐年被划归为省道，因此县道的里程具有不断增减变化的特点。

1985 年，黑龙江省县道等级公路总长度达 7886.60 千米，等外公路总长度达 139.80 千米。等级公路中绝大部分道路为三级公路，占净里程的 62.22%；

一级、二级高等级公路共 83.40 千米，仅占净里程的 1.04%。高等级公路占比极少，因此公路技术等级略低。

2005 年，黑龙江省县道等级公路总长度达 8523.2 千米，等外公路总长度达 54.10 千米。等级公路中低等级的三级公路依旧占最大比重，达到净里程的 70.34%；一级、二级高等级公路总长度增加至 1077.5 千米，占净里程的 12.56%。高等级公路所占比重增长较多，说明公路技术等级有显著的提高。

黑龙江省县道的建设主要由地方各县（市）自筹资金（包括养路费提成、营运小拖养路费和省里补贴等）支撑。由于资金不足，县道建设多为小规模维修和保养，大中修、新建和改建项目较少。

表 8-2 黑龙江省县道发展（1985~2005 年）

年份	公路总里程（千米）	重复（断头）里程（千米）	净里程（千米）	公路技术等级				
				一级公路（千米）	二级公路（千米）	三级公路（千米）	四级公路（千米）	等外公路（千米）
1985	8533.40	467.80（39.20）	8026.40	15.00	68.40	4993.70	2809.50	139.80
1990	8863.00	0.00（0.00）	8863.00	10.00	168.00	4246.00	4063.00	376.00
1995	9551.10	431.80（21.50）	9097.80	34.50	357.70	5316.90	3069.30	319.40
2000	9095.90	483.90（67.90）	8544.10	47.30	491.10	6250.30	1732.40	23.00
2005	8939.30	361.20（0.70）	8577.30	64.80	1012.70	6033.20	1412.50	54.10

资料来源：《黑龙江省志·公路志（1986~2005）》。

2. 乡道

1985~2005 年，黑龙江省乡道数量和里程值在逐年快速增加。其中，乡道数量从 1985 年的 862 条增加至 2005 年的 15229.00 条；乡道净里程从 1985 年的 15229.00 千米增长至 2005 年的 25042.80 千米（见表 8-3）。

1985 年，黑龙江省乡道等级公路总长度达 13879.00 千米，等外公路总长度达 1350.00 千米。等级公路中绝大部分道路为四级公路，占净里程的 81.65%，高等级公路中只有二级公路为 2.00 千米，占净里程的 0.01%。低等级公路所占比重远远超过了高等级公路，因此公路技术等级偏低。

2005 年，黑龙江省乡道等级公路总长度达 22126.00 千米，等外公路总长度达 2916.80 千米。等级公路中三级公路占最大比重，达到净里程的 52.18%；一级、二级高等级公路共 364.6 千米，占净里程的 1.46%。高等级公路所占比重明显提高，表明公路技术等级得到较大幅度提升。

在乡道建设方面，自 2003 年开始国家和黑龙江省就把通乡公路建设纳入了规划，到 2005 年，仅 3 年时间，就投入 138.1 亿元补贴农村公路建设。2005 年末，累计完成投资 124.1 亿元，全省 931 个乡镇全部畅通公路，其中 548 个乡镇的道路路面为沥青（水泥）路面，在提高道路路面质量的同时，明显改善农村交通状况。

表 8-3　黑龙江省乡道发展（1985~2005 年）

年份	公路总里程（千米）	重复（断头）里程（千米）	净里程（千米）	公路技术等级				
				一级公路（千米）	二级公路（千米）	三级公路（千米）	四级公路（千米）	等外公路（千米）
1985	15229.00	—（—）	15229.00	—	2.00	1443.00	12434.00	1350.00
1990	15923.00	—（—）	15923.00	—	9.60	3296.80	11476.50	1140.10
1995	16610.80	3475.00（2.00）	16261.30	—	93.50	6088.60	9451.70	627.50
2000	16333.10	389.90（74.60）	15868.60	—	98.30	8408.70	6921.80	439.80
2005	25604.60	440.00（121.80）	25042.80	31.80	332.80	13067.90	8693.50	2916.80

注："—"表示此项数据不存在。

资料来源：《黑龙江省志·公路志（1986~2005）》。

（三）专用公路

黑龙江省专用公路是由企业或其他部门（农场、油田、林业等）建设、养护、管理，主要是为本企业或本部门提供运输服务的道路。1985~2005 年，黑龙江省专用公路总里程从 14029.00 千米增长至 20549.50 千米（见表 8-4），公路技术等级也在逐年提升。

1985 年，专用公路总里程达 14029.00 千米，其中绝大部分道路为四级公路，占净里程的 85.12%，高等级公路中只有二级公路 289.00 千米，占净里程的 2.06%。高等级公路所占比重略低，因此黑龙江省的公路技术等级整体偏低。到 2005 年末，黑龙江省共有专用公路 890 条，总里程达 20549.50 千米，其中等级公路总长度达 17924.1 千米，等外公路总长度达 2362.30 千米，高速、一级、二级高等级公路共 609.70 千米，占净里程的 3.01%。高等级公路所占比重略微提高，说明黑龙江省公路技术等级有所提升。

专用公路按类型又可分为垦区公路、林区公路和油区公路三种公路。2005 年，黑龙江省垦区公路总长度达 57094.30 千米，其中二级公路为 123.20 千米，三级公路为 4705.30 千米，四级公路为 965.60 千米；林区公路总长度达 13168.00 千米，其中三级公路为 7260.00 千米，四级公路为 5908.00 千米；油区公路总长度达 1324.10 千米，其中一级公路为 186.20 千米，二级公路为 119.60 千米，三级公路为 1006.80 千米，四级公路为 11.50 千米。垦区公路总里程在专用公路中占比最多，但其中的低等级公路占比最多，所以公路技术等级略低；虽然油区公路总里程占比最少，但其中的高等级公路占比最多，所以公路技术等级较高；林区公路在三种公路类型中占比与公路技术等级均处于中等水平。

表8-4 黑龙江省专用公路发展（1985~2005年）

年份	公路总里程（千米）	重复（断头）里程（千米）	净里程（千米）	公路技术等级					
				高速公路（千米）	一级公路（千米）	二级公路（千米）	三级公路（千米）	四级公路（千米）	等外公路（千米）
1985	14029.00	—（—）	—	—	—	289.00	1799.00	11941.00	—
1990	14621.00	—（—）	—	—	102.00	65.00	2511.00	11751.00	192.00
1995	15083.50	239.90（0.00）	14843.60	—	101.70	80.20	2706.40	11709.10	246.20
2000	14222.70	204.10（0.00）	14018.60	25.50	150.90	205.50	2456.30	11024.80	155.60
2005	20549.50	253.20（9.90）	20286.40	25.00	66.30	518.40	8962.70	8351.70	2362.30

注："—"表示此项数据不存在。

资料来源：《黑龙江省志·公路志（1986~2005）》。

（四）旅游公路

20世纪80年代初，随着改革开放政策的实施和旅游业的发展，黑龙江省旅游公路开始建设。随着镜泊湖和五大连池两个重点自然风景区成为向国内外游人开放的旅游地，齐齐哈尔扎龙自然保护区、宾县二龙山风景区、兴凯湖风景区、亚布力山庄、大小兴安岭原始森林等特色景点的开发，以及进入21世纪后哈尔滨、尚志、牡丹江三个红色旅游系列的兴起与建设，黑龙江省以绥芬河—满洲里公路、哈尔滨—同江公路和哈尔滨—黑河公路三条公路为主干线，分别向各旅游景区、景点修建了一批旅游公路，并通过逐年改造、改建，以提高旅游公路技术等级。因此通往各景区、景点的旅游公路具有从少到多，由砂石路向铺装沥青混凝土、水泥混凝土路面发展，由低等级公路向高等级公路发展的特点。

2000年以后，随着黑龙江省境内具有北方特色的旅游景区、景点的新建，以及特色旅游路线的开发（如冰雪旅游、爱国教育红色旅游、原始森林旅游及生态旅游等），各级政府和企业相继修建了一大批新的旅游公路。到2005年，黑龙江省共有旅游公路27条，总里程达1050.45千米，重复里程为1.37千米。这些旅游公路分别归属于国、省、县、乡和专用公路之内。

1. 冰雪旅游公路

通往太阳岛风景区和冰雪大世界的高等级旅游公路是为了适应冰雪旅游的需要，由马迭尔集团出资修建的一条冰雪旅游公路。该路从哈尔滨松花江公路大桥以北（哈黑公路零千米处）通往太阳岛和岛内风景区，共修建 4.10 千米的旅游路。其中，通岛公路 0.30 千米，园内道路 1.60 千米，冰雪大世界干道 2.20 千米。

2. 爱国教育红色旅游公路

中国雪乡旅游公路全长 135.60 千米，起点在五常山河镇，穿越山河屯林业局和大海林林业局山区，终点在被称为"中国雪乡"的双峰林场。2003 年开工，2005 年 10 月建成通车，为二级公路水泥混凝土路面。雪乡旅游公路沿途既可游览中国北方冬季林海雪原风光和春、夏、秋三季林海生态景色，又可在林海深处追忆当年抗日英雄的足迹和人民军队剿匪的林海雪原故事，它是黑龙江省爱国教育红色旅游路线的代表性公路。

3. 原始森林旅游公路

乌带公路是连接大箐山与伊春的重要通道，起点在伊春市乌马河区，终点为带岭，全程 110 千米，是伊春落实"生态立市、旅游强市"的基础性项目。乌带公路于 2020 年 6 月实施升级改造后，有效串联了大箐山周边凉水国家级自然保护区、翠河湾休闲度假山庄、红光风情露营地等重要旅游景点，成为黑龙江省发展林业经济和旅游经济的重要路段。

4. 生态旅游公路

龙江第一条生态旅游公路位于省道依饶公路饶河段，起点在红旗岭农场大桥处，终点在饶河县城，途经大牙克林场、石场林场，全长 72.06 千米。旅游公路沿线形成了山清水秀、美景如画、鸟语花香、地域广阔的自然生态风景长廊，是理想的自然生态旅游胜地。

（五）口岸公路

1993 年，随着对俄罗斯边境的开通，黑龙江省开始修建口岸公路。截至 2005 年，对俄罗斯口岸公路 4 条，合计里程为 60.30 千米。

第一条口岸公路为 1993 年在绥芬河市修建的通往俄罗斯边境口岸的 4.30 千米二级沥青混凝土路面公路。第二条口岸公路为 1994~1995 年在东宁市修建的东宁至三岔口 11.90 千米二级水泥混凝土路面公路，该口岸公路在 2001 年扩建为 14.20 千米，在 2005 年扩建为 17.30 千米。第三条口岸公路为 1996~1998 年修建的同江市至三村 28.80 千米三级砂石路面公路，该口岸公路在 2001 年终点由三村延至东港，里程增加至 29.80 千米，在 2005 年改建为三级水泥混凝土路面。第四条口岸公路为 1999~2001 年修建的富锦至绥滨 8.80 千米口岸公路，该口岸公路在 2004 年改建 6.90 千米公路为二级渣油路面。

此外，一些通往边境口岸的省、县、乡、边防公路有的也开辟为汽车客、货口岸运输道路。例如，1997 年修建的凤翔至名山 21.9 千米省道，1999 年修建的虎林至吉祥 58.0 千米县乡公路，2000 年修建的密山至当壁镇、连珠山至当壁镇段 37.4 千米二级县乡公路，这些公路先后开辟为口岸运输道路。到 2005 年，通过口岸公路和连接口岸的国、省、县、乡公路，已与俄罗斯开通了 39 条（货运 20 条，客运 19 条）国际汽车运输线路。

二、高速公路建设与发展

（一）高速公路发展概况

随着黑龙江省高速公路体系的不断完善和建设水平的不断提高，黑龙江省区域之间交通运输时间缩短，黑龙江省的区域交通运输格局开始改变。与普通公路相比，高速公路具有快速、节能、舒适的特点，已经成为推动国家经济长足发展的重要支柱。1997 年，黑龙江省境内的第一条高速公路哈大高速通车；1998 年，黑龙江省高速公路建设进入稳步发展阶段；2010 年以来，黑龙江省高速公路建设进入快速发展阶段，为高速公路网络的形成奠定了基础（见图 8-4）。

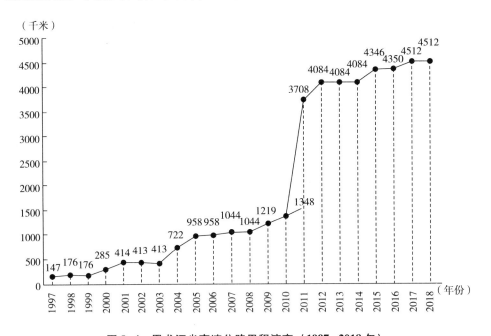

图 8-4　黑龙江省高速公路里程演变（1997～2018 年）

资料来源：《黑龙江统计年鉴（2020）》。

截至 2018 年底，黑龙江省建成高速公路 4512 千米，全省 13 个地级市除加格达奇外已全部通高速公路，36 个县级市贯通高速公路，打通与吉林和内蒙古的 6 个高速公路出口，连通绥芬河、东宁、同江、黑河、抚远等国家一类口岸，服务五大连池、亚布力、镜泊湖、兴凯湖等重点景区，基本形成除加格达奇外以哈尔滨为中心的 4 小时经济圈。全省联网高速公路累计开通 ETC 收费站 179 个，ETC 专用车道 370 条，路网密度为 0.96 千米每百平方千米，全国排名第 26。高速公路建设在为全省经济发展提供运输保障的同时，也为人民群众的出行提供了极大的便利。

与众多口岸城市连通的高速公路畅通了"中蒙俄经济走廊"通道，有效提升了黑龙江省对外开放、开放水平及区域综合竞争力，为服务国家"一带一路"建设提供了互联互通支撑。贯通"两大平原"腹地的建三江至虎林、嫩江至泰来等多条高速公路建成通车，不仅能为黑龙江省粮食及深加工产品输送到全国各地提供保障，而且能够服务"两大平原"现代农业综合配套改革。连通大庆至齐齐哈尔、鸡西至七台河等一批资源地的高速公路，不但为矿产资源综合开发、资源型城市转型打通了快速通道，还加快了高速公路沿线商业化、产业化步伐，从而服务东北老工业基地振兴，推动经济转型。

（二）高速公路发展规划

2013 年 6 月，国家发改委和交通运输部联合印发了《国家公路网规划（2013 年—2030 年）》，明确了黑龙江省新一轮的国家高速公路布局。2016 年 5 月，黑龙江省发展和改革委员会在国家高速公路网的基础上，规划了省级高速公路（见表 8-5），计划至 2030 年，将黑龙江省内的国家级高速公路与省级高速公路共同构建成"两环、八射、六横、六纵"的"2866"高速公路网（见图 8-5）。

表 8-5　黑龙江省高速公路布局方案

国家高速公路				省级高速公路				
序号	路线起止点	编号	规划里程（千米）	主要控制点	序号	路线起止点	编号	规划里程（千米）	主要控制点
1	北京—哈尔滨	G1	70	北京、唐山、秦皇岛、锦州、沈阳、四平、长春、哈尔滨	1	哈尔滨都市圈环线	S01	340	肇东、兰西、巴彦、阿城、双城
2	绥芬河—满洲里	G10	928	绥芬河（口岸）、牡丹江、哈尔滨、大庆、齐齐哈尔、阿荣旗、满洲里（口岸）	2	建三江—鸡西	S11	367	建三江、虎林、密山、鸡西
3	哈尔滨—同江	G1011	572	哈尔滨、佳木斯、双鸭山、同江	3	伊春—齐齐哈尔	S12	325	伊春、北安、齐齐哈尔

续表

国家高速公路					省级高速公路				
4	吉林—黑河	G1211	686	吉林、舒兰、五常、哈尔滨、黑河（口岸）	4	伊春—嘉荫	S13	220	伊春、嘉荫
5	鹤岗—大连	G11	500	鹤岗、佳木斯、鸡西、牡丹江、敦化、通化、丹东、大连	5	双鸭山—饶河	S14	233	双鸭山、宝清、饶河
6	鹤岗—哈尔滨	G1111	468	鹤岗、伊春、绥化、哈尔滨	6	绥化—北安	S15	223	绥化、海伦、北安
7	大庆—广州	G45	148	大庆、松源、双辽、通辽、赤峰、承德、北京、霸州、衡水、濮阳、开封、周口、麻城、黄石、吉安、赣州、龙南、连平、广州	7	依兰—兴凯湖	S16	248	依兰、勃利、七台河、密山、兴凯湖
8	双辽—嫩江	G4512	376	双辽、白城、嫩江、齐齐哈尔	8	绥化—大庆	S18	190	绥化、望奎、青冈、安达、大庆
9	铁力—科右中旗	G1015	365	铁力、方正、尚志、榆树、松原、通榆、科尔沁右翼中旗	9	宁安（杏山）—延吉	S20	30	杏山、汪清（黑吉界）
10	北安—漠河	G1213	632	北安、嫩江、加格达奇、塔河、漠河	10	哈尔滨—肇源	S22	100	哈尔滨、肇源
11	建三江—黑瞎子岛	G1012	235	建三江、抚远、黑瞎子岛	国家高速公路规划里程合计（千米）				4980
					省级高速公路规划里程合计（千米）				2276
					高速公路规划里程总计（千米）				7256

资料来源：《黑龙江省省道网规划（2015 年—2030 年）》和《国家公路网规划（2013 年—2030 年）》。

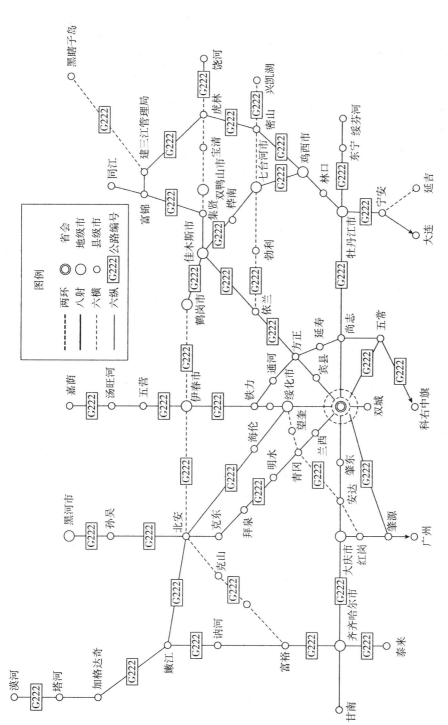

图 8-5 黑龙江省高速公路布局

资料来源:《黑龙江省省道网规划(2015 年—2030 年)》。

"两环"是指哈尔滨绕城公路、哈尔滨都市圈环线;"八射"是指哈尔滨至甘南(黑蒙界)、哈尔滨至黑河、哈尔滨至嘉荫、哈尔滨至同江、哈尔滨至绥芬河、哈尔滨至五常(黑吉界)、哈尔滨至双城、哈尔滨至肇源共 8 条放射线;"六横"是指建三江至黑瞎子岛、鹤岗至齐齐哈尔、双鸭山至饶河、依兰至兴凯湖、绥化至大庆、宁安(杏山)至延吉共 6 条横线;"六纵"是指建三江至鸡西、鹤岗至大连(黑吉界)、铁力至科右中旗(黑吉界)、嫩江至绥化、大庆至广州(黑吉界)、漠河至双辽(黑吉界)共 6 条纵线。

第二节　铁路发展与贡献

一、铁路网的结构与布局特征

截至 2019 年底,黑龙江省有 75% 的县级城市实现了铁路网覆盖,50% 的铁路线改造后实现了复线和电气化,铁路网结构愈加完善。黑龙江省铁路按年客货运量高低大致可分为主要干线铁路、干线铁路和支线铁路三种铁路类型,基本呈现出以哈尔滨、齐齐哈尔、牡丹江、佳木斯 4 个城市为中心向外辐射的东西两大环状路网的铁路网格局。

(一)铁路干支线简述

1. 主要铁路干线

黑龙江省境内有滨绥、滨州、长滨、平齐、滨北、绥佳、牡佳、林密、通让、富嫩、嫩林 11 条主要铁路干线(见表 8-6),营业里程 3057.3 千米,其中哈尔滨铁路局管辖 2988.8 千米,其余里程归属沈阳铁路局管辖。这些线路等级较高、设备质量较好、运输能力和运输量都较大,年运量都在 2000 万吨以上。主要铁路干线不仅向黑龙江省乃至全国各地运输煤炭、木材、粮食、油料等重要物资,还担负着旅客运输及国际联运的任务,是黑龙江省内铁路的骨干线路。

表 8-6　黑龙江省主要铁路干线概况

线路名称	起点	止点	里程(千米)	建成时间	说明
滨绥线	哈尔滨	绥芬河	544.5	1901 年 11 月	1940 年修复线
滨洲线	哈尔滨	满洲里	934.8	1902 年 1 月	至 1985 年,修复线 234.2 千米
长滨线	长春	哈尔滨	244.1	1903 年 7 月	1941 年修复线,黑龙江省管陶赖昭以北
平齐线	四平	齐齐哈尔	570.7	1928 年 12 月	

续表

线路名称	起点	止点	里程（千米）	建成时间	说明
滨北线	哈尔滨	北安	325.5	1932 年 12 月	1985 年修复线
林密线	林口	密山	170.9	1936 年 7 月	
富嫩线	富裕	嫩江	179.6	1937 年 6 月	
牡佳线	牡丹江	佳木斯	580.2	1937 年 7 月	1962 年修复线，黑龙江省管泰来段以北
绥佳线	绥化	佳木斯	308.1	1941 年 11 月	1928 年自建呼海铁路，1932 年日伪修海克铁路
通让线	立志	让胡路	420.8	1966 年 12 月	
嫩林线	嫩江	古莲	676.6	1979 年 12 月	

资料来源：《黑龙江省志·总述》。

2. 铁路干线

黑龙江省境内共有城鸡、鹤岗、齐北、拉滨、牡图、汤林、佳富、勃七、密东 9 条铁路干线（见表 8-7），合计营业里程 1173.0 千米，其中哈尔滨铁路局管辖 1135.07 千米，其余里程归沈阳铁路局管辖。这些铁路主要运输煤炭、木材等货物，是通往林区、矿区的主要运输路线，年运量都在 500 万吨以上，最多可达 2000 万吨。

表 8-7 黑龙江省铁路干线概况

线路名称	起点	止点	里程（千米）	建成时间	说明
城鸡线	下城子	鸡西	103.4	1925 年 3 月	由中俄官商合办穆棱煤矿公司修建
鹤岗线	莲江口	鹤岗	52.8	1926 年	鹤岗煤矿公司投资，是煤炭运输专用线路
齐北线	齐齐哈尔	北安	230	1933 年 12 月	
拉滨线	拉法	哈尔滨	271.7	1934 年 9 月	黑龙江省管五常站至哈尔滨段
牡图线	牡丹江	图们	248.1	1935 年 7 月	黑龙江省管老爷岭老庙站以北段
汤林线	南岔	乌伊岭	256	1945 年 3 月	
佳富线	佳木斯	双鸭山	72.6	1948 年 1 月	
勃七线	勃利	七台河	25.9	1958 年 11 月	勃利县修，后交铁路局
密东线	密山	东方红	160	1962 年 8 月	由牡丹江农垦局修建，后交铁路局

资料来源：《黑龙江省志·总述》。

3. 铁路支线

黑龙江省境内共有恒山、火龙沟、翠峦、北黑、林碧、鹤北、福前、塔韩 8 条铁路支线（见表 8-8），合计营业里程 878.95 千米。这些支线一般较短，设备较差，运量较小，全年运量都在 500 万吨以下。线路一端连接干线或主要干线，另一端为尽头线。各支线衔接矿区、林区和其他专用线，是路网组成中不可缺少的一部分。

表 8-8　黑龙江省铁路支线概况

线路名称	起点	止点	里程（千米）	建成时间	说明
恒山线	鸡西	恒山	11.6	1941 年 11 月	
火龙沟线	敖头	长江	41.6	1942 年	
翠峦线	伊春	翠峦	20.7	1949 年 5 月	
北黑线	北安	黑河	302.9	1933 年 12 月	始建于 1933 年，复建通车于 1989 年 9 月
林碧线	林海	碧水	115.1	1970 年 9 月	
鹤北线	鹤岗	鹤北	43.6	1981 年 12 月	
福前线	福利屯	前进镇	226.3	1983 年 1 月	由哈尔滨铁路局、合江地区和生产建设兵团合建
塔韩线	塔河	韩家园	117.15	1986 年	

资料来源：《黑龙江省志·总述》。

（二）铁路线路布局特征

黑龙江省铁路干线形成东西两大环状路网（见图 8-6）。东部以滨绥线、牡佳线、绥佳线和滨北线 4 条主要铁路干线形成环状路网。该环线上的哈尔滨、牡丹江、林口、勃利、佳木斯、南岔和绥化等处均有一条或两条铁路线向环形外侧辐射，或通向省外与国外，或通向林区、矿区与垦区。但环线内侧却没有铁路线通过，东部地区的煤炭、粮食和木材等货物向西运输，都挤到滨洲线这一条铁路线上，造成大量物资积压待运。

西部以滨北线和滨州线 2 条主要铁路干线及齐北线 1 条铁路干线形成围绕松嫩平原的环状路网。该环线上的哈尔滨、绥化、北安、富裕、齐齐哈尔和让胡路等处均有铁路线向外辐射，有的通向外省、区，有的通向边境口岸，有的通向林区。与东环状路网一样，西环状路网也没有铁路通向环内，不仅对东西物资交流造成了影响，而且阻碍了环内广大地区的经济交往。

其他干线、支线铁路以哈尔滨、齐齐哈尔、牡丹江、佳木斯 4 个经济中心城市为轴心向四周辐射，并通过国际干线和国内干线外接俄罗斯、朝鲜，内联吉林、辽宁和内蒙古。其中，滨绥线和滨洲线与俄罗斯西伯利亚大铁路相接，牡图线与朝鲜相通。京哈线、拉滨线、平齐线、通让线、牡图线 5 条铁路干线与全国铁路相接。

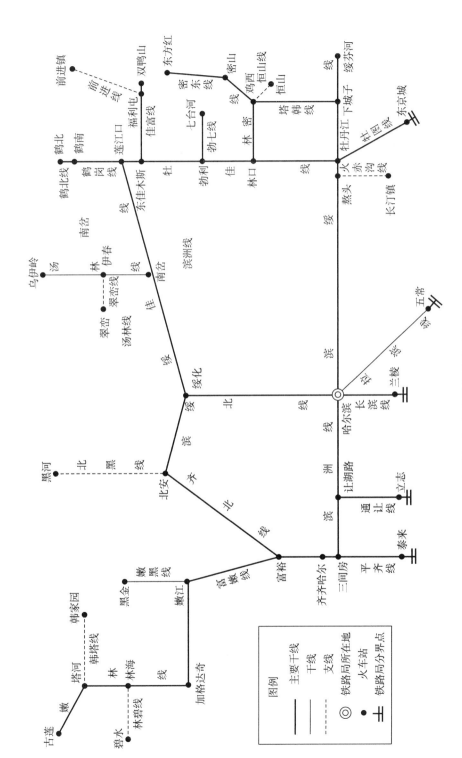

图 8-6　黑龙江省铁路网络格局

资料来源：笔者根据网络资料整理所得。

（三）铁路枢纽布局特征

黑龙江省主要有哈尔滨、齐齐哈尔、牡丹江和佳木斯四大铁路枢纽，以及绥化、南岔、鸡西、让胡路、北安、福利屯等较重要的铁路枢纽。

哈尔滨铁路枢纽由长滨线（或称哈大线、京哈线）、滨洲线、滨北线、滨绥线、拉滨线五大铁路干线及哈大、哈齐客运专线衔接组成，形成了黑龙江省铁路运输的心脏，是东北地区最重要的铁路枢纽之一。枢纽内现有各类车站24个，其中哈尔滨站和哈尔滨西站为枢纽主要客运站，哈尔滨北站为辅助客运站，哈尔滨东站为辅助客运站兼地区车场和工业站，哈尔滨南站为路网性编组站，滨江站、新香坊站为货运站，香坊站为工业站兼货运站，其余均为中间站。

齐齐哈尔铁路枢纽由滨洲线、平齐线、齐北线及哈齐高铁4条铁路衔接组成，并有榆红线、榆峰线、红峰线、昂峰线、三榆线、榆树线和西昂线7条联络线相互连接，形成"十"字形枢纽格局，是黑龙江省西部重要的铁路枢纽。枢纽内现有各类车站12个，其中齐齐哈尔南站为高速客运站，齐齐哈尔站为高普速客运站兼辅助编组站，三间房站为枢纽主要编组站，富拉尔基站、高头站为工业站，红旗营站、红旗营东站、烟筒屯站为越行站，其余均为中间站。

牡丹江铁路枢纽由滨绥线、牡佳线和牡图线3条铁路衔接组成，是黑龙江省东南部最大的铁路枢纽。牡丹江附近的下城子、林口有铁路通往鸡西、密山等地。该铁路枢纽由牡丹江特等站和一些中小车站组成，有旅客列车直通北京、天津、沈阳、齐齐哈尔、哈尔滨、密山、图们、绥芬河等省内外各地。

佳木斯铁路枢纽有绥佳线、牡佳线、佳富线和鹤岗线（或称佳鹤线）4条铁路相交。该铁路枢纽由佳木斯一等站和一些中小车站组成，是黑龙江省东北部最大的铁路枢纽，有旅客列车直通北京、济南、大连、哈尔滨、南岔、鹤岗与前进等地。

二、高速铁路运营现状

截至2020年，黑龙江省高速铁路线包括京哈高速铁路、哈齐高速铁路和哈牡高速铁路3条已开通运营的高铁线路，哈伊高速铁路和牡佳高速铁路2条在建的高铁线路，以及1条哈佳快速铁路线路（见图8-7）。

（一）京哈高速铁路（北京至哈尔滨）

京哈高速铁路又称京哈客运专线，南起北京市朝阳区，向北途经北京市顺义区、怀柔区、密云区，河北省承德市，辽宁省朝阳市、阜新市、沈阳市、铁岭市，吉林省四平市、长春市、松原市，终至黑龙江省哈尔滨市。京哈高速铁路全长1198千米，设计时速350千米/小时，2007年开工建设，2012年12月沈阳至哈尔滨段开通运营，2018年12月沈阳至承德段开通运营，2021年1月北京至承德段开通运营。京哈高速铁路沈哈段是我国首条也是世界第一条运营的新

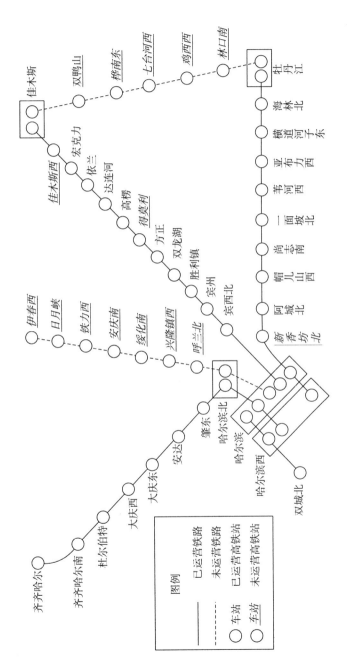

图 8-7　黑龙江省高速铁路布局（2020 年）

资料来源：高铁网。

建高寒地区高铁。共设 31 座车站，其中黑龙江段内设 3 座车站，分别为双城北站、哈尔滨西站、哈尔滨站。

（二）哈齐高速铁路（哈尔滨至齐齐哈尔）

哈齐高速铁路又称哈齐客运专线，是连接哈尔滨市和齐齐哈尔市的高速铁路。2009 年开工建设，2015 年正式开通运行。本条铁路设计时速 300 千米/小时，路线全长 286 千米，设 10 座车站，分别为哈尔滨西站、哈尔滨站、哈尔滨北站、肇东站、安达站、大庆东站、大庆西站、杜尔伯特站、齐齐哈尔南站、齐齐哈尔站。

（三）哈牡高速铁路（哈尔滨至牡丹江）

哈牡高速铁路又称哈牡客运专线，是连接哈尔滨市和牡丹江市的高速铁路。2014 年开工建设，2018 年正式开通运行。本条铁路设计时速 250 千米/小时，路线全长 293 千米，设 12 座车站，分别为哈尔滨西站、哈尔滨站、新香坊北站、阿城北站、帽儿山西站、尚志南站、一面坡北站、苇河西站、亚布力西站、横道河子东站、海林北站、牡丹江站。

（四）牡佳高速铁路（在建，牡丹江至佳木斯）

牡佳高速铁路又称牡佳客运专线，是连接牡丹江市和佳木斯市的高速铁路，它是我国目前最东端的高铁项目，为沈佳高速铁路的组成部分。2016 年 11 月开工建设，2020 年 11 月全线铺轨贯通，2021 年 8 月进入运行试验阶段，同年 9 月底具备全线开通运营的条件。本条铁路设计时速 250 千米/小时，路线全长 371 千米，共设 7 座车站，分别为牡丹江站、林口南站、鸡西西站、七台河西站、桦南东站、双鸭山西站、佳木斯站，除牡丹江站、佳木斯站为既有车站外，其余均为新建车站。

（五）哈伊高速铁路（在建，哈尔滨至伊春）

哈伊高速铁路又称哈伊客运专线，是连接哈尔滨市和伊春市的高速铁路，它的建设刷新了我国最北端高寒高铁项目纪录，2020 年开工建设。本条铁路设计时速 250 千米/小时，路线全长 300 千米，设 9 座车站，分别为哈尔滨站、哈尔滨北站、呼兰北站、兴隆镇西站、绥化南站、安庆南站、铁力西站、日月峡站、伊春西站。哈伊高铁建成后，哈尔滨至伊春将由目前的 7 小时缩短至 1 小时 40 分。

（六）哈佳快速铁路

哈佳快速铁路简称哈佳快铁，是连接哈尔滨市和佳木斯市的电气化双线快速铁路，是中国《中长期铁路网规划》的重点建设项目，同时也是中国高寒地区最长快速铁路。2014 年开工建设，2018 年全线正式通车。本条铁路设计时速 200 千米/小时，线路设计全长 344 千米。线路沿松花江南岸走向，途经哈尔滨市、宾县、方正县、依兰县，至佳木斯市止。哈佳铁路的开通结束了宾县、方正、依兰等地不通火车的历史。全线共设 14 座车站，分别为哈尔滨站、宾西北站、宾州站、宾安站、胜利镇站、双龙湖站、方正站、得莫利站、高楞站、达连河站、依兰站、宏克力站、佳木斯西站、佳木斯站。

第三节 航空交通的兴起与发展

航空分为民用航空与军用航空两种航空活动，其中民用航空又包括公共航空运输（又称商业航空）与通用航空两种航空活动。新中国成立以后，黑龙江省民用航空运输事业发展迅速，目前已拥有各种不同类型飞机组成的机群和设备比较齐备的机场群，初步形成了同世界主要大城市、国内大城市及偏远地区相联络的国内外公共航空运输网络。同时，黑龙江省还建立了为工业、农业、林业、渔业和建筑业的作业飞行及医疗卫生、抢险救灾、气象探测、海洋监测、科学实验、教育训练、文化体育等方面服务的通用航空体系。

一、公共航空运输的兴起

黑龙江省民用航空业始于 1950 年 8 月 1 日，中苏合营的民航股份公司在哈尔滨和齐齐哈尔分别设置航空站，为北京至赤塔国际航线的过往飞机提供保障。1954 年底，按照中苏两国政府协议，中苏民航股份公司终止业务，公司经营的航线和全部资产移交中国，苏联股份由中国按协议偿还。自 1955 年 1 月 1 日起，原中苏民航股份公司经营的航线全部停航。京赤线的哈尔滨和齐齐哈尔两个航空站，划归中国民航北京管理处管辖。自此，我国民航事业进入独立自主、自力更生发展的新阶段。

1958 年，国务院决定将民用航空划归交通部建制，黑龙江省设立民用航空管理处，受上级民航机构和省交通厅双重领导。同年 8 月，黑龙江省开通第一条地方航线。到 1959 年，地方航线共有 4 条，即哈尔滨至黑河、哈尔滨至依兰、哈尔滨至齐齐哈尔、哈尔滨至佳木斯。1962 年 8 月，撤销民航管理处，成立中国民航黑龙江省管理局，在通航点设立民航站。到 1965 年，民航黑龙江省局的航空运输航线已发展到 5 条，旅客发运量为 1086 人，货物发运量为 517 吨。1969 年，民航系统纳入中国人民解放军建制，一切规章制度均按空军的各项条令、条例执行。

1980 年，中国民航黑龙江省管理局改由中国民航总局和省政府双重领导，以民航总局领导为主。同年，开通了哈尔滨至上海航线。1982 年，开通哈尔滨至广州航线，同时哈沪航线由单程飞行改为双程对飞。1984 年，经国家批准，开通了哈尔滨至日本的国际旅游包机航线。1985 年，又相继开通了哈尔滨至牡丹江、哈尔滨至大连、哈尔滨至西安等航线（见表 8-9）。1985 年底，航空运输航线已由 1965 年的 5 条发展到 9 条，完成客运量 18 万人，货运量 0.5 万吨。

到 2019 年底，黑龙江省民航共有定期航班航线 369 条，其中，国际航线 27 条，国内航线 341 条，航线总长 879421 千米。民航完成客运量 2509 万人，货运量 14.1 万吨，分别比 1985 年增长 138.39 倍和 27.20 倍。全局拥有飞机 277 架，其中，运输飞机 76 架，通用飞机 201 架，基本满足了黑龙江省人民生活的基本需求。黑龙江省民用航空发展年表如表 8-9 所示。

表 8-9　黑龙江省民用航空发展（1950~1985 年）

年份	事件
1950	中苏民航公司开通北京至苏联的伊尔库茨克、阿拉木图、赤塔 3 条国际航线
1955	原中苏民航股份公司经营的航线全部停航，开通北京—沈阳—哈尔滨—齐齐哈尔—海拉尔航线
1959	开通哈尔滨—齐齐哈尔、哈尔滨—依兰、哈尔滨—黑河、哈尔滨—佳木斯 4 条地方航线
1962	撤销民航佳木斯航空站，同时对哈尔滨—黑河、哈尔滨—依兰两条航线的航班也进行缩减
1980	开通哈尔滨至上海航线
1982	开通哈尔滨至广州航线，同时哈沪航线由单程飞行改为双程对飞
1984	开通哈尔滨至日本的国际旅游包机航线
1985	开通哈尔滨至牡丹江、哈尔滨至大连、哈尔滨至西安等航线

资料来源：《黑龙江省志·交通志》。

二、通用航空的发展

黑龙江省的通用航空飞行始于 1952 年，从航空护林飞行开始，逐步发展到森林资源调查、森林航空摄影、灭除森林虫害和播种造林等。到 20 世纪 60 年代，已由单一的林业飞行，发展到农业防治病虫害、除草、施肥和播种飞行，以及工业探矿、城市规划、急救和空投物资等其他飞行。黑龙江省的通用航空飞行实施时间较早、开展项目较多、业务量较大，截至 2019 年底，通用航空飞行时间达到 35850 小时，其中，农林业航空作业时间为 13030 小时，航空护林作业时间为 2402 小时，其他类型的航空作业时间为 20371 小时。

（一）林业航空

黑龙江省的航空护林飞行在 20 世纪 60 年代以前年均飞行 1700 小时左右，70 年代以后年均飞行 3000 小时以上。在黑龙江省开展的林业航空项目包括航空护林防火、航空防治病虫鼠害、航空森林调查、航空测量和摄影、航空播种及航空更新造林等。例如，1979 年在铁力林业局和桦南孟家岗林场进行航空播撒药剂和防治鼠害试验，使平均灭鼠率高达 95%，不但比人工防治效率提高了 1200 倍，而且降低了 67% 的成本。

（二）农业航空

黑龙江省的农业航空从 1956 年开始至今，作业项目已发展成为航空化学处理农作物、航空播种和人工降水三类。1959～1985 年，黑龙江省农业航空累计飞行 4 万小时以上，农作物累计受益面积 4600 万亩。其中，灭草占 46%，农田施肥占 23.7%，防治病虫害占 25.4%，喷洒植物生长调节剂和人工降雨等占 4.9%。1984 年，全省虫害严重，为减少农业损失，民航黑龙江省管理局请求民航总局从京、沪、穗调动飞机，先后完成 10 余个农场 70 万亩农田的灭虫洒药任务。

（三）工业航空

工业航空飞行用途广泛，主要用于探矿、城市建设规划，为铁路、公路和高压线路选线，以及水利工程兴修、商品粮基地建设、森林资源普查、地震灾情分析等提供资料。黑龙江省工业航空飞行开展的主要项目是电法探矿、磁性探矿和重力联测，作业项目还不够广泛。20 世纪 50 年代中期，通过航空飞行确定了大庆油田系列油气集聚带；20 世纪 60 年代初期，黑龙江省地质局和民航部门合作，对全省金属矿藏进行了航空普查。

（四）特种航空

特种航空是指工业、农业、林业、牧业航空以外的专业航空作业。黑龙江省主要开展抢险救灾、空运鱼苗等航空作业。从 1958 年起黑龙江省利用飞机运输鱼苗，从南方空运鱼苗 8000 万尾，分别运抵松花江流域、牡丹江流域、嫩江流域，由养鱼场、渔业社分别饲养。在抢险救灾方面，1955 年嫩江流域山洪暴发，民航局及时出动飞机，沿江低飞寻找，共找回 3 万根由落叶松组成的 270 多个大木排；1984 年，黑龙江省某煤矿发生瓦斯爆炸事故，烧伤煤矿工人 6 人，民航局及时派出直升机赴出事地点抢救。

三、航空港与飞机场发展

（一）航空港与飞机场类型

航空港是指用于航空运输用途的飞机场及其口岸服务设施的总称，包括旅客候机、货运站和飞机场三个部分；而飞机场（简称机场）是用于飞机起飞、着陆、停放、维修的场地。在习惯上往往将这两种名称混用，如东北区的航空枢纽之一哈尔滨太平国际机场，实际应称为哈尔滨太平国际航空港。

机场按用途可分为军用机场和民用机场，其中民用机场又可分为公共航空运输机场和通用航空机场。公共航空运输机场的规模较大，功能较全，使用较频繁，知名度也较大；而通用航空机场主要供专业飞行之用，一般规模较小，功能单一，对场地的要求不高，设备也相对简陋。

根据上述对航空港、飞机场的定义与分类，结合黑龙江省机场的具体特点，本书将黑龙江省的机场分为以下四种类型：①国际机场，指国际航班出入境的指定机场，具有办理海关、移民、公共健康、动植物检疫和类似程序手续的机构，如哈尔滨太平国际机场等；②对外开放机场，指能够办理国际航班业务，但尚不具备国际机场条件的机场，如齐齐哈尔三家子机场；③国内机场，指承担国内航空任务的机场，如大庆萨尔图机场等；④通用机场，指在各城市附近，承担着航空测量、摄影、飞机播种、喷洒农药、人工降雨、探矿等专业航空业务的机场。其中前三类机场属于公共航空运输机场，第四类机场属于通用航空机场。

（二）公共航空运输机场发展概况

截至 2019 年底，在黑龙江机场集团投入运营的国内外航空公司共有 51 家，集团共开通国内、国际航线 367 条，并且与国内 34 个省级行政区的省会城市中的 30 个实现了通航。目前，黑龙江基本形成了以哈尔滨太平国际机场为中心，12 个支线机场为依托，辐射国内重要城市，连接俄罗斯、日本、韩国等周边国家的空中交通网络格局。

1. 国际机场

（1）哈尔滨太平国际机场。哈尔滨太平国际机场距哈尔滨市中心 33 千米，是 4E 级民用国际机场、中国十二大干线机场之一、国际定期航班机场、对外开放的一类航空口岸、国际航空枢纽、东北四大国际航空港之一。该机场于 1979 年 12 月建成通航，并在 1998 年 7 月由哈尔滨阎家岗机场更名为哈尔滨太平国际机场。

截至 2020 年 11 月，哈尔滨太平国际机场 T2 航站楼面积为 14.39 万平方米；跑道长 3200 米、宽 45 米；民航站坪设 82 个机位，另有多个维修机位。2019/2020 冬春航季，哈尔滨太平国际机场共有 53 家国内外航空公司在此运营，共开通 201 条国内国际航线，通航 113 座城市。

2020 年，哈尔滨太平国际机场共完成：旅客吞吐量 1350.9 万人次，同比下降 35.0%，全国排名第 20 位；货邮吞吐量 11.2 万吨，同比下降 17.6%，全国排名第 28 位；飞机起降 108444 架次，同比下降 26.6%，全国排名第 24 位。

（2）佳木斯东郊国际机场。佳木斯东郊国际机场距离佳木斯市区 10 千米，为 4C 级军民合用国际支线机场。佳木斯东郊国际机场始建于 1932 年，其前身为 1958 年成立的中国民用航空佳木斯站，2009 年 12 月 10 日佳木斯东郊机场一类航空口岸对外正式开放，机场成为国际机场。

机场官网显示，佳木斯东郊国际机场航站楼面积为5728平方米；跑道长2500米、宽45米；民航站坪设6个机位。2020/2021年冬春航季，佳木斯东郊国际机场共有5家航空公司在此开通7条航线，通航9座城市。

2020年，佳木斯东郊国际机场共完成：旅客吞吐量662013人次，同比下降15.9%，全国排名第105位；货邮吞吐量1289.2吨，同比增长17.3%，全国排名第107位；飞机起降5780架次，同比下降1.9%，全国排名第147位。

（3）牡丹江海浪国际机场。牡丹江海浪国际机场距牡丹江市中心9千米，为4C级军民合用国际支线机场、国家对外开放的一类航空口岸、黑龙江省东南部地区重要交通枢纽。该机场于1985年9月2日正式通航，1998年12月经国务院批复正式对外开放，2017年8月21日牡丹江海浪机场正式更名为牡丹江海浪国际机场。

截至2020年2月，牡丹江海浪国际机场航站楼面积为8200平方米，设2个登机口；跑道长2600米、宽45米；民航站坪设4个机位。2019/2020冬春航季，牡丹江海浪国际机场共有8家航空公司在此开通17条航线，通航12座国内外城市。

2020年，牡丹江海浪国际机场共完成：旅客吞吐量532666人次，同比下降49.2%，全国排名第120位；货邮吞吐量795.7吨，同比下降38.3%，全国排名第122位；飞机起降5024架次，同比下降38.2%，全国排名第157位。

2. 对外开放机场——齐齐哈尔三家子机场

齐齐哈尔三家子机场距齐齐哈尔市中心10.5千米，为4C级军民合用支线机场、国家对外开放的临时航空口岸。该机场于1988年5月16日正式开通民航业务，1993年6月成为临时口岸机场，2012年航站楼廊桥启用。

齐齐哈尔三家子国际机场航站楼面积8000平方米，设2座登机廊桥；东跑道长2600米、宽45米，西跑道（军用）长3000米、宽50米；民航站坪设4个机位。2020/2021年冬春航季，齐齐哈尔三家子机场共有6家航空公司在此开通11条航线，通航10座城市的11座机场。

2020年，齐齐哈尔三家子国际机场共完成：旅客吞吐量370559人次，同比下降17.0%，全国排名第146位；货邮吞吐量378.9吨，同比下降60.1%，全国排名第152位；飞机起降3896架次，同比增长10.3%，全国排名第172位。

3. 国内机场

（1）大庆萨尔图机场。大庆萨尔图机场距大庆市东部城区17.5千米，距大庆市西部城区22.5千米，距离哈尔滨太平国际机场170千米，为4C级中国国内支线机场、黑龙江西部最大的支线航空枢纽机场。该机场于2008年10月动工兴建，2009年9月1日正式通航，2019年6月15日国际航站楼开工建设。

机场官网显示，大庆萨尔图机场航站楼面积 13987 平方米，设 4 座登机廊桥；跑道长 2600 米、宽 45 米；民航站坪设 8 个机位。2020/2021 年冬春航季，大庆萨尔图机场共有 5 家航空公司在此开通 14 条航线，通航 15 座城市的 17 座机场。

2020 年，大庆萨尔图机场共完成：旅客吞吐量 652325 人次，同比下降 24.0%，全国排名第 107 位；货邮吞吐量 1214.0 吨，同比下降 8.3%，全国排名第 109 位；飞机起降 5930 架次，同比下降 11.5%，全国排名第 142 位。

（2）黑河瑷珲机场。黑河瑷珲机场距黑河市中心 15 千米，为 4C 级中国国内支线机场。1933 年黑河机场开始实行军民合用，2003 年黑河机场新航站楼启用，2016 年 3 月黑河机场正式更名为黑河瑷珲机场。

截至 2020 年 8 月，黑河瑷珲机场航站楼面积为 5800 平方米，设 1 个登机口；跑道长 2500 米、宽 45 米；民航站坪设 4 个机位。2020/2021 年冬春航季，黑河瑷珲机场共有 3 家航空公司在此开通 4 条航线，通航 6 座城市；另有华夏通用航空在此开通飞往嫩江墨尔根机场的短途运输航线。

2020 年，黑河瑷珲机场共完成：旅客吞吐量 132150 人次，同比下降 38.8%，全国排名第 187 位；货邮吞吐量 12.4 吨，同比下降 65.3%，全国排名第 206 位；飞机起降 2044 架次，同比下降 25.1%，全国排名第 198 位。

（3）鸡西兴凯湖机场。鸡西兴凯湖机场距鸡西市中心 16 千米，为 4C 级中国国内支线机场。该机场于 2007 年 10 月 15 日开工建设，2009 年 10 月 9 日试飞成功，2009 年 10 月 16 日正式通航。

机场官网显示，鸡西兴凯湖机场航站楼面积为 2599 平方米；跑道长 2300 米、宽 45 米；民航站坪设 4 个机位。2021 年夏秋航季，鸡西兴凯湖机场共有 4 家航空公司在此开通 5 条航线，通航 8 座城市。

2020 年，鸡西兴凯湖机场共完成：旅客吞吐量 217849 人次，同比下降 20.6%，全国排名第 172 位；货邮吞吐量 170.8 吨，同比增长 22.7%，全国排名第 167 位；飞机起降 2282 架次，同比下降 38.7%，全国排名第 192 位。

（4）伊春林都机场。伊春林都机场距伊春市中心 9 千米，为 4C 级国内支线机场，于 2008 年 7 月开工建设，2009 年 8 月 27 日通航。

机场官网显示，伊春林都机场航站楼面积为 9139 平方米；跑道长 2800 米、宽 45 米；民航站坪设 8 个机位。2019/2020 冬春航季，伊春林都机场共有 3 家航空公司在此开通 3 条航线，通航 5 座城市。

2020 年，伊春林都机场共完成：旅客吞吐量 106695 人次，同比下降 34.0%，全国排名第 201 位；货邮吞吐量 0.4 吨，同比下降 98.4%，全国排名第 225 位；飞机起降 1466 架次，同比下降 18.7%，全国排名第 215 位。

（5）漠河古莲机场。漠河古莲机场距漠河市中心 9 千米，为 4C 级国内旅游支线机场、中国第一座建于长期冻土带的机场、中国纬度最高的机场。该机场于 2001 年开始筹建，2006 年获批兴建，2008 年 6 月 18 日正式建成通航，2021 年 4 月 1 日停航改扩建。

机场官网显示，漠河古莲机场航站楼面积为 2107 平方米；跑道长 2200 米、宽 45 米；民航站坪设 4 个机位。2020/2021 年冬春航季，漠河古莲机场共有 3 家航空公司在此开通 3 条航线，通航 4 座城市；另有飞龙通用航空在此开通飞往黑河瑷珲机场和大兴安岭鄂伦春机场的短途运输航线。

2020 年，漠河古莲机场共完成：旅客吞吐量 64089 人次，同比下降 24.3%，全国排名第 215 位；货邮吞吐量 30.0 吨，同比下降 69.6%，全国排名第 197 位；飞机起降 1150 架次，同比下降 19.8%，全国排名第 224 位。

（6）大兴安岭鄂伦春机场（原加格达奇嘎仙机场）。大兴安岭鄂伦春机场是在加格达奇航空护林站改扩建的基础上再次扩建的一个综合机场，机场位于加格达奇主城区的东南部，距市区 8 千米。2012 年 6 月 18 日，加格达奇嘎仙机场正式开通民航业务。2021 年 2 月 25 日，加格达奇嘎仙机场正式更名为大兴安岭鄂伦春机场。

大兴安岭鄂伦春机场航站楼面积为 4870 平方米；机场跑道长 2300 米、宽 45 米。2020/2021 冬春航季，大兴安岭鄂伦春机场共有 4 家航空公司在此开通 6 条航线，共通航 7 座城市；另有内蒙古通用航空在此开通 1 条短途运输航线，通航 2 座城市。

2020 年，大兴安岭鄂伦春机场共完成：旅客吞吐量 88710 人次，同比下降 51.5%，全国排名第 208 位；货邮吞吐量 11.5 吨，同比下降 88.2%，全国排名第 208 位；飞机起降 2114 架次，同比下降 40.6%，全国排名第 196 位。

（7）五大连池德都机场。五大连池德都机场距五大连池市中心 9 千米，为 4C 级民用支线机场，2016 年 3 月开工建设，2017 年 11 月 22 日正式通航。

截至 2017 年 11 月，五大连池德都机场航站楼面积为 3000 平方米；跑道长 2500 米、宽 45 米；民航站坪设 4 个机位。2020 年夏秋航季，五大连池德都机场共有 1 家航空公司在此开通 1 条航线，通航 2 座城市。

2020 年，五大连池德都机场共完成：旅客吞吐量 45934 人次，同比下降 27.0%，全国排名第 220 位；飞机起降 1210 架次，同比下降 9.4%，全国排名第 222 位。

（8）建三江湿地机场。建三江湿地机场距建三江城区直线距离 14.9 千米，公路距离 16.2 千米，为 4C 级中国国内支线机场，2016 年 4 月 5 日开工建设，2017 年 6 月 29 日试飞成功，2017 年 10 月 29 日正式通航。

截至 2015 年 8 月，建三江湿地机场航站楼面积为 3000 平方米；跑道长

2500 米、宽 45 米；民航站坪设 4 个 C 类机位。2019/2020 冬春航季，建三江湿地机场有 3 家航空公司在此开通 3 条航线，通航 4 个城市。

2020 年，建三江湿地机场共完成：旅客吞吐量 45818 人次，同比下降 64.7%，全国排名第 221 位；飞机起降 2290 架次，同比下降 16.7%，全国排名第 191 位。

（9）抚远东极机场。抚远东极机场北距抚远市中心 18.5 千米，东北距中国国境最东端（黑瞎子岛东岸）约 60 千米，为 4C 级中国国内支线机场、中国最东端民航机场、临时口岸机场，2014 年 5 月 26 日正式通航。

抚远东极机场航站楼面积为 4107 平方米；跑道长 2500 米、宽 45 米；民航站坪设 4 个 C 类机位。2021 夏秋航季，抚远东极机场有 2 家航空公司在此开通 3 条航线，通航 4 座城市。

2020 年，抚远东极机场共完成：旅客吞吐量 21693 人次，同比下降 60.1%，全国排名第 231 位；货邮吞吐量 0 吨，同比下降 100.0%，全国排名第 230 位；飞机起降 374 架次，同比下降 54.7%，全国排名第 234 位。

（10）绥芬河东宁机场（未通航）。绥芬河东宁机场东南距绥芬河市中心约 24 千米，东南距东宁市中心约 46 千米，西北距穆棱市中心约 57 千米，为 4C 级支线机场、绥东穆三市共用机场，2017 年 10 月 10 日正式开工，2021 年 9 月 16 日试飞成功，2021 年底通航。

截至 2021 年 9 月，绥芬河东宁机场航站楼面积 4874 平方米，跑道长 2500 米、宽 45 米，民航站坪设 6 个 C 类机位，可满足每年旅客吞吐量 45 万人次、货邮吞吐量 3600 吨、飞机起降 4788 架次的使用需求。

第四节　水运发展与变迁

黑龙江省的主要河流有黑龙江、松花江、乌苏里江、嫩江、牡丹江和呼兰河等，航道里程 5495 千米。通航河流地处寒温带、温带交界处，属大陆性季风气候，是全国气温最低的水网地区，冬季河道封冻无法通航，因此均为季节性通航，年通航期在 210 天左右。其中，丰水期、洪水位可通航 500~3000 吨级船舶，枯水期需减载航行。

一、改革开放以来水运业的发展

中华人民共和国成立后，随着国民经济的恢复和发展，黑龙江水运事业迅速发展壮大，形成港口、航运、船厂、航道俱全的综合性企业，为省直营和地方航运部门提供运力。内河和界江航运事业的蓬勃发展，对沟通区域经济、促进工农业生产、巩固和繁荣边疆起到了重要的作用。

1952 年，黑龙江省首先在松花江干流哈尔滨至同江之间的重点航线上设立了一等航标。1984 年，航道技术人员研制出新型导标灯，它具有耐用、节电、聚光、照射远的优点，为船舶昼夜安全航行创造了良好条件，推动了航运事业的发展，航标、航道建设逐步完善。

1957~1966 年，黑龙江省扩建新港口 20 处，增设中小航运站 35 个，增加千吨级泊位 24 个，扩大了港口通过能力。哈尔滨、佳木斯两大港口的机械操作量超过 200 万吨，全水系各港站的装卸逐步从繁重体力劳动中解放出来，加快了船舶周转速度。针对黑龙江水系季节性生产的特点，黑龙江省改革了港口管理办法，实行冬夏两套成本核算，改变了长期以来夏盈冬亏的被动局面，使所有港口全部实现转亏为盈。

1977~1980 年，黑龙江省加强了疏浚力量和水工建设，先后修筑导坝、丁坝、锁坝和护坡岸 10000 多延米，并引进大功率挖泥船；同时，还整治了严重碍航浅滩，逐步解决了影响航运生产发展的航道淤塞问题。

随着中俄经贸合作和边境旅游的蓬勃发展，1982 年，黑龙江省获准第一个对外开放的国家一类口岸，是中俄贸易的重要窗口和通道，对外开放进一步增强，成为我国对外开放一类口岸最多的省份之一。1988 年和 1989 年，黑龙江省陆续开放了 12 个对俄口岸，对外开放进一步增强，大多边境水运口岸明水期可开展汽车轮渡运输，冰封期可开展冰上汽车运输。2021 年，黑龙江省现有国家一类口岸 27 个，其中水运口岸 13 个，空运口岸 4 个，公路口岸 6 个，铁路口岸 3 个，步行口岸 1 个。

在近代历史发展的过程中，现代化公路、铁路建设基本实现，相比于传统的水路运输，现代化的交通运输不仅具有速度快、成本较低的优势，而且有利于政治经济的发展，还可以满足军事战略上的需求。与此同时，黑龙江水系受上游工农业用水量大幅增长等自然、人为多重因素影响，"黄金水道"盛景不再，黑龙江水系水路运输开始衰落。相较于长江、珠江水系而言，黑龙江水系航道规划科学化水平不高，航道建设等级较低，建设项目储备少，没有长河段整治项目，天然航道缺乏维护和改造，加之临、跨、拦航道建筑和非法采砂等活动对航道资源的破坏，严重影响了水运船舶通行，造成碍航、断航等突出问题。《中华人民共和国航道法》的正式实施从法律层面对临跨河违建、桥梁净空不足、建筑废弃物清淤、过江管线回填、乱采滥挖破坏航道等不良现象进行了有效遏制，一定程度上保护了航道资源，维护了水运经济发展的正常秩序，取得了目标性成果。

黑龙江省"十四五"规划提出：要打造现代化综合交通运输体系，进一步提高黑龙江、松花江、嫩江、抚远水道等重要航道干支衔接和通畅水平，统筹乌苏里江、松阿察河等界河航道建设，提高通航保障率；要推进内河主要港口和界河港口装备改造和集疏运体系建设，提高港口服务能力；要加快与铁路、公路融合衔接，发挥客货集散功能（见表8-10）。

表8-10 黑龙江省"十四五"水运重点项目

类别	重点项目
航道整治	松花江下游重点浅滩航道、黑龙江上游乌苏里至欧浦航道、嫩江三岔河至洗儿河口航道、抚远水道航道等重要航道整治工程，松阿察河航标测量和重点河段航道、乌苏里江松阿察河河口至虎头航道等界河航道整治工程
港口改造	黑河自贸试验区港、同江港区哈鱼岛作业区石油化工码头、抚远港区莽吉塔作业区金良码头、哈尔滨港区阿勒锦岛客运码头、方正港区沙河子作业区矿建码头、界河旅游客运码头、哈尔滨港区呼兰河作业区新区码头、哈尔滨港区阿什河作业区等港口装备改造项目

资料来源：《黑龙江省国民经济和社会发展第十四个五年规划和二〇三五年远景目标纲要》。

二、主要水运干线

黑龙江水系包括黑龙江、松花江、乌苏里江，是我国三大通航水系之一。黑龙江省航道里程为5495千米，主要通航河流有黑龙江、松花江、乌苏里江、嫩江及兴凯湖、镜泊湖等。按航道里程来看，黑龙江（界河）为1861千米，松花江为928千米，乌苏里江（界河）为455千米，嫩江为950千米；按航道等级来看，黑龙江省有等级航道5120千米，等外航道375千米。其中，等级航道中，二级航道967千米，可通航2000吨级船舶；三级航道928千米，可通航1000吨级船舶；四级航道1209千米，可通航500吨级船舶；五级及以下航道2016千米，可通航300吨级以下船舶（见表8-11）。

黑龙江流域是黑龙江水运的主要经济腹地，沿江分布着黑龙江省80%的大中城市和主要生产力，是黑龙江省产出最多、需求最大、交通运输最为发达的地带，形成了以粮食、木材、重型装备制造业、石油化工、汽车、医药工业和食品工业为代表的门类齐全的工农业生产体系。沿江分布的矿建、粮食等大宗产品的运输，是黑龙江水系内船舶运输、港口装卸赖以生存的主要货源。

表8-11 黑龙江省主要水运航线概况

航线	起讫点	航线里程（千米）	主要航道	可通航船舶（吨）
黑龙江航线	漠河—抚远	干流2820	上游山区河道	500~2000
			中下游平原河道	300~1000

续表

航线	起讫点	航线里程（千米）	主要航道	可通航船舶（吨）
松花江航线	肇源—同江	干流928	嫩江、第二松花江交汇三岔口—肇源	200~600
			肇源—哈尔滨、哈尔滨—沙河子、沙河子—依兰、依兰—佳木斯、佳木斯—同江	600~1000
		南源657	抚松—白山、白山—红石	100~200
			大船口—桦树林子	50~100
			桦树林—丰满	100~200
			丰满—扶余	50~100
			扶余—三岔口	300~600

资料来源：《黑龙江省志》。

（一）黑龙江水运干线

黑龙江全长4363千米，河流长度居世界第11位，在国内仅次于长江、黄河居第3位，航道里程为1861千米。

黑龙江位于中国黑龙江省北缘，共有两源，北源石勒喀河源于蒙古肯特山东麓，南源额尔古纳河源于中国大兴安岭西坡。南北两源在洛古河村汇流后称黑龙江，流经漠河、呼玛、爱辉、逊克、嘉荫、萝北、绥滨到同江汇入松花江。黑龙江干流及南北两源几乎都可以通航，水量丰富，水位较稳定，河道比降小，河床宽而深，航运价值极大。每年的7~9月，是黑龙江上客货运输最为繁忙的季节（见表8-12）。

黑龙江是其沿江10多个市、县资源开发、经济联系、物资交流的重要通道，也是中俄两国发展边境贸易、进行经济与文化交流的纽带。目前，沿江重要港口或港区、船站有漠河、呼玛、黑河、萝北、嘉荫、同江、抚远等。

表8-12 黑龙江水运干线概况

河段	起讫点	分段	自然地理条件	水文水情	可通行船舶
上游	洛古河村—结雅河口	洛古河村—南岸支流额木尔河河口	山崖险峻	江面狭窄，水流湍急，枯水期水深1.1米	可通行500~1000吨级船舶
		额木尔河河口以下	水变深，河谷逐渐开阔，并出现小块滩地，有些河段有分汊现象	河宽一般400~1000米，枯水期一般水深1.2米左右，河床呈"U"形，平均比降0.2%	可通行300~1000吨级船舶

河段	起讫点	分段	自然地理条件	水文水情	可通行船舶
中游	结雅河口—乌苏里江河口	结雅河口—嘉荫	河道弯曲，多岛屿沙洲	河宽1500米左右	可通行300~1000吨级船舶
		嘉荫以下—山地峡谷段	河谷束窄，流速25米/秒左右，湍流、涡流较多，河床底多为礁石	河宽600~700米	
		山地峡谷段—三江平原	河谷伸展，水流平稳，接纳松花江后，两岸低平，水流变缓，网状河道现象显著，江中岛屿沙洲、浅滩较多	河谷宽至10千米以上，江面宽达2000米以上，其中东兴浅滩枯水期水深一般1.5米，有碍航行，该段距离约1000千米，落差约100米，平均比降0.09‰	可通行1000~3000吨级船舶
下游	乌苏里江口以下	—	与乌苏里江汇合，汇合处是黑龙江在我国的航运终点		

资料来源：《黑龙江省志》。

早期黑龙江水运的货种以木材为主，大兴安岭、小兴安岭北坡的木材砍伐后沿支流而下，经黑龙江转运至黑河港，除一部分就地加工外，绝大部分又沿黑龙江转松花江运至佳木斯、哈尔滨等木材加工中心。黑龙江中部沿岸地区生产的粮食，大部分经由黑河港，上行供应各工区、矿区、牧区，下行转运至佳木斯等地。黑河地区所产的煤炭由黑河港输往沿江地区。黑龙江沿岸地区所需的部分生活日用品，由哈尔滨、佳木斯通过水路运输。

改革开放后，黑龙江各港口大部分成为对外开放口岸，推动了黑龙江沿岸经济发展。从水运边境口岸贸易规模及发展速度来看，各个边境口岸贸易并不均衡，其中黑河、萝北、同江、抚远口岸贸易规模较大，发展速度快；逊克、漠河、嘉荫等口岸贸易规模较小，发展速度较慢。

黑龙江位于寒温带、温带交界处，具有明显的季风气候，河流以雨水补给为主、季节性积雪融水补给为辅，年平均温度0℃，冬季漫长而寒冷，干流、支流都有较长的冰封期。以黑河站为例，平均封冻日期为11月15日，平均开江日期为4月23日，平均封冻天数在159天左右，平均冰厚0.92米，最大冰厚1.48米，冰封期间，船舶停航。但大宗货物的短途运输仍很繁忙，江上冰面成为汽车、马车、爬犁等交通工具来往通行的天然通道。夏季通过船、冬季通过车是黑龙江运输的一大特点，也是东北北部寒冷地区的居民们充分利用自然条件，因地制宜开展的特色地方运输。

（二）松花江水运干线

松花江是黑龙江水系的最大支流，也是该水系航运价值最大的河流，通航里程 928 千米。2017 年，松花江航运量占整个黑龙江水系航运量的 90%，是东北地区最主要的水运干线。

松花江流经中国东北地区北部。上源其一为嫩江，源于伊勒呼里山南麓；其二为松花江正源（曾称第二松花江），源于长白山主峰白头山天池。两江于三岔河汇合后折向东北，即松花江干流。松花江流经黑龙江省肇源、肇州、肇东、哈尔滨、宾县、巴彦、木兰、通河、方正、依兰、汤原、佳木斯、桦川、萝北、绥滨、富锦等市、县，于同江县汇入黑龙江。沿岸地区是黑龙江省经济最为发达的地区，经济腹地广大。

松花江干流，三岔河口至同江段通航里程 928 千米，航道等级为 3 级。可通航 200~1000 吨的船舶；松花江正源第二松花江（松花江吉林省段），三岔河口以上河段通航里程 657 千米。丰满以上，由于丰满、白山、红石 3 座电站大坝的阻隔，形成 4 段以库区航道为主的通航水道。

松花江横贯黑龙江省中部，沿岸腹地物产丰富，是东北内河航运最为繁荣的河流。流域内盛产参类、大豆、小麦和玉米。流域西部是闻名全国的大庆油田，石油储量丰富；流域中部的通河、方正、清河都是我国著名的林区，林业资源丰富；东部的双鸭山、鹤岗、鸡西、七台河煤矿也分布在流域范围内。水运航线重点放在干流的中下游，以木材、煤炭、粮食、矿建和石油、杂货为大宗。

松花江流域位于温带，温带大陆性季风气候显著，冬季漫长，严寒而干燥，夏季温暖湿润。流域内降水分布不匀，自东南向西北递减。松花江有 5 个月的结冰期，为季节性通航河流，通航期在 4 月中旬至 11 月上旬，春季有显著凌汛现象。

（三）乌苏里江水运干线

乌苏里江是黑龙江右岸的第二大支流，为中俄两国界河，通航里程 455 千米。右源松阿察河源出兴凯湖，左源乌拉河源出俄罗斯境内锡霍特山脉奥勃拉奇纳亚山南麓。两源汇合后，自南向北流经中国的虎林市、饶河县、抚远县边境，于抚远三角洲（黑瞎子岛）东北角注入黑龙江。

乌苏里江航运干线自营明山至江口，流经虎林、饶河与抚远 3 个县。虎头以上可通航 300 吨级轮船，虎头以下可通航 500~1000 吨级轮船。虎头、饶河、东兴、海青、乌苏里为重要船站或港口。

（四）嫩江水运干线

嫩江是松花江的最大支流，发源于大兴安岭伊勒呼里山南麓，由北向南流经嫩江、莫力达瓦旗、甘南、富裕、齐齐哈尔、大安等 14 个县（旗）、市，于三岔河汇入松花江，通航里程 950 千米。

嫩江航道从上游的七站至下游三岔河中，七站—江桥站 680 千米，建有铁路桥 4 座，公路桥 1 座，枯水期航道水深不足 1 米，航宽仅 15～30 米，是水浅和狭窄的河道；江桥—三岔河 301 千米，枯水期水深 1.0～1.5 米，接近下口处虽有浅滩，但不碍航，可通 100～500 吨船舶，该段设三等航标。

（五）其他通航河道

牡丹江下游自林口县的三道通以下的 82 千米河道可通航小汽船，但运输船只极少。镜泊湖从南湖头至北湖头的 70 多千米航线可通航百吨以上船舶。兴凯湖当壁镇至龙王庙航线长约 70 千米，也可通航百吨以上船舶。

三、主要港口

黑龙江省通航港口共 17 个，主要分布于松花江干流航线和黑龙江干流航线，其中哈尔滨、佳木斯港为全国内河主要港口，齐齐哈尔、肇源、漠河、黑河、嘉荫、萝北、饶河、牡丹江港为地区重要港口，呼玛、绥滨、虎林、密山、肇东、兰西、杜蒙港为一般港口（见表 8-13）。

表 8-13　黑龙江省内河主要港口和地区重要港口的港航条件

港口名称	所在地	延长线（米）	规模生产用码头泊位数（个）	年设计通过能力（万吨）	货物吞吐量（万吨）	主要货种
哈尔滨港	哈尔滨市	4086	52	454	542.57	矿建（江砂）、煤炭
佳木斯港	佳木斯市	4640	51	691	360.51	矿建（江砂）、木材、煤炭
黑河港	黑河市	1553	25	108	74.14	煤炭、木材、大豆、机械、果蔬食品等
肇源港	大庆市肇源县	212	3	79	134.92	矿建（江砂）、煤炭

资料来源：《黑龙江统计年鉴（2020）》。

（一）哈尔滨港

哈尔滨港是东北内河第一大港，位于松花江中游右岸、市区东北部，经水路上通嫩江沿岸市、县，下达佳木斯、同江等港（区），沿江与俄哈巴罗夫斯克、布拉戈维申斯克、共青城等远东重地相通；水陆空交通便利，四通八达，是黑龙江水系腹地水陆交通枢纽；港口条件好，枯水期船舶仍能进出。2019 年，哈尔滨港完成货物吞吐量 400.77 万吨；主要货种以大宗货物为主，其中主要货种依次为矿建（江砂）、煤炭，全年完成矿建（江砂）吞吐量 350.98 万吨，完成煤炭货物吞吐量 46.96 万吨。

（二）黑河港

黑河港是中国在黑龙江上的第一大港，位于黑龙江中游南岸，与俄罗斯的布拉戈维申斯克市隔江相望。黑河港所在的黑河市与俄罗斯的布拉戈维申斯克市是中俄 4300 千米边境线上唯一规模最大、距离最近、规格最高、功能最全、人口最多的对应口岸城市，是进入俄市场理想、适中的通道和枢纽。1990 年黑河市升格为省辖市以来，修建了长达 303 千米的北黑（北镇—黑河）地方铁路，使黑河同发达的东北区铁路网联系起来，成为我国通达黑龙江沿岸的第一条铁路线。同时，连通了哈黑（哈尔滨—黑河）、黑嫩（黑河—嫩江）、黑漠（黑河—漠河）等沿江公路干线，发达的运输网，极大地拓展了黑河港的腹地范围，形成了与内陆畅通无阻、与黑龙江沿岸边疆地区联系便捷的陆路运输系统，并确立了黑河港在区域运输体系中的枢纽港地位。它能够把深圳、烟台、大连、哈尔滨等众多开放城市和中国沿海、内陆省份紧密联系起来，具有得天独厚的发展跨国经济合作的口岸优势。

黑河港国内运输大宗货源以木材、矿石、煤炭为主，客户、货源均比较稳定。外贸进口商品以煤炭、木材、大豆、大豆油为主，出口主要以机械、果蔬食品、建筑材料、电子产品、轻工产品为主。2019 年，黑河港完成货物吞吐量 90.48 万吨，其中完成外贸货物吞吐量 51.23 万吨，完成国际旅客吞吐量 120.19 万人次。

（三）佳木斯港

佳木斯港位于黑龙江省佳木斯市东北部、松花江下游南岸，是国家一类对外开放口岸。它既是松花江流域与界江的中转港、松花江下游重要的水运物资集散中心，也是黑龙江省和佳木斯市的主要进出口口岸。港口辐射全省沿江各地，水运航线四通八达，沿松花江上行可达哈尔滨，沿松花江下行至同江，可进入中俄接壤的界江黑龙江和乌苏里江，经济腹地宽广。

1988 年，佳木斯港货物吞吐量为 134 万吨。1989 年 7 月 1 日，佳木斯港被批准为对外开放港口，接运进出口外贸物资 3.4 万吨。1990 年 4 月，中国开辟了佳木斯至哈巴罗夫斯克（伯力）国际客运航线。2019 年，佳木斯港完成货物吞吐量 274.60 万吨，其中，完成外贸货物吞吐量 26.72 万吨，主要货种依次为矿建（江砂）、木材、煤炭，全年完成矿建（江砂）、木材、煤炭吞吐量分别为 229 万吨、16.95 万吨、17.69 万吨。

（四）肇源港

肇源港位于松花江上游左岸，黑龙江省肇源县境内，地处黑龙江省与吉林省两省交界，为第二松花江和嫩江的汇合处，经济腹地辽阔、水陆交通方便。水运上航可经大赉、江桥连接嫩江航线，下航可达哈尔滨及中下游沙河子、佳木斯等地。2019 年，肇源港完成货物吞吐量 46.97 万吨，主要货种依次为矿建（江砂）、煤炭，全年完成矿建（江砂）、煤炭吞吐量分别为 33.1 万吨、13.87 万吨。

第五节　管道运输的发展

管道运输是用管道作为运输工具的一种长距离输送液体和气体物资的运输方式，是一种专门由生产地向市场输送石油、煤和化学产品的运输方式，是统一运输网中干线运输的特殊组成部分。管道运输是继铁路、公路、水运、航空等运输业之后的第五大运输方式，它在国民经济和社会发展中起着十分重要的作用。现代管道运输始于 19 世纪中叶，1865 年，美国宾夕法尼亚州建成了第一条原油输送管道。1958 年，我国修建了第一条现代输油干线管道——新疆克拉玛依到乌苏独山子的原油管道，管道全长共计 147 千米。

一、管道运输的兴起与发展

20 世纪 60 年代以来，随着各大油田的相继开发，东北地区、华北地区、华东地区先后修建了 20 多条输油管道，总长度达 5998 多千米，其中原油管道 5438 千米，成品油管道 560 多千米。

黑龙江省管道运输的发展历程伴随着大庆油田的大规模开发与建设。1970 年 8 月，我国兴建了大庆油田至抚顺市的 1 条输送原油的管道，这是我国兴建的第一条大口径、长距离输油管道。此后，以大庆油田为核心，管道运输网络不断完善，整体上形成了大庆—秦皇岛、大庆—大连、大庆—抚顺的三条管道输油大动脉，再辅以其他支线管道，形成了结构相对完整的管道运输网，有力地支撑与促进了黑龙江省乃至东北地区石油工业的发展。其中，大庆经铁岭至秦皇岛的 720 毫米大口径输油管道，经过不断建设后延长至北京，全长达 1500 多千米；大庆经铁岭至大连的大口径输油管道，全长达 1000 多千米。这两条输油管道在黑龙江省内长约 135 千米。

1985 年，黑龙江省输出原油 4508 万吨，实现货运周转量 42 亿吨千米，仅次于铁路与公路运输，远高于水运和空运的周转量，管道运输在黑龙江省的作用与地位比较突出。

二、原油管道网布局

黑龙江省输油管道，以大庆油田为核心，以铁岭为枢纽，联系黑龙江省及东北地区各大消费中心、石化中心及石油输出港，形成贯通东北地区的干支相连的管道运输网。其中，干线管道为庆抚干线输油管道和大庆至铁岭输油管道复线。

（一）庆抚干线输油管道

大庆至抚顺原油管道于 1964 年动工，1971 年 11 月建成投产。该管道全长 664 千米，其中管径为 720 毫米的主干线 559 千米。管线布局由大庆油田南下穿越嫩江，经吉林省，由昌图牤牛乡进入辽宁省，又经昌图、开原至铁岭，再沿铁抚公路至抚顺市附近的康乐屯，沿途经 3 省、5 市、9 县。

（二）大庆至铁岭输油管道复线

大庆至铁岭输油管道于 1974 年 9 月正式投产输油，形成了由大庆油田平行南下的输油管道复线。该管道全长 571.2 千米，其中管径为 720 毫米的主干线长 528.8 千米。管线布局以大庆油田的林源输油站为起点，经黑龙江、吉林、辽宁三省，由昌图牤牛乡进入辽宁省境内，终至铁岭输油站。之后分成两支：一支向西南，直抵秦皇岛，形成秦铁干线；另一支向南至大连，形成铁大干线。

三、管道运输发展现状

管道运输在黑龙江省综合运输体系中的地位十分重要，主要承担着油、气运输的功能。

2019 年，黑龙江省管道运输完成货物运输量 7552 万吨，占全省货物运输总量的 13.01%，仅次于公路和铁路的货物运输量，是水运货运量的 9.68 倍，是航空货物运输量的 354.33 倍（见表 8-14）。

2019 年，黑龙江省管道运输完成货物运输周转量 333.5 亿吨千米，占同期全省各种运输方式完成的货运周转总量的 17.09%，远超水运和航空运输方式的货物周转量。

2020 年，货物运输周转量较 2019 年稍有下降，达到 330.9 亿吨千米，是 1978 年 45.3 亿吨千米的 7.30 倍，从 2001~2020 年货物周转量年均增长 14.3 亿吨千米。

黑龙江省的管道运输方式在运输油、气上具有绝对的优势，虽然在货运量和货物周转量上不如公路与铁路运输，但作为中俄原油、天然气管道的一部分，黑龙江省管道运输是我国油、气资源运输的重要载体，是我国能源进口的油、气管网"陆海并重"通道格局的重要组成部分，具有十分重要的战略地位。

表 8-14 黑龙江省管道运输运输量统计

年份	管道输油（气）里程（千米）	货运量（万吨）	货物周转量（亿吨千米）
2000	985	3779	42.8

续表

年份	管道输油（气）里程（千米）	货运量（万吨）	货物周转量（亿吨千米）
2001	985	3728	44.0
2002	985	3719	43.9
2003	985	3285	43.1
2004	985	3119	41.3
2005	985	2972	33.5
2006	985	3238	36.5
2007	985	3272	37.0
2008	985	3107	34.9
2009	6143	3017	34.0
2010	6938	2883	48.4
2011	7313	3525	40.0
2012	7675	3631	41.3
2013	8413	3673	41.6
2014	893	5306	185.4
2015	895	5268	192.1
2016	902	5237	194.3
2017	850	4996	190.5
2018	851	7329	316.2
2019	851	7552	333.5

资料来源：《黑龙江统计年鉴（2020）》。

第九章 公共基础服务业发展与空间格局

第一节 邮政与通信业发展

一、邮政业的发展

（一）中华人民共和国成立以来邮政业的发展历程

1949 年，黑龙江地区的邮政事业百废待兴，邮电局、所 623 处，邮路总长度 9256 千米，函件 1898.5 万件，包件 9.2 万件，汇票 8.1 万张。在国民经济恢复时期，黑龙江的邮政事业有较快的发展。仅三年时间黑龙江的邮路总长度就增加到 4.2 万千米，比 1949 年增长了 3.6 倍，邮政部门处理函件 3155.8 万件、包件 39.6 万件、汇票 135.7 万张，相比于 1949 年分别增长 66.23%、3.3 倍和 15.8 倍。

在 "一五" 时期（1953~1957 年），黑龙江省的邮政事业开始进入有计划发展的新时期。黑龙江省邮政电信建设总投资 1024 万元，农村推行 "农业生产合作社邮递员制度"，黑龙江省大部分的农业生产合作社基本通了邮路，农村通邮困难的问题得到解决。

在 "二五" 时期（1958~1962 年），1960 年，因 "大跃进" 和人民公社化运动的影响，黑龙江省邮政事业快速扩张。黑龙江省邮电局、所在三年时间增加了 63.5%，达到 1481 处，而函件、包件和汇票件（张）数分别比 1957 年增长 87.3%、90.7% 和 97.9%。

在 "三五" 时期（1966~1970 年），1965 年，经过五年的缓冲调整，黑龙江省邮电局、所和邮路总里程相较 1960 年分别减少 23.1% 和增加 14.3%；虽然邮政部门的函件、包件和汇票比 1960 年均有下降，但分别比 1957 年增长了 5.5%、41.4% 和 40.7%；报刊期发份数比 1957 年增长了 91.0%。黑龙江省邮政事业的发展质量显著提高，不再盲目追求量的提高，而是稳定发展。

在"四五""五五"时期（1971~1975 年），（1976~1980 年），1976 年，黑龙江省的邮政事业受到"文化大革命"的影响，发展缓慢。黑龙江省邮电局、所和邮路总里程，分别比 1965 年增加 34.6% 和 36.4%；函件、包件和汇票，分别比 1965 年增长 75.8%、298.3% 和 23.5%。在党的十一届三中全会召开后，邮电通信事业成为国家重点发展的事业之一，为黑龙江省邮政事业提供了政策的指引。

在"六五"计划时期（1981~1985 年），黑龙江省的邮政事业开始改革并逐步拓宽其业务范围。黑龙江省的邮政事业逐渐开展邮购、收寄商品包裹、代收货款和集邮等新业务。1982 年，黑龙江省邮票公司成立，下设 10 个市邮票公司、1 个集邮门市部和 21 个集邮服务台。该时期，黑龙江省邮政业在城市中增设信箱来扩大报刊的零售业务；在农村将部分的邮政网点委托给企事业单位及个人进行代办，使邮递程序更加简化利于群众的使用；在自然村建立信报投递站和邮政代办点，使黑龙江省的邮政通信网络更加完善。1985 年，黑龙江省按行政区划设 4 个地区邮电局、10 个市局、68 个县局、1483 个邮电支局（所）。黑龙江省邮电局、所比 1980 年增加 2.49%；邮路总里程比 1980 年增加 2.56%；函件比 1980 年增长 23.08%；报刊期发份数比 1980 年增长 73.76%。

在"七五"时期（1986~1990 年），黑龙江省邮政积极发展邮政事业的传统业务，并在此基础上扩展新业务。1990 年，黑龙江省邮电局、所，邮路总里程和函件分别比 1985 年增长 2.04%、16.88% 和 3.50%。1990 年，黑龙江省成立第一部关于邮电通信的地方法规《黑龙江省发展和保护邮电通信条例》，标志着黑龙江省的邮电通信事业将规范化发展。

在"八五"时期（1991~1995 年），黑龙江省邮政部门进行了内部的体制改革，邮政业务发展更加快速，经济效益不断提高。1995 年，黑龙江省邮电业务收入达到 27.5 亿元，比 1990 年增长 5.6 倍；邮电局、所比 1990 年增长 28.91%，邮路总里程比 1990 年增长 17.11%。

在"九五"时期（1996~2000 年），国家在中华人民共和国第九届人民代表大会上作出决定，要改革邮电的管理体制，实行邮电政企分开邮电分营模式。黑龙江省邮政事业"商业化经营，多元化发展"的框架初步形成，黑龙江省邮政事业的经济效益显著提高。2000 年，黑龙江省邮政局、所达到 2215 处；邮路总长度约为 12 万千米，其中，航空邮路 68657 千米，铁路邮路 15667 千米，汽车邮路 22670 千米；业务收入共计 16.15 亿元。

在"十五"时期（2001~2005 年），黑龙江省加快建设基础设施信息网，使邮政基础网络的业务承载能力显著提高。2005 年，黑龙江省投资 8000 余万元，改造和新建黑龙江省邮政网点 448 处；邮政业务收入 22.65 亿元，其中函件收入 8458 万元，包件收入 7330 万元，汇票收入 2917 万元，特快收入 1.14 亿元，报刊发行收入 1.26 亿元，储蓄收入 15.41 亿元，集邮收入 8650 万元，物流收入 9938 万元，电信代办收入 4333 万元。在邮路方面，黑龙江省开通了大庆、绥化地区的东北三省"次晨达""次日递"邮路和"哈尔滨—韩国首尔"特快国际邮路。

在"十一五"时期（2006~2010 年），黑龙江省开始优化邮政业务的结构，主要任务是降低邮政业务发展的成本。2010 年，黑龙江省邮政业务收入 25.93 亿元。其中，函件业务主要发展项目带动数据库商函、账单和邮政贺卡三项业务，实现收入 19662 万元；在网点建设上，购买迁移网点 26 处，升级改造金融网点 113 处，新增 143 台 ATM 机器，建设完成便民服务站 2265 处，新增网点 3 处。因此，黑龙江省邮政业的网点布局更加完善，且其服务能力有明显提高。

在"十二五"时期（2011~2015 年），黑龙江省邮政公司由中国邮政集团公司黑龙江省分公司所代替，转型更加深化。2015 年，黑龙江省邮政实现业务总收入 41.74 亿元，总支出完成 42.34 亿元，实现利润 4586 万元。黑龙江省邮电局、所和邮路总里程分别比 1995 年增长 1.1 倍和减少 16.89%。

在"十三五"时期（2016~2020 年），黑龙江省邮政业高速发展。2020 年，黑龙江省邮政业总收入 128.3 亿元；邮电局、所 8383 处，设立在农村 2672 处；邮路及农村投递路线总长度 18.9 万千米（见表 9-1）。对比 2015 年，以上三者分别增长 92.8%、75.7%、3.8%。

表 9-1 1949~2020 年黑龙江省邮政业建设与业务情况

年份	总邮电局、所（处）	农村邮电局、所（处）	邮路及农村投递路线总长度（万千米）	函件（亿件）	报刊期发数（万份）
1949	623	380	0.9	0.2	—
1952	636	401	4.2	0.3	72
1957	906	652	8.3	0.7	127
1965	1139	956	11.7	0.8	243
1970	1413	1105	13.5	1.3	149
1975	1590	1188	15.9	1.3	372
1980	1528	1195	15.6	1.3	785
1985	1566	1129	16.0	1.6	1364
1990	1598	1228	18.7	1.6	643
1995	2060	1304	21.9	1.6	865
2015	4348	1521	18.2	—	—
2020	8383	2672	18.9	—	—

注："—"代表数据缺失。

资料来源：《黑龙江统计年鉴（1991）》《黑龙江统计年鉴（1996）》《2015 年黑龙江省邮政行业发展统计公报》和《2020 年黑龙江省邮政行业发展统计公报》。

（二）邮政通信能力

2020年，黑龙江邮政业营业网点共8383处，其中农村营业网点2672处，占总数的31.87%。快递营业网点共5908处，其中农村营业网点1631处，占总数的27.61%。黑龙江省邮政的信筒信箱2381个，比2019年增加69个；邮政报刊亭211处，比2019年减少31处。黑龙江省邮政的邮路700条，比2019年增加39条；邮路单程长度18.9万千米，比2019年增加2.1万千米。黑龙江省邮政农村投递路线2596条，比2019年减少176条，农村投递路线单程长度106935千米，比2019年减少8557千米；城市投递路线2715条，比2019年增加136条，投递路线单程长度60623千米，比2019年增加4154千米。黑龙江省快递服务有4103条网路，98.2万千米的长度（单程）。

黑龙江省邮政业每一营业网点的平均服务面积为56.4平方千米，平均服务人口为0.4万人。黑龙江省的邮政城区投递平均2次/日，农村投递平均5次/周，年函件量为0.4件/人，订刊量为6.2份/百人，快递业务使用量为52.5件/人，年用邮支出342.0元/人，年快递支出186.9元/人。

（三）邮政行业运行情况

1. 邮政行业

2020年，黑龙江省邮政业的业务收入（不包括邮政储蓄银行直接营业收入）128.3亿元，同比增长11.5%；业务总量共计143.3亿元，同比增长25.0%。其中，邮政服务业收入56.7亿元，同比增长12.6%；寄递服务业收入6.4亿元，同比下降2.0%。邮政寄递服务业务量42556.7万件，同比增长0.2%。其中，函件业务1377.9万件，同比下降30.4%；包裹业务19.5万件，同比下降38.0%；报纸业务31931.5万份，同比下降4.5%；杂志业务2051.0万份，同比下降11.4%；汇兑业务7.7万笔，同比下降31.9%（见表9-2）。

表9-2 2020年黑龙江省邮政行业运行情况

指标名称	2020年累计	比上年同期增长（%）
邮政行业业务收入（亿元）	128.3	11.5
邮政寄递服务（亿元）	6.4	−2.0
快递业务（亿元）	70.1	16.4
邮政行业业务总量（亿元）	143.3	25.0
邮政寄递服务（万件）	42556.7	0.2
函件（万件）	1377.9	−30.4
包裹（万件）	19.5	−38.0
订销报纸（万份）	31931.5	−4.5

续表

指标名称	2020年累计	比上年同期增长（%）
订销杂志（万份）	2051.0	-11.4
汇兑（万笔）	7.7	-31.9
快递业务（万件）	45522.3	29.7
同城（万件）	7811.8	2.4
异地（万件）	36708.3	37.8
国际/港澳台（万件）	1002.2	22.2

资料来源：《2020年黑龙江省邮政行业运行情况》。

2. 快递行业

2020年，黑龙江省快递服务企业业务量45522.3万件，同比增长29.7%；业务收入70.1亿元，同比增长16.4%（见表9-3）。其中，同城业务量7811.8万件，同比增长2.4%；异地业务量36708.3万件，同比增长37.8%；国际/港澳台业务量1002.2万件，同比增长22.2%。同城、异地、国际/港澳台快递业务量分别占全部快递业务量的17.2%、80.6%和2.2%；业务收入分别占全部快递收入的8.5%、50.2%和5.4%。与2019年同期相比，同城快递业务量下降4.6%，异地快递业务量上升4.7%，国际/港澳台业务量下降0.1%。

表9-3 2020年黑龙江省各市（地）快递服务企业业务量和业务收入情况

地区	快递业务量（万件）	同比增长（%）	快递收入累计（万元）	同比增长（%）
黑龙江省	45522.3	29.7	701295.4	16.4
哈尔滨市	31827.8	30.2	470939.0	11.9
齐齐哈尔市	1842.5	41.2	34022.6	40.5
鸡西市	817.9	28.3	16755.0	31.0
鹤岗市	489.3	43.9	9085.3	31.3
双鸭山市	583.5	47.7	10495.9	35.6
大庆市	1612.7	21.1	31543.0	30.8
伊春市	443.5	12.5	8852.9	19.4
佳木斯市	1372.0	28.8	26746.2	23.6
七台河市	311.5	30.2	6600.9	37.3
牡丹江市	3171.3	29.1	36703.2	15.5

地区	快递业务量（万件）	同比增长（%）	快递收入累计（万元）	同比增长（%）
黑河市	1011.1	10.6	15672.0	15.2
绥化市	1815.7	31.9	29788.7	29.2
大兴安岭地区	223.6	15.7	4090.7	15.6

资料来源：《2020 年黑龙江省邮政行业运行情况》。

二、通信业的发展

（一）中华人民共和国成立以来通信业的发展历程

1949 年，黑龙江可以办理电报、电话业务的邮电局、所 504 处，长途电信杆路 4655 千米，线条 22626 对千米；单路载波电话机 22 部，三路载波电话机 8 部；长途电话电路 104 条；电报电路 112 条；市内电话交换机容量 12500 门，其中自动电话交换机 7360 门；电信部门发报仅 38.1 万份，长途电话通话 47.7 万次。该时期，黑龙江的市内电话使用仅供于大中城市和少数大县，长途电话和电报主要用于机关及少数大中型企业相互通信。

"一五"时期，黑龙江省重点解决农村、矿区和大中型企业的通信问题。1950 年，黑龙江省完成了国家投资建设的北京—莫斯科国际电信线路中的哈尔滨—齐齐哈尔、齐齐哈尔—昂昂溪、昂昂溪—海拉尔、海拉尔—满洲里和哈尔滨—绥芬河区段的建设补修任务。1952 年，黑龙江省办理电报、电话业务的邮电局、所比 1949 年增加 37.9%；长途电话电路和电报电路，分别比 1949 年增长 63.5% 和 18.8%；市内电话交换机容量比 1949 年增长 59.1%。

"二五"时期，黑龙江省加快建设邮电科学研究所和载波机制造厂，研发制造出 148 部三路载波电话机，使长途电话电路比 1957 年增长 1.25 倍，有效缓解了长途电话电路紧张的状况。1960 年，黑龙江省的农村电话杆路和线条，分别比 1957 年增加 20.5% 和 39.4%；交换点和交换机容量，分别比 1957 年增加 1.38 倍和 1.07 倍；城市交换机容量和装有电话机数量，分别比 1957 年增加 1.42 倍和 1.38 倍。20 世纪 60 年代初，在"大跃进"运动结束后，黑龙江省的通信业进行调整和缓冲，相关通信设备在量上有一定的减少，但在质上有明显提高。

"文化大革命"时期，黑龙江省通信业发展缓慢，但也有一定的发展。10 年期间，黑龙江省的长途电信杆路和线条分别增长 88.1% 和 75.2%，长途电话电路和电报电路分别增加 50.1% 和 4.5%，市内电话增加 41.9%；农村国营电话交换点增加 22.9%。1970 年末，北京—沈阳—长春—哈尔滨的微波干线开通，开始转播中央电视台电视节目。

"六五"时期，黑龙江省对 21 个市县的电话设备进行改造扩容，以有效缓解电话使用紧张的状况；重点更新改造黑龙江省的通信设备，建设了牡丹江、绥化、佳木斯和大庆等电信综合工程。1985 年，黑龙江省开通第一条光纤电缆系统，即哈尔滨电信三分局—六分局中继光缆，并正式开通第一个长途电话自动交换系统，即哈尔滨 360 路长途自动交换机，使哈尔滨市进入全国的长途电话直拨网。1985 年，黑龙江省市内电话交换机容量共 34345 门，装有电话机229618 台，拥有电话数为 0.792 台/百人。黑龙江省的长途电话电路和电报电路，分别比 1949 年增加 16 倍和 25 倍；长途电信杆路和架空明线线条，分别比1949 年增加 91.3%和 72.2%。

"七五"时期，黑龙江省重点对长途干线和大中城市电话网进行扩容改造，建设了哈尔滨—齐齐哈尔小同轴电缆干线、哈尔滨—牡丹江—鸡西—七台河—双鸭山—佳木斯—鹤岗微波干线、哈尔滨—绥化—伊春微波干线，有效缓解了黑龙江省内长途通信紧张情况。

"八五"时期，黑龙江现代电信网的基础工程开始建设，着重建设大容量传输干线，从省会开始梯次建设程控电话网，1994 年实现了地市以及县（市）交换程控化。1996 年，黑龙江省撤销人工长途台、架空明线，自此人工接续、明线传输退出历史舞台。

"九五"时期，黑龙江通信业的电信网开始趋于现代化。1995 年，全球移动通信系统（Global System for Mobile Communication，GSM）在大庆率先开通，之后其余地市陆续开通。1999 年，黑龙江省铁路和高等级公路实现移动网络的覆盖。黑龙江省在基础电信网的基础上，陆续建成网管网、同步网、No7 信令网、服务网、智能网、互联网和各类的增值业务网。黑龙江省 13 个行政区划组织的本地网优化为 7 个扩大的本地网，构成"六孔十辐射"的网状结构。1994年，黑龙江省开始建设哈尔滨—佳木斯—抚远—哈巴罗夫斯克的国际长途干线，这是中国与东北亚国际联络通信的重要通道。

"十五"时期，黑龙江省通信业着重优化黑龙江省的网络结构，建设 GSM八期扩容工程和村通工程，使黑龙江省通信网络惠及全省。话务网新增交换能力 159 万户，总容量达到 826 万户，行政村覆盖率达到 100%，人口覆盖率达到98.35%，面积覆盖率达到 86%；无线信道利用率达到 53.58%，交换实装率达到 86.6%。同时，开始优化黑龙江省的网络，新建扩建微蜂窝及微蜂窝分布系统和无线引入室内分布系统，实现室内场所和大型住宅小区新增覆盖面积 640多万平方米；村屯、厂矿、旅游景点等新增室外覆盖 477 个；对省内哈大公路、哈牡公路、哈同公路、哈伊公路及 201、301 重要公路的网络覆盖；对 9 个地市

133 个村屯进行延伸覆盖。

"十一五"时期，黑龙江省开始扩大信息网络的基础设施建设，提高农业、农村信息化水平，电子政务覆盖全省。2010 年，黑龙江省的固定电话用户共813.5 万户，固定电话普及率 21.3 部/百人；移动电话用户总数为 2243 万户，移动电话普及率达到 58.6 部/百人；（固定）互联网拨号用户达到 20 万户，（固定）互联网宽带接入用户达到 326.6 万户；黑龙江省农业、农村信息化覆盖率达到 96% 以上。电子商务服务于行业、区域及企业的第三方电子商务交易和服务平台。

"十二五"时期，黑龙江省信息基础设施逐渐完善。2015 年，黑龙江省的互联网宽带接入端口共 1263 万个，光缆线路总长度 55.3 万千米，基站 10 万个，电话普及率 107.6 部/百人，互联网普及率 44.5%。黑龙江省的农业信息网络分为四级，分别是省、地市、区县和乡镇的农业信息网络；哈尔滨市开始建设人口信息共享系统、法人信息共享系统、城市空间信息系统，实现多部门信息的实时交换、共享与业务协同。

"十三五"时期，黑龙江省加快更新完善黑龙江省的通信网络。2019 年，黑龙江省投资 2040.7 万元，新建、搬迁、升级 4G 基站共 36 个，新建基站配套光缆 24 千米。2019 年，黑龙江省的 4G 用户 2977.6 万户，固定互联网宽带接入用户 848.3 万户，三家基础电信企业发展物联网用户 1011.7 万户，形成较为完善的通信网络。

（二）通信能力与服务水平

1. 通信能力

2020 年，黑龙江省光缆线路长度为 1499730 千米，比 2019 年增长 17.7%。其中，长途光缆 51829 千米；本地网中继光缆 607549 千米；接入网光缆 840352 千米。黑龙江省局用交换机容量 477.3 万门，比 2019 年减少 58.1 万门；接入网设备容量 465.9 万门，比 2019 年减少 53.2 万门。黑龙江省移动电话交换机容量 9117.8 万户，比 2019 年增加 38.4 万户；移动电话基站 18.6 万个，比 2019 年增加 0.9 万个。其中，3G 基站 2.4 万个，4G 基站 11.5 万个。

2. 服务水平

2020 年，黑龙江省固定电话普及率为 9.4 部/百人，移动电话普及率为120.7 部/百人。互联网宽带接入普及率 27.8%，城市互联网宽带接入普及率34.6%，农村互联网宽带接入普及率 15.0%，家庭互联网宽带接入普及率62.2%。黑龙江省互联网宽带接入端口 2127.5 万个，其中，LAN 端口共计 70.3万个，FTTH/O 端口共计 1941.6 万个，总体比 2019 年减少 53.6 万个；省际出口带宽 10498560Mbit/s，比 2019 年减少 160000Mbit/s。

（三）电信行业运行情况

2020 年，黑龙江省电信业务收入 2173717.4 万元。其中，固定通信业务收入 679939.1 万元，移动通信业务收入 1493778.3 万元。移动电话通话时长共 9964409.2 万分钟，同比减少 8.3%。其中，去话通话时长共 4895477.0 万分钟，同比减少 8.2%，其中国际及港澳台长途时长 340.4 万分钟，国际及港澳台漫游时长 456.6 万分钟；来话通话时长共 5068932.1 万分钟，同比降低 8.4%。移动互联网接入流量共计 249445.3 万 G，同比增长 26.7%。自 2018 年第五代移动通信技术（简称 5G）面世后，黑龙江省电信行业开始建设 5G 基站，截至 2020 年，全省已开通 1.98 万个 5G 基站，覆盖全省 13 个市（地）市区的重点区域。

第二节 教育与科技事业发展

一、教育事业的发展

（一）中华人民共和国成立以来教育事业的发展历程

1949～1952 年国民经济恢复时期，黑龙江地区执行新民主主义教育方针，创办了一批工农速成中学、工农文化补习学校和中等技术学校，采用中央教育部统编的教学大纲和教材，并结合实际编写中小学的乡土教材。为保证工农子弟享受教育的权利，黑龙江地区扩大学校网点，以便于工农子女就近入学。小学对贫困工农子弟减免学杂费，允许超龄儿童入学；中学和高等学校实行人民助学金制度，使工农子女和烈军属子弟得到特殊照顾，这使得各级学校中的工农子弟比重急剧增加。1950～1954 年，黑龙江地区创办了 3 所工农速成中学，总计招收 3492 名工农学员，为工农业培养高级专门人才。

"一五"时期，黑龙江省在基础教育方面开始普及小学教育，并在农村集体办学和城市工矿企业办学，使该时期黑龙江省的小学教育迅速发展。黑龙江省在中学发展方面，着重发展高中，创办中等技术和技工学校。在成人教育方面，黑龙江省以扫盲为重点，加强全省的成人教育，1949～1952 年全省扫盲 66660 人。该时期，黑龙江省初级、中级业余学校有较大发展，并逐渐开始形成从小学到大学的成人教育体系。1960 年，黑龙江省中等专业学校（中技、师范）221 所，在校生 84556 人；普通高等院校 66 所，在校生 35772 人。

"二五"时期，由于国家经济困难导致黑龙江省教育经费减少，因此黑龙江省开展了勤工俭学和教育与生产劳动相结合的教育大革命。1965 年，黑龙江省小学 27730 所，在校生 372.5 万人，适龄儿童入学率 89.6%，每万人口中小学生数 1745 人；普通中学 1873 所、在校生 596645 人，每万人口中中学生数 205.6 人；中等专业学校（含师范）47 所，在校生 26189 人；各类半工半读学校达 299 所，在校生 17.5 万人；全日制高校 19 所，在校生 32915 人。随着教育事业的发展，黑龙江省各级各类学校具有比较雄厚的物质基础，形成宏大的教师队伍。

1966~1976 年"文化大革命"时期，黑龙江的教师队伍遭到严重破坏，从而导致该时期黑龙江省中等教育结构单一而普通中学畸形发展。1980 年，黑龙江省把普及初等义务教育列为教育改革的重点，到 1985 年，黑龙江省基本建成完整的师范教育体系和在职教师培训网络，并调整高等学校的专业结构和层次比例，开设短缺专业，扩大专科生和研究生招生数量。

"七五"时期，黑龙江省农村完善了"分级办学、分级管理"的体制，因此职业中学不断发展。在职业教育方面，黑龙江省实行"燎原计划"深化改革农村的教育。部分成人大专、中专学校实行联合办学；农业中学面向农村培养诸多科技示范和农业技术推广的人才；城镇职业中学实行企事业单位办、行业办或教育部门与其他部门联办，获得双元制试点方面的经验。1990 年，黑龙江省城乡独立设校的农职业中学 456 所，甲级职业中学 37 所。该时期，黑龙江省着重普及初等义务教育，实施九年义务教育，制定相关要求、实施规划及步骤，并在黑龙江省 20%以上人口的地区，实施初级中等义务教育。

"八五"时期，黑龙江省主要从三个方面推动教育发展：一是严格控制中小学的流失率，着重解决农村教师师资短缺、学历低和能力低等问题；二是对高等学校的办学体系和专业结构进行调整；三是以职业技术教育中心学校建设为重点，解决中等职业技术教育办学力量分散、生源不足、水平低及效率低等问题。1995 年，黑龙江省初中生的流失率降低到 3.16%，小学生的流失率降低到 1%以下；黑龙江省构建了由 3 所师范本科院校、8 所师范专科学校、28 所中等师范学校组成的师资培养体系和由 18 所教育学院、128 所教师进修学校组成的师资培训体系；本科生和专科生招生比 1∶1.1，法学、工学、农学、理学、文学专业招生数量较 1994 年有所提高，经济学、教育学和医学专业招生数量相较 1994 年有所下降；职业技术中心学校招生数量提高 50%。

"九五"时期，黑龙江省强化素质教育并设立 16 个素质教育实验区，全面发展素质教育。规范学校建设、改造薄弱学校，使黑龙江省小学、初中规范化建设比例达到 78%。职教中心学校建设逐渐从外延向内涵发展。成人教育有了一定的发展，2000 年，黑龙江省的青壮年文盲率已下降到 0.8%；而成人学历教育加大改革力度，高等职业教育的试点学校 21 所，试点专业 24 个。

"十五"时期，黑龙江省"两基"人口覆盖率已达到全省总人口的 95%以上。国家级义务教育阶段课程改革实验区发展顺利，基础教育投入增加，黑龙江省高等教育发展迅速。2005 年，黑龙江省普通高等学校总计 48 所，其中中央部委所属院校 3 所，地方所属院校 45 所（含地方办高等职业学校 18 所），普通高等教育规模进一步扩大。黑龙江省进行并完成中小学人事制度的改革，中小学教师由教育行政部门进行聘任。

"十一五"时期，黑龙江省基础教育以发展农村教育为重点，促进义务教育的均衡发展。全省实现"两基"，农村实现免费义务教育。2008 年，黑龙江省实行高中课程改革，并启动 2010 年高考方案的研制。普通高等教育方面，黑龙江省扩大招生额度并增加教育经费的投入。2010 年，黑龙江省普通高等教育招生 19.57 万人，教育经费投入 218.6 亿元；各类高等教育毛入学率达到 33.97%，比 2005 年增长约 11%。学前教育、民族教育、特殊教育和继续教育均处于稳定发展态势。

"十二五"时期，黑龙江省制订并发布"互联网+教育"的计划，将互联网的创新成果融于教育各领域；同时教育各领域均有明显发展。2015 年，黑龙江省中小学宽带接入率 81%，多媒体教室占全省的 76%，中小学应用数字资源开展课堂教学占比 40%。2015 年，黑龙江省小学 2802 所，在校生 147.8 万人，专任教师 12.59 万人，学龄儿童净入学率 99.96%；初中 1564 所（职业初中 1 所），在校生 89.98 万人，专任教师 9.38 万人，净入学率 99.95%，义务教育九年巩固率 99.34%；高中学校 664 所（不含技工校），在校生 79.04 万人，专任教师 7.23 万人，毛入学率 95.02%；普通高校 81 所，其中普通本科高校 38 所（含独立学院 1 所），在校生 104.85 万人，专任教师 4.82 万人，毛入学率 50.01%。

"十三五"时期，黑龙江省教育着重解决在建档立卡贫困家庭适龄子女义务教育保障中所存在的问题，扶志扶智并举。2019 年，黑龙江省发放各级各类学生资助资金 15.47 亿元，12.2 万义务教育阶段贫困家庭学生受益；省属重点高校招收农村和贫困地区学生 700 人。

（二）教育事业发展情况

1. 教育构成

黑龙江省教育部门由普通高等学校、中等学校、小学、幼儿园和盲聋哑学校等学校构成，其中，中等学校又分为中等专业学校（包括中等技术学校和中等师范学校两类学校）、职业中学和普通中学（包括高中和初中两类学校）。2019 年，黑龙江省有普通高等学校 81 所；中等学校 1975 所，其中中等技术学校 74 所，中等师范学校 2 所，职业中学 111 所，高中 368 所，初中 120 所；小学 1431 所；幼儿园 5881 所以及盲聋哑学校 72 所。

2000~2019 年，黑龙江省教育部门中的各类学校变化情况差化较大，教育事业发展处于低迷状态（见表 9-4）。普通高等学校和盲聋哑学校在学校数量、教师数量、在校生数量、招生数量和毕业生数量五个方面年均增长率均为正值，呈现出年均递增的趋势，具有较好的发展前景；高中的学校数量年均增长率为-1.03%，但在其他方面年均增长率均为正值，表明学校数量的减少对师资力量和学生数量的影响并不明显，具有一定的发展优势；幼儿园在学校数量、教师数量和在校生数量三个方面均有不同程度的增长，但在招生数量和毕业生数量两个方面年均增长率均为负值，从侧面反映出幼儿园即将面临生源减少的难题，发展前景不容乐观；中等技术学校、中等师范学校、职业中学、初中和小学在学校数量、教师数量、在校生数量、招生数量和毕业生数量各方面年均增长率均呈现出负增长的情况，这些学校的发展面临着巨大的挑战。

表 9-4　2000~2019 年黑龙江省教育部门年均增长率

| | 普通高等学校 | 中等学校 | | | | | 小学 | 幼儿园 | 盲聋哑学校 |
| | | 中等专业学校 | | 职业中学 | 普通中学 | | | | |
		中等技术学校	中等师范学校		高中	初中			
学校数量年均增长（%）	6.25	-1.02	-4.62	-2.69	-1.03	-1.79	-4.49	1.53	0.54
教师数量年均增长（%）	9.61	-1.32	-4.77	-0.94	3.88	-1.86	-2.23	2.41	0.70
在校生数量年均增长（%）	14.42	-4.66	-4.51	-2.46	3.39	-2.88	-2.74	0.42	7.95
招生数量年均增长（%）	11.20	-1.22	-4.33	-2.18	3.03	-3.11	-1.85	-2.27	9.05
毕业生数量年均增长（%）	25.69	-1.17	-4.80	-1.06	5.17	-2.23	-2.90	-3.20	2.29

资料来源：《黑龙江统计年鉴（2020）》。

由表 9-5 可知，2015~2020 年，黑龙江省研究生培养单位招生数量和在校生数量稳步提高，2020 年研究生的招生数量达到 3.6 万人，在校生数量达到 8.9 万人，分别比 2015 年增长 71.4%、43.5%。同时，黑龙江省普通高校的招生数量和在校生数量也均在增长，2020 年普通高校招生数量达到 24.4 万人，在校生数量达到 82.6 万人，分别比 2015 年增长 18.4%、12.4%。研究生与普通高校在校生的比例也在逐步扩大，反映出黑龙江省的高等教育逐渐偏重于研究生的培养。

表 9-5　2015~2020 年黑龙江省高等学校教育培养情况

年份	研究生招生（万人）	研究生在校生（万人）	普通高校招生（万人）	普通高校在校生（万人）	研究生与普通高校在校生比例（%）
2015	2.1	6.2	20.6	73.5	8.4
2016	2.2	6.4	20.6	73.6	8.7
2017	2.5	6.8	20.3	73.4	9.3
2018	2.7	7.3	20.6	73.2	10.0
2019	2.8	7.9	24.8	77.8	10.2
2020	3.6	8.9	24.4	82.6	10.8

资料来源：《黑龙江统计年鉴（2020）》。

2. 教育构成的地域差异

截至 2019 年，黑龙江省各教育部门在各地区之间的分布呈现出明显的地域差异，分布十分不均衡（见表 9-6）。本书按各地区教育部门学校总数和专任教师总数进行梯队划分，将黑龙江省 13 个市（区）大致划分为如下四个梯队：

第一梯队为哈尔滨市，哈尔滨市各教育部门无论是学校总数还是专任教师总数，都远超过其他城市和地区，居于全省领先地位，这也表明哈尔滨市教育资源十分丰富，教育事业发展前景广阔。

第二梯队包含齐齐哈尔市、大庆市和绥化市，这三个城市各教育部门的学校总数从 1243 所至 1907 所不等，专任教师总数从 29567 人至 36610 人不等，二者均超过全省平均水平，各教育部门分布相对较多，教育资源较为丰富，教育事业具有一定的发展潜力。

第三梯队包含鸡西市、鹤岗市、双鸭山市、伊春市、佳木斯市、七台河市、牡丹江市和黑河市，这些城市各教育部门的学校总数从 311 所至 978 所不等，专任教师总数从 6070 人至 22956 人不等，但二者都低于全省平均值，各教育部门分布较少，教育资源偏少，教育事业发展受到一定的阻碍。

第四梯队为大兴安岭地区，大兴安岭地区各教育部门学校总数仅为 195 所，并且专任教师总数仅为 3769 人，远远低于全省平均值，教育资源略为稀缺，教育事业发展水平非常低。

表9-6 2019年黑龙江省各地区教育部门分布情况

地区	普通高等学校		中等专业学校		中等学校 普通中学				小学		幼儿园	
					高中		初中					
	学校数（所）	专任教师数（人）	学校数（所）	专任教师数（人）	学校数（所）	专任教师数（人）	学校数（所）	专任教师数（人）	学校数（所）	专任教师数（人）	学校数（所）	专任教师数（人）
全省	81	47245	219	12604	368	42909	1686	92526	1431	87646	9173	35914
哈尔滨	51	32633	56	4275	102	11582	614	23476	358	23980	2198	10221
齐齐哈尔	6	3442	27	1265	41	5058	205	10435	181	9525	1447	3893
鸡西	1	466	10	419	21	2147	77	4689	63	3720	490	1717
鹤岗	1	194	7	527	13	1407	37	2374	36	2179	231	710
双鸭山	1	146	9	352	16	1913	62	3527	67	3633	333	1260
大庆	5	3369	14	828	29	4560	117	8425	157	7854	921	4531
伊春	1	182	9	473	18	1410	34	2531	48	3081	208	994
佳木斯	4	2463	19	1121	28	3215	100	5720	119	6468	708	2716
七台河	1	134	2	26	8	1019	40	2138	33	1907	227	846
牡丹江	7	2884	21	1024	34	3056	82	5350	116	7759	667	2883
黑河	1	584	18	941	22	2032	69	4125	67	4384	486	1793
绥化	1	528	20	1149	29	4971	219	18596	167	12111	1126	3729
大兴安岭	1	220	7	204	7	539	30	1140	19	1045	131	621

资料来源：《黑龙江统计年鉴（2020）》。

二、科技事业的发展

(一) 中华人民共和国成立以来科技事业的发展历程

1956年，国务院成立科学规划委员会并制定了相关规划。因此，黑龙江省成立了多家研究所并在高校建立了实验研究机构，为理论研究和应用技术做出了卓越贡献。1961年，根据中共中央批准国家科委《关于调整地方科学技术机构的请示报告》和《关于自然科学研究机构当前工作的十四条意见》，对黑龙江省科研机构和科研工作进行了调整，科研工作的重点从新技术研究转移至农业和轻化工业等生产应用技术的研究。

1966~1976年，"文化大革命"时期，黑龙江省科技事业受到严重影响。科研机构被"砸烂"或停止工作；科技工作者被下放到工厂、农村接受"再教育"，甚至遭到打击和迫害；科技文献和贵重仪器设备毁损散失，即将取得研究成果的课题被迫中断。但在科技人员的不懈努力下，该时期依旧取得了一批重大科技成果。

1978年，全国科学大会和中共十一届三中全会以后，在黑龙江省委、省政府的统一领导下，黑龙江省恢复并建立一批科研机构，开始进行技术职称评定和晋升，一大批知识分子被选拔到各级党政领导岗位，形成了有利于科技发展的新格局。

1985年，黑龙江省从事开发研究的91个科研单位中，实行技术合同制79个，占地市以上科研机构的37.6%，占全部开发研究单位的86.8%；实行技术合同制课题1900个，成交额1210万元，占课题总投资额的40%。黑龙江省有哈铁减速顶研究中心、省低温建筑所、省轻工所、省林产工业所和哈尔滨化工所五个先进试点单位，完成课题112项，是1984年课题总数的3倍；黑龙江省技术市场28个，县以上科技开发交流中心74个；科研生产联合组织1000多个，以高等院校、科研所为基础。

"七五"时期，黑龙江省从科技拨款制度开始进行科研机构改革，对不同类型科研机构进行分类管理。1990年，黑龙江省25家开发类型研究所实行拨款制度改革，核减比例58%；黑龙江省所属科研机构共109家，其中技术开发类型25家，社会公益类型84家；黑龙江省成立技术开发交流中心42个，开办常设市场37个，各地各部门建立的科技开发机构1726个，从业科技人员为14692人，其中具有中级以上职称者1769人；省级科技成果推广项目344项，实施率达77.2%；累计创工农业产值55.63亿元，获经济效益20.1亿元，创汇300万美元；科技成果转化率由20%提高到50%以上。

1995 年，黑龙江省技术交易合同数 7600 份，技术交易额 11.05 亿元，比 1994 年增长 16.21%。全年共安排科技成果推广计划项目 77 项，省科委组织实施 46 项，其中农业项目已完成 27 项，增产粮食 12.9 亿斤；工业项目完成 11 项，新增产值 2.04 亿元。国际科技合作交流在机器人等高科技领域和大农业领域取得进展，完成引进国外智力项目 103 项，已经形成技、经、贸全方位国际交流与合作的格局。

"九五"时期，黑龙江省建立 3 个"两高一优"（双城高效、拜泉生态、友谊农场现代化）农业试验示范区、7 个优势（同江外向型农业、抚远名优特鱼、饶河珍贵毛皮动物、桦南白瓜、大兴安岭脱毒马铃薯及哈尔滨花卉）产业化基地，从而加快了农业科技成果的转化，加速了农业产业化的步伐。2000 年，黑龙江省接受申报项目 155 个，确定发展资金支持项目 61 项，占申报项目的 39.3%，使用发展资金 5970 万元（含上年结转 530 万元）。

"十五"时期，黑龙江省促进"政产学研金介"结合，科技资源整合共享，构建六大基地和高新技术产业的"6+1"技术创新体系。2005 年，黑龙江省登记的科研成果 4910 项，其中应用成果 4496 项，79 项科技成果获国家科技奖；科研机构 1342 个，其中中直科研院所 26 个，省属科研院所 121 个；国家级工程技术研究中心及工程中心 9 家，省级工程技术研究中心 24 家；国家级重点实验室 8 个，省部共建重点实验室 1 个，部委重点实验室 31 个，省级重点实验室 41 个；中试基地 46 个；生产力促进中心 90 个，科技企业孵化器 40 家；引进开发项目 226 项，其中有 40 个项目列入国家政府间科技合作计划，"水陆两栖多用途轻型飞机"等 26 个项目实现了产业化。

"十一五"时期，2010 年黑龙江省拥有国家各类科技项目 831 项（含课题），国家科技经费 117739.4 万元；22 个项目获得国家科学技术奖，其中国家科技进步特等奖 1 项、国家技术发明奖 2 项、国家科技进步一等奖 3 项、国家科技进步二等奖 16 项；专利申请量 10269 件，比 2009 年增长 13.9%。

"十二五"时期，2015 年，黑龙江省科技企业孵化器 111 家，孵化总面积 261.9 万平方米；专利申请 24.9 万件，专利授权 14.1 万件；17 个项目获得国家科技奖励，其中自然科学奖 3 项，技术发明奖 5 项，科技进步奖 9 项；利用省高新技术成果展示交易平台发布高新技术项目 591 项，组织成果发布对接会 13 次，重点推进项目 143 项。

"十三五"时期，黑龙江省开始推进"千户科技型企业三年行动计划"，按照梳理成果、成立公司、进入孵化、与资本市场合作、推动企业上市五个环节开展工作，取得了显著成效。2019 年，黑龙江省新注册成立科技型企业 17023 家，比 2018 年增长 28.8%。其中，新注册成立且有纳税申报的企业 6866 家；科技型中小企业评价入库企业 2082 家，比 2018 年增长 21%；认定高新技术企业 326 家，新增创新型领军企业 23 家。黑龙江省新争取国家自然科学基金项目 812 项，获资金支持 4.54 亿元。加入国家自然科学基金区域创新发展联合基金。自然科学基金总经费 1 亿元，收到各类项目申请 2398 项，申报数量比 2018 年增加 42%，择优资助各类项目 708 项，1949~1981 年，黑龙江省科技创新发展大事件列举如表 9-7 所示：省拨付经费 5988 万元，资助率 29.5%。

表 9-7　1949~1981 年黑龙江省科技创新发展大事件

年份	事件
1949	①恢复建立呼兰、齐齐哈尔、绥棱、查哈阳 4 个农业试验场 ②在带岭、神树、横道河子设立林业试验场
1953	①成立科学普及协会 ②成立医学、药学、护士、机械、农学、化学、化工、数学等 16 个学会和工业先进技术交流馆
1956	成立科学领导小组和科学工作委员会
1959	①成立中国科学院黑龙江分院及其所属的固体物理、金属物理、电工、自动化、电子、化工、情报等 8 个研究所 ②成立土木建筑、焊接、工具等研究所 ③成立农业、农机、林业、水产、化工、机械、医药、地方病等科研所 ④高等院校设立试验研究机构
1961	①重点建设农业、轻化工业方面的研究机构 ②新建甜菜制糖、水土保持和气象等研究机构
1981	成立黑龙江省科技干部进修学院

资料来源：《黑龙江省志·科学技术志》。

（二）科技事业发展概况

1. 科技创新成果

2018 年，黑龙江省获得"重大自然灾害预警与防范""黑龙江低温黑土区春玉米、粳稻全程机械化丰产增效技术集成与示范"等国家重点研发计划项目（课题）19 项，中央引导地方科技发展专项项目 24 项，国家自然科学基金项目 935 项。同时，黑龙江省还实施了"石墨烯改性超灵敏气体传感器产业化"等省重点研发项目 23 项，"南病北治、北药南用"项目 15 项，省自然科学基金项目 475 项，各类后补助项目 1128 项。其中，高校承担 533 项，科研院所承担 147 项，企业承担 961 项。

2019 年，黑龙江省各类基础理论成果共取得 331 项，应用技术成果 1241 项，软科学成果 52 项；产品质量检验机构 1364 个，比上年增加 124 个；体系认证办事机构 6 个；法定计量技术机构 89 个，强制鉴定计量器具 1096.6 万台件。

黑龙江省申请专利37313件，每万人发明专利拥有量6.5件。2019年8月，中国（黑龙江）自由贸易试验区成立，同时，科技系统出台29项配套措施支持全省自由贸易试验区创新发展。

2. 科技经费支出

近年来，黑龙江省科技经费支出总额不断增长，从2011年的128.8亿元增长至2020年的173.2亿元，年均增长率为4.93%（见表9-8）。其中，规模以上工业企业R&D经费支出由2011年的83.8亿元下降至2019年的71.5亿元，研究与开发机构R&D经费支出由2011年的11.7亿元增长至2019年的18.8亿元，高等学校R&D经费支出由2011年的27.0亿元增长至2019年的51.2亿元。R&D与GDP的比值和省本级财政科技支出与本级财政支出的比值呈现出先增长后下降的变化趋势，地方财政科技支出与地方财政支出的比值呈现出持续下降的趋势。

表9-8　2011~2020年黑龙江省科技经费支出情况

年份	地区生产总值（亿元）	R&D 经费支出				R&D/GDP（%）	地方财政科技支出/地方财政支出（%）	省本级财政科技支出/本级财政支出（%）
		总额（亿元）	其中					
			规模以上工业企业（亿元）	研究与开发机构（亿元）	高等学校（亿元）			
2011	12660.6	128.8	83.8	11.7	27.0	1.30	1.19	1.23
2012	13778.8	146.0	90.6	17.8	31.2	1.32	1.19	1.29
2013	14546.3	164.8	95.0	30.8	36.3	1.39	1.15	1.64
2014	15152.2	161.3	95.6	28.0	35.0	1.33	1.15	2.82
2015	15174.5	157.7	88.0	25.7	40.9	1.35	1.07	2.40
2016	15386.1	152.5	88.5	16.4	44.9	1.28	1.06	3.44
2017	15902.7	146.6	82.6	22.7	36.7	1.19	1.01	3.32
2018	12864.5	135.0	60.6	20.6	50.2	1.05	0.76	1.96
2019	13612.7	146.6	71.5	18.8	51.2	1.08	0.84	1.92
2020	13698.5	173.2	—	—	—	1.26	0.79	1.68

注："—"代表数据缺失。

资料来源：黑龙江省科技创新服务平台龙江科技数据。

（三）科技交流合作

2019年，黑龙江省新承担国家国际科技合作项目9项，国家出国（境）培训计划项目52项。省委组织部、省科技厅联合组织评选第二批"龙江科技英才"60名。省科技厅争取国家高端外国专家引进计划项目8项，实施省级高端外国专家引进计划 43 项，引进外国专家人才 212 人次。黑龙江省有 21 家国际科技合作基地。其中，国际联合研究中心 7 家，国际技术转移中心 2 家，示范型国际科技合作基地 12 家。黑龙江省有"一带一路"联合实验室 2 家，分别为哈尔滨工程大学中国—俄罗斯极地技术与装备联合实验室和中国农业科学院哈尔滨兽医研究所中国—哈萨克斯坦农业科学联合实验室。2019 年，黑龙江省举办、承办、协办论坛、国际会议及研讨会 46 个，邀请外国专家到访及进行学术交流 507 人次，组织出访交流 1500 余人次。

第三节　能源、水利供给与保障

一、能源结构与保障

（一）能源的构成

黑龙江省的能源主要有煤炭、石油、天然气、风能、水能和太阳能等能源。其中，煤炭主要由褐煤、长焰煤、气煤、焦煤、瘦煤、贫瘦煤、贫煤、肥煤及无烟煤构成；石油主要由砂岩油构成。

1. 煤炭

黑龙江省煤炭资源丰富，品种齐全且煤质优良，主要分布于东部的三江—穆棱河地区，约占黑龙江省煤炭资源储量的 92%，另外有 6% 的煤炭资源分布在黑龙江省西北部地区，有 2% 的煤炭资源分布在黑龙江省中部地区。2018 年，黑龙江省煤炭生产矿井共 349 处，其中包括 53 处龙煤集团矿井及 296 处地方煤矿，主要分布于鸡西、鹤岗、双鸭山、七台河、牡丹江、黑河、大兴安岭、伊春及哈尔滨 9 个市（地）及 32 个产煤县（市、区）（见表 9-9）。

表 9-9　2018 年黑龙江省煤炭生产能力情况

生产能力（万吨）	龙煤集团（处）	地方所属（处）
≥30	30	25
15~30	5	63
<15	18	208

资料来源：《黑龙江统计年鉴（2019）》。

2018 年，黑龙江省煤炭总生产能力共 8790 万吨，其中，龙煤集团总生产能力 5079 万吨，地方煤矿总生产能力 3711 万吨。2018 年底，黑龙江省煤矿上报开工矿井共144处。其中，龙煤集团上报开工矿井48处，生产能力5181万吨；地方煤矿上报开工矿井共96处，生产能力2583万吨（见表9-10）。黑龙江省煤矿生产主要依靠龙煤集团和地方煤矿，黑龙江省龙煤集团辖黑龙江省鸡西、鹤岗、双鸭山和七台河4个国有重点矿区。由表9-9可知，黑龙江省超过30万吨的煤炭生产区主要集中在鸡西、鹤岗、双鸭山和七台河4个城市，而低于30万吨的煤炭生产区分布在其他的地方矿产。

表9-10 2018年黑龙江省地方煤矿生产开工情况

地方煤矿	上报开工（处）	生产能力（万吨）
鸡西	19	591
鹤岗	20	327
双鸭山	12	360
七台河	15	312
牡丹江	12	267
黑河	13	471
大兴安岭	4	225
伊春	1	30

资料来源：《黑龙江统计年鉴（2019）》。

2. 石油和天然气

黑龙江省的石油、天然气主要分布在大庆油气区，包括松辽盆地和海拉尔盆地已探明开发油气田。大庆油田是大庆油气区的主体，是迄今国内最大、世界上为数不多的特大型砂岩油田之一，地处松嫩平原中部，东经124°19′-125°12′、北纬45°5′-47°。大庆油气区面积26万平方千米，沉积地层厚度5000~6000米。大庆长垣是大庆油田的主体，为松辽盆地中央凹陷区北部大型二级背斜构造带。2019年，黑龙江省石油产量为3110万吨。

3. 风能和水能

黑龙江省风电资源非常丰富，在东北三省位列第一，在全国位列第四，风功率密度在200瓦/平方米以上，3~6米/秒的风速全年累计时数分别为5000小时、7000小时和3000小时。其中，平原地区风速大于山区风速，如松嫩平原西部风速在4米/秒以上，牡丹江一带及呼玛以北在3米/秒以下；风速季节变化大，春季风速最大，如平原地区春季风速达3~5米/秒；大风日数多，全年大风日数占40%以上；夏季风速则最小，如7月风速仅2~4米/秒；冬季平均风速略大于秋季。全年大风日数绝大部分地区在20天以上，个别地区在20天以下，松花江谷地的佳木斯、依兰在 50 天以上，为黑龙江省大风日数最多的地区。

黑龙江省有黑龙江、松花江、乌苏里江和绥芬河四大水系，水电资源丰富，约占东北地区的 54%，但开发利用程度较低。黑龙江省内水能资源较为丰富的河流多位于大小兴安岭、张广才岭等高寒山林地区，主要分布于黑龙江流域和牡丹江流域。黑龙江水系和松花江水系具备开发条件的河流有 673 条，水能资源技术可开发量可达 1001.6 万千瓦，占全省水能资源可开发量的 97.8%。乌苏里江和绥芬河水系具备开发条件的河流有 82 条，水能资源技术可开发量可达 22.4 万千瓦，仅占全省水能资源可开发量的 2.2%。

4. 光伏

黑龙江省拥有较为丰富的太阳能资源，中国气象局相关调查数据显示，黑龙江省太阳总辐射量在 4000~5100 兆焦/平方米范围内，并呈现西南向东北递减的趋势。光伏的供给一方面舒缓了火电发力的紧张局势，另一方面也保护了自然环境。黑龙江省年均太阳辐射量为 1316 千瓦时/平方米，直接辐射比例约为 60%，资源总储量约 $2.3×10^6$ 千瓦时，相当于 750 亿吨标准煤。其中，哈尔滨、齐齐哈尔、大庆、绥化和黑河地区，太阳能稳定总辐射值达到 4800 兆焦/平方米。

（二）能源的保障

1. 煤炭

2019 年末，黑龙江省煤炭资源累计库存储量 1263.74 万吨。其中，无烟煤 4.1 万吨，炼焦烟煤 3.56 万吨，一般烟煤 811.62 万吨，褐煤 444.46 万吨。2020 年黑龙江省原煤产量 5206.3 万吨，增幅 1.5%。

根据表 9-11 可知，龙煤集团的原煤产量约占黑龙江省原煤产量的 60.60%，地方煤矿的原煤产量大约占据整个黑龙江省原煤产量的 39.39%。其中，龙煤集团原煤产量主要依靠鸡西矿业集团公司，2018 年约占龙煤集团原煤产量的 26.68%，2017 年约占龙煤集团原煤产量的 28.74%；地方煤矿原煤产量主要依靠的也是鸡西市的原煤生产，2018 年约占地方煤矿原煤产量的 19.84%，2017 年约占地方煤矿原煤产量的 18.18%。总体而言，2017 年到 2018 年黑龙江省整体的原煤产量是呈现下降趋势的。其中，龙煤集团中仅双鸭山矿业集团公司呈现上升趋势；地方煤矿中鸡西、黑河、大兴安岭以及伊春呈现小幅度的增长但整体依旧处于下降趋势。

2018 年，黑龙江省原煤调入调出销售量共 5524.25 万吨，同比减少 196.42 万吨，降低 11.81%。其中，黑龙江省原煤省内销售量为 4057.17 万吨，调出量为 1467.08 万吨。在调出量中，黑龙江省原煤调出省份以辽宁省和吉林省为主，辽宁省 906.48 万吨，吉林省 527.92 万吨，共占黑龙江省原煤总调出量的 97.77%，同比下降 0.79%。

表9-11 2018年黑龙江省原煤产量完成情况

		实际完成（万吨）	上年同期完成（万吨）	同比（万吨）	同比（%）
黑龙江省合计		6198.62	6392.71	-194.09	-3.04
龙煤集团	鸡西	1002.37	1109.44	-107.07	-9.65
	鹤岗	953.48	1021.55	-68.07	-6.66
	双鸭山	1002.48	885.77	+116.71	+13.18
	七台河	798.19	843.99	-45.80	-5.43
	合计	3756.52	3860.75	-104.23	-2.70
地方煤矿	牡丹江	224.00	225.50	-1.50	-0.67
	佳木斯	0.00	0.00	0.00	0.00
	鸡西	484.42	460.37	+24.05	+5.22
	鹤岗	374.28	395.87	-21.59	-5.45
	双鸭山	227.61	300.06	-72.45	-24.15
	七台河	251.73	305.62	-53.89	-17.63
	哈尔滨	127.22	164.78	-37.56	-22.79
	黑河	371.70	356.70	+15.00	+4.21
	大兴安岭	366.14	310.27	+55.87	+18.01
	伊春	15.00	12.80	+2.20	+17.19
	合计	2442.10	2531.96	-89.86	-3.55

资料来源：《黑龙江统计年鉴（2019）》。

2. 石油和天然气

2018年，黑龙江省新增石油三级储量1.6亿吨，天然气三级储量678亿立方米。黑龙江省开始实施原油生产的精准开发，推动水驱控递减、三采提高采收率两大工程，其中三次采油产量连续17年保持在1000万吨以上。黑龙江省天然气产气量连续8年稳定增长，2018年达到43.35亿立方米，销量28.35亿立方米（见表9-12）。

表9-12 2017~2018年黑龙江省大庆油田生产情况

指标	2017年	2018年	同比增长（%）
原油产量（万吨）	3400.03	3204.43	-195.6
天然气产量（亿立方米）	40.13	43.35	+3.22
新增原油产能（万吨）	242.23	243.27	+1.04

续表

指标	2017 年	2018 年	同比增长（%）
新增天然气产能（亿立方米）	3	2.03	-0.97
新增探明石油地质储量（万吨）	5017.23	5215.34	+198.11
新增探明天然气地质储量（亿立方米）	616.68	213.92	-402.76
二维地震（千米）	2681.10	1896	-785.1
三维地震（平方千米）	1424.70	1714	+289.3
探井（口）	201	231	+30
开发井（口）	3718	3387	-331
钻井进尺（万米）	584.17	552.16	-32.01
勘探投资（亿元）	29.59	29.19	-0.4
开发投资（亿元）	180.54	182.03	+1.49

资料来源：《黑龙江统计年鉴（2019）》。

根据表 9-12 中的数据可知，2017~2018 年，大庆油田天然气产量、新增原油产能、开发投资均出现小幅度的上升，新增探明石油地质储量、三维地震、探井均出现明显增长；而原油产量、新增探明天然气地质储量、二维地震、开发井以及钻井进尺均出现大幅度下降，新增天然气产能和钻井进尺均出现小幅度下降。

黑龙江省作为全国重要的能源基地之一，从 1960 年开始开发使用，经过 50 多年的高强度开采，资源可采储量衰减严重，资源保障能力大幅下降。2010 年至 2014 年石油产量保持在 4000 万吨左右，此后至 2019 年石油产量年均下降 178 万吨。

3. 风能和水能

黑龙江省第一家风电场是建于 2003 年的木兰风电场，共安装 20 台 600 千瓦的风电机组，总容量是 12000 千瓦。自 2008 年以来，黑龙江省风电保持了较快的发展势头。截至 2013 年末，黑龙江省共运行风电场 59 座，装机容量 392 万千瓦，风电装机容量达到总装机容量的 16.4%。风电发电量 69.2 亿千瓦时，同比增长 34.9%，风电发电量达全口径发电量的 8.2%；风电运行小时数 1930 小时，同比增加 150 小时。截至 2019 年底，黑龙江省投产风电项目共 114 个，装机规模 611 万千瓦。其中，94 个风电项目隶属于国有企业，装机 492 万千瓦，占比 80.53%；私营企业有 20 个风电项目，装机 119 万千瓦，占比 19.47%。风电能源的开发利用使传统的一次能源使用减少，黑龙江省年风力发电总量相当于节约标准煤 37.3 万吨，减少二氧化硫排放 3011 吨，减少二氧化碳 92.04 万吨，减少氮氧化合物排放 1505 吨。此外，黑龙江省的风能实行"北电南运"，支援南部部分缺电省份，据统计，黑龙江省运输给华北地区的电力共计 4.1746 亿千瓦时。

黑龙江省水力资源总理论蕴藏量为 9878 兆瓦，年发电量为 865 亿千瓦时，可开发的装机容量为 10240 兆瓦，多年平均发电量为 280.26 亿千瓦时。到 2015 年底，黑龙江省已建成各种类型水电站（厂）86 座，总装机容量 114.63 万千瓦。多年平均发电量为 26.32 亿千瓦时，分别占可开发水能资源量的 10.71% 和 9.40%。其中：50 兆瓦以上水电站 4 座，分别为大顶子山水电站、尼尔基水电站、莲花水电站和镜泊湖水电站，总装机容量为 801 兆瓦，多年平均发电量为 16.88 亿千瓦时；50 兆瓦以下的农村水电站（厂）81 座，总装机容量 295.68 兆瓦，多年平均发电量为 9.44 亿千瓦时。

4. 光伏

2018 年，黑龙江省光伏发电累计装机规模是 200 万千瓦；光伏发电量 20.27 亿千瓦时，同比增长 2.5 倍；光伏发电当年平均利用小时数达到 1311 小时，同比增长 14.8%。2021 年上半年，黑龙江省新增并网容量 21.3 万千瓦，黑龙江省光伏并网容量累计共 338.9 万千瓦，其中，集中式光伏电站 255 万千瓦，分布式光伏 83.9 万千瓦。

二、水利资源利用与保障

（一）水利资源

1. 空间分布

黑龙江省水资源包括地表水资源和地下水资源。其中，地表水资源主要受降水影响，多年间呈现连丰、连枯变化；地下水资源主要分布于松嫩平原和三江平原，地表水和地下水均受到不同程度的污染。黑龙江省出境水资源大部分经松花江、乌苏里江、呼玛河、逊毕拉河等江河汇入黑龙江后进入俄罗斯入海，少部分经绥芬河入境外；外省入境地表水由吉林省第二松花江、拉林河、内蒙古自治区嫩江流入黑龙江省。

黑龙江省江河水系发达，有黑龙江、松花江、乌苏里江、绥芬河 4 个水系，全省流域面积 50 平方千米以上的河流有 1918 条。松花江是全国 7 大江河之一，横贯黑龙江省腹地，松花江（含嫩江）支流有 1023 条，从同江市汇入黑龙江。黑龙江、乌苏里江为中国和俄罗斯的界河。乌苏里江从抚远市流入黑龙江，汇流后从抚远市流入俄罗斯，而绥芬河从东宁市流入俄罗斯。

黑龙江省江河、湖泊、泡沼、水库、塘坝总水面面积 1210 万亩。黑龙江省大部分地表水经黑龙江、松花江（含嫩江）、乌苏里江和绥芬河流出境外，全省水资源总量年均 810.33 亿立方米。其中，地下水资源量为 286.87 亿立方米，水资源人均占有水量 2160 立方米，亩均 460 立方米，均低于全国平均水平。

2. 时间分布

黑龙江省降水在年内、年际和地区间分配都不均匀。年内降水量主要集中在 6~9 月，枯水和干旱期多发生在 3~5 月，春季易呈现阶段性枯水，延续"十年九春旱"的历史规律。黑龙江省西部地区降水较少，东部地区降水较多，呈"东涝西旱"的特征。黑龙江省河川径流年内、年际变化大，暴雨主要集中在 7~8 月，中小河流发生汛情的频次较多。

黑龙江省冬季漫长，严寒干燥。全年平均气温为 0~4.68℃，北部地区最低气温可达-52.8℃，土壤最大冻深达 3 米，其他地区 1.7~2.2 米。江河 11 月中旬封冻，翌年 4 月中旬解冻。多年平均封冻天数 148 天左右，多年平均冰厚 0.98 米。江河封冻前和解冻后常有 10 天左右的流冰期。

（二）水利的保障

1. 用水情况

2019 年，黑龙江省供水总量为 310.40 亿立方米，其中，地表水供水量为 173.49 亿立方米，占供水总量的 55.9%；地下水供水量为 135.39 亿立方米，占供水总量的 43.6%；其他水源供水量为 1.52 亿立方米，占供水总量的 0.5%。在地表水供水量中，蓄水工程供水量 38.05 亿立方米，占地表水供水量的 21.9%；引水工程供水量 66.07 亿立方米，占地表水供水量的 38.1%；提水工程供水量 69.25 亿立方米，占地表水供水量的 39.9%；非工程供水量 0.13 亿立方米，占地表水供水量的 0.1%。

黑龙江省的农田灌溉、林牧渔畜、工业、城镇公共及生态环境用水较依赖于地表水，分别约占农田灌溉、林牧渔畜、工业、城镇公共及生态环境用水量的 55.75%、50.25%、66.02%、56.39% 和 87.07%；居民生活用水较依赖于地下水，约占居民生活用水量的 56.30%（见表9-13）。

表 9-13　2019 年黑龙江省各业用水情况

行业	用水量（亿立方米）	占总用水量（%）	地表水（亿立方米）	地下水（亿立方米）
农田灌溉	266.29	85.8	148.46	117.83
林牧渔畜	7.88	2.5	3.96	3.92
工业	19.48	6.3	12.86	5.10
城镇公共	3.05	1.0	1.72	1.33
居民生活	12.54	4.0	5.48	7.06
生态环境	1.16	0.4	1.01	0.15

注：工业用水量 19.48 亿立方米，包含其他水源 1.52 亿立方米。

资料来源：黑龙江省水利厅官网发布的《2019 年水资源公报》。

各地用水量存在一定的空间差异，其中，佳木斯市总用水量最多，约占黑龙江省总用水量的 21.18%，其中农田灌溉用水量最多，达 61.56 亿立方米，约占佳木斯市总用水量的 93.66%；大兴安岭地区总用水量最少，约占黑龙江省总用水量的 0.05%，其中居民生活用水量最多，为 0.09 亿立方米，约占大兴安岭地区总用水量的 64.29%（见表 9-14）。

表 9-14　2019 年黑龙江省行政区用水量统计表

地级行政区	农田灌溉用水量（亿立方米）	林牧渔畜用水量（亿立方米）	工业用水量（亿立方米）	城镇公共用水量（亿立方米）	居民生活用水量（亿立方米）	生态环境用水量（亿立方米）	总用水量（亿立方米）
哈尔滨市	47.67	2.18	2.31	1.10	4.17	0.71	58.14
齐齐哈尔市	36.24	0.77	6.66	0.30	1.46	0.11	45.54
鸡西市	32.99	0.26	0.47	0.12	0.60	0	34.44
鹤岗市	16.29	0.19	0.54	0.05	0.34	0.11	17.52
双鸭山市	18.06	0.10	0.40	0.11	0.52	0.03	19.22
大庆市	15.46	0.67	3.95	0.45	1.17	0.07	21.77
伊春市	3.95	0.14	0.30	0.07	0.30	0.01	4.77
佳木斯市	61.56	0.93	2.14	0.24	0.79	0.07	65.73
七台河市	2.05	0.11	0.45	0.08	0.24	0.01	2.94
牡丹江市	6.69	0.87	1.57	0.16	1.00	0.01	10.30
黑河市	1.72	0.34	0.28	0.10	0.47	0	2.91
绥化市	23.61	1.30	0.40	0.25	1.39	0.03	26.98
大兴安岭地区	0	0.02	0.01	0.02	0.09	0	0.14

资料来源：黑龙江省水利厅官网发布的《2019 年全省用水量统计表》。

2. 工程建设

1986 年，黑龙江省建成万亩以上灌区 360 处，农田实际灌溉面积达到 1107.10 万亩，占耕地的 8.26%，其中水田实际灌溉面积 856.56 万亩；旱田注水灌（坐滤水种）面积 993.66 万亩；治涝面积 3395.96 万亩，占易涝面积的 50.1%；水土流失治理面积 2377.04 万亩，占应治理的 31.2%；各类水库 475 座，总库容 61.13 亿立方米，其中大中型水库 80 座；江河堤防长度 9669.79 千米，保护耕地 2887.82 万亩，保护人口 941.88 万人；建成各类小型水电站 52 座，装机容量 5.52 万千瓦。

"十三五"期间，黑龙江省共完成水利投资 580 亿元。三江治理、引嫩扩建骨干一期、奋斗水库等 9 项重大工程建成，阁山水库、关门嘴子水库等 12 项重大工程开始建设。黑龙江省农村饮水脱贫攻坚累计完成投资 62.66 亿元，解决了 1.5 万个村屯、822 万农村人口的饮水安全问题；农村集中供水率、自来水普及率均达到 95% 以上。呼兰河、汤旺河、倭肯河等 15 条主要支流重点河段防洪标准基本达到 10~50 年一遇。139 条中小河流重点河段防洪标准明显提高，在防御 2019 年和 2020 年较大洪水中发挥了重要作用。15 处大型灌区节水实施改造建设，完成 9 处大型灌排泵站更新改造、23 处中型灌区续建配套与节水改造工程，新增有效灌溉面积 602 万亩，农田灌溉水有效利用系数由 0.59 提高到 0.61。

2019 年，黑龙江省大型、中型水库共 129 座，其中，大型 28 座，中型 101 座。年末蓄水总量 151.27 亿立方米，比 2018 年增加 2.28 亿立方米。其中，大型水库年末蓄水总量 131.83 亿立方米，占蓄水总量的 87.2%；中型水库年末蓄水总量 19.44 亿立方米，占蓄水总量的 12.8%。

第十章 基础设施建设

第一节 公路基础设施建设

一、公路基础设施建设现状

（一）路面质量

2000～2019 年，黑龙江省公路路面质量逐年提高，总里程年均递增 10.59%，有路面里程年均递增 10.57%，公路总里程和有路面里程呈现上升趋势，而有路面里程比重整体上呈现出先下降后上升的趋势（见表 10-1、图 10-1）。黑龙江省基于公路层面的基础设施建设水平较高，在公路总里程稳步增加的两个阶段内（2000～2005 年、2006～2019 年）公路总里程与有路面里程呈现正相关的变化趋势。

在公路总里程方面，从历年数值变化中可以看出，2000～2005 年，公路建设速度较快，平均每年增加 3358.60 千米；2005～2006 年，公路建设速度迅速提高，一年之内增加了 72258.00 千米；2006～2019 年，公路建设速度较慢，平均每年增加 2447.92 千米。

在有路面里程方面，从历年数值变化中可以看出，2000～2005 年公路有路面里程持续增加，铺装水平较高，平均每年增加 2953.20 千米，有路面里程比重均在 90% 以上，只有 2000～2001 年有小幅度下降趋势，其余各年基本维持在 94.00% 左右；2005～2006 年，由于大规模进行公路建设，尽管有路面里程总数在增加，但仍导致有路面里程比重骤降，由 2005 年的 94.38% 下降到 2006 年的 62.41%，对公路铺装水平在一定程度上产生了不利的影响；2006 年以来，公路有路面里程持续增加，公路铺装水平稳步提升，平均每年增加 4541.92 千米，有路面里程比重从 2006 年的 62.41% 增长到 2019 年的 86.54%，平均每年增加了 1.85%。

表 10-1 2000~2019 年黑龙江省公路路面质量统计

年份	公路总里程（千米）	有路面里程（千米）	有路面里程比重（%）	年份	公路总里程（千米）	有路面里程（千米）	有路面里程比重（%）
2000	50284	48538	96.53	2010	151945	120317	79.18
2001	62979	59242	94.07	2011	155592	125455	80.63
2002	63046	59356	94.15	2012	159063	129260	81.26
2003	65123	61246	94.05	2013	160206	133053	83.05
2004	66821	62974	94.24	2014	162464	135096	83.15
2005	67077	63304	94.38	2015	163233	137551	84.27
2006	139335	86955	62.41	2016	164502	139658	84.90
2007	140909	96660	68.60	2017	165989	141809	85.43
2008	150846	106180	70.39	2018	167116	144024	86.18
2009	151470	116142	76.68	2019	168710	146000	86.54

资料来源：历年《黑龙江统计年鉴》。

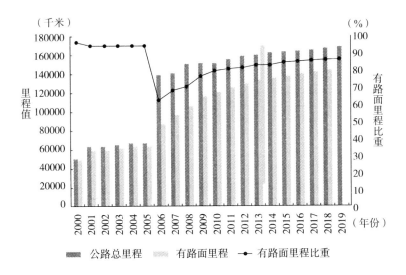

图 10-1 黑龙江省公路里程演变趋势

资料来源：历年《黑龙江统计年鉴》。

（二）路网规模

本书从路网密度角度出发，分别计算出 2019 年黑龙江省各地区每平方千米公路里程和万人公路里程（见图 10-2）。通过对路网规模进行评价，本书发现，黑龙江省路网密度偏低，且省内各地区路网分布极不平衡、差别较大。黑龙江省公路路网密度还有很大的发展空间,各地区可以通过加快建设公路来提高每平方千米公路里程值,进而使黑龙江省达到东北三省区乃至全国的平均水平。

(1)在每平方千米公路里程方面,黑龙江省平均每平方千米有公路 0.37 千米,绝大多数城市里程值高出全省平均值。哈尔滨市、齐齐哈尔市、佳木斯市、绥化市每平方千米有公路 0.49~0.66 千米,高出全省平均值近 1 倍;鸡西市、鹤岗市、双鸭山市、大庆市、七台河市每平方千米有公路 0.41~0.42 千米,与全省平均值基本相近;伊春市、牡丹江市、黑河市每平方千米有公路 0.22~0.33 千米,略低于全省平均值;而大兴安岭地区每平方千米只有 0.11 千米,不及全省平均值的一半。每平方千米公路里程基本呈现出东部地区高于西部地区、南部地区高于北部地区的分布格局。

(2)在万人公路里程方面,黑龙江省平均值为 44.98 千米,绝大多数城市万人公路里程高出全省平均值。黑河市、大兴安岭地区万人公路里程分别为 101.44 千米、175.22 千米,高出全省平均值近 1 倍;齐齐哈尔市、鸡西市、鹤岗市、双鸭山市、伊春市、佳木斯市、牡丹江市万人公路里程为 46.74~68.62 千米,略高于全省平均值;哈尔滨市、大庆市、七台河市、绥化市万人公路里程为 27.08~43.97 千米,略低于全省平均值。万人公路里程基本呈现出西部地区高于东部地区、南部地区高于北部地区的分布格局,与每平方千米公路里程分布格局不同。

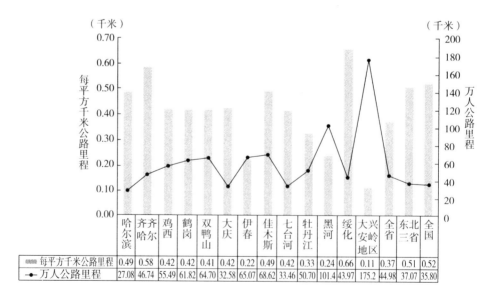

图 10-2 2019 年黑龙江省各地区公路路网规模

资料来源:《黑龙江统计年鉴(2020)》。

（三）运输能力

公路运输在黑龙江省综合运输体系中的地位十分重要。2019 年，公路运输客货运量居黑龙江省各交通运输方式的首位，实现旅客运送量 18212 万人，货物运输量 37624 万吨，分别占全省各种运输方式旅客、货物运输总量的 56.45% 与 74.52%，分别是位于第二位的铁路旅客、货物运输量的 1.62 倍与 3.12 倍（见表 10-2）。

公路完成货物运输周转量 795.1 亿吨千米，占同期全省各种运输方式完成的货运周转总量的 49.14%，居全省第二位；完成旅客运输周转量 139.3 亿人千米，占同期全省各种运输方式完成的客运周转总量的 15.92%，相当于排名首位的民航完成旅客运输周转量的 31.25%，居全省第三位（见表 10-2）。

黑龙江省的公路运输在运输数量上占有主导地位与绝对的优势，但在运输周转量上则不及民航与铁路运输，说明黑龙江省的公路运输主要承担着省内及短途客货运输任务，在长距离的旅客及货物运输上，民航和铁路则发挥着主导作用。这和东北地区各省份状况及全国运输特点一致。

表 10-2　2019 年黑龙江省主要运输方式运输量统计

运输方式	客运量（万人）	位次	客运周转量（亿人千米）	位次	货运量（万吨）	位次	货运周转量（亿吨千米）	位次
公路	18212	1	139.3	3	37624	1	795.1	2
铁路	11223	2	289.4	2	12073	2	814.4	1
水运	317	4	0.35	4	780	3	5.6	3
民航	2509	3	445.8	1	14.1	4	2.9	4
总计	32260		874.9		50491.1		1618	

资料来源：《黑龙江统计年鉴（2020）》。

二、公路基础设施建设存在的主要问题

（一）路网质量等级偏低

尽管 2019 年底黑龙江省公路路面质量达到了较高水平，有路面里程达到了总里程的 86.54%，但公路路网的技术水平明显偏低，三级以下公路占全省公路总里程的 88.20%，其中三级公路占 20.17%，四级公路占 53.95%，等外公路占 14.07%，路网的总体质量不高。

与此同时，部分农村公路还存在着混合交通的问题。汽车、农用机动车、畜力车、行人混行于路，不能有效地将机动车与非机动车分离、行人与机动车分离，不仅影响了公路的通行能力，而且给行人通行带来了极大的安全隐患。

（二）路网规模总量不足

黑龙江省万人公路里程44.98千米（见图10-2），高于东北三省（37.07）乃至全国（35.80）平均水平，但全省平均每平方千米有公路0.37千米（见图10-2），低于东北三省（0.51）及全国（0.52）平均水平，与经济水平较高的省份相比仍有很大的差距，路网密度尚未达到全国的平均水平，路网规模还需进一步提高。

（三）公路客运能力减弱

从图10-3中可以看出，2000~2019年，黑龙江省公路货运量与公路货物周转量的变化趋势略有差异，货运量虽然有波动式变化，但整体上呈稳定发展趋势；货物周转量近些年虽有下降趋势，但较以往仍有较大增幅，说明公路货运周转能力在稳步提升；而客运量与旅客周转量整体上均呈现出先上升后下降、再上升再下降的波动式下降趋势，并且客运量下降幅度远大于旅客周转量，说明公路客运能力相比于前几年有减弱的趋势。

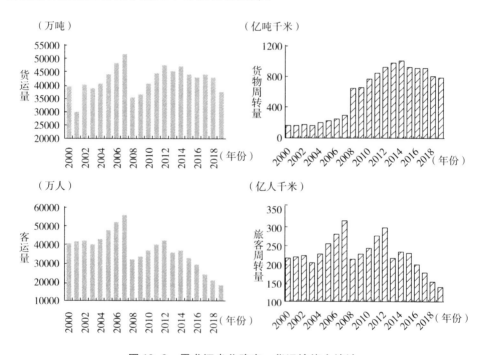

图10-3　黑龙江省公路客、货运输能力统计

资料来源：《黑龙江统计年鉴（2020）》。

（四）公路建设成本较高

黑龙江省地处高寒地区，自然条件恶劣，气候因素导致公路翻浆、雪阻等自然灾害频发，严重影响公路的使用寿命；公路病害较多，路面结构设计厚度也较其他省份高出很多；另外，筑路材料分布不均衡，半数以上县（市）无砂石，导致公路建设成本高、投资大。

第二节　铁路基础设施建设

一、铁路基础设施发展现状

（一）路网质量

黑龙江省铁路复线里程增长速度较为缓慢，但是铁路营业里程一直处于稳步发展的水平，且自动闭塞里程增长速度较为迅速，因此黑龙江省铁路路网质量总体达到了较高的水平（见表10-3）。

表10-3　黑龙江省铁路运输线路质量统计

年份	营业里程（千米）	其中		铁路正线延展里程（千米）	复线里程（千米）	复线里程比重（%）	自动闭塞里程（千米）	自动闭塞里程比重（%）
		地方铁路（千米）	国家铁路（千米）					
2000	5465	491	4905	7130	1593	32.5	1142	23.3
2001	5464	490	4905	7125	1930	39.4	1142	23.3
2002	5464	490	4905	7123	1595	32.5	1382	28.2
2003	5373	490	4883	7088	1512	31.0	1334	23.2
2004	5432	650	4782	7095	1517	31.7	1365	27.3
2005	5499	718	4781	7260	1522	31.8	1365	28.5
2006	5503	723	4780	7250	1555	32.5	1384	28.9
2007	5563	723	4840	7340	1632	33.7	1698	35.1
2008	5563	723	4840	7422	1632	33.7	2109	43.6
2009	5644	724	4920	7501	1632	33.2	2109	43.6
2010	5673	752	4921	7535	1632	33.2	2108	42.8
2011	5832	751	5081	7652	1632	32.1	2108	41.5
2012	6022	751	5158	7881	1639	31.8	2206	42.8
2013	5906	748	5158	7873	1709	33.1	2206	42.8
2014	5906	748	5158	7055	1711	33.2	1641	31.8

续表

年份	营业里程（千米）	其中		铁路正线延展里程（千米）	复线里程（千米）	复线里程比重（%）	自动闭塞里程（千米）	自动闭塞里程比重（%）
		地方铁路（千米）	国家铁路（千米）					
2015	6120	748	5372	8510	2098	39.1	2617	48.7
2016	6120	748	5372	8568	2165	40.3	2617	48.7
2017	6122	751	5371	8587	2163	40.3	2696	50.2
2018	6782	751	6031	9934	2826	46.9	3360	55.7
2019	6668	637	6031	9732	2826	46.9	3360	55.7

注：复线里程比重与自动闭塞里程比重均为占国家铁路营业里程比重。

资料来源：《黑龙江统计年鉴（2020）》。

2019 年底，黑龙江省铁路营业里程达 6668 千米，占全国铁路营业里程的 4.79%，处于中等偏上水平。2000 年至 2019 年，铁路营业里程基本保持稳定的增长水平，大致可以分为以下三个阶段：2000~2010 年为低速增长阶段，平均每年增加营业里程 20.80 千米；2010~2017 年为中速增长阶段，平均每年增加营业里程 64.14 千米；2017~2019 年为高速增长阶段，平均每年增加营业里程 273.00 千米。

黑龙江省铁路复线里程从 2000 年的 1593 千米增长至 2019 年的 2826 千米，平均每年增长 64.89 千米；复线率从 32.5% 增长至 46.9%，平均每年增长 0.76，略低于 2019 年全国铁路复线率 59.0%。自动闭塞里程从 2000 年的 1142 千米增长至 2019 年的 3360 千米，平均每年增长 116.74 千米；自动闭塞率从 23.3% 增长至 55.7%，平均每年增长 1.70%，自动闭塞率基本翻了一番。

（二）路网规模

在全国铁路路网规模快速提高的背景下，黑龙江省铁路路网规模较为完善，但路网规模提升速度较慢，在全国范围内占有的优势在逐年下降，平均每年增加 1.41 千米/万平方千米（见图 10-4）。2000~2010 年增长速度较为缓慢，共增长 4.59 千米/万平方千米；2010 年以后增长速度有所提升，到 2019 年底共增长 22.24 千米/万平方千米。同全国铁路网密度相比，2000 年黑龙江省铁路网密度为 120.37 千米/万平方千米，远远超出全国铁路网密度 71.56 千米/万平方千米，相当于全国铁路平均密度的 1.68 倍，在当时处于较高水平的路网规模；而到了 2019 年，黑龙江省铁路网密度为 147.20 千米/万平方千米，与全国铁路网密度 145.73 千米/万平方千米相比基本持平，处于中等水平的路网规模。

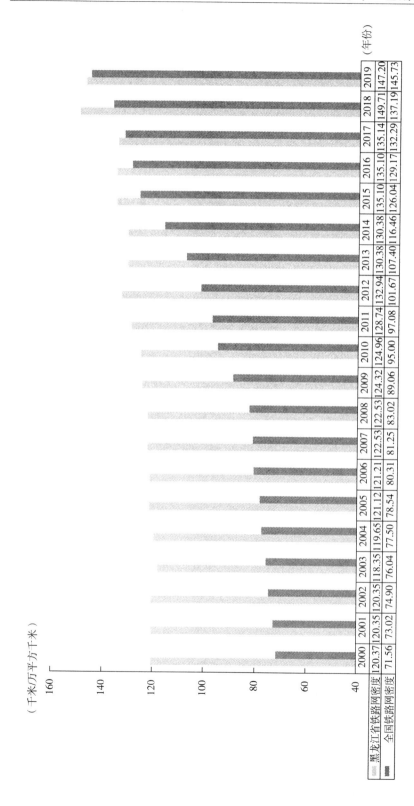

	2000	2001	2002	2003	2004	2005	2006	2007	2008	2009	2010	2011	2012	2013	2014	2015	2016	2017	2018	2019
全国铁路网密度	71.56	73.02	74.90	76.04	77.50	78.54	80.31	81.25	83.02	89.06	95.00	97.08	101.67	107.40	116.46	126.04	129.17	132.29	137.19	145.73
黑龙江省铁路网密度	120.37	120.35	120.35	118.35	119.65	121.12	121.21	122.53	122.53	124.32	124.96	128.74	132.94	130.38	130.38	135.10	135.10	135.14	149.71	147.20

（千米/万平方千米）

（年份）

图 10—4 黑龙江省铁路网密度变化情况

资料来源：《黑龙江统计年鉴（2020）》和《中国统计年鉴（2020）》。

（三）运输能力

在黑龙江省的交通运输体系中，铁路旅客与货物运输量已不占据主导地位，客运周转的优势也有所减弱，而货运周转则占有绝对优势，在中长距离的货物运输中铁路的地位较为稳定。

黑龙江省 2019 年铁路运输完成旅客运送量 11223 万人，占全省各种运输方式客运总量的 56.45%；货物运输量 12073 万吨，占全省各种运输方式货运总量的 56.45%，相当于同期排名第三位水运旅客、货物运输量的 1.62 倍与 3.12 倍，均居于全省第二位（见表 10-2）。

黑龙江省 2019 年铁路完成旅客运输周转量 289.4 亿人千米，占同期全省各种运输方式完成的客运周转总量的 15.92%，相当于排名首位民航完成的旅客运输周转量的 31.25%，居全省第二位；完成货物运输周转量 814.4 亿吨千米，占同期全省各种运输方式完成货运周转总量的 49.14%，居全省首位（见表 10-2）。

（四）高速铁路发展水平

2019 年，全国高速铁路营业里程达到 3.5 万千米，黑龙江省高速铁路里程已从 2016 年的 339 千米增加到近 995 千米，约占全国高铁总里程的 2.84%，与全国平均水平相比还处于较低的位置。

现阶段黑龙江省共有 218 个火车站办理客运业务，其中高铁站有 29 个，占总量的 13.30%（见表 10-4）。各地区拥有高铁站数量从高至低排名大致可以分为三个梯队，其中第一梯队为哈尔滨市，拥有高铁站数量最多，占高铁站总数的 65.52%；第二梯队包括佳木斯市、齐齐哈尔市、牡丹江市、绥化市、大庆市，拥有高铁站 1~3 个，占高铁站总数的 3.45%~10.34%；第三梯度队为剩余未通高铁地区，暂无高铁站分布。由此可以看出，黑龙江省高速铁路站点覆盖率较低，大部分地区尚未开通高铁站，即使是有高铁线路的地区，高铁站数量也较少。

表 10-4　2021 年黑龙江省各地区火车站（高铁站）数量统计

地区	火车站数量（个）	高铁站数量（个）	地区	火车站数量（个）	高铁站数量（个）
哈尔滨市	46	19	佳木斯	16	1
齐齐哈尔市	25	2	七台河	4	0
鸡西	18	0	牡丹江	28	2
鹤岗	5	0	黑河	16	0
双鸭山	7	0	绥化	16	2

续表

地区	火车站数量（个）	高铁站数量（个）	地区	火车站数量（个）	高铁站数量（个）
大庆	8	3	大兴安岭地区	9	0
伊春	20	0	全省	218	29

资料来源：中国铁路客户服务中心。

二、铁路基础设施建设存在的主要问题

（一）路网规模增速较慢

黑龙江省铁路发展较早，铁路网密度较大，但铁路网密度已经从 2000 年是全国铁路平均密度的 1.68 倍，逐渐变化到 2019 年底与全国铁路平均密度基本相当（见图 10-4）。铁路网密度年均增长幅度较小，在路网规模方面占有的优势已不复存在，路网规模的增速与全国相比还存在着很大的差距。

（二）铁路货运能力减弱

2000~2019 年，黑龙江省铁路客运量、客运周转量与客运密度的变化情况虽略有差异，但整体呈现上升趋势（见图 10-5）。三者虽在个别年份有波动式的增减变化，但整体上呈稳定发展趋势，除客运量增长幅度较小外，客运周转量与客运密度较以往有较大增幅，说明公路客运能力在稳步提升。货运量、货运周转量与货运密度整体上均呈现出波动式下降趋势，虽然在 2000~2011 年处于上升时期，但在 2012 开始逐年下降，并于 2015 年降至低于初始值，2016 年以后才开始有缓慢上升的趋势，总体来看，铁路货运能力相比于前几年依旧是有减弱的趋势。

（三）技术装备水平较为落后

铁路运输技术的核心是发展牵引动力，使铁路装备向大型化和现代化发展。在输送能力、燃料消耗、环境保护和工作条件等方面电力牵引和内燃牵引都优于蒸汽牵引，因此，目前我国铁路运输所采用的牵引动力主要以内燃和电力为主，蒸汽牵引已经逐渐被淘汰。2019 年底，黑龙江省铁路共配置机车 1070 台，其中内燃机车 803 台，占机车总数的 75.05%；电力 267 台，占机车总数的 24.95%。与全国相比，全国共配置机车 2.17 万台，其中内燃机车 0.80 万台，占机车总数的 36.36%；电力 1.37 万台，占机车总数的 62.27%。与全国平均水平相比，黑龙江省的铁路牵引动力中内燃牵引动力稍具优势，而电力牵引动力较为落后，与全国相比尚有一定的差距，技术装备水平较为落后。

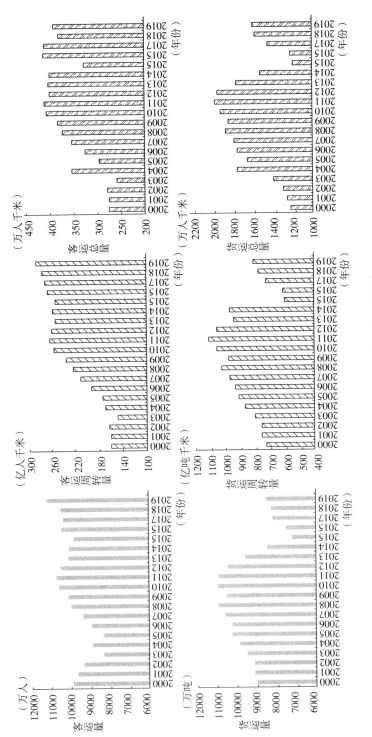

图 10-5　黑龙江省铁路客、货运输能力

资料来源：《黑龙江统计年鉴（2020）》。

第三节　航空基础设施建设

一、航空基础设施建设现状

（一）公共航空运输能力

黑龙江省航空运输起步较晚，基础薄弱，在交通运输体系中地位较弱。民航在旅客运输周转量上虽占有主导地位，但在客运量、货运量及货运周转量上运输能力十分有限，总体运输能力稍弱。

2019 年，黑龙江地区民航运输完成旅客运送量 2509 万人，货物运输量 14.1万吨，分别占全省各种运输方式旅客、货物运输总量的 7.78% 与 0.03%，相当于同期排名首位公路旅客、货物运输量的 13.78% 与 0.04%，均居于全省末位（见表 10-2）。

其中，民航完成货物运输周转量 2.9 亿吨千米，占同期全省各种运输方式完成货运周转总量的 0.18%，相当于同期排名首位铁路完成的货运周转量的0.36%，居于全省末位。完成旅客运输周转量 445.8 亿人千米，占同期全省各种运输方式完成的客运周转总量的 50.95%，相当于排名第二位铁路完成的旅客运输周转量的 1.54 倍，居全省首位（见表 10-2）。

（二）枢纽机场发展潜力

整体来看，黑龙江省 8 个主要枢纽机场距离市中心相对较近，旅客吞吐量增长趋势较好，民航枢纽机场具有一定的发展潜力。8 个主要枢纽机场旅客吞吐量连续五年稳步增长（见表 10-5），除齐齐哈尔三家子机场和鸡西兴凯湖机场外，其他机场的旅客吞吐量年均增长均保持在 10% 以上，客运量增长相对较快。对于货邮吞吐量而言，除哈尔滨太平国际机场和齐齐哈尔三家子机场外，其余机场均呈现负增长，从侧面反映出近年来黑龙江省货物运输大部分以陆路运输为主要运输方式。虽然黑龙江省整体通航发展情况不如前几年乐观，通航飞行小时出现了大幅度的负增长，达到-58.66%，但黑龙江省 8 个主要枢纽机场起降架次均保持了不同程度的增长，从整体来看，黑龙江省民航事业依旧处于稳步发展阶段，枢纽机场的发展潜力巨大。

表 10-5　2015~2019 年黑龙江省民航发展潜力　　　　　　单位:%

机场名称	旅客吞吐量增速	货邮吞吐量增速	起降架次增速	通航飞行小时增速
哈尔滨/太平	10.27	4.02	8.05	—

续表

机场名称	旅客吞吐量增速	货邮吞吐量增速	起降架次增速	通航飞行小时增速
牡丹江/海浪	12.64	-3.73	9.92	—
大庆/萨尔图	12.67	-6.39	8.74	—
佳木斯/东郊	12.10	1.37	2.84	—
齐齐哈尔/三家子	3.97	-2.81	1.33	—
鸡西/兴凯湖	9.27	-22.59	9.17	—
黑河/瑷珲	14.22	-45.09	1.48	—
伊春/林都	14.51	-9.10	15.15	—
黑龙江省	10.51	3.60	7.56	-58.66

注："—"表示受数据限制，对各机场通航飞行小时增速不进行计算。

资料来源：《2020年民航机场生产统计公报》。

（三）通用航空机场建设规模

黑龙江省通用航空机场建设规模较为完善，无论是通用飞机拥有量、通用机场数量，还是通用机场站点，排名均位于全国各省市的前列。截至2019年上半年，黑龙江省拥有201架通用飞机，在全国各省市通用飞机拥有量上排名第五，仅次于四川省、广东省、山东省和北京市。黑龙江省通用飞机包含活塞和涡桨固定翼飞机与直升机两种机型，其中活塞和涡桨固定翼共有155架（占比77.11%），直升机共有46架（占比22.89%）。

截至2020年上半年，黑龙江省拥有86个通用机场，在全国各省市通用机场数量上居于首位，且有6个通用机场为A类机场，通用机场等级也处于较高水平。除牡丹江市和七台河市外，其余地级市和大兴安岭地区均建设有通用机场，表明黑龙江省通用机场在全省范围内具有较高的覆盖率。

截至2020年9月，全国249个航油供应站中仅有41个通用机场站点，而黑龙江省则拥有这41个通用机场站点中的3个站点，仅次于拥有4个通用机场站点的四川省和广东省，位居全国第三。

二、航空基础设施建设存在的主要问题

（一）公共航空运输规模偏小

近年来，尽管黑龙江省的机场数量有了较大的增长，但机场的客货吞吐量等指标在国内仍处于较后位次，民航运输整体规模偏小（见表10-6）。2020年底，黑龙江省完成旅客吞吐量1644.9万人，相比于2019年减少了34.4%，占全国客运量的比重为1.92%，与经济较发达的省份相比仍有较大差距；完成货邮吞吐量11.6万吨，相比于2019年减少了17.8%，占全国货运量的比重仅为

0.72%，与经济较发达的省份相比差距十分明显。

表 10-6　各省（区、市）旅客吞吐量、货邮吞吐量及增速

地区	旅客吞吐量（万人）			货邮吞吐量（万吨）		
	2020 年	2019 年	增减（%）	2020 年	2019 年	增减（%）
全国合计	85715.9	135162.9	-36.6	1607.5	1710.0	-6.0
安徽	1032.9	1519.2	-32.0	9.3	9.3	-0.1
北京	5060.5	10820.9	-53.2	128.8	197.8	-34.9
重庆	3638.3	4645.0	-21.7	41.3	41.3	0.0
福建	3181.8	5173.5	-38.5	47.7	53.8	-11.4
甘肃	1363.3	1825.2	-25.3	7.5	7.6	-0.9
广东	9942.3	15303.4	-35.0	323.9	329.8	-1.8
广西	1808.2	2903.8	-37.7	13.5	16.8	-20.0
贵州	2253.2	3030.9	-25.7	11.8	12.7	-7.3
海南	3248.6	4501.0	-27.8	21.5	27.6	-22.1
河北	1046.8	1463.4	-28.5	8.9	5.6	58.7
河南	2405.4	3257.3	-26.2	64.1	52.4	22.3
黑龙江	1644.9	2508.7	-34.4	11.6	14.1	-17.8
湖北	1776.1	3530.9	-49.7	19.7	25.3	-22.3
湖南	2356.9	3361.1	-29.9	19.5	17.9	9.0
吉林	1042.4	1648.5	-36.8	8.7	9.5	-7.8
江苏	3922.7	5843.8	-32.9	67.1	64.2	4.6
江西	1272.8	1845.7	-31.0	18.7	13.0	44.3
辽宁	2241.2	4201.9	-46.7	29.6	36.8	-19.5
内蒙古	1685.1	2754.0	-38.8	6.5	8.2	-20.4
宁夏	738.5	1122.0	-34.2	5.3	6.2	-14.5
青海	674.8	812.5	-17.0	4.6	4.7	-2.5
山东	3847.8	6269.6	-38.6	47.6	48.7	-2.3

续表

地区	旅客吞吐量（万人）			货邮吞吐量（万吨）		
	2020 年	2019 年	增减（%）	2020 年	2019 年	增减（%）
山西	1298.7	2037.1	−36.3	5.9	6.7	−13.2
陕西	3356.3	5109.0	−34.3	39.2	39.3	−0.4
上海	6164.2	12179.1	−49.4	402.5	405.8	−0.8
四川	4991.8	6713.6	−25.6	64.6	69.9	−7.5
天津	1328.5	2381.3	−44.2	18.5	22.6	−18.2
西藏	515.4	575.0	−10.4	4.7	4.4	8.3
新疆	1896.4	3758.5	−49.5	16.1	21.7	−25.9
云南	4983.7	7051.8	−29.3	36.9	46.3	−20.3
浙江	4996.4	7015.1	−28.8	101.9	90.0	13.3

注：不包括港澳台地区数据。

资料来源：《2020 年民航机场生产统计公报》。

（二）公共航空运输机场枢纽地位不足

与全国各城市的机场相比，黑龙江省的各大机场无论是旅客吞吐量还是货邮运输量排名均靠后，机场的枢纽地位不明显。截至 2020 年，国内共有机场 242 个，排名前 10 位的机场年旅客吞吐量均突破 3000 万人次，西南地区的昆明长水机场和西北地区的西安咸阳机场已经实现了 4000 万人次级别的旅客吞吐量，而东北地区各机场的旅客吞吐量没有 2000 万级别以上的。作为黑龙江省乃至东北地区排名最靠前的哈尔滨太平机场 2020 年仅完成了 1350.9 万人次的旅客运输，在黑龙江省排名第 2 位的佳木斯东郊机场仅完成了 66.2 万人次的旅客运输。

国内排名前 10 名的机场年货邮吞吐量均突破 30 万吨，排名前 4 位的上海浦东机场、广州白云机场、深圳宝安机场和北京首都机场更是达到了百万级别的货物吞吐，而东北地区各机场的货邮吞吐量没有 20 万吨级别以上的。作为黑龙江省排名最靠前的哈尔滨太平机场 2020 年仅完成了 11.2 万吨的货物运输，在黑龙江省排名第 2 位的佳木斯东郊机场仅完成了 0.12 万吨的货物运输。

（三）通用机场分布差别较大

黑龙江省通用机场在各市（区）之间分布十分不均衡（见图 10-6）。黑河市拥有的通用机场数量最多，占全省通用机场的 29.89%；其次是佳木斯市，拥有全省 17.24% 的通用机场；全省近半数的通用机场分布在这两个城市，而牡丹江市与七台河市则没有通用机场分布，通用机场在各市（区）之间的分布差别较为明显。

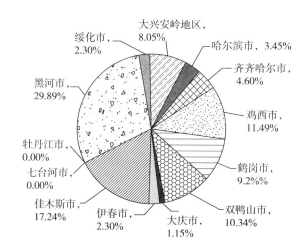

图 10-6　黑龙江省通用机场分布比例

资料来源：笔者通过资料整理得到。

第四节　邮政与通信业基础设施建设

一、邮政与通信业基础设施建设现状

（一）邮政业

黑龙江省平均网点服务面积呈现下降趋势，2015～2020 年减少 52.4 平方千米；平均服务人口也呈现下降趋势，2015～2020 年减少 0.5 万/人；城区投递和农村投递量几乎稳定不变；人均函件量 2015～2018 年稳定不变，从 2019 年开始出现下降趋势；人均报刊量呈现稳定下降趋势，2015～2020 年减少 1.8 份/百人；用邮支出和快递支出均呈现稳定上升趋势，2015～2020 年分别增加 177 元/人、130.9 元/人（见表 10-7）。黑龙江省平均网点服务面积和平均服务人口出现下降，主要是由于黑龙江省邮政网点数量上的增加，每一处网点服务范围因此逐渐缩小，更加便利居民的使用。人均函件量从 2019 年开始出现明显的下滑，主要原因是通信业的快速发展使人们逐渐依赖电子互联网，因此人们对报刊的需求也在逐渐下降，而用邮支出和快递支出在稳步上升。

表 10-7 2015~2020 年黑龙江省邮政业的发展情况

年份	网点服务面积（平方千米）	服务人口（万人）	城区投递（次/日）	农村投递（次/周）	函件量（件/人）	报刊量（份/百人）	用邮支出（元/人）	快递支出（元/人）
2015	108.8	0.9	2	4	1.0	8.0	165.0	56.0
2016	100.3	0.8	2	5	1.0	6.5	206.6	86.5
2017	79.1	0.7	2	5	1.0	6.3	228.1	93.4
2018	76.8	0.6	2	5	1.0	6.3	265.4	123.1
2019	71.3	0.6	2	5	0.5	6.5	306.7	160.7
2020	56.4	0.4	2	5	0.4	6.2	342.0	186.9

资料来源：《2020 年黑龙江省邮政行业发展统计公报》和《黑龙江统计年鉴（2020）》。

由表 10-8 可知，黑龙江省在业务收入、函件量和报刊量中，均低于辽宁省而高于吉林省，分别约占三省业务收入、函件量和报刊量的 25.32%、33.33% 和 28.57%。但在用邮支出、快递业务量和快递支出方面，黑龙江省低于吉林省，说明黑龙江省邮政业的通信能力总体水平较低。

表 10-8 2020 年东北三省邮政运行情况对比

省份	业务收入（亿元）	函件量（件/人）	报刊量（份/百人）	用邮支出（元/人）	快递业务量（件/人）	快递支出（元/人）
黑龙江省	128.3	0.4	6	342	52.5	186.9
吉林省	100.1	0.3	6	416	61	252.3
辽宁省	278.3	0.5	9	—	—	—
三省平均	168.9	0.4	7	—	—	—

注："—"代表数据缺失。

资料来源：《2020 年黑龙江省邮政行业发展统计公报》《2020 年吉林省邮政行业发展统计公报》和《2020 年辽宁省邮政行业发展统计公报》。

（二）通信业

由表 10-9 中数据可知，固定通信能力方面，黑龙江省的局用交换机容量和接入网设备容量均明显高于辽宁省和吉林省，分别约占三省的 46.25% 和 45.72%。在移动通信能力中，黑龙江省的移动电话交换机容量高于辽宁省和吉林省，约占三省的 43.30%；在移动电话基站中，黑龙江省的拥有数量比辽宁省的拥有数量少 11.8 万个、比吉林省多 3.9 万个，约占三省的 29.20%；在 3G 基站和 4G 基站中，黑龙江省的拥有数量均低于辽宁省，而 3G 基站的拥有数量中，黑龙江省与吉林省相对持平，4G 基站的拥有数量中，黑龙江省高于吉林省，其

3G 基站、4G 基站拥有数量分别约占三省的 27.91% 和 28.87%。因此，黑龙江省通信业的综合通信能力相较于辽宁省和吉林省通信业的综合通信能力较强，但在基站建设上仍需加强。

表 10-9　2019 年东北三省通信业的通信能力情况

省份	固定通信能力		移动通信能力			
	局用交换机容量（万门）	接入网设备容量（万门）	移动电话交换机容量（万户）	移动电话基站（万个）	3G 基站（万个）	4G 基站（万个）
黑龙江省	477.3	465.9	9117.8	18.6	2.4	11.5
吉林省	272.3	271.0	5143.0	14.7	2.4	9.1
辽宁省	282.3	282.3	6795.2	30.4	3.8	18.7
三省共计	1031.9	1019.2	21055.9	63.7	8.6	39.83

资料来源：《中国通信年鉴（2020）》。

　　由表 10-10 中数据可知，在固定电话普及率和互联网宽带接入普及率中，黑龙江省明显低于辽宁省和吉林省，比三省均值分别低 3.4 部/百人和 1.4%。其中，互联网接入普及率中包含城市互联网宽带接入普及率、农村互联网宽带接入普及率和家庭互联网宽带接入普及率，黑龙江省的农村互联网宽带接入普及率高于辽宁省和吉林省，但在城市互联网宽带接入普及率和家庭互联网宽带接入普及率中黑龙江省处于弱势。但在移动电话普及率中，黑龙江省高于辽宁省和吉林省，比三省均值高出 3.1 部/百人。因此，黑龙江省通信业总体的服务水平在三省中仍处于弱势。

表 10-10　2019 年东北三省通信业的服务水平情况

省份	固定电话普及率（部/百人）	移动电话普及率（部/百人）	互联网宽带接入普及率（%）	城市互联网宽带接入普及率（%）	农村互联网宽带接入普及率（%）	家庭互联网宽带接入普及率（%）
黑龙江省	9.4	120.7	27.8	34.6	15.0	62.2
吉林省	17.4	119.2	27.2	35.9	12.5	63.8
辽宁省	12.7	114.4	31.3	40.8	6.5	69.2
三省均值	12.8	117.6	29.2	37.7	11.1	65.7

资料来源：《中国通信年鉴（2020）》。

二、邮政与通信业基础设施建设存在的主要问题

(一) 邮政业

邮政的函件业务是其最基本的业务，且国家实行信件业务国家垄断，统一由邮政专营。在良好的市场经济条件下，邮政具有发展函件业务的绝对优势。但在信息化高速发展的时代，且在多年来垄断经营下，缺少竞争意识，经营管理模式老化。因此，黑龙江省邮政业的函件业务逐渐由盛转衰。邮政业最大优势是能遍布全国、连接城乡以及通达世界，但黑龙江省邮政业的服务效率较低且时效性差，而黑龙江省地处我国边缘地区，这导致黑龙江省邮政业运输缓慢且成本较高，对黑龙江省邮政业发展具有一定的制约性。黑龙江省的国内异地快递主要集中在各民营快递企业中，国际快递由国际快递巨头所掌控，从而导致黑龙江省快递行业产业结构单一。因此，黑龙江省邮政快递在黑龙江省快递行业中所占比例较小。

(二) 通信业

黑龙江省通信业的移动通信能力较弱，固定电话普及率、互联网宽带接入普及率较低。这是由于黑龙江省移动基站建设较少，省内互联网覆盖广度和深度较弱。黑龙江省通信业的省内骨干网络带宽和省际出口带宽较小，也会导致黑龙江省网络出现延时问题。

第五节　教育与科技创新发展水平

一、教育与科技创新发展水平评价

(一) 教育事业发展

根据表 10-11 中的数据可知，2015~2019 年，黑龙江省公共财政预算教育经费支出呈现不稳定增长趋势，在 2017 年出现峰值后出现下落；而全国公共财政预算教育经费支出在此期间是不断增长的。因此，黑龙江省公共财政预算教育经费支出占据全国公共财政预算教育经费支出的百分比呈现逐年递减的趋势。因此，黑龙江省的高等教育经费投入与全国水平相比较为落后。

根据表 10-12 中的数据可知，2016~2020 年黑龙江省教育办学规模是不断增加的，而院校数目是减少的，在校生数量不断增加。这说明黑龙江省在此期间主要通过扩大招生数量来发展黑龙江省的高等教育。然而，黑龙江省的高等院校数与全国相比，约为全国高等院校数的 3%，与全国平均水平相比较为落

后。另外，黑龙江省的在校生人数和专任教师数，占全国比例不超过 2%，说明黑龙江省整体的高等教育规模均较为落后。

表 10-11　2015~2019 年黑龙江省高等教育的经费投入与全国比较

年份	黑龙江省公共财政预算教育经费支出（亿元）	全国公共财政预算教育经费支出（亿元）	黑龙江省公共财政支出占全国公共财政支出比重（%）	黑龙江省高等学校 R&D 经费内部支出（亿元）
2015	549.66	26271.88	2.09	38.09
2016	558.87	28072.78	1.99	44.94
2017	573.11	30153.18	1.90	18.44
2018	544.38	32169.47	1.69	50.17
2019	555.13	34796.94	1.60	51.22

资料来源：历年《黑龙江统计年鉴》和《中国统计年鉴》。

表 10-12　2016~2020 年黑龙江与全国高等院校办学规模比较

区域	年份	高等院校数（所）	占全国的比重（%）	在校生数（万人）	占全国的比重（%）	专任教师数（万人）	占全国的比重（%）	校均规模（人/校）
黑龙江	2016	82	2.85	73.6	1.99	4.7	1.95	8975.61
	2017	81	3.08	73.4	1.94	4.6	1.88	9061.73
	2018	81	3.04	73.2	1.91	4.6	1.85	9037.03
	2019	81	3.01	77.8	1.94	4.7	1.83	9604.94
	2020	80	2.92	82.6	1.97	—	—	10325.00
全国	2016	2880		3699		240.48		12843.75
	2017	2631		3779		244.30		14363.36
	2018	2663		3833		248.75		14393.54
	2019	2688		4002		256.67		14888.39
	2020	2738		4183		266.87		15277.57

注："—"代表数据缺失。

资料来源：历年《全国教育事业发展统计公报》、《黑龙江统计年鉴（2020）》和《2020 年黑龙江省国民经济和社会发展统计公报》。

（二）科技创新能力

R&D 人员全时当量能够反映科技人力资源投入规模大小，R&D 经费内部支出是反映研发经费投入绝对规模大小的指标。根据表 10-13 中的数据可知，东北三省的 R&D 人员全时当量和 R&D 经费内部支出存在一定的差异性，辽宁省的科技资源投入明显高于吉林省和黑龙江省，其 R&D 人员全时当量和 R&D 经费内部支出分别约占东北三省的 53.42%、63.29%；而黑龙江省的 R&D 人员全时当量高于吉林省的 R&D 人员全时当量，说明黑龙江省的科技人力资源投入高于吉林省的科技人力资源投入；但黑龙江省 R&D 经费内部支出低于吉林省的 R&D 经费内部支出，说明黑龙江省的研发经费投入绝对规模小于吉林省的研发经费投入绝对规模。

表 10-13　2019 年东北三省科技资源投入情况

省份	R&D 人员全时当量（人/年）	R&D 经费内部支出（万元）
黑龙江	44394	1465528
吉林	42323	1483828
辽宁	99880	5084604
三省平均	62199	2677987

资料来源：《中国科技统计年鉴（2020）》。

根据表 10-14 中的数据可知，黑龙江省的有效发明专利数在 2015~2017 年是不断增长的，约占全国的有效发明专利数 7.86%，说明黑龙江省在有效发明专利数方面处于全国中等水平。黑龙江省承担的高等学校 R&D 课题数并不多，仅在 2015 年占全国的 2.21%，其余年份均低于 2%，说明黑龙江省承担的高等学校 R&D 课题数与全国相比较为落后。另外，其他科技成果所占全国比例均不高，没有达到全国平均水平。

表 10-14　2015~2019 年黑龙江省科研水平与全国比较

区域	年份	高等学校 R&D 课题数（项）	占全国（%）	有效发明专利数（件）	占全国（%）	发表科技论文数（篇）	占全国（%）	出版科技著作（种）	占全国（%）
黑龙江	2015	18634	2.21	8093	7.36	38123	3.12	1267	2.94
	2016	17317	1.94	10713	7.78	36133	2.85	1142	2.57
	2017	15066	1.56	12792	8.14	38176	2.92	1179	2.59
	2018	18903	1.76	15243	7.94	41236	2.97	1083	2.42
	2019	22584	1.90	17013	8.07	45220	3.12	912	2.10
全国	2015	841520		109911		1220467		43136	
	2016	894279		137755		1267881		44518	
	2017	966780		157131		1308110		45591	
	2018	1076903		191964		1389912		44794	
	2019	1188769		210885		1447336		43331	

资料来源：历年《中国科技统计年鉴》。

二、教育与科技创新发展存在的主要问题

(一) 教育

黑龙江省的教育发展缓慢，落后于全国教育的平均水平，问题显著表现在高等教育的投入和规模上。在高等教育投入上，黑龙江省的经费来源大部分来自政府的拨款，还有少部分来自社会的融资。但因黑龙江省政府投入量不足，导致高等院校经费来源的结构体系不合理，使黑龙江省的教育投入低于全国平均水平。在高等教育规模上，仅仅依靠扩大招生数量来提升黑龙江省的高等教育规模，并不能满足黑龙江省高等教育的发展。

(二) 科技创新

黑龙江省的科技发展与全国科技发展相比较为落后，具体体现在 R&D 经费总体投入较少，地方财政对科技的支持力度不足，科技创新能力较弱，科技人才匮乏。由于黑龙江省总体经济水平较弱，因此黑龙江省在科技创新经费上的投入较少，且黑龙江省的科技投入体系尚未完善，社会企业的经费投入有限，在一定程度上限制了黑龙江省科技创新的发展。黑龙江省由于地域气候、科研环境等问题，导致黑龙江省人才向黑龙江省南部甚至外省流出。人才的缺失导致黑龙江省的科技创新能力变弱。

第六节　能源与水利保障基础设施建设

一、能源与水利保障基础设施建设现状

(一) 能源保障

由表 10-15 可知，2015~2019 年黑龙江省能源的生产量大体上是逐渐减少的，说明该时期黑龙江省的能源生产水平、规模等是逐渐下降的。黑龙江省能源消费总量大体上是在增加的，说明该时期黑龙江省对能源的需求是在不断上升的。能源生产弹性系数主要反映能源生产增长速度与国民经济增长速度之间的关系，能源消费弹性系数主要反映能源消费增长速度与国民经济增长速度之间的关系。黑龙江省的能源生产弹性系数大体上呈现降低趋势，而黑龙江省能源消费弹性系数大体上呈现上升的趋势。这说明，一方面黑龙江省能源生产增长速度在减少，另一方面黑龙江省国民经济增长速度和能源消费增长速度在不断增加。因此，黑龙江省对能源的需求在不断增加，而黑龙江省能源将会出现紧张的局势。

表 10-15　2015～2019 年黑龙江省能源生产和消费情况

年份	能源生产比上年增长（%）	能源消费比上年增长（%）	能源生产弹性系数（%）	能源消费弹性系数（%）
2015	-4.28	1.43	-0.75	0.25
2016	-3.71	1.27	-0.61	0.21
2017	0.08	2.08	0.01	0.33
2018	-3.94	1.76	-0.85	0.38
2019	-1.98	1.56	-0.48	0.38

资料来源：《黑龙江统计年鉴（2020）》。

（二）水利保障

水资源的利用多体现在农田灌溉方面，黑龙江省的有效灌溉面积在 2015～2019 年不断增长，说明黑龙江省农田灌溉的需水量是在不断增加的（见表 10-16）。2015～2019 年，黑龙江省的水库数量和水库的库容量均在下降，说明黑龙江省水库水资源在减少。黑龙江省除涝面积总体呈现上升趋势，这可以在一定程度上保护农田，同时也反映出黑龙江省水利工程的建设在逐步加强。

表 10-16　2015～2019 年黑龙江省水资源灌溉情况

年份	有效灌溉面积（千公顷）	水库数（座）	水库库容量（万立方米）	除涝面积（万公顷）
2015	5530.9	1144	2713743	338.5
2016	5953.4	1130	2675982	420.7
2017	6031.0	1070	2686144	339.7
2018	6119.6	1031	2683999	340.0
2019	6177.6	973	2676697	341.1

资料来源：《黑龙江统计年鉴（2020）》。

二、能源与水利保障存在的主要问题分析

（一）能源保障

黑龙江省是煤炭、石油和天然气等一次性能源的重要产出地。经过多年的开采和利用，黑龙江省的一次性能源出现了不同程度的供不应求状况。因此，黑龙江省开始发展可再生能源，用风能、水能和光伏等可再生能源来代替传统的煤炭、石油和天然气等资源。但由于黑龙江省纬度偏高属寒温带与温带大陆性气候，每年有 150 天的冰冻期。因此，黑龙江省的水能发电和光伏发电具有

较强的季节性特征，在光能水能短缺的期间仍需依靠传统能源。另外，黑龙江省冬季寒冷且漫长，需要大约长达六个月的供暖期，目前供暖主要消耗的能源是煤炭。

（二）水利保障

黑龙江省作为农业大省，水资源多用于农田灌溉，由于灌溉的机器设备较差，会出现一些水资源的浪费。在环境保护方面，黑龙江省也是重工业大省，工业用水需求较大且工业排放的污水处理仍需加强，导致黑龙江省用水需求大于供给，水污染较为严重，水资源不能全部重复利用，造成一定的浪费。在生活用水方面，黑龙江省主要使用的是地下水，而地下水的开采会导致局部地下水水位逐渐下降，水资源的供需矛盾日益加重。

第七节　基础设施建设发展战略

一、交通基础设施发展战略

（一）公路运输的建设构想

实施高速公路和国省干线公路路面质量提升三年行动，总体路况达到全国平均水平。加大国边防公路建设力度，坚决打通"最后一千米"。总体目标为：到 2025 年，公路总里程超过 17 万千米，高速公路里程超过 6000 千米，全省 10 万人口以上城镇通高速的比例达到 85% 以上，普通国道基本建成二级及以上公路。

1. 进一步完善高速公路网

以"强核心、优网络、畅通道"为重点，推进地级市之间高速公路全连通，分阶段推进通县高速公路建设，提高县城通高速比例。建成 951 千米高速公路：主要包括京哈高速拉林河至哈尔滨扩容、鹤大高速佳木斯过境段、绥满高速卧里屯至白家窑段、绥大高速、哈肇高速、吉黑高速山河—哈尔滨段等重点项目。建设 1000 千米高速公路：主要包括哈尔滨都市圈环线、铁科高速铁力—五常段、鹤哈高速鹤岗—伊春段、北漠高速五大连池—嫩江段、吉黑高速哈尔滨—北安段、大广高速大庆过境段、依兴高速七台河—密山段等重点项目。谋划 1500 千米高速公路：主要包括哈同高速哈尔滨—佳木斯段江北通道、绥满高速哈尔滨—阿城段和哈大段等扩容改造、黑河—加格达奇、嫩江—加格达奇、齐齐哈尔—碾子山、双鸭山—宝清、鸡西—穆棱、绥芬河—东宁、金林—铁力等重点项目。

2. 提升普通国省道技术等级

整体提升普通国省道技术等级，畅通国道主通道，提升城镇交通过境能力，加强交通枢纽、重要口岸、旅游景区、产业园区等关键性节点连接。畅通国道主通道和沿边通道，改造城市过境路段，实施"瓶颈路段"升级。建设改造普通国道 3800 千米、普通省道 4000 千米，主要包括建成滴道—鸡西兴凯湖机场、大齐界—杜尔伯特、嘉荫—汤旺河等重点项目。

（二）铁路运输的发展策略

总体目标为：到 2025 年，铁路营业里程超过 7100 千米，基本形成便捷高效的现代铁路运输网络。

1. 完善高速铁路网

提前运营牡佳客专，建成佳木斯—鹤岗铁路改造项目、铁力—伊春铁路，建设哈尔滨—铁力铁路，打通绥化、伊春等关键节点，打造以哈尔滨为中心的一小时、两小时快速交通圈。新建高速铁路 800 千米，主要包括建成牡丹江—佳木斯铁路、铁力—伊春铁路，建设牡丹江—敦化铁路、哈尔滨—铁力铁路，谋划齐齐哈尔—通辽铁路、齐齐哈尔—满洲里铁路。

2. 优化普速铁路网

加快既有线路升级改造，加强支线铁路建设，扩大覆盖范围，提升路网质量，实现黑河、加格达奇快速通达，边境口岸城市快捷连通。新建改造普速铁路 1250 千米，主要包括建成北黑、佳鹤、富加、哈绥北（龙镇）等铁路改造和宝清—朝阳段铁路等工程，谋划佳木斯—同江（抚远）铁路改造、绥化—佳木斯铁路改造、新建漠河—满归铁路等。

3. 加快铁路专用线建设

推进铁路进物流园区、工矿企业，新建改造铁路专用线 100 千米。建设绥化经济技术开发区、益海嘉里（富裕）、讷河集中供热等铁路专用线，推进哈尔滨钢铁产业园、大庆高新区、益海嘉里（密山）、松岭区铅锌钼矿等铁路专用线项目。

（三）民用航空的发展设想

总体目标为：到 2025 年，实现地级市 100 千米范围内享受运输航空服务，通用航空 50 千米服务覆盖所有 5A 级景区、5S 滑雪场及主要农林产区。

1. 着力构建现代化机场体系

全面提升哈尔滨机场核心功能，完善航线网络布局，打造国际航空枢纽。按照已批复的《哈尔滨国际航空枢纽战略规划》，将哈尔滨机场定位为辐射东北亚、连通美欧的国际航空枢纽，东北对外开放的现代综合交通枢纽和黑龙江区域经济发展新动力源。预计到 2035 年，旅客吞吐量将达到 8000 万人次，货邮吞吐量将达到 120 万吨，国际及地区航线通航城市将保持在 110 个左右。

2. 推进运输机场和通用机场群建设

为满足航空运输、生产应用、航空消费、公益服务等需求，大力推进运输机场和通用机场群建设。对于运输机场的建设，主要包括建成绥芬河机场，改扩建齐齐哈尔、佳木斯、鸡西、漠河、黑河、加格达奇机场，新建绥化、鹤岗机场，迁建牡丹江机场、双鸭山机场。对于通用机场的建设，主要包括建成富裕、木兰、呼玛通用机场，新建七台河、嘉荫、塔河、同江、逊克、讷河、绥滨等通用机场。

（四）通用机场的空间布局

立足黑龙江省通航制造、运营服务基础，加强与全省通用机场建设、交通建设、旅游发展等规划有效衔接，构建与全省经济发展定位、城市空间布局、现代产业发展、综合交通体系相适应的通航产业空间结构，形成"一核一带四区多基地"的通航产业空间布局。

1. 一核

"一核"指哈尔滨通航制造产业发展核心。借助中国（黑龙江）自由贸易试验区核心区建设机遇，依托哈尔滨市通航制造基础和科技人才优势，促进通航制造及配套产业集聚，全力推进国家通航产业综合示范区建设，打造国内领先、辐射东北亚的通航制造产业发展核心区，发挥核心区辐射效应，带动周边地区参与产业分工，引领全省通航产业发展。

2. 一带

"一带"指"哈尔滨—大庆—齐齐哈尔"通航制造配套产业带。依托哈尔滨、齐齐哈尔、大庆及周边地区制造业基础雄厚、科技创新能力较强、区位优势明显等优势，大力发展通用飞机、航空发动机等核心产业，航空关键零部件、航空复合材料等配套产业，发展无人机制造业，不断提升综合配套能力，打造"哈大齐"通航制造配套产业带。

3. 四区

"四区"指承担通航市场消费和公共服务的四个集散区。依据省内现有通航机场分布和全省通航机场建设规划布局，重点打造"东南西北" 4 个集散区，即东部三江平原、南部东南山区、西部松嫩平原和北部大小兴安岭山区，形成以短途运输、农林作业、航空旅游和应急救援、医疗救治、航空护林等为主的通航服务集散区。

4. 多基地

"多基地"指综合服务保障基地。以优化提升通用机场飞行服务、维护维修和航材、油料保障能力为重点，建设以"东南西北" 4 个集散区的核心区为通航区域中心，以集散区内 A 类通用机场为基本节点的通航综合服务保障基地，在交通不便的自然灾害高危区、省级应急救援基地和应急救援物资仓储中心，增加直升机临时起降点，提高应急救援能力，织密"覆盖全省、互联互通"的通航飞行服务和应急救援保障网。

（五）管道运输的发展

随着我国跨区域的油气管网供应格局的逐渐形成，以及中国石油企业"走出去"战略的实施，黑龙江省"气化龙江"项目建设步伐不断加快（见表 10-17）。在"气化龙江"项目建设过程中，黑龙江省全力做好以下几个方面工作：①坚持全省一张网、融入全国网、市县全覆盖，配合推进中俄远东天然气管道建设，实现国家级支线管道连通 12 个地级市、大兴安岭地区 LNG/CNG 点供。②加快储油储气重点项目建设，建立多层次天然气储备体系。③合理制定天然气终端价格，因地制宜实施天然气替代，拓展天然气利用领域，重点发展工业燃料替代、交通用气、清洁取暖、分布式能源和调峰发电、天然气化工。

在管道运输发展方面，黑龙江省采取了一系列措施。例如：扩大对俄能源合作，建设全国重要的对俄能源合作基地和运输通道，完善油气资源储备体系；健全跨国油气输送管道保护机制，推进管道完整性管理，保障油气供给稳定和管道运行安全；提高能源基础设施安全运行水平，提升应急响应和网络安全风险应对能力。

表 10-17　"气化龙江"管网重点工程概览

类别	目标	建设内容
国家级支线	管道总里程 1997.5 千米	与中俄东线连接国家支线：明水—哈尔滨、大庆—哈尔滨、克山—齐齐哈尔、五大连池—嫩江、绥化—伊春 5 条
		与中俄远东线连接国家支线：七台河—佳木斯—鹤岗、虎林—绥滨、佳木斯—双鸭山、鹤岗—萝北、七台河—牡丹江、林口—鸡西、林口—东宁 7 条
省级支线	管道总里程 1451 千米	与中俄东线连接省级支线：黑河、孙吴、五大连池、巴彦、木兰、哈北、克东、富裕、肇源、依安、肇东、安达、青冈、兰西等 20 余条
		与中俄远东线连接省级支线：佳木斯、鹤岗、七台河、牡丹江、虎林、五常、富锦、桦南、东宁、勃利、穆棱、密山、依兰、尚志、集贤、绥滨等 20 余条

资料来源：《黑龙江省人民政府关于印发黑龙江省国民经济和社会发展第十四个五年规划和二〇三五年远景目标纲要的通知》。

（六）综合交通枢纽的打造

结合铁路、机场建设，加快建设零距离换乘、一体化服务的综合客运枢纽和信息互联、运作协同的综合货运枢纽，促进各种运输方式深度融合和系统集成。完善哈尔滨机场集疏运体系，实现多种交通方式无缝换乘，提升系统运行整体效率。

客运枢纽方面，建设牡丹江、七台河、佳木斯、双鸭山等 10 个客运枢纽，谋划建设哈尔滨机场综合客运枢纽等。货运枢纽方面，建设齐齐哈尔国际物流园区等 12 个多式联运型货运枢纽和哈东综合保税区物流园区等 8 个货运枢纽（物流园区）。

二、公用基础设施发展战略

（一）邮政与通信业的发展战略

1. 邮政业的发展战略

首先，要提高黑龙江省邮政业的服务质量，提升邮政业的服务能力，构建良好的服务平台；其次，要加快快递企业的升级，提升邮政业的科技应用水平，促进"互联网+"快递发展；最后，要加强企业技能培训和关联产业之间的协同发展。具体措施包括：建立长效机制，保障邮政服务；进行优质产业培育，扩大企业规模；转变政府职能，加强公共服务；进行市场化改革，促进各关联产业之间的协调发展；加强监督，提高企业形象；规范邮政市场秩序，出台相应规章制度；培养造就人才，为邮政业发展提供动力。

此外，黑龙江省邮政业还需要促进资源的整合和节能减排的建设，在邮路的建设上将努力扩展航运、空运和陆运邮路，使邮政快递可以更加便捷快速地传递；要加大快递园区的建设，满足人们对快递日益增长的需求。

2. 通信业的发展战略

黑龙江省新型基础设施建设应加快第五代移动通信（5G）网络规模建设，实现黑龙江省城市、县城、乡镇和主要道路及重点景区等重要区域全面覆盖，对园区、重点企业、垂直行业需求深度覆盖。到 2025 年，预计新建 5G 基站 9.5万座，总量达到 11.4 万座，使 5G 网络覆盖人口超过 70%。

推进光纤到户的建设，实现千兆光纤宽带城乡全面普及，重点园区和重点区域建设万兆主干。拓展互联网协议第六版（IPv6）应用，将哈尔滨市建立为国家级互联网骨干直连点城市，拓宽省内骨干网络带宽和省际出口带宽，解决时延问题。

建设工业互联网创新中心、工业互联网平台和示范基地及全网赋能的工业互联网集群。对交通、能源、市政传统基础设施进行数字化改造，电信类公共基础设施建设和保护力度需要加强。

（二）教育与科技创新的发展战略

1. 教育的发展战略

推动黑龙江省基础教育现代化、职业教育产教融合、高等教育内涵发展，促进对外开放，加强中国与俄罗斯、日本、韩国、新加坡、印度尼西亚等国家教育交流。

加大政府对教育事业的公共财政支出，在经济投入方面满足教育发展的需求。引导社会性融资，解决黑龙江省教育投入低的核心问题。扩大教师招聘数量，满足教育的需求。

2. 科技创新的发展战略

黑龙江省科技研发投入偏低，在未来应采取超常规措施使研发投入增长，要增加政府财政科技投入，引导企业增加科技投入，建立并完善多元化、多层次、多渠道的科技投入体系。

发展新一代信息技术、航空航天、高端装备、新材料、生物医药、新能源汽车、新能源、节能环保等产业，推动生产企业、科研单位、金融机构、中介机构等有效集聚、分工合作、协同创新，培育新技术、新产品、新业态、新模式。提高通用飞机、先进直升机、无人机、小卫星制造和应用、船舶和海洋装备、传感器、动物疫苗等产业发展能级，建设哈尔滨新区战略性新兴产业集聚区和航空航天产业基地。发展以石墨为代表的碳基材料、以轻量化为代表的先进复合材料产业。创建陆相页岩油和空天领域国家实验室，积极建设国家重点实验室、省重点实验室。加大研发投入，发挥大庆油田勘探开发研究院、东北石油大学等机构技术优势，突破关键技术，建设页岩油勘探开发人才培养及科技创新基地。

落实国家战略性科学计划和科学工程，推进科研院所、高校科研力量优化和资源共享，强化战略科技力量。组织能解决关键核心技术、首台套研发的科研院所和企业，积极参与国家"揭榜挂帅""赛马"竞技。

"十四五"时期，黑龙江省科技创新发展预期性指标如表10-18所示。

表10-18　"十四五"时期黑龙江省科技创新发展预期性指标

指标	2020 年	2025 年	年均/累计（预期）
研发经费投入增长（%）	—	—	>20
每万人口高价值发明专利拥有量（件）	2.57	4.53	—
数字经济核心产业增加值占 GDP 比重（%）	—	10	—

资料来源：《黑龙江省国民经济和社会发展第十四个五年规划和二〇三五年远景目标纲要》。

大量发展原创的基础研究，并将原创性基础研究与创新相结合，向世界科技前沿进展。围绕基础理论和科学问题，推进多学科交融研究发展，做出更多具有前瞻性和引领性的研究成果。

（三）能源与水利的发展战略

1. 能源的发展战略

落实国家 2030 年前碳排放达峰行动方案要求，制订省级达峰行动方案，推动煤炭等能源清洁低碳安全高效利用，发展可再生能源，降低碳排放强度。将重点地区散煤使用量削减 50%，哈尔滨市主城区建成区基本实现散煤清零。推进清洁取暖，逐步扩大智慧供暖试点，支持利用生物质、地热、干热岩等清洁能源供暖。加快释放煤炭安全优质产能，提高煤炭自给率。进行页岩油气勘探开发，建设大庆国家级页岩油开发示范区。制订勘探开发计划，逐年扩大生产规模，促进资源优势向产品优势、产业优势转化。

加强煤城开采区深部及外围区域资源勘查，增加资源储备接续。建设重点煤矿工程，提高煤矿智能化和安全生产水平。加强煤炭储备基地建设，健全煤炭储备体系。

"十四五"时期，黑龙江省煤矿重点建设项目列举如表 10-19 所示。

表 10-19　"十四五"时期黑龙江省煤矿重点建设项目

类别	重点项目
资源勘查	实施鸡西邱家、鸡东永丰、孙吴四季屯、集贤东辉煤矿 2 区、绥滨区、黑河西岗子煤田三吉屯区、七台河四新区、东宁三岔口、鹤岗兴山—峻德东部区、绥滨福兴等 10 个煤炭资源探矿权项目
优质产能释放	建成龙煤鹤岗鸟山、中煤依兰第三、宝清双柳、黑河富宏、黑河宝发、双鸭山长山、七台河宝泰隆一矿、七台河宝泰隆二矿、龙煤七台河七峰一井等 20 个在建煤矿项目；推进神华国能宝清朝阳露天煤矿达产；加快升级改造煤矿项目建设
优质产能培育	谋划建设鸡西合作立井、鸡西邱家、双鸭山东荣三矿扩建、孙吴四季屯 5 区、双鸭山顺发、双鸭山东辉、七台河宝泰隆公司三矿、双鸭山双垄、嫩江临江乡新江村东、国电黑河三吉屯等 10 个煤矿项目

资料来源：《黑龙江省国民经济和社会发展第十四个五年规划和二〇三五年远景目标纲要》。

建设中俄远东天然气管道，实现国家级支线管道连通黑龙江省 12 个地级市、大兴安岭地区 LNG/CNG 点供。建设储油储气重点项目，建立多层次天然气储备体系。因地制宜实施天然气替代，拓展天然气利用领域，发展工业燃料替代、交通用气、清洁取暖、分布式能源和调峰发电、天然气化工。巩固和拓展与蒙古国、伊拉克、苏丹、哈萨克斯坦能源矿产开发和石油勘探等基础设施建设。扩大对俄能源合作，建设全国重要的对俄能源合作基地和运输通道，完善油气资源储备体系。健全跨国油气输送管道保护机制，推进管道完整性管理，保障油气供给稳定和管道运行安全。提高能源基础设施安全运行水平，提升应急响应和网络安全风险应对能力。

"十四五"时期，黑龙江省天然气重点建设项目列举如表 10-20 所示。

表 10-20　"十四五"时期黑龙江省天然气重点建设项目

类别	建设项目
国家级支线	①与中俄东线连接国家支线：明水—哈尔滨、大庆—哈尔滨、克山—齐齐哈尔、五大连池—嫩江、绥化—伊春 5 条 ②与中俄远东线连接国家支线：七台河—佳木斯—鹤岗、虎林—绥滨、佳木斯—双鸭山、鹤岗—萝北、七台河—牡丹江、林口—鸡西、林口—东宁 7 条
省级支线	①与中俄东线连接省级支线：黑河、孙吴、五大连池、巴彦、木兰、哈北、克东、富裕、肇源、依安、肇东、安达、青冈、兰西等 20 余条 ②与中俄远东线连接省级支线：佳木斯、鹤岗、七台河、牡丹江、虎林、五常、富锦、桦南、东宁、勃利、穆棱、密山、依兰、尚志、集贤、绥滨等 20 余条

资料来源：《黑龙江省国民经济和社会发展第十四个五年规划和二〇三五年远景目标纲要》。

优先发展新能源和可再生能源，提升可再生能源电力比重，构建多种能源形态灵活转换、智能协同的新能源和可再生能源供应体系。坚持"源网荷储"协调，优化电力结构，打造"北电南送"重要保障基地。建设哈尔滨、绥化综合能源基地和齐齐哈尔、大庆可再生能源综合应用示范区，在佳木斯、牡丹江、鸡西、双鸭山、七台河、鹤岗等城市建设以电力外送为主的可再生能源基地，因地制宜发展分布式能源。科学布局生物质热电联产、燃气调峰电站，建设抽水蓄能电站等蓄能设施。推广地热能、太阳能等非电利用方式，探索可再生能源制氢，利用绿色氢能。

"十四五"时期，黑龙江省新能源和可再生能源重点建设项目列举如表 10-21 所示。

表 10-21　"十四五"时期黑龙江省新能源和可再生能源重点建设项目

类别	重点项目
风电	建设哈尔滨、齐齐哈尔、佳木斯、大庆、绥化百万千瓦级大型风电项目
太阳能发电	①建设齐齐哈尔、大庆、绥化和四煤城大型光伏发电项目 ②建设大庆光伏储能实证实验平台（基地）
生物质发电	建设生物质热电联产和核能供热配套生物质发电项目
水电	建成牡丹江荒沟抽水蓄能电站，开工建设尚志、依兰抽水蓄能电站

续表

类别	重点项目
非电化利用	①建设佳木斯核能供热示范一期工程、国电投（克山）核能供热示范项目 ②推广清洁能源供暖供给和生物质制气项目

资料来源：《黑龙江省国民经济和社会发展第十四个五年规划和二〇三五年远景目标纲要》。

优化电力生产和输送通道布局，完善 500 千伏骨干网，形成"三横五纵"网架格局，实现 500 千伏电网覆盖市（地）。强化 220 千伏网架结构，实现 220 千伏电网覆盖县（市）。建设以黑龙江省为起点的特高压电力外送通道。提高供电质量和可靠性，提升电力普遍服务水平。将俄电使用范围扩大到黑河自贸片区。

"十四五"时期，黑龙江省电网重点建设项目列举如表 10-22 所示。

表 10-22 "十四五"时期黑龙江省电网重点建设项目

等级	重点项目
500 千伏	①荒沟抽水蓄能电站 500 千伏送出和清源、兴福等 500 千伏变电站主变扩建等项目 ②安北 500 千伏输变电和松北等 500 千伏变电站主变扩建等项目 ③集贤—庆云、安北—黑河换流站、林海—平安 500 千伏线路等项目
220 千伏	①庆北、饶河 220 千伏变电站新（扩）建等项目 ②五常—帽东 220 千伏线路等项目 ③牡佳客专、佳鹤铁路、哈绥铁伊客专等配套供电项目

资料来源：《黑龙江省国民经济和社会发展第十四个五年规划和二〇三五年远景目标纲要》。

2. 水利发展战略

建设节水型、生态型灌区，开展大中型灌区续建配套和现代化改造，加强中小型农田水利设施建设，推进重度涝区治理。实施"三水"措施，推行地表水置换地下水。强化水资源合理配置，建设三江连通工程，推进关门嘴子水库等一批大中型水库工程建设，将城乡饮水工程升级改造，保障供水安全。

实施节水行动，建立水资源刚性约束制度，科学制定用水定额并动态调整，用水总量控制在 362 亿立方米以内。持续提升水环境质量，重点实施安肇新河、呼兰河等流域综合治理，加强饮用水源地保护和地下水污染综合防治、信息共享，推进工业集聚区和城镇污水处理设施建设，消除城市黑臭水体和劣 V 类水体，并将城市生活污水集中收集率达到 65% 左右，确保黑龙江省水资源得到有效的保护和治理。

"十四五"时期，黑龙江省水利重点建设项目列举如表 10-23 所示。

表 10-23　"十四五"时期黑龙江省水利重点建设项目

名称	重点项目
供水保障能力 建设工程	①鹤岗关门嘴子、牡丹江林海、庆安十六道岗等大中型水库 ②66 个县（市、区）县域节水型社会达标建设 ③推进三江连通工程前期工作，开展松嫩低平原水网工程前期论证
防洪提升工程	乌苏里江治理、界河治理三期、黑瞎子岛防洪排水、主要支流和中小河流治理、病险水库（闸）除险加固及山洪沟灾害防治等工程
水利信息化及 其他	①水利大数据中心、省级水利业务应用平台、水利网络安全防护体系等信息化工程 ②水土保持监测网站和水文基础设施工程

资料来源：《黑龙江省国民经济和社会发展第十四个五年规划和二〇三五年远景目标纲要》。

参考文献：

［1］叶宝明，刘家仁，米德长．东北区运输地理［M］．长春：吉林人民出版社，2002.

［2］吕春江．《航道法》施行三年来对黑龙江水运经济影响力分析［J］．中国水运，2018（4）：21-23.

［3］仲维庆．黑龙江水运经济腹地发展形势分析［J］．商业经济，2011（12）：8-9+88.

［4］姚永超．东北近代经济地理［M］．上海：华东师范大学出版社，2015.

［5］章智超．我省公路运输概述［J］．黑龙江科技信息，2013（16）：175.

［6］黑龙江省地方志编纂委员会．黑龙江省志·公路志（1986—2005）［M］．哈尔滨：黑龙江人民出版社，2004.

［7］岳佳琦．高速公路发展对交通运输的影响研究［J］．交通世界，2020（27）：9-10.

［8］王大勇．黑龙江省高速公路经济产业带发展策略［J］．中外企业家，2019（4）：73.

［9］张学鹏，杜金莹．铁龙疾驰振兴"提速"［J］．奋斗，2020（20）：37-38.

［10］李冰，张志宁，轩华．基于树枝形铁路专用线网络的小运转货物作业系统优化［J］．系统管理学报，2021，30（2）：201-214.

［11］桂文毅．基于灰色线性回归模型的哈尔滨铁路枢纽客运量预测研究［J］．中国铁路，2018（6）：22-27.

［12］马靖淋．改建哈尔滨铁路枢纽货运系统规划研究［J］．物流技术，2021，40（6）：90-94.

［13］袁立伟．齐齐哈尔铁路枢纽总图规划研究［J］．铁道工程学报，2018，35（4）：1-6.

［14］王清江，蔡克林，夏维毅．齐齐哈尔铁路枢纽车站运输组织分工及三间房站区规划方案研究［J］．减速顶与调速技术，2005（2）：15-18.

［15］吴松弟，姚永超．中国近代经济地理：第九卷［M］．上海：华东师范大学出版社，2015.

［16］守田利远．满洲地志：第三卷［M］．东京：丸善株式会社，1906．

［17］满铁庶务部调查科．满蒙全书：第五卷［M］．大连：满蒙文化协会发行所，1923．

［18］中国边疆史地研究中心，中国第一历史档案馆．珲春副都统衙门档（第124册）［M］．桂林：广西师范大学出版社，2006．

［19］日本参谋本部．满洲地志［M］．东京：博文社，1894．

［20］黑龙江省地方志编纂委员会．黑龙江省志·邮电志（1986—2005）［M］．哈尔滨：黑龙江人民出版社，2004．

［21］顾娇杨．黑龙江省煤种分布与煤变质特征［J］．煤炭科学技术，2004，32（9）：50-53．

［22］许天浩，姬佳彤．黑龙江省水能资源开发现状及其存在的主要问题［J］．黑龙江水利科技，2018（8）：126-128．

［23］陈贵文，张学雷．黑龙江省水电开发现状及发展前景［J］．黑龙江水利科技，2016，44（4）：81-85．

［24］于宏敏，国世友，张洪玲，等．黑龙江省太阳总辐射气候学计算及其分布特征［J］．安徽农业科学，2009，37（22）：10573-10574+10607．

［25］王斌．黑龙江省风电产业发展存在的问题与对策研究［D］．哈尔滨：黑龙江大学，2020．

［26］黑龙江省地方志编纂委员会．黑龙江省志·水利志（1986—2005）［M］．哈尔滨：黑龙江人民出版社，2004．

［27］马新辉．黑龙江省农村公路建设问题研究［J］．理论探讨，2007（2）：85-86．

［28］李振泉，石庆武．东北经济区经济地理总论［M］．长春：东北师范大学出版社，1988．

［29］黑龙江省交通运输厅．黑龙江省交通概况［EB/OL］．［2021-12-30］．http：//jt.hlj.gov.cn/jg/jtgk/2021/12/15246.html．

［30］黑龙江省地方志编纂委员会．黑龙江省志·地理志［EB/OL］．［2017-08-23］．http：//shuju.zglz.gov.cn/BookRead.aspx？BookID=201708230012．

［31］黑龙江省人民政府．黑龙江省口岸建设．［EB/OL］．［2021-10-06］．https：//www.hlj.gov.cn/34/57/560/．

［32］《中国港口年鉴》编辑部．中国港口年鉴（2018）［M］．上海：《中国港口年鉴》编辑部，2018．

［33］中国港口资讯网．黑河港［EB/OL］．［2008-06-16］．http：//www.chinaports.org/info/200806/109596.htm．

［34］黑龙江省地方志编纂委员会．黑龙江省志·总述［EB/OL］．［2021-08-23］．http：//shuju.zglz.gov.cn/BookRead.aspx？BookID=201708230067．

［35］中华人民共和国交通运输部．新中国成立60年黑龙江交通辉煌成就［EB/OL］．［2009-08-14］．http：//www.ce.cn/cysc/ztpd/09/jtys/qyjt/200908/14/t20090814_19583968.shtml．

［36］黑龙江省发展和改革委员会．黑龙江省省道网规划（2015年—2030年）［EB/OL］．［2016-06-22］．http：//drc.hlj.gov.cn/art/2016/6/22/art_293_17105.html．

［37］黑龙江省地方志编纂委员会．黑龙江省志·铁路志［EB/OL］．［2017-08-23］．http：//shuju. zglz. gov. cn/BookRead. aspx？BookID=201708230070.

［38］高铁网．中国高速铁路网络示意图［EB/OL］．［2021-10-18］. http：//www. gaotie. cn/CRHMAP/.

［39］中国国家铁路集团有限公司．北京至哈尔滨高速铁路将于1月22日全线贯通［EB/OL］．［2021-01-21］. http：//www. china-railway. com. cn/xwzx/zhxw/202101/t20210121_111967. html.

［40］齐齐哈尔新闻网．哈齐高铁今日正式通车鹤城迈入高铁时代［EB/OL］．［2015-08-17］. https：//qiqihar. dbw. cn/system/2015/08/17/056753904. shtml.

［41］牡丹江人民政府．哈牡高铁按图行车与兼容性测试交叉进行［EB/OL］．［2018-12-11］. http：//www. mdj. gov. cn/shizheng/djyw/201812/t20181211_266162. html.

［42］中国国家铁路集团有限公司．我国最东端高铁牡佳高铁开始试运行［EB/OL］．［2021-08-19］. http：//www. china-railway. com. cn/xwzx/zhxw/202108/t20210819_116593. html.

［43］新华网．哈尔滨至伊春高速铁路项目启动［EB/OL］．［2020-09-29］. http：//www. xinhuanet. com/travel/2020-09/291c-1126555584. htm.

［44］中国新闻网．中国高寒地区最长快速铁路——哈佳铁路正式开通运营［EB/OL］．［2018-09-30］. https：//www. chinanews. com. cn/cj/2018/09-30/8640306. shtml.

［45］中国民航网．哈尔滨机场：银鹰展翅飞越万里八方来客聚游龙江［EB/OL］．［2019-11-27］. http：//www. caacnews. com. cn/1/5/201911/t20191127_1286466. html.

［46］中国民用航空局．2020年民航机场生产统计公报［EB/OL］．［2021-04-09］. http：//www. caac. gov. cn/XXGK/XXGK/TJSJ/202104/t20210409_207119. html.

［47］黑龙江省地方志编纂委员会．黑龙江省志·邮电志［M］．哈尔滨：黑龙江人民出版社，1994.

［48］黑龙江省统计局．黑龙江统计年鉴（2001）［M］．北京：中国统计出版社，2001.

［49］黑龙江省统计局．黑龙江统计年鉴（2006）［M］．北京：中国统计出版社，2006.

［50］黑龙江省统计局．黑龙江统计年鉴（2011）［M］．北京：中国统计出版社，2011.

［51］黑龙江省统计局．黑龙江统计年鉴（2016）［M］．北京：中国统计出版社，2016.

［52］黑龙江省邮政管理局．2020年黑龙江省邮政行业发展统计公报［EB/OL］．［2021-05-21］. http：//hl. spb. gov. cn/hljsyzglj/C100062/c100149/202105/4676ee0ce71149 8dbaf3d412db7c402a. shtml.

［53］黑龙江省邮政管理局．2020年黑龙江省邮政行业运行情况［EB/OL］．［2021-01-15］. http：//hl. spb. gov. cn/.

［54］海关总署办公厅、中国第二历史档案馆，等编．哈尔滨十年贸易报告（1922-1931）［M］．北京：京华出版社，2001.

［55］黑龙江省地方志编纂委员会．黑龙江省志·邮电志［EB/OL］．［2017-08-23］. http：//shuju. zglz. gov. cn/BookRead. aspx？BookID=201708 230081. hljsyzglj/c100062/c100149/202101/a4ed5ea30893443a927ec001c8042122. shtml.

［56］工业和信息化部运行监测协调局．2020年通信业年度统计数据［EB/OL］.

［2021-10-18］．https：//www. miit. gov. cn/txnj/tx＿index. html.

［57］黑龙江省地方志编纂委员会．黑龙江省志·教育志．［EB/OL］．［2017-08-23］．http：//shuju. zglz. gov. cn/BookRead. aspx？BookID＝201708230040.

［58］黑龙江省地方志编纂委员会．黑龙江省志·科学技术志［EB/OL］．［2017-08-23］．http：//shuju. zglz. gov. cn/BookRead. aspx？BookID＝201708230041.

［59］黑龙江省统计局．2019 年黑龙江省国民经济和社会发展统计公报［EB/OL］．［2020-03-11］．http：//tjj. hlj. gov. cn/tjsj/tjgb/shgb/202004/t20200413＿77332. html.

［60］黑龙江省统计局．2020 年黑龙江省国民经济和社会发展统计公报［EB/OL］．［2021-04-08］．http：//tjj. hlj. gov. cn/tjsj/tjgb/shgb/202104/t20210408＿87125. html.

［61］国家能源局．黑龙江省风电快速发展改变"火电"一统天下局面［EB/OL］．［2013-09-26］．http：//www. nea. gov. cn/2013-09/26/c＿132751834. htm.

［62］《中华人民共和国农村水能资源调查评价成果（2008）总报告》摘登 全国农村水能资源及其分布［J］．中国水利，2009（10）：10-14.

［63］国家能源局．黑龙江省光伏装机规模首破 200 万千瓦［EB/OL］．［2019-01-17］．http：//www. nea. gov. cn/2019-01/17/c＿137751941. htm.

［64］黑龙江省水利厅．2019 年水资源公报［EB/OL］．［2019-09-10］．http：//slt. hlj. gov. cn/contents/169/8643. html.

［65］黑龙江省人民政府．黑龙江省 2021 年水利工程建设推进视频会议［EB/OL］．［2021-05-14］．https：//www. hlj. gov. cn/n200/2021/0514/c42-11017544. html.

［66］国家铁路局．国家铁路局关于发布《2019 年铁道统计公报》的公告［EB/OL］．［2020-04-30］．http：//www. nra. gov. cn/xxgk/gkml/ztjg/tjxx/hytj/202204/t20220405＿289915. shtml.

［67］前瞻产业研究院．黑龙江通用航空产业：哈尔滨领跑黑龙江通用航空业发展［EB/OL］．［2020-10-09］．https：//xueqiu. com/8302426719/160597510.

［68］中国民用航空局．2020 年民航机场生产统计公报［EB/OL］．［2021-04-09］．http：//www. caac. gov. cn/XXGK/XXGK/TJSJ/202104/t20210409＿207119. html.

［69］黑龙江省发展和改革委员会．哈尔滨国际航空枢纽战略规划正式印发［EB/OL］．［2018-08-29］．https：//www. ndrc. gov. cn/fggz/zcssfz/dffz/201808/t20180829＿1147898. html？code＝&state＝123.

第四篇

城镇化发展与
区域空间格局

第十一章 改革开放以来城镇化空间格局

第一节 城镇化空间格局演变情况

一、黑龙江省城镇化水平多年变化情况

改革开放以来，黑龙江省城镇化发展主要经历了三个时期，即 1978～1994 年城镇化快速发展时期，1995～2003 年城镇化平稳发展时期，以及实施振兴东北老工业基地战略以来的全面发展时期，呈现出持续平稳发展的态势，城镇化率由 1978 年的 35.9%增长到 2019 年的 60.9%，黑龙江省常住人口城镇化率水平高于中国城镇化率平均水平（见图 11-1）。

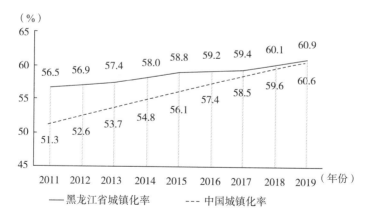

图 11-1　黑龙江省常住人口城镇化率与中国平均常住人口城镇化率变化趋势
资料来源：《中国统计年鉴（2020）》。

从图 11-1 可知，2011 年黑龙江省常住人口城镇化水平在全国处于领先水

平，高于全国常住人口城镇化率平均水平 10.14%，在 2011~2019 年的近十年时间内，黑龙江省常住人口城镇化率稳步提升，由 2011 年的 56.5% 提升到 2019 年的 60.9%，但增长速度明显低于全国平均常住人口城镇化率，所以导致黑龙江省与全国平均常住人口城镇化率的差距逐渐缩小，在 2019 年缩小到仅剩 0.3 个百分点。这从侧面反映出，黑龙江省常住人口城镇化率增长速度比较缓慢，已经逐渐被其他省市所超越，所以黑龙江省的城镇化发展从宏观层面来看，已经存在发展缓慢和发展动力不足等问题。

二、城镇化水平空间差异

（一）城镇化发展水平地域差异和时空格局演变

基于黑龙江省人口统计数据的限制，本书以各地区的户籍城镇人口替代常住城镇人口，但由于数据不统一，所以对黑龙江省 2019 年的常住人口城镇化率与户籍人口城镇化率进行简单的比较，发现通过户籍人口得出的城镇化率为 60.28%，稍微低于以常住人口得出的 60.9%，所以以下用户籍城镇人口测算出来的黑龙江省各地区城镇化率稍微偏低。

黑龙江省的城镇化虽然已经发展到了一定的水平，但是其内部各地区之间的发展水平仍有很大差异，主要表现在各地区城镇化率起步时差距过大和增长速度两极分化严重，如表 11-1 所示。

表 11-1　黑龙江省各地区的城镇化率　　　　　　　　　　　单位:%

地区名称	2009 年城镇化率（%）	2014 年城镇化率（%）	2019 年城镇化率（%）	2009~2019 年城镇化率平均增速（%）
哈尔滨市	48.1	48.7	49.80	0.17
齐齐哈尔市	35.7	35.5	38.64	0.29
鸡西市	62.9	64.1	66.35	0.35
鹤岗市	80.6	80.9	81.40	0.08
双鸭山市	62.5	64.3	65.35	0.29
大庆市	49.6	52.4	52.80	0.32
伊春市	85.8	87.0	81.70	-0.41
佳木斯市	49.2	50.5	52.20	0.30
七台河市	56.7	58.8	61.90	0.52
牡丹江市	54.7	55.3	60.30	0.56
黑河市	56.1	57.9	58.76	0.27
绥化市	26.8	26.6	25.03	-0.18
大兴安岭地区	86.9	86.6	89.40	0.25

资料来源:《黑龙江统计年鉴（2020）》。

由表 11-1 可知，2009 年黑龙江省各地区的城镇化率极值比为 3.24；2014 年黑龙江省各地区的城镇化率极值比为 3.27；2019 年黑龙江省各地区的城镇化率极值比为 3.57。其中，城镇化率最高的为大兴安岭地区，最低的是绥化市，在这十年的发展过程中，一直保持着大兴安岭城镇化率最高，绥化市城镇化率最低的状态。从发展速度的角度来看，城镇化率发展最快的城市是牡丹江市，在 2009~2019 年年均增长率为 0.56%，其次是七台河市和鸡西市，年均增长率分别是 0.52%，0.35%；发展相对较慢的城市是伊春市和绥化市，年均增长率为 -0.41% 和 -0.18%，均为负增长，这就导致黑龙江省内部各地区城镇化发展水平差异大，两极分化明显。这表明在黑龙江省快速发展的城镇化过程中，内部各地区的城镇化差异在逐渐增大，但通过城镇化水平排序发现：黑龙江省各地级市在 2009~2019 年排名波动不大，没有明显的上升型城市和下降型城市，除牡丹江市和黑河市外（牡丹江市为上升型城市，黑河市为下降型城市），基本上处于平稳增长的状态。各城市在黑龙江省的排名无变化，但城镇化率都有不同程度的增长和降低。其中，城镇化率增长的城市包括：牡丹江市、七台河市、鸡西市、大庆市、佳木斯市、齐齐哈尔市、双鸭山市、黑河市、大兴安岭地区、哈尔滨市和鹤岗市，其中增长较为明显的是牡丹江市和七台河市，城镇化率分别增长 5.57% 和 5.22%；城镇化率下降的城市包括：绥化市和伊春市，城镇化率分别减少 1.77% 和 4.08%。

本书通过从发展水平和发展速度两个视角来测算黑龙江省各地区的城镇化发展进程，发现黑龙江省各地区的城镇化进程存在明显的波动，但整体上是呈上升趋势的。其中，以发展水平测算的城镇化水平在空间上呈现出以大兴安岭地区、伊春市和鹤岗市为核心，以边缘城市为次中心带动中心城市发展的城镇化进程模式；以增长速度为测算方法的城镇化水平在空间上呈现出以齐齐哈尔市、七台河市和牡丹江市为核心向周边递减的空间特征。

（二）各地级市城镇化水平发展差异

如图 11-2（a）所示，哈尔滨市在 2009~2013 年城镇化率逐年增加，2013~2015 年有回落趋势，在 2015~2019 年城镇化率增长迅速，由 2015 年的 48.29% 增加到 2019 年的 49.8%。在这 11 年的发展过程中，哈尔滨市城镇化率提升了 3.84%，在黑龙江省 13 个地区的城镇化发展中，城镇化增长率排名第九，发展趋势一般，有明显的提升。

如图 11-2（b）所示，齐齐哈尔市在 2009~2013 年城镇化率逐年下降，2013~2017 年城镇化率增长迅速，2017~2019 年城镇化率有所回落，由 2017 年的 38.82% 回落到 2019 年的 38.64%。在这 11 年的发展过程中，齐齐哈尔市城镇化率提升了 8.39%，在黑龙江省 13 个地区的城镇化发展中，城镇化增长率排名第三，发展趋势较好，有明显的提升。

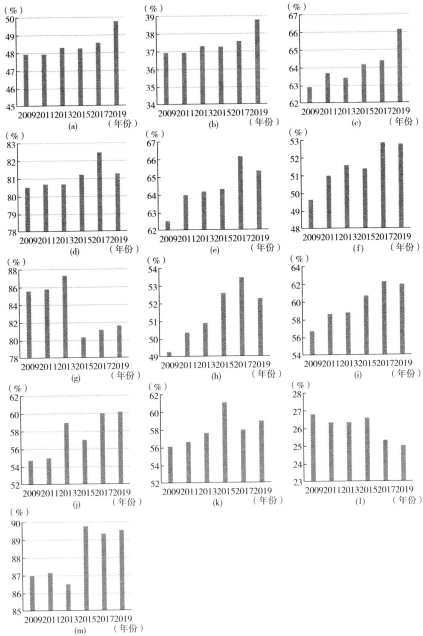

图 11-2　2009~2019 年黑龙江省各城市城镇化率变化

资料来源:《黑龙江统计年鉴（2020）》。

如图 11-2（c）所示，鸡西市在 2009~2011 年城镇化率有所增加，2011~2013 年有回落趋势，2013~2019 年城镇化率增长迅速，由 2013 年的 63.45% 增加到 2019 年的 66.35%。在这 11 年的发展过程中，鸡西市城镇化率提升了 5.43%，在黑龙江省 13 个地区的城镇化发展中，城镇化增长率排名第六，发展趋势良好，有明显的提升。

如图 11-2（d）所示，鹤岗市在 2009~2011 年城镇化率逐年增加，2011~2013 年有回落趋势，2013~2017 年城镇化率增长迅速，但在 2017~2019 年又迅速回落，由 2017 年的 82.6%回落到 2019 年的 81.4%。在这 11 年的发展过程中，鹤岗市城镇化率提升了 0.97%，在黑龙江省 13 个地区的城镇化发展中，城镇化增长率排名第十一，发展趋势较差，无明显的提升。

如图 11-2（e）所示，双鸭山市在 2009~2017 年城镇化率逐年增加，2017~2019 年有回落趋势，2015~2017 年城镇化率增长迅速，由 2015 年的 64.3%增加到 2017 年的 66.25%。在这 11 年的发展过程中，双鸭山市城镇化率提升了 4.61%，在黑龙江省 13 个地区的城镇化发展中，城镇化增长率排名第八，发展趋势较好，有明显的提升。

如图 11-2（f）所示，大庆市在 2009~2013 年城镇化率逐年增加，2013~2015 年有回落趋势，2015~2017 年城镇化率增长迅速，但在 2019 年有所回落，但回落幅度较小，由 2015 年的 51.3%增加到 2017 年的 52.9%且于 2019 年回落到 52.8%。在这 11 年的发展过程中，大庆市城镇化率提升了 6.52%，在黑龙江省 13 个地区的城镇化发展中，城镇化增长率排名第四，发展趋势较好，有明显的提升。

如图 11-2（g）所示，伊春市在 2009~2013 年城镇化率逐年增加，2013~2015 年回落趋势显著，由 2013 年的 87.58%回落到 2015 年的 80.42%，2015~2019 年城镇化率增长缓慢，由 2015 年的 80.42%增加到 2019 年的 81.7%。在这 11 年的发展过程中，伊春市城镇化率下降了 4.76%，在黑龙江省 13 个地区的城镇化发展中，城镇化增长率排名第十二，发展趋势较差，有明显的退步。

如图 11-2（h）所示，佳木斯市在 2009~2017 年城镇化率逐年增加，2017~2019 年有回落趋势，由 2017 年的 53.4%回落到 2019 年的 52.2%，在这 11 年的发展过程中，佳木斯市城镇化率提升 6.08%。在黑龙江省 13 个地区的城镇化发展中，城镇化增长率排名第五，发展趋势良好，有明显的提升。

如图 11-2（i）所示，七台河市的城镇化发展趋势与佳木斯市发展情况相似，2009~2017 年城镇化率逐年增加，2017~2019 年有回落趋势，由 2017 年的 62.2%回落到 2019 年的 61.9%。在这 11 年的发展过程中，七台河市城镇化率提升了 9.21%，在黑龙江省 13 个地区的城镇化发展中，城镇化增长率排名第二，发展趋势较好，有明显的提升。

如图 11-2（j）所示，牡丹江市在 2009～2013 年城镇化率逐年增加，2013～2015 年有回落趋势，2015～2019 年城镇化率增长迅速，由 2015 年的 57.13% 增加到 2019 年的 60.3%。在这 11 年的发展过程中，牡丹江市城镇化率提升了 10.18%，在黑龙江省 13 个地区的城镇化发展中，城镇化增长率排名第一，发展趋势最好，有明显的提升。

如图 11-2（k）所示，黑河市在 2009～2015 年城镇化率逐年增加，特别在 2013～2015 年增长趋势迅猛，由 2013 年的 57.49% 增长到 2015 年的 60.81%，但在 2015～2019 年城镇化率呈现出波动式的下降，由 2015 年的 60.81% 下降到 2019 年的 58.76%。在这 11 年的发展过程中，黑河市城镇化率提升了 4.78%，在黑龙江省 13 个地区的城镇化发展中，城镇化增长率排名第七，发展趋势良好，有明显的提升。

如图 11-2（l）所示，绥化市在 2009～2011 年城镇化率逐年下降，2011～2015 年逐年增加，2015～2019 年城镇化率迅速下降，由 2015 年的 26.59% 下降到 2019 年的 25.03%。在这 11 年的发展过程中，绥化市城镇化率下降了 6.6%，在黑龙江省 13 个地区的城镇化发展中，城镇化增长率排名第十三，发展趋势最差，有很大的退步。

如图 11-2（m）所示，大兴安岭地区在 2009～2011 年城镇化率逐年增加，2011～2013 年有回落趋势，2013～2015 年城镇化率增长迅速，2015～2019 年呈现波动式的下降，由 2015 年的 89.6% 下降到 2019 年的 89.4%。在这 11 年的发展过程中，大兴安岭城镇化率提升了 2.9%，在黑龙江省 13 个地区的城镇化发展中，城镇化增长率排名第十，发展趋势一般，有所提升。

三、城镇化发展水平的区域地位

2019 年，黑龙江省的城镇化率为 60.90%，略高于全国平均水平（60.60%）（见表 11-2），在全国 31 个省（市、区）中排名第 13 位，同比 2015 年下降 3 个位次；在东北地区，黑龙江省的城镇化水平低于辽宁省，高于吉林省，仍位居第二。

表 11-2　2019 年全国各地区城镇化水平

地区	城镇化率（%）	地区	城镇化率（%）	地区	城镇化率（%）	地区	城镇化率（%）
北京	86.60	黑龙江	60.90	山东	61.51	重庆	66.80
天津	83.48	上海	88.30	河南	53.21	四川	53.79
河北	57.62	江苏	70.61	湖北	61.00	贵州	49.02
山西	59.55	浙江	70.00	湖南	57.22	云南	48.91

续表

地区	城镇化率（%）	地区	城镇化率（%）	地区	城镇化率（%）	地区	城镇化率（%）
内蒙古	63.37	安徽	55.81	广东	71.40	西藏	31.54
辽宁	68.11	福建	66.50	广西	51.09	陕西	59.43
吉林	58.27	江西	57.42	海南	59.23	甘肃	48.49
青海	55.52	宁夏	59.86	新疆	51.87	全国平均	60.60

注：城镇化率=（年末城镇人口/总人口）×100%；本表不包括港澳台地区数据。

资料来源：《中国统计年鉴（2020）》。

第二节　城镇化发展道路

黑龙江省的城镇化在发展过程中存在许多问题，发展水平存在阶段性的停滞和延缓。针对黑龙江省城镇化发展状态表现，未来应结合黑龙江省实际，走新型城镇化发展道路。首先，政府应在新型城镇化发展过程中起到调节作用，对发展较弱地区进行扶持，不断完善发展质量差的地区的基础设施，促进不同区域间经济协调发展、提高人居环境质量，改善社会公共服务品质，缩小区域差距；其次，应持续加大对黑龙江省各地区的科教投入力度，提高科教水平，为新型城镇化的高质量发展打造持续动力；最后，应结合黑龙江省的自身发展规律，将扶贫与扶智相结合，将扶贫攻坚进行到底，加大力度建设以人为本的新型城镇化，推进黑龙江省城镇化的高质量发展。针对黑龙江省城镇化发展，应关注以下四个方面：

一、引入民间资本运作

新型城镇化建设作为一项投入规模浩大的系统工程，所包含的内容涉及人口转移、劳动就业、社会保障、基础设施建设、住房建设等诸多方面。黑龙江省的城镇化建设资金主要来源于地方政府，投入压力巨大，政府财政投资与民间资本合作模式较少，投融资来源形式单一。新型城镇化的高质量发展不能仅依靠政府力量，脱离社会各界广泛参与与支持，应构建多元、高效、可持续的资金保障机制。在新型城镇化的发展中，应着重关注市场的深化改革，逐步将投资壁垒削弱，科学地将民间资本、政府资本进行合理整合及利用，以"市场主导、政府引导"的城镇化模式助力城镇化。应充分激发民间资本的投资活力，建立民间资本与中小企业之间的互动平台，有效地将民间资本引入新型城镇化的建设当中，特别是通过政府与民间资本合作、完善投资市场等方式引入社会资本，有效盘活存量资本，为新型城镇化高质量发展提供持续稳定的资金来源。

二、强化产业支撑能力

黑龙江省资源型城市较多，尤其资源枯竭城市可持续发展面临严峻的困境，产业升级与转型是黑龙江省城镇化发展的重要内容。其中，应大力推进现代第三产业的发展，这不仅有利于增强一产、二产业发展的持续力，同时也为一产、二产业发展提供后备动力，能够促进工农业生产的社会化、规模化、专业化水平的提高，还有利于优化生产结构、促进市场充分发育、缓解就业压力，从而提高人口素质，带动整个经济市场持续、健康、高效地发展。黑龙江省可利用自身区位条件，立足于资源优势，发展工业设计、研发外包、流程诊断、技术测试与分析、信息咨询、现代物流、法律服务等行业，促进现代服务业与先进制造业、现代农业深度融合。①大力发展服务型制造，利用新一代信息技术赋能新制造、催生新服务。②推动哈电、一重、哈飞、中车齐车等装备制造企业向系统集成和整体解决方案提供商转型，支持石油石化、钢铁、矿产等上下游企业发展配套服务链。③培育壮大通用航空产业，发展短途运输、航空旅游、农林作业等通航服务，支持齐齐哈尔建设低空飞行全域覆盖试点城市。④加快生活性服务业向高品质和多样化升级，促进健康、养老、育幼、文化、旅游、邮政、体育、培训、家政、物业、广告等产业提质扩容，更好满足多层次、多样化需求。⑤引导平台经济、共享经济健康发展。

另外，应注重工业化对新型城镇化发展的双重影响作用。工业化的迅速发展在促进社会经济发展的同时也会随之带来一系列问题。新型城镇化的发展主张绿色、环保和可持续，因此要着重改变黑龙江省长期以来工业化发展高投入、高产出、高污染的发展模式，转而向高质量、高效率的绿色工业化转型，以高新科技革新生产方式，积极引导企业进行绿色生产，创造绿色经济。黑龙江省各地区应在工业化发展过程中充分结合自身优势与特点，加大科技创新的投入力度，积极引入科技人才与技术，打造地区主导产业，支撑与带动地区城镇化发展，实现新型城镇化与工业化的良性互动。

三、激活外源发展潜力

黑龙江省积极融入经济全球化发展大环境，凭借"一带一路""龙江丝路带""东北振兴"等区域政策机遇，融入全球生产体系，通过增强经济活力带动了城镇化发展。在参与全球化的过程中，各经济主体既要不断强化自身能力，大步向外"走出去"，又要科学创造良好的投资环境实现"引进来"，以此不断激发外源发展动力的发展潜能，以更好地推动新型城镇化高质量发展。首先，黑龙江省应积极打造良好的投资环境。在充分利用自身优势、持续加大对外开放程度的同时还应对投资环境进行科学合理的规划与建设，通过不断完善口岸功能区域的基础设施建设，营造出良好的投资环境。加强创新发展的提升能力，将创新融入招商引资的模式中，逐步提高市场化水平。在相关法律法规与制度方面，着手加深改革的进度，努力打造出科学、公平、便利的投资环境，为外资的进入做好保障工作。其次，黑龙江省应充分发挥绥芬河、东宁、黑河等重要口岸城市的区域优势，促进各口岸之间、口岸与腹地之间的联动发展。加大互联网信息技术在边境地区的覆盖建设，优化"互联网+边境贸易"，利用互联网拓宽跨境贸易渠道。

四、重视高素质人力资源的培养

高素质的人力资源作为新型城镇化发展的持续动力，是促进高质量发展的重要主体。黑龙江省城镇化发展应重视人力资源素质的提升，注重教育资源在区域间的匹配度，通过科学合理的规划，分配城乡教育资源，最终实现城乡教育资源的平衡发展，推动整体科教水平的提高，为黑龙江省新型城镇化发展提供源源不断的后续动力。

第三节　城镇体系与城镇空间格局

一、城镇等级结构

从黑龙江最新的国土空间规划来看，未来黑龙江省将不断优化城镇等级结构，全省将构建以哈尔滨市为省域中心城市，以大庆市、齐齐哈尔市、佳木斯市、牡丹江市为区域性中心城市，以北安市、七台河市、鸡西市、双鸭山市、鹤岗市、伊春市、绥化市、黑河市、加格达奇区为地区性中心城市，以20个县级市、46个县城为地方性中心城市的四级城市体系。其中，一级城镇为省域中心城市；二级城镇为省内区域性中心城市；三级城镇为省内地区性中心城市；四级城镇为地方性中心城市（见表11-3）。各级城镇分别承担相应的中心地职能。

表 11-3　黑龙江省城镇等级结构

城镇等级	中心地职能	城镇名称	城镇数量
一级城镇	省域中心城市	哈尔滨市	1
二级城镇	区域性中心城市	大庆市、齐齐哈尔市、佳木斯市、牡丹江市	4
三级城镇	省内地区性中心城市	黑河市、双鸭山市、鹤岗市、七台河市、鸡西市、北安市、伊春市、绥化市、加格达奇区	9
四级城镇	地方性中心城市	20 个县级市、46 个县城	66

资料来源：《黑龙江省国土空间规划（2021—2035 年）》（公众版）。

二、城镇规模结构

本书以城区常住人口为统计口径，将城市划分为五类七档。城区常住人口 50 万以下的城市为小城市，其中 20 万以上 50 万以下的城市为Ⅰ型小城市，20 万以下的城市为Ⅱ型小城市；城区常住人口 50 万以上 100 万以下的城市为中等城市；城区常住人口 100 万以上 500 万以下的城市为大城市，其中 300 万以上 500 万以下的城市为Ⅰ型大城市，100 万以上 300 万以下的城市为Ⅱ型大城市；城区常住人口 500 万以上 1000 万以下的城市为特大城市；城区常住人口 1000 万以上的城市为超大城市。

黑龙江省有特大城市一个，为哈尔滨市；有大城市 4 个，为齐齐哈尔市、大庆市、牡丹江市、佳木斯市；有中等城市 7 个，为鹤岗市、伊春市、七台河市、绥化市、鸡西市、双鸭山市、黑河市（见表 11-4）。

表 11-4　黑龙江省城市规模结构

城镇规模	城区常住人口	城镇名称
特大城市	500 万～1000 万人	哈尔滨市
大城市	100 万～500 万人	齐齐哈尔市、大庆市、牡丹江市、佳木斯市
中等城市	50 万～100 万人	鹤岗市、伊春市、七台河市、绥化市、鸡西市、双鸭山市、黑河市
小城市	<50 万人	略

资料来源：《黑龙江省国土空间规划（2021—2035 年）》（公众版）。

三、城镇职能结构

根据黑龙江省城镇化发展的战略任务和重点任务，黑龙江省各城市功能定位如表 11-5 所示。

表 11-5 黑龙江省城镇的功能定位

城市	功能定位
哈尔滨市	东北亚地区具有重要影响的现代化城市、哈长城市群核心城市、国家科技创新城市、国家重要的高端装备制造基地、国际绿色食品加工产业基地、国家对俄合作中心城市、世界冰雪文化旅游名城
大庆市	百年油田城市、工业强市城市、页岩油城市、国际著名石油化工城市、新兴装备制造城市、生态典范城市
齐齐哈尔市	国家级高端装备和精密超精密制造基地、绿色有机食品基地、原料药基地、新能源基地
牡丹江市	对俄及东北亚开放重要窗口、国际旅游特色区、进出口加工产业基地
佳木斯市	发展高端装备制造、绿色食品和粮食精深加工、新材料、精细化工、造纸等产业，强化综合服务功能，成为黑龙江省东部核心增长极
黑河市	维护国家"五大安全"重要承载区、黑龙江省边境区域中心城市、国家兴边富民行动创新实践区、黑龙江省向北开发开放的增长极
绥芬河市	东北亚开放合作先导区、开放试验区、跨境经济合作区、边境经济合作区
鸡西市	建设国家工业资源综合利用基地、石墨新材料基地、新型能源化工基地、绿色食品生产加工基地、生物医药制造基地
鹤岗市	绿色食品基地、全国战略性新兴产业矿产基地、现代煤化工示范基地、石墨新材料产业基地、特色森林康养基地、食品加工基地
双鸭山市	以粮食和绿色食品深加工为主导，融合商贸、旅游、物流等产业发展的综合型城市副中心，以边贸、物流、旅游为主导产业的特色型县城
七台河市	以能源工业为主导的综合性生态园林城市
伊春市	推进边民互市贸易区、边境物流枢纽建设，黑龙江中药材基地和现代农业基地
绥化市	承接哈尔滨、大庆产业转移，发展现代化大农业和绿色食品粮食精深加工业

资料来源：《黑龙江省国民经济和社会发展第十四个五年规划和二〇三五年远景目标纲要》《黑河市国民经济和社会发展第十四个五年规划和二〇三五年远景目标纲要》《绥芬河市国民经济和社会发展第十四个五年规划和二〇三五年远景目标纲要》《鸡西市国民经济和社会发展第十四个五年远景目标纲要》《鹤岗市国民经济和社会发展第十四个五年规划和二〇三五年远景目标纲要》《双鸭山市国民经济和社会发展第十四个五年规划和二〇三五年远景目标纲要》《伊春市国民经济和社会发展第十四个五年规划和二〇三五年远景目标纲要》。

参考文献：

［1］董鸿扬.走向城镇化的黑龙江［M］.哈尔滨：黑龙江省教育出版社，2004.

［2］宇文懋昭.大金国志校正［M］.北京：中华书局，1986.

［3］中共哈尔滨市委党史研究室编.解放战争中的哈尔滨［M］.哈尔滨：黑龙江人民出版社，1991.

［4］黑龙江省档案馆.黑龙江沿革史讲稿［M］.哈尔滨：黑龙江省档案馆，1981.

［5］梁振民.新型城镇化背景下的东北地区城镇化质量评价研究［D］.长春：东北师

范大学，2014.

　　［6］李伟.中国新型城镇化道路、模式和政策［M］.北京：中国发展出版社，2014.

　　［7］江赛.推动新型城镇化高质量发展［J］.产城，2020（4）：83.

　　［8］王丽娜，郭振.论"四化"同步推进产业结构优化升级［J］.学术交流，2021（2）：100-110.

　　［9］胡伟，夏成，陈竹.东北建设成为对外开放新前沿的现实基础与路径选择［J］.经济纵横，2020（2）：81-90.

　　［10］姜丽丽.港口与港口城市发展：以东北地区为例［M］.北京：科学出版社，2020.

第十二章　区域空间结构

第一节　区域空间结构特征

一、空间结构特征

经过多年的发展，黑龙江省区域发展空间结构呈现出"一心、一轴、两群、一边"的格局。其中，"一心"是指以哈尔滨为黑龙江省的发展中心；"一轴"是指哈大齐牡绥开发开放发展轴；"两群"是指哈长城市群和东部城市群；"一边"是指沿边开放带。

（一）"一心"

哈尔滨作为黑龙江省的省会城市，人口规模和经济发展水平都居于黑龙江省的首位，产业体系发展较为全面，空间辐射范围广泛，是哈长城市群的中心城市和国家对俄合作中心城市，是黑龙江省区域发展的增长极。哈尔滨既是黑龙江省的政治中心和经济中心，也是黑龙江省乃至东北地区的综合交通枢纽。同三、绥满、黑大、哈伊、京哈等10条国省道通过哈尔滨市，初步形成以哈尔滨市区为中心的公路网；哈长、滨绥、滨洲、滨北、拉滨五大铁路干线在哈尔滨市交汇，使哈尔滨市的铁路处于枢纽地位；随着黑龙江省的高铁建设，哈大、哈齐、哈佳、哈牡绥高铁在哈尔滨市交汇，使哈尔滨市与大庆、牡丹江的联系更加密切，核心地位更加显著。

（二）"一轴"

哈大齐牡绥开发开放发展轴以"中蒙俄经济走廊"黑龙江丝绸之路经济带为重点，以绥满高速、哈齐高铁、哈牡客专、牡绥铁路等为纽带，连接哈尔滨、大庆、齐齐哈尔、牡丹江、绥芬河等节点城市，对黑龙江全省、内蒙古东部地区起到辐射带动作用，对俄蒙开放有着枢纽功能，使口岸与中心城市双向互动，是东北地区陆路对外开放型城市发展带。其中，哈大齐工业走廊是黑龙江省的产业高地和经济密集区，是东北老工业基地振兴的核心区；大庆市石油资源丰富，是黑龙江省人均 GDP 较高的城市之一，是黑龙江省西部的发展驱动点；绥芬河是黑龙江省重要的对外开放口岸，哈尔滨、大庆、齐齐哈尔、牡丹江通过哈齐高铁和哈牡绥高铁加强了与绥芬河市的联系，有利于哈大齐绥牡佳协同发展。

（三）"两群"

哈长城市群是东北地区城市群的重要组成区，处于全国"两横三纵"城镇化战略格局京哈、京广纵轴北端，在推进新型城镇化建设、拓展区域发展新空间中具有重要地位。其中，哈尔滨和长春发挥核心带动作用，城市群沿着哈长发展主轴、哈大齐牡和长吉图发展带辐射发展，即"双核一轴两带"，构成了哈长城市群发展的基本格局。其在黑龙江省内包括哈尔滨市、大庆市、齐齐哈尔市、绥化市、牡丹江市域。哈长城市群是尊重自然格局、传承历史文化、保持特色风貌的绿色生态城市。哈长城市群是全国重要的老工业基地和最大的商品粮基地，拥有丰富的煤炭、石油、天然气等资源，形成了以装备、汽车、石化、能源、医药、农产品加工等为主体的工业体系，是东北老工业基地振兴发展的重要增长极。同时，哈长城市群的边境贸易、国际物流等服务业快速发展，初步形成开放型经济体系，是北方开放的重要门户。

东部城市群以佳木斯为依托，以鸡西、双鸭山、七台河、鹤岗为支撑，形成了功能明晰、组合有序的城市群，是全国最大的对俄经贸开放区。佳木斯是三江地区现代物流中心和区域金融中心；鸡西、双鸭山、七台河和鹤岗即"四煤城"具有煤炭资源优势，以煤电化为主导产业，努力加快农产品加工业、对外贸易和旅游等产业集聚。东部城市协同发展，成为黑龙江省的潜在增长极。

（四）"一边"

黑龙江省地处东北亚中心区域，毗邻俄罗斯远东地区，边境线长达 3000 多千米，是我国对东北亚及俄罗斯开放的重要窗口。沿边开放带包括哈尔滨市、齐齐哈尔市、佳木斯市、牡丹江市、桦川县、富锦市 6 个内陆口岸和大庆、鹤岗、鸡西、双鸭山、伊春、加格达奇 6 个开放区域中心城市。沿边开放带对俄内地通道联系顺畅，拥有绥芬河、东宁、同江、黑河互市贸易区和绥—波贸易综合体、东宁国际经济技术开发区等对俄经贸合作园区，是中国重要的对俄进出口产品集散地。

二、区域空间发展重点

黑龙江省的区域空间发展重点是哈尔滨都市圈的建设、东部城市的转型发展、生态城市和边境城市的发展。其中，随着高铁的开通，哈尔滨都市圈逐渐发展壮大，从一小时都市圈向外延伸又形成两小时都市圈，推动哈大齐牡协同发展；东部城市组团发展，以佳木斯为中心，"四煤城"资源城市转型发展，成为黑龙江省东部增长极；生态城市与边境城市发挥各自生态屏障和贸易枢纽的职能，保障和带动黑龙江省发展。

（一）哈尔滨都市圈

哈尔滨的经济发展水平较高、人口密集、集聚和辐射效应强，依托哈绥、哈双、哈大、哈同、哈五、哈阿等交通干线发展，形成了以哈尔滨主城区为中心，以双城、宾县、五常、尚志、阿城、肇东、兰西等卫星城（区）为支撑，带动周边地区发展的哈尔滨都市圈。哈尔滨都市圈提升了哈尔滨的城市功能，哈尔滨城市基础设施和社会公共服务较完善，以主城区为中心的快速交通网络为经济发展提供了便利条件，是全省区域整体发展的核心动力。在一小时圈层内，恒大文旅城一体化先行示范区的建设带动了哈尔滨大庆绥化一体化发展。在两小时圈层内，依托哈大、哈齐、哈佳、哈牡绥高铁等大通道，哈尔滨与大小兴安岭生态功能区、哈牡绥东对俄贸易加工区、东部煤电化基地建设区和哈大齐工业走廊建设区内核心城市的联系加强，能够扩大哈尔滨都市圈辐射范围，使哈尔滨、大庆、齐齐哈尔、牡丹江创新协同发展更进一步。

（二）东部城市

以佳木斯为枢纽城市，以鸡西、双鸭山、七台河、鹤岗为节点城市，东部城市组团发展，增强了东部城市产业和人才的集聚能力，提升了城市经济规模效益，使东部城市成为黑龙江省高质量发展的新动力源。其中，佳木斯区域中心地位同比显著，城市综合服务功能较强、人口和生产要素聚集能力也较强，主导产业部门是高端装备制造、绿色食品和粮食精深加工、新材料、精细化工、造纸等产业，是黑龙江省东部地区的增长极；鸡西、双鸭山、七台河、鹤岗以煤电化一体化、粮食和绿色食品深加工、石墨全产业链加工等接续替代产业为重点发展产业，"四煤城"的特色旅游、现代物流等服务业也在逐步发展，是煤炭资源型城市转型发展的示范区。

（三）生态城市与边境城市

伊春、黑河、大兴安岭地区是黑龙江省的生态城市，森林资源和生物多样性丰富、生态功能较强，是我国北方生态安全屏障。其中，伊春是森林城市，拥有较完善的基础设施和公共服务设施，附近人口多集聚此地；生态城市以生态产业为主导，伊春与大兴安岭生态林城、黑河生态边城都具有绿色发展优势，旅游康养、森林食品、边境贸易、进出口产品和农产品加工等产业和绿色矿业在这些生态城市中有序发展。边境城市是指黑龙江省内处于与其他国家、地区交界处的城市。其中，黑河是黑龙江省重要的口岸城市，也是中国首批沿边开放城市，是一个规模大、规格高、功能全、开放早的边境城市。所以，在黑龙江省落实国家"兴边富民行动中心城镇"建设的政策后，黑河成了"省兴边富民试点市"。边境城市积极开展兴边富民行动，完善基础设施和基本公共服务设施，在人员往来、加工物流、旅游等方面实行特殊政策，加快边境地区人口集聚、产业提质、开放提效，嘉荫、同江、抚远、饶河等县（市）也成了美丽边城，增强了边境地区的发展能力。

第二节　主体功能区划分与发展

一、主体功能区构成

我国区域发展主体功能区按照不同角度可分为不同类型：按开发方式，可分为优化开发区域、重点开发区域、限制开发区域和禁止开发区域；按开发内容，可分为城镇化地区、农产品主产区和重点生态功能区；按层级，可分为国家和省级两个层面。各类主体功能区，在全国经济社会发展中具有同等重要的地位，主体功能不同则开发方式不同、保护内容不同、发展首要任务不同、国家支持重点不同。其中，对城镇化地区主要支持与引导人口和经济的空间集聚，对农产品主产区主要支持与引导增强区域农业综合生产能力，对重点生态功能区主要支持与引导区域生态环境的保护和修复。

在国家主体功能区划框架下，黑龙江省主体功能区分为二级三类区域，分别为国家级和省级重点开发区域、限制开发区域和禁止开发区域。其中，重点开发区域是黑龙江省工业化和城镇化的重要支撑区，限制开发区域中的农产品主产区是国家粮食安全的重要保障区，限制开发区域中的重点生态功能区和禁止开发区域是国家和全省生态安全的重要保障区。

二、各类主体功能区定位及发展道路

（一）重点开发区域

重点开发区域是指具有一定经济基础、资源环境承载能力较强、集聚经济和人口条件较好、发展潜力较大的区域，是支撑黑龙江省经济社会持续发展的主要增长极。其中，国家级重点开发区域为哈大齐地区和牡绥地区城市带及部分县（市）重点开发区、园区所在乡镇，省级重点开发区域为东部煤电化基地城市群、绥化市建成区及部分县（市）重点开发区、园区所在乡镇。

重点开发区域是黑龙江省工业化和城镇化的重点区域、现代产业发展集聚区、重要的人口和经济密集区。在近年来的发展中，黑龙江省产业集群化发展，先进制造业和现代服务业进一步发展，各产业部门之间分工协作加强，使经济得到快速、可持续发展。黑龙江省的城镇化进程加快，基础设施及服务设施更加完善，可以承接其他区域的产业转移和人口转移。

1. 国家级重点开发区域

国家级重点开发区域包括哈大齐地区和牡绥地区城市带及部分县（市）重点开发区、园区所在乡镇，共 58 个区（市）、镇（乡、街道办事处）。哈大齐地区是以哈尔滨为中心，以齐齐哈尔、大庆为重要支撑，以主要交通走廊为主轴的空间开发格局即"哈大齐工业走廊"；牡绥地区以牡丹江市为中心，发挥绥芬河的口岸功能。

国家重点开发区域内资源丰富，交通基础设施完善，城市公共服务设施水平较高。此类区域内的"哈大齐工业走廊"，以及具有全国沿边开放的重要桥头堡和枢纽站之称的绥芬河，区位优势明显：一是黑龙江省经济实力最强、工业化水平最高、经济辐射力最大、科技人才优势最明显的区域；二是我国重要的能源、石化、医药和重型装备制造基地；三是区域性的农产品加工和生物产业基地；四是东北地区陆路对外开放的重要门户。

2. 省级重点开发区域

省级重点开发区域包括东部煤电化基地城市群、绥化市建成区及部分县（市）重点开发区、园区所在乡镇，共有 51 个区、镇（乡）。东部煤电化基地是以佳木斯、鸡西、双鸭山、鹤岗、七台河为区域中心城市，以能源与煤化工及其相关产业为主导，是黑龙江省东部重要的经济增长极。其他重点开发城镇主要指国家农产品主产区中部分县（市）重点开发区、园区所在乡镇，包括桦南县桦南镇、桦川县悦来镇、汤原县汤原镇、友谊县友谊镇、萝北县名山镇和环山乡、绥化市北林区四方台镇和秦家镇、海伦市海伦镇和海北镇、望奎县望奎镇和先锋镇、兰西县榆林镇和兰西镇、明水县明水镇和双兴乡、青冈县青冈镇和柞岗乡等 18 个镇（乡）。

省级重点开发区域内煤炭等矿产资源丰富、城市相对密集、煤电化产业基础良好、农业较为发达、生态环境优良、对外合作前景广阔。此类区域既是全省重要的能源、电力和煤化工基地，以及区域性的农产品加工和生物产业基地，又是东北对外开放的重要地区和物流基地，以及重要的绿色特色农产品生产及加工基地。

（二）限制开发区域

1. 国家农产品主产区

限制开发区域的国家农产品主产区是指具备良好的农业发展条件，从保障国家农产品安全以及中华民族永续发展的需要出发，把增强农业综合生产能力作为发展首要任务的区域。该区域限制进行大规模高强度工业化城镇化开发，在黑龙江省主要是"三区五带"优势农产品主产区。

黑龙江省国家农产品主产区主要位于农业生产条件较好的松嫩平原、三江平原和中部山区，以松嫩平原、三江平原农业综合开发试验区为主体，主要包括以优质粳稻为主的水稻产业带，以籽粒与青贮兼用玉米为主的专用玉米产业带，以高油高蛋白大豆为主的大豆产业带，以肉牛、奶牛、生猪为主的畜牧产品产业带，以及马铃薯产业带。国家农产品主产区主要位于宾县、双城区、巴彦县、依兰县、依安县、克山县、克东县、拜泉县、富裕县、讷河市、泰来县、龙江县、桦南县、桦川县、汤原县、林甸县、肇源县、肇州县、杜尔伯特蒙古族自治县、萝北县、宝清县、集贤县、友谊县、鸡东县、勃利县、绥化市北林区、安达市、肇东市、海伦市、兰西县、望奎县、青冈县、明水县33个县（市、区），以及位于上述地区的农垦、森工系统所属场、局。

黑龙江省国家农产品主产区以提供农产品为主体功能，既是保障农产品供给安全的重要区域，也是重要的商品粮生产基地。区域内农业综合开发试验区耕地广袤，集约开发，农业基础设施建设完善，农业综合生产能力、产业化水平、物资装备水平、支撑服务能力显著提高，农业生产效率高，是高产、高效、优质、安全的现代化大农业；区域内农业规模化水平较高，还有生产绿色（有机）食品和无公害农产品的绿色（有机）食品基地，保障了我国的粮食安全和食品安全。

2. 国家重点生态功能区

限制开发区域的国家重点生态功能区是指生态系统十分重要、关系全国或全省生态安全的功能区。黑龙江省限制开发区域的国家重点生态功能区分为：水源涵养型，包括大小兴安岭森林生态功能区和长白山森林生态功能区；生物多样性维护型，包括三江平原湿地生态功能区。该区域以提供生态产品为主，既是保障生态安全的重要区域，也是人与自然和谐相处的示范区。

大小兴安岭森林生态功能区包括呼玛县、塔河县、漠河市、大兴安岭地区呼中区、新林区、松岭区、伊春市市辖区、铁力市、嘉荫县、黑河市区（爱辉区）、北安市、五大连池市、嫩江市、逊克县、孙吴县、庆安县、绥棱县、甘南县、通河县和木兰县等35个县（市、区），以及位于上述区域内的森工、农垦系统所属局、场，区域内森林覆盖率高，具有完整的寒温带森林生态系统，是黑龙江、松花江、嫩江等水系及其主要支流的重要源头和水源涵养区。长白山森林生态功能区包括五常市、尚志市、方正县、延寿县、海林市、宁安市、穆棱市、东宁市、林口县9个县（市）及位于上述区域内的森工、农垦系统所属局、场。长白山森林生态功能区拥有温带完整的山地垂直生态系统，是大量珍稀物种资源的生物基因库。三江平原湿地生态功能区包括同江市、富锦市、抚远市、饶河县、虎林市、密山市、绥滨县7个县（市），以及位于上述区域内的森工、农垦系统所属局、场。当地天然水域和原始湿地面积大，水生和湿地生态系统类型多样，在蓄洪防洪、抗旱、调节局部地区气候、维护生物多样性、控制土壤侵蚀等方面具有重要作用。

水源涵养型生态功能区拥有优势特色产业，还有以生态产业为主导，以生态旅游、特色种养殖、绿色食品加工、北药开发、清洁能源等为主的接续和替代产业。区域内农业人口合理分布，城乡基础设施逐渐完善，居民享受的公共服务和基本生活条件与省内其他地区大体相同，拥有林业生态体系、发达的产业体系和繁荣的生态文化体系。生物多样性维护型生态功能区内生物多样性丰富，野生动植物丰富，区域内水域及湿地环境得到改善，野生动植物物种和种群的平衡较为稳定，是自然生态系统保护地与重要物种栖息地。

（三）禁止开发区域

禁止开发区域是指依法设立的各级各类自然文化资源保护区域以及其他需要特殊保护的区域，是国土空间开发中禁止进行工业化城镇化开发的重点生态功能区，主要包括各级自然保护区、风景名胜区、森林公园、地质公园、基本农田保护区、重要湿地和湿地公园、水源保护地、文物保护区、蓄滞洪区等区域。黑龙江省禁止开发区域共285处，包括国家级禁止开发区84处，省级禁止开发区201处。黑龙江省禁止开发区域中生态功能区域呈点状分布。禁止开发区域既是保护自然文化资源的重要区域，又是珍稀动植物基因资源保护地和重要迁徙地，因此要大力保护生物物种多样性；同时，禁止开发区域还是基本农田、重要水源地和重要蓄泄洪区。

第三节　经济区划与经济区的发展

经济区划是指各级政府根据社会发展分工、经济发展规律划分的特定区域，可以这样理解，经济区划是在一定范围内划分的经济区。经济区是经济区划的结果，是指具有地缘关系且存在一定经济联系的地区，它以中心城市为核心辐射带动周边地区的发展，是有不同层次、不同特色的经济单元。

2008年12月，为有效应对国际金融危机的冲击，将自身的资源优势最大限度地转化为经济优势和市场竞争优势，黑龙江省委、省政府在黑龙江省委经济工作会议上提出了新时期经济发展规划构想，即建立哈大齐工业走廊建设区、东部煤电化基地建设区、东北亚经济贸易开发区、大小兴安岭生态功能保护区、两大平原农业综合开发试验区、北国风光特色旅游开发区、哈牡绥东对俄贸易加工区、高新科技产业集中开发区"八大经济区"。2009年4月，省委、省政府在黑龙江省第十届委员会第七次全体会议上审议并原则通过了"八大经济区"的区域发展规划。

一、哈大齐工业走廊建设区

哈大齐工业走廊以点带面发展，建设区是以哈尔滨为龙头，以大庆和齐齐哈尔为区域骨干，包括沿线肇东、安达等市在内的经济区域。建设区内产业链和优势产业一体化发展，以装备制造业、石化工业、农副产品深加工、医药工业、高新技术产业、现代物流业为区内主导产业。区域内分布着哈尔滨江北工业新区、平房工业新区、大庆东城区、齐齐哈尔南苑和富拉尔基等经济带动力强的优势产业集群，是黑龙江省经济实力最强、工业化水平最高、经济辐射力最大、科技人才优势最明显、可供开发利用土地资源较丰富的地区。

二、东部煤电化基地建设区

黑龙江省东部煤电化基地建设区是指煤炭等矿产资源丰富、城市相对密集、煤电化产业基础良好、农业较为发达、对俄开展合作前景广阔的东部经济区域，包括牡丹江、佳木斯、鸡西、七台河、双鸭山、鹤岗六市。建设区产业发展重点落在煤炭资源上，包括资源勘查、煤炭生产、煤炭加工和综合利用、煤层气开发等方面。除此之外，建设区还十分重视电力、电网的建设和煤化工产业发展。但为了东部煤电化基地的长久发展，建设区还应科学高效地利用煤炭资源，不断寻找可替代的资源，发展新材料工业、冶金工业、农产品加工业、林木产品加工业、装备制造业、生物产业和现代服务业等替代产业。

三、东北亚经济贸易开发区

黑龙江省位于东北亚经济区的中心位置，以哈大齐工业走廊等经济板块为依托，以区域性中心城市为支撑，以边境口岸为节点，形成了面向东北亚、辐射亚欧大陆的扇形放射、多点向外的经济贸易开发区。边境地区的基础设施建设，绥芬河、黑河、东宁、同江、抚远等地区的路网和口岸的条件给黑龙江省的对外贸易提供了基础。为了提高开发区的对外贸易水平，东北亚经济贸易开发区要吸引国内外有实力的战略投资者到重点边境口岸投资创业，兴办市场，同时，还要吸引高素质、高质量、具备对外交流能力的人才，吸收和培养外向型企业的专业人才和管理人才，为开发区发展提供持续动力。

四、大小兴安岭生态功能保护区

大小兴安岭生态功能保护区包括大兴安岭地区、黑河市和伊春市行政辖区及通河县、巴彦县、绥棱县、汤原县、萝北县山区部分（含区域内林区、垦区），它既是黑龙江、松花江、嫩江等水系及其主要支流的重要源头和水源涵养区，也是我国寒温带针叶林、温带针阔混交林植被类型的重要分布区。大小兴安岭生态功能保护区具有十分重要的地位和作用：一是对保持水土、调蓄洪水、维持寒温带生物物种多样性和区域生态平衡、保障国家和东北亚生态安全具有不可或缺的生态功能；二是我国重要商品粮和畜牧业生产基地的天然屏障，对调节东北平原、华北平原气候具有无可替代的保障功能；三是作为我国最大的林区和重点成矿带之一，地上和地下资源富集，是国家重要的资源安全保障基地，对促进经济社会可持续发展具有极为重要的经济功能。该区域是生态主导型产业格局，主要发展以生态旅游、特色种植养殖、绿色食品加工、北药开发、清洁能源、林木和矿产资源开发及精深加工等为主的接续和替代产业。

五、两大平原农业综合开发试验区

黑龙江省内黑土广布，是我国的农业大省，十分重视农业生产。两大平原农业综合开发试验区建设可以调整黑龙江省的农业结构，提高农业生产的科技水平，使农业生产规模化、机械化、产业化、组织化，实现农业现代化。开发试验区分布在松嫩平原和三江平原，拥有丰富的耕地资源，人口分布集中，是全省的农业主产区和优势区。开发试验区的企业以加工水稻、大豆、肉类、渔业、乳品、禽蛋等产品为主，开发试验区着力打造过亿的龙头企业，形成自己的知名品牌。此外，开发试验区还努力培育懂知识、有技术的新型农民，组织农民学习知识与技能的课程，为实现农业现代化打好基础。

六、北国风光特色旅游开发区

北国风光特色旅游开发区包括"哈尔滨冰城夏都旅游区、兴凯湖旅游度假集合区、五大连池旅游度假区、神州北极旅游度假区、镜泊湖渤海国旅游集合区、大庆温泉旅游度假区、小兴安岭森林旅游度假集合区、扎龙湿地生态旅游区、凤凰山生态旅游度假区"等龙头旅游景区。旅游开发区建设增加了黑龙江省的旅游收入，开拓了入境客源市场，使黑龙江省的旅游向国际化发展，精品项目建设加快并且龙头景区逐渐成形，加强了旅游对国民经济的拉动作用。政府对旅游开发区实施科学高效的管理，杜绝不文明行为及不合理定价现象的产生，加强食品安全监管，以形成完整的旅游产品体系，吸引并培养具有旅游管理知识的人才，促进黑龙江旅游业更好更快地发展。

七、哈牡绥东对俄贸易加工区

哈牡绥东对俄经济贸易加工区是以牡丹江为核心，以绥芬河、东宁两个开放程度较高的重要边贸口岸为前沿，以滨绥铁路、绥满公路为轴线，呈带状分布的经济区域，借助国内外两种资源、两种市场，成为东北亚地区的加工中心、商贸中心、旅游中心、物流中心、会展中心。区域内园区规模化、集群化发展，在对俄发展贸易的同时，园区也会受到俄经济发展的影响。当地应努力完善贸易加工区的基础设施设备建设，境内、境外两个基地一起建，推动对内对外开放的战略升级，使对俄贸易加工区成为黑龙江省沿边开放的核心区。

八、高新科技产业集中开发区

高新科技产业集中开发区主要分布在哈尔滨、齐齐哈尔、佳木斯、大庆、双鸭山、鸡西、绥化等地区。开发区建设提高了黑龙江省企业的整体科技水平，开发区充分利用各大高校培养专门化人才，解决了毕业生的就业问题。开发区在发展过程中，不仅要创新技术产业模式，加强产学研衔接，为高科技产业发展搭建良好的人才聚集平台，还要吸引创新型人才，提高自主创新能力。具体措施如下：通过完善体制机制，提高知识产权意识，保证知识产权安全等方式吸引人才；通过提高科研人员的薪资待遇、医疗保障等留住人才；通过教育及举办各种创造性活动培养人才，调动科研人员的积极性与创造性。

第四节 开发区与产业集群的发展

一、开发区主要类型

黑龙江省作为我国最北端的省份，沃野千里，自然禀赋优越，资源种类齐全，但由于资金、技术乃至管理机制等各类瓶颈因素的制约，使黑龙江省从资源优势到经济优势的转化迟迟难以实现。这就构成了黑龙江省开发区不断兴起和发展强烈的内在需求和动力，在中央领导和黑龙江省政府的高度重视下，开发区不断建设和发展，成为黑龙江省新的经济成长空间。

截至 2019 年底，黑龙江省开发区的数量由 107 个整合为 102 个，共规划建设开发区 123 家，其中包括 8 家国家级经济技术开发区、3 家国家级高新技术产业开发区、2 家国家级边境经济合作区、2 家综合保税区（见表 12-1），以及 59 家省级开发区、36 家省级工业示范基地（园区）、2 家保税物流中心以及 11 个互市贸易区（点）。开发区一共覆盖了 13 个市（地）和 63 个县（市农垦和森工系统）。

表 12-1　截至 2019 年黑龙江省国家级各类开发区

类型	开发区名称	批准时间	核准面积（公顷）	主导产业	地区生产总值（万元）
经济技术开发区	哈尔滨经济技术开发区	1993 年 4 月	1000	汽车及零部件、医药、食品、电子、纺织	9948812
	宾西经济技术开发区	2010 年 6 月	1856	包装、食品、光电	684162
	海林经济技术开发区	2010 年 6 月	258	林木加工、机械、食品	486692
	哈尔滨利民经济技术开发区	2011 年 4 月	700	生物医药、食品、商贸物流	1247676
	大庆经济技术开发区	2012 年 1 月	360	装备制造、石化、建材	1398454
	绥化经济技术开发区	2012 年 12 月	515	食品、商贸物流、机械电子	1965566
	牡丹江经济技术开发区	2013 年 3 月	691	林木加工、食品、装备制造	1006679
	双鸭山经济技术开发区	2014 年 2 月	467	煤化工、新材料、商贸物流	1268238
高新技术产业开发区	哈尔滨高新技术产业开发区	1991 年 3 月	2370	光机电一体化、生物、医药、电子与信息	—
	大庆高新技术产业开发区	1992 年 11 月	1430	石化、汽车、装备制造	6132000
	齐齐哈尔高新技术产业开发区	2010 年 11 月	331	装备制造、食品	820800
海关特殊监管区域	黑龙江绥芬河综合保税区	2009 年 4 月	329	进出口贸易、进出口加工、物流仓储	—
	哈尔滨综合保税区	2016 年 3 月	329	在建	—
边境/跨境经济合作区	绥芬河市边境经济合作区	1992 年 3 月	500	边境贸易、服装、木材加工	160473
	黑河市边境经济合作区	1992 年 3 月	763	边境贸易、木材加工、轻工产品加工	74880
其他类型开发区	中俄东宁—波尔塔夫卡互市贸易区	2000 年 9 月	275	民间贸易、木材加工、轻工产品加工	—

资料来源：《中国开发区审核公告目录（2018 年版）》。

2019 年，黑龙江省开发区实现工业总产值 8024.4 亿元，同比增长 6.8%；开发区货物进出口额为 642.7 亿元，增长 5.9%，占全省进出口额的 34.4%。黑龙江省 2019 年开发区地区生产总值为 3594.68 亿元，其中，国家级开发区地区生产总值为 2519.44 亿元，占比 70.09%；省级开发区地区生产总值为 1075.24 亿元，占比 29.91%。"四上"企业（即规模以上工业企业、资质等级建筑业企业、限额以上批零住餐企业、国家重点服务业企业）主营业务收入 8645.5 亿元，同比增长 8.7%；工业总产值 8024.4 亿元，同比增长 6.8%；税收收入 307 亿元，同比下降 3.1%。2019 年，开发区新设立外资企业项目 42 个，同比增长 61.5%；实际利用境外资金 17.16 亿元，同比下降 30.9%；实际利用国内资金 719.7 亿元，同比下降 14.9%。

2020 年，开发区成为黑龙江省"百千万"工程开展的主要载体，61 家开发区承接了 172 个百大项目，占黑龙江省百大项目总量的 34.4%，开发区的产业项目占整个黑龙江省项目总量的 72.8%，共计投资 1773 亿元。黑龙江省开发区内所承接的项目包括：32 个绿色食品类项目，累计投资 245 亿元；24 个园区基础设施类项目，累计投资 214 亿元；24 个新材料类项目，累计投资 315 亿元；26 个生物类项目，累计投资 436 亿元；17 个节能环保类项目，累计投资 110 亿元；13 个煤化油化类项目，累计投资 203 亿元；10 个现代服务类项目，累计投资 117 亿元；其余装备制造、汽车零部件、陶瓷卫浴、医疗物资、文化旅游、烟草、木材加工、亚麻制品、商贸等其他类项目共计 26 个，累计投资额达 134 亿元。

二、开发区的时空分布和产业特征

相对于国内最早在 1984 年就开始设立的开发区，黑龙江省在 1991 年才批设第一个国家级开发区，与其他省份的开发区建设相比起步较晚。21 世纪初，黑龙江省国家级和省级开发区不断发展，如今已初具规模，并向全面均衡方向不断发展。开发区在发展的同时注重结合科技禀赋和地域特色，建立了一批具有特色的开发区。例如：哈尔滨高新技术开发区充分借助哈尔滨数量众多、实力雄厚的高等院校和科研院所，来实施其科研成果商品化、产业化这样一个巨大的系统工程；海林韩国投资的开发区则是基于该市拥有为数众多的朝鲜族同胞，且充分发挥了与韩国外贸经济联系密切这样一个情缘优势，建立起海林经济技术开发区。

（一）黑龙江省开发区时空分布

1991 年 3 月，国务院批复建设黑龙江省第一个国家级经济技术开发区——哈尔滨高新技术产业开发区。此后 30 年间，开发区承载着黑龙江省发展及东北振兴的希望，同时也作为东北振兴的新成长空间及融入"一带一路"建设的抓手，黑龙江省开发区经历了由最开始的发展不平衡到相对均衡，再到集聚强度增加的发展历程。本书参照杨宇对东北地区开发区发展阶段的划分，将黑龙江省开发区在东北地区大环境下划分为延边试点政策初试推进阶段、重点城市推进阶段、全面均衡发展三个阶段（见表12-2）。

表 12-2　黑龙江省开发区发展阶段

	第一阶段	第二阶段	第三阶段
阶段	延边试点政策初试阶段	重点城市推进阶段	全面均衡发展阶段
年份起止	1991~1992 年	1993~2011 年	2012 年至今
方向和内容	基础设施、产业招商	招商引资、产城融合	产业集聚、营商创新
开发区数量	10（4 家国家级、6 家省级）	25（7 家国家级、18 家省级）	27（5 家国家级、22 家省级）
典型代表开发区名称	绥芬河市边境经济合作区、哈尔滨高新技术产业开发区	佳木斯高新技术产业开发区、齐齐哈尔高新技术产业开发区	嘉荫工业示范基地、五大连池矿泉工业园区

资料来源：作者经资料整理而得。

1. 延边试点政策初试推进阶段（1991~1992 年）

1991~1992 年，正值我国改革开放新时期，此时国内工业不断发展，但高新技术产业发展方面基本处于空白。黑龙江省进行了开发区发展模式的探索，最早批复建设的国家级开发区包括 1991 年 3 月由国务院批准的哈尔滨高新技术开发区和 1992 年 11 月由国务院批准的大庆高新技术产业开发区，哈尔滨和大庆这两个黑龙江省核心城市的高新技术产业开发区是黑龙江省开发区建设的开端，两者成为黑龙江省开发区的政策初试点。绥芬河市边境经济合作区和黑河市边境经济合作区是黑龙江省延边试点的开发区，其所在的绥芬河市和黑河市是黑龙江对外开放的门户，分别分布在黑龙江省东端和北端。这两个延边试点经济合作开发区充分发挥与俄罗斯接壤带来的边境合作的区位优势。此时，黑龙江省开发区建设的主要着眼点是聚集开发区内的基础设施建设，着重建设开发区开展生产的硬条件，同时也做好招商引资的工作，建设的主要目标是快速形成产业基础和经济规模。

2. 重点城市推进阶段（1993~2011 年）

1993~2011 年，在全国全面对外开放的格局下，全国开发区普遍开始探索产城融合的发展模式，开启了产业化与城镇化良性互动的实践。伴随我国改革开放事业的加速，此阶段的黑龙江省，由于受扩大内需和增加投资等宏观调控政策的影响，即使面临金融危机等影响，黑龙江省也能够逆势而上，大批基础设施项目和工业项目集中上位，黑龙江省的开发区也如雨后春笋般涌现。其中，国家级开发区的批复建设相对缓慢，开发区的建设基本上走的都是"先工业"的发展道路，即通过强抓工业企业的聚集形成园区形态。在哈尔滨香坊区、阿城区、依兰县、方正县、尚志市等周边城市，以及齐齐哈尔、大庆、佳木斯、牡丹江等重点城市设立了经济开发区。这时，开发区直接在老城区工业、科技较发达的区域选址，给老城区的部分区域赋予特定的功能。例如，哈尔滨经济技术开发区就是在已有工业、科技发达的三个不相连区域进行开发，直到2006年才与平房区政府合署办公，作为综合功能区域参与哈南新城建设。后期的开发区形态存在分散型的开发区布局模式，如哈尔滨经济技术开发区是市区内三处不相连的产业功能区，按照所依托的老城区功能不同而分布在各个区域。

3. 全面均衡发展（2012年至今）

2012年至今，黑龙江省开发区建设进入全面均衡发展阶段。2012年，正值新一轮东北老工业基地振兴阶段，也是东北振兴"十二五规划"和"十三五规划"实施阶段，这一时期开发区经济增长的特点是更加注重产业结构的合理性。国家级开发区的设立取得了瞩目的成绩，同时，黑龙江省开始借鉴其他省份成功的案例，陆续成立了各种省级开发区，但由于管理部门和政策实施时间等不同，省级开发区的设置时序与国家级开发区相比相对较晚。这一阶段黑龙江省级开发区以省级经济技术开发区为主，截至2019年底，27家开发区中，仅有5家国家级开发区。除哈尔滨省会城市外，省级开发区多位于地级行政单位中的老牌工业城市，包括大庆市、双鸭山市、牡丹江市、绥化市。这些城市成为新一批开发区选址的目标，它们都具有丰富的矿产资源，如大庆市的石油资源、双鸭山市的煤矿和牡丹江市、绥化市的多种综合性矿产资源。同时，它们都具有依靠资源建立的工业基础，如大庆市的石油石化、双鸭山市的矿业集团等。另外，它们还具有发达的交通，沿交通干线组织起来成为重要的经济走廊。自此国家批设的经济技术开发区逐步深入，黑龙江省的资源型城市引导的典型重工业地区，提高了开发区发展质量，深化老工业区产业结构调整是如今黑龙江国家级经济技术开发区的阶段性使命。

（二）开发区主导产业类型

黑龙江省开发区产业组织模式相对多样，根据主导产业组织模式，可以将黑龙江省各地区各个开发区类型划分为单一型和复合型。单一型包括资本密集型、技术密集型、劳动密集型，复合型包括技术—劳动密集型、资本—技术密集型、资本—劳动密集型、资本—技术—劳动密集型（见图12-1）。截至2019年底，黑龙江开发区达到90家，不同产业组织模式的开发区均占据一定比例，其中，各开发区的产业发展以技术—劳动密集型为主，占黑龙江省开发区的38.2%；劳动密集型紧随其后，占黑龙江省开发区的25.84%；此外，资本—劳动密集型和技术—资本密集型分别占黑龙江地区开发区的13.48%和4.49%；技术—劳动—资本密集型的开发区也占据一定比例，占比为11.24%。黑龙江省开发区产业为单一型的资本密集型开发区数目为零。

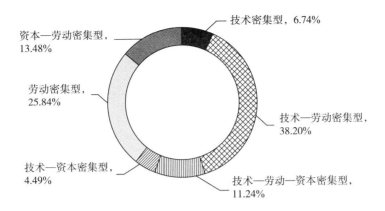

图12-1 黑龙江省开发区主导产业组织模式

资料来源:《中国开发区审核公告目录》(2018年版)。

1. 技术密集型产业

(1) 装备制造业。技术密集型产业中,以装备制造为主导产业的开发区在黑龙江开发区中具有一定的竞争力。黑龙江省制造业发展的重点从量稳向质增方向转变,作为装备制造产业空间载体的开发区数量领先于其他产业类型的开发区(见表12-3)。黑龙江省以装备制造业为主导产业的开发区,主要分布在哈尔滨、齐齐哈尔、大庆、牡丹江,这些地区国家级开发区和省级开发区中均有以装备制造业为主导产业的开发区。这些开发区在空间分布上主要集聚于哈大发展主轴,其次是哈大齐牡发展带,哈大发展主轴和哈大齐牡发展带在农用机械装备制造、动力装备制造、航天装备等领域具有很好的基础。黑龙江省依托哈尔滨经济技术开发区和哈尔滨高新技术产业开发区这两家均以装备制造业为主导产业的国家级开发区,加快工业的转型升级,推动新型工业化示范建设。

表12-3 黑龙江省以装备制造业为主导产业的开发区

城市	总计	国家级		省级	
		数量	开发区	数量	开发区
哈尔滨市	6	2	哈尔滨高新技术产业开发区、哈尔滨经济技术开发区	4	黑龙江双城经济开发区、黑龙江依兰经济开发区、哈尔滨香坊工业新区、黑龙江牛家经济开发区
齐齐哈尔市	3	1	齐齐哈尔高新技术产业开发区	2	黑龙江富拉尔基经济开发区、齐齐哈尔铁峰区、鹤城科技产业园区
鹤岗市	1	0		1	黑龙江绥滨经济开发区

续表

城市	总计	国家级		省级	
		数量	开发区	数量	开发区
大庆市	2	2	大庆高新技术产业开发区、大庆经济技术开发区		
佳木斯市	2	0		2	桦川工业示范基地、佳木斯高新技术产业开发区
七台河市	1	0		1	黑龙江七台河经济开发区
牡丹江市	4	2	海林经济技术开发区、牡丹江经济技术开发区	2	黑龙江东宁经济开发区、牡丹江高新技术产业开发区
黑河市	1	0		1	黑龙江北安经济开发区
绥化市	2	0		2	黑龙江青冈经济开发区、黑龙江海伦经济开发区

资料来源：杨宇，等.开发区：东北新成长空间［M］.北京：科学出版社，2019.

（2）生物医药业。生物医药产业作为高科技、低能耗、少污染的绿色技术产业，是振兴地区经济发展的新兴增长点。黑龙江省凭借着显著的先天优势和雄厚的资源底蕴，在经济形势整体"稳中有变"的背景下，让医药产业逆势上扬。黑龙江省以生物医药业为主导产业的开发区主要集中在哈尔滨市，哈尔滨已形成以哈药集团为龙头、哈尔滨经济技术开发区医药园区和利民经济技术开发区医药园区为侧翼竞相发展的医药产业格局。

（3）新材料业。黑龙江省作为我国重要的新材料产业基地，以新材料业为主导产业的开发区构建了以哈大齐牡工业走廊为核心的新材料产业集群空间格局。研发先进高分子材料和高端金属结构材料在黑龙江省新材料产业发展中占有绝对优势，两者约占全省新材料产业规模的95%。其中，先进高分子材料占65%左右，主要是大庆石化公司、大庆炼化公司、大庆油田化工有限公司、大庆华科股份有限公司等企业的工程塑料、新型合成纤维、油田化学品、特种橡胶、聚烯烃专用料等。高端金属结构材料占30%左右，主要是北满特殊钢有限责任公司、中国一重集团有限公司等企业的高品质特殊钢和东轻公司等企业的新型轻合金材料。黑龙江省拥有2家国家级新材料高新技术产业化基地、12家以新材料业为主导产业的开发区，并以不同城市为依托形成了各具特色的新材料产业集中分布区。其中，国家级新材料高新技术产业化基地分别为哈尔滨国家铝镁合金新材料高新技术产业化基地、牡丹江国家特种材料高新技术产业基地。哈尔滨市以铝镁合金材料、高性能复合材料为核心；大庆市以先进高分子材料为重点；黑河市和绥化市发展硅基半导体材料；牡丹江市碳化硅、碳化硼粉体、特种陶瓷和硬质合金材料具有特色；鸡西市和鹤岗市重点发展高端石墨烯及制品产业；伊春市和双鸭山市是以高强度建筑钢材为支撑的新材料研发和生产基地。

2. 劳动密集型产业

黑龙江省劳动密集型产业中以农产品加工为主导产业的开发区占据大多数。作为"中华大粮仓"的黑龙江，农业资源禀赋优越，拥有全国最大的商品粮基地、数量众多的生产基地，并且农业生产机械化水平较高，这使农产品加工业也成为黑龙江省一项方兴未艾的产业。其农产品加工业联结农业与工业，有效发挥了黑龙江省作为农产品原料产地的区位优势，并在近年来发展成为东北地区的支柱产业。黑龙江省是东北三省中开发区数量最多的省份，且开发区空间分布相对密集；截至 2019 年底，以农产品加工为主导产业的开发区，黑龙江省就拥有 67 家（7 家国家级和 60 家省级）。

3. 资本密集型产业

（1）化工业。由于资源分布的地域差异性，黑龙江省内形成了以东部的煤电化工为龙头、以西部的石油化工为支撑的两大化工集群。

在东部的煤电化工集群中，牡丹江市、佳木斯市、双鸭山市、七台河市、鹤岗市及鸡西市等开发区形成差异化发展。其中，牡丹江市重点发展电石、聚氯乙烯、草酸等产品，依靠生产模式形成上下游协调产业链；佳木斯市重点发展甲醇、尿素、油页岩生产粗柴油及煤化工下游产品；双鸭山市重点建设甲醇、二甲醚产品精深加工等煤化工项目；七台河市重点建设煤炭焦化基地，发展优质特种焦炭及煤焦油、焦炉气综合利用生产甲醇及精细化学品；鹤岗市重点建设煤炭气化生产合成氨及肥料、甲醇及下游产品开发、煤层气开发和腐殖酸综合利用等煤化工项目；鸡西市重点建设甲醇制烯烃、电石和聚氯乙烯树脂等煤化工项目。

在西部的石油化工集群中，开发区形成以大庆市为核心，以绥化市、齐齐哈尔市为支撑的石化产业协作发展格局。其中，大庆市在全球油气不景气的背景下，持续向"油化经济"发力，多元化打通"油头"路径，多链条延长"化尾"路径，多主体拓展建设路径，多方位放大合作路径，多渠道拓宽融资路径，引领和推动大庆市转型发展进入新境界；绥化市、齐齐哈尔市借助大庆地区石油化工产业丰富原料资源的优势，利用大庆市石化基地的基础原料及其副产资源，积极配套煤、天然气混合制气，主动实施石油化工与煤化工的对接，通过氧化、加氢及羰基合成等路径，发展精细化工和新型功能材料，实现与石化基地的融合发展与差异化发展，形成独特的产业园，是黑龙江省哈大齐工业走廊的"桥头堡"。

（2）商贸物流业。沿海延边开放及东北振兴战略的深入推进，为黑龙江省积极参与国内国际合作提供了国内外资源和国内外市场，也带来了难得的机遇。随着绥芬河综合保税区和哈尔滨综合保税区等相继投入运营，国际中转配送、出口集拼等业务不断深入拓展。哈尔滨市作为东北地区北部物流中心城市和对俄国际物流枢纽城市，是黑龙江省唯——级物流节点城市，其重点发展粮食与农产品、医药、装备制造业等物流和对俄国际物流，致力于建设区域性物流中心和对俄国际物流中心。

（三）开发区布局及功能定位的问题分析

黑龙江省开发区在空间布局和功能定位方面存在规划布局分散、经济总量发展不平衡、产业发展特色不明显和管理机制尚未理顺的问题。

1. 规划布局分散

黑龙江省开发区各个园区之间错位发展、协作发展、互补发展，避免同质化竞争的良性格局尚未形成，各项经济指标的增长主要依靠哈尔滨、大庆、牡丹江等地级市的国家级开发区完成；部分县（市）的开发区缺少总体发展规划，致使在招商引资时，不管什么项目、投资多少、项目大小、是否符合产业定位，无原则引进，随意摆放，造成园区布局不合理、产业定位不清晰，出现部分停产企业，影响了整个地区开发区发展建设的整体布局。

2. 经济总量发展不平衡

截至 2019 年底，全省 94 家省级以上开发区，经济总量超百亿元的仅有 7 个；超 50 亿元的有 4 个；超 30 亿元的有 4 个；超 10 亿元的有 19 个；其余开发区均在 10 亿元以下。从总体上来看，多数开发区处于成长和转型阶段，缺少具有品牌优势的"航母级"企业，集聚、辐射能力较弱，对区域经济的带动能力尚未充分显现。

3. 产业发展特色不明显，低水平同构现象明显

传统产业占比大，新产业、新业态培育不足，新技术与产业融合的广度和深度不够，还没有形成完整的产业配套。部分开发区主导产业不突出、产业集中度低，部分行业的产业链缺乏关键环节，产业相互支撑和配套效应尚不明显；部分行业的产业链条延伸不足，资源利用率和产品附加值还比较低。

4. 管理机制尚未理顺

各市、县（区）的省级经济开发区普遍存在管理机构规格不统一的问题，国家级开发区有的规格为副厅级配置，有的规格为正处、副处级配置，还有的规格为正科级配置；部分省级开发区尚未设置管委会，存在管理人员编制多样、管理权限不清、办事流程不畅等问题。

（四）开发区建设水平与区域地位

2006 年，东北地区的国家级开发区中，黑龙江省和吉林省国家级开发区密度相差不大（见表 12-4），而辽宁省的国家级开发区占据整个东北地区的绝大多数，其中，除边境/跨境经济合作区外，辽宁省拥有东北地区 50% 以上的各种类型的国家级开发。省级开发区中，东北有 106 家，包含 101 家省级经济开发区和 5 家省级高新产业园区。东北地区三个省份中，辽宁省开发区数目相对庞大，其省级经济开发占东北地区省级经济开发的 36.63%，省级高新园区占东北地区省级高新园区的 100%；而黑龙江省开发区数量相对较少，省级经济开发区占东北地区的 28.71%。

表 12-4　2006 年、2018 年东北三省开发区目录状况

级别	类型	2006 年				2018 年			
		东北地区	辽宁省	吉林省	黑龙江省	东北地区	辽宁省	吉林省	黑龙江省
国家级	国家级经济技术开发区	5	3	1	1	22	9	5	8
	国家级高新技术开发区	7	3	2	2	16	8	5	3
	海关特殊监管区	5	4	1	0	9	5	2	2
	边境/跨境经济合作区	4	1	1	2	5	1	2	2
	其他类型开发区	3	2	0	1	4	3	0	1
	小计	24	13	5	6	56	26	14	16
省级	省级经济开发区	101	37	35	29	176	56	48	72
	省级高新园区	5	5	0	0	8	6	0	2
	小计	106	42	35	29	184	62	48	74
总计		130				240			

资料来源：《开发区：东北新成长空间》。

2018 年，整个东北地区不断新建开发区，其中，黑龙江省开发区数量增长明显。2006~2018 年，东北地区开发区数量由 2006 年的 130 家增至 2018 年的 240 家，增长了 0.85 倍。其中，国家级开发区数量激增，是 2006 年国家级开发区的 2.3 倍，而国家级开发区中的经济技术开发区及高新技术产业开发区增幅最大，分别由 2006 年的 5 家、7 家增至 2018 年的 22 家、16 家；海关特殊监管区数量相较于 2006 年增长了 0.8 倍，由 2006 年的 5 家增至 2018 年的 9 家，辽宁省、吉林省均增加一个综合保税区，黑龙江省实现零突破，新增 2 个综合保税区。就国家级开发区而言，辽宁省仍然是三省中拥有国家级开发区数量最多的省份。在东北地区省级开发区中，黑龙江省活力较强，开发区建设赶超辽宁省。东北地区省级经济开发区探索模式相对于国家级经济开发区较晚，历年批复建设呈波动性增加。尤其是省级经济技术开发区，黑龙江省数量猛增，是 2006 年的 2.5 倍，在数量上赶超辽宁省；而省级高新技术产业开发区仍主要集

中在辽宁省，黑龙江省实现零突破，新增 2 个。

整体来看，《中国开发区审核公告目录（2018 年版）》与《中国开发区审核公告目录（2006 年版）》相比，开发区新增 118 家，其中辽宁省、吉林省、黑龙江省分别占 32.20%、19.49%、48.31%；沈阳出口加工区、辽宁沈阳（张士）出口加工区合并为沈阳综合保税区；17 家省级经济开发区升级为国家级经济技术开发区，其中，辽宁省、吉林省、黑龙江省分别占 6 家、4 家、7 家；6 家省级经济技术开发区升级为国家级高新技术产业开发区，辽宁省、吉林省各占 3 家；3 家省级高新技术产业开发区升级为国家级高新技术产业开发区，辽宁省、黑龙江省分别占 2 家、1 家。

综合对比东北地区其他两个省份的开发区来看，黑龙江省开发区设置初期，较其他两省的数量少，国家级开发区发展缓慢。自 2018 年之后，黑龙江开发区数量猛增，《中国开发区审核公告目录（2018 年版）》与《中国开发区审核公告目录（2006 年版）》相比，其开发区增长数量是三个省份中最多的，并且在综合保税区和省级高新技术产业开发区实现了零突破。

第十三章 开放与发展

第一节 口岸开放时空演变

一、口岸发展现状

随着改革开放的不断深化，我国的开放格局有了重大变化，基本形成了"沿海、沿江、沿路"开放的局面。在"沿边开放"政策的推动下，黑龙江省先后开辟国家一类口岸 27 个。此后为加快促进中蒙俄经济走廊建设、进一步提高黑龙江省对外贸易能力，黑龙江省还制定了相关政策为口岸物流的发展提供保障。

从黑龙江省口岸贸易发展情况来看，2018 年，黑龙江省口岸进出口货物量完成 4142.3 万吨，同比增长 37.1%。其中，进口货物量完成 4062.4 万吨，同比增长 39%；出口货物量完成 79.9 万吨，同比下降 19.1%。

随着"一带一路"倡议的持续推进，中俄经济贸易往来日益密切，但黑龙江省各口岸发展不均衡，口岸经济对区域经济的带动力较弱，口岸"同质化"明显，通关效率低、基础设施薄弱，而俄方共建口岸态度消极、服务质量差。

二、主要口岸

黑龙江省地处我国东北边陲，具有对俄陆路交通运输的地缘优势，现已成为我国向北开放的前沿地区。黑龙江省与俄罗斯有着悠久的边境贸易历史，现有的 27 个国家一类口岸中包含 19 个中俄边境口岸，其中 10 个水运边境口岸、6 个公路边境口岸、2 个铁路边境口岸、1 个步行边境口岸（见表 13-1）。

（一）主要水运边境口岸

1. 漠河水运口岸

漠河水运口岸是 1989 年批准设立的国家一类开放口岸，口岸年设计客运能

表 13-1 黑龙江省口岸概况

口岸类型	口岸名称	所在地	俄罗斯对应口岸	运输方式	种类	2021年运行状况
中俄边境口岸	漠河	漠河县	加林达	水运	一类口岸	运行
	黑河	黑河市	布拉戈维申斯克（海兰泡）	水运	一类口岸	运行
	逊克	逊克县	波亚尔科沃	水运	一类口岸	运行
	嘉荫	嘉荫县	巴斯科沃	水运	一类口岸	运行
	萝北	萝北县	阿稼尔捷特	水运	一类口岸	运行
	同江	同江市	下列宁斯阔耶	水运	一类口岸	运行
	抚远	抚远县	哈巴罗夫斯克（伯力）	水运	一类口岸	运行
	饶河	饶河县	波克洛夫卡	水运	一类口岸	运行
	孙吴	孙吴县	东斯坦丁诺夫卡	水运	一类口岸	未运行
	呼玛	呼玛县	乌沙阔沃	水运	一类口岸	未运行
	东宁	东宁县	波尔塔夫卡	公路	一类口岸	运行
	绥芬河	绥芬河市	波格拉尼奇内	公路	一类口岸	运行
	密山	密山县	图里罗格	公路	一类口岸	运行
	虎林	虎林县	马尔科沃	公路	一类口岸	未运行
	黑瞎子客运	黑瞎子岛镇	大乌苏里岛	公路	一类口岸	未运行
	黑河	黑河市	布拉戈维申斯克（海兰泡）	公路	一类口岸	未运行
	绥芬河	绥芬河市	格罗捷阔沃	铁路	一类口岸	运行
	同江	同江市	下列宁斯阔耶	铁路	一类口岸	未运行
	黑河	黑河市	布拉戈维申斯克（海兰泡）	步行	一类口岸	未运行
其他口岸	哈尔滨	哈尔滨市	哈巴罗夫斯克（伯力）、布拉戈维申斯克（海兰泡）、共青城、尼古拉耶夫斯克（庙街）等	水运	一类口岸	未运行
	佳木斯	佳木斯市	下列宁斯阔耶、哈巴罗夫斯克、共青城等	水运	一类口岸	未运行
	富锦	富锦市	哈巴罗夫斯克（伯力）	水运	一类口岸	运行
	哈尔滨内陆港	哈尔滨市	莫斯科	铁路	一类口岸	运行
	哈尔滨	哈尔滨市	哈巴罗夫斯克（伯力）、符拉迪沃斯托克、叶卡捷琳堡、莫斯科等	空运	一类口岸	运行
	齐齐哈尔	齐齐哈尔市	符拉迪沃斯托克、哈巴罗夫斯克（伯力）、阿巴坎、雅库茨克等	空运	一类口岸	运行

续表

口岸类型	口岸名称	所在地	俄方对应口岸	运输方式	种类	2021年运行状况
其他口岸	牡丹江	牡丹江市	符拉迪沃斯托克等	空运	一类口岸	运行
	佳木斯	佳木斯市	哈巴罗夫斯克（伯力）等	空运	一类口岸	运行

资料来源：黑龙江省人民政府网站。

力为 2 万人次，货运能力为 10 万吨（见表 13-2）。1993 年 9 月 1 日，漠河口岸正式开通过货，1994 年 2 月 16 日确认漠河—加林达口岸为国际客货运输口岸，漠河口岸在明水期进行船舶运输，封冻期进行汽车运输。1997 年，漠河口岸对俄罗斯开通国际旅客运输业务，可通行第三国人员。

表 13-2　黑龙江省中俄边境口岸

口岸名称	所在地	俄罗斯对应口岸	运输方式	开通时间（年份）
漠河	漠河县	加林达	水运	1988
黑河	黑河市	布拉戈维申斯克（海兰泡）	水运	1982
逊克	逊克县	波亚尔科沃	水运	1988
嘉荫	嘉荫县	巴斯科沃	水运	1988
萝北	萝北县	阿稼尔捷特	水运	1988
同江	同江市	下列宁斯阔耶	水运	1986
抚远	抚远县	哈巴罗夫斯克（伯力）	水运	1999
饶河	饶河县	波克洛夫卡	水运	1989
孙吴	孙吴县	东斯坦丁诺夫卡	水运	—
呼玛	呼玛县	乌沙阔沃	水运	—
东宁	东宁县	波尔塔夫卡	公路	1989
绥芬河	绥芬河市	波格拉尼奇内	公路	1990
密山	密山县	图里罗格	公路	1988
虎林	虎林县	马尔科沃	公路	1988
黑瞎子客运	黑瞎子岛镇	大乌苏里岛	公路	—
黑河	黑河市	布拉戈维申斯克（海兰泡）	公路	1982
绥芬河	绥芬河市	格罗捷阔沃	铁路	1987
同江	同江市	下列宁斯阔耶	铁路	1986
黑河	黑河市	布拉戈维申斯克（海兰泡）	步行	—

资料来源：黑龙江省人民政府网站。

黑龙江开江跑冰和春季枯水期为每年的 4 月至 6 月，漠河口岸无法通航，海关按惯例正常休关。自 2007 年 7 月起，俄罗斯单方面休关，加林达口岸重建，尚未开启，漠河和洛古河临时过货通道基本上处于关闭状态。为服务中俄原油管道运营，2011 年起漠河斯科沃罗季诺口岸临时开通，但仅限中俄原油管线人员和设备通关。

2. 黑河水运口岸

黑河水运口岸是 1982 年 1 月经国务院批准恢复开放的国家一类口岸，是中俄边境线上距离最近、规格最高的口岸，口岸年设计客运能力为 300 万人次，货运能力为 200 万吨。2004 年 4 月，黑河口岸经国务院批准开展口岸签证业务。

黑河口岸自 1987 年恢复开通至 2018 年末，累计实现运输出入境旅客 2059.1 万人次、进出口货物 890 万吨，在 2006 年至 2012 年期间有 6 年出入境人员超百万，是中俄边境线上过客能力最强的口岸之一。2019 年，黑河口岸进出口货物共计 74.3 万吨，同比增长 28.3%。其中，进口货物 52 万吨，同比增长 17.9%；出口货物 22.2 万吨，同比增长 61.7%。黑河口岸进口商品主要以大豆、食品和豆制品为主，出口商品主要以水果、蔬菜、机械和轻工产品为主。

3. 逊克水运口岸

逊克水运口岸是 1989 年 12 月 17 日经国务院批准的国家一类口岸，与俄罗斯对应口岸米哈伊洛夫区波亚尔科沃口岸隔黑龙江相望，口岸年设计客运能力为 50 万人次，货运能力为 100 万吨。1992 年，国务院批准逊克口岸开通边境旅游业务，交通部批准逊克口岸开展江海联运业务，2013 年，逊克口岸开通了边境旅游异地办证业务。

逊克口岸夏季为水上客货船舶和轮渡汽车运输，冰封期为冰上道路汽车运输。在旅游方面，逊克已开辟赴俄米区夏季垂钓游和冬季库尔滨河流域雾凇游项目，以及逊克沾河漂流、逊克冬季狩猎游项目。2009 年 10 月 18 日，黑嘉公路逊克段及逊克口岸公路正式竣工通车，标志着逊克县已形成了东西顺畅、南部贯通的公路网络格局，提升了通车能力，为加快逊克资源开发、推进新农村建设提供了黄金通道。2019 年，逊克口岸进出口货物共计 3.6 万吨，同比增长 -34.7%。

4. 嘉荫水运口岸

嘉荫水运口岸是 1989 年 4 月 8 日经国务院批准的国家一类口岸（见表 13-2），1993 年 5 月 1 日，通过国家验收并正式对外开放，主要面向俄帕什科沃口岸。

嘉荫县连续多年斥巨资建设和完善口岸的基础设施，在帕什科沃口岸闭关期间仍未间断。2011~2014 年，投资 2.1 亿元人民币建设嘉荫口岸过货通道项目；2013~2014 年，投资 1650 万元人民币对嘉荫口岸港口进行改扩建，项目已于 2014 年 10 月底完成；2013~2014 年，投资 500 万元人民币硬化嘉荫口岸海关监管货场，项目已于 2014 年 6 月底完成。

2020 年 10 月，经与俄罗斯沟通，国家口岸办批准嘉荫水运口岸可与逊克口岸对面的俄罗斯波亚尔科沃口岸通航开展货物运输。嘉荫口岸年设计客运能力为 20 万人次，货运能力为 100 万吨。

5. 萝北水运口岸

萝北水运口岸于 1989 年 4 月 8 日批准为国际客货水运口岸，于 1993 年 5 月正式开通，口岸年设计客运能力为 10 万人次，货运能力为 45 万吨。

1992 年以来，萝北县委、县政府通过招商引资、向上争取和财政自投等方式累计筹资 2 亿多元人民币，用于口岸基础设施建设。2011 年，总投资 1.24 亿元人民币为开通萝北至阿穆尔捷特口岸浮箱固冰通道，使口岸冬季冰上安全运输期延长到四个月，实现四季通关，提高客货运输能力，口岸竞争力亦大幅度提升。借助国家沿边开放战略，名山港第二港区、鹤—名铁路、口岸加工园区及海关仓储库等基础设施项目正在紧张的筹划之中。

6. 同江水运口岸

同江水运口岸是 1986 年经国务院批准恢复的国家一类口岸，包括东部作业区和西部作业区，简称东、西两港（见表 13-2）。其中，西港以货物运输为主，年货运能力设计为 400 万吨，始终保持正常运行状态；东港开放后，年设计客运能力为 50 万人次，货运能力为 60 万吨。2019 年，同江口岸进出口货物共计 13.9 万吨，同比增长 87.0%。其中，进口货物 13.8 万吨，同比增长 90.8%；出口货物 0.16 万吨，同比增长 -32.3%。

同江中俄铁路大桥 2021 年 8 月 17 日铺轨贯通，大桥建成将形成一条南连东三省，北接俄罗斯远东地区，辐射俄罗斯腹地的国际联运货物铁路大通道，同江口岸的年过货能力也可达到 2100 万吨，这对于深度融入"一带一路"和中蒙俄经济走廊建设、全面融入国内国际双循环具有重大意义。

7. 抚远水运口岸

抚远水运口岸是 1992 年 5 月 8 日国务院批准的国际客货运输一类口岸，于 1993 年 8 月 8 日正式开关，口岸年设计客运能力为 50 万人次，货运能力为 120 万吨。

俄罗斯对应口岸为哈巴罗夫斯克。经过近几年的发展建设，抚远口岸的服务功能日趋完善，口岸查验部门机构齐全，港区建设初具规模。抚远口岸在货物通关上实行 24 小时预约制，随到随检。抚远口岸是出口型口岸，出口贸易额占进出口总额的 90% 左右。其在进出口品种方面，进口主要有木材、废旧物资，出口主要有服装鞋帽、轻工产品、五金家电、建筑材料、农用机械、粮食、蔬菜水果等。

截至 2013 年底，抚远口岸已累计出入境旅客 225 万人次，进出口货物 145 万吨，出入境船舶 5.4 万余艘次，对外贸易总额实现 58 亿多美元。2019 年，抚远口岸进出口货物共计 12.0 万吨，同比增长-39.6%。其中，进口货物 11.6 万吨，同比增长-40.8%；出口货物 0.4 万吨，同比增长 69.4%。

抚远口岸的问题在于，全年开关时间仅为 170~180 天，口岸处于"半年闲"状态，对俄贸易和旅游只能在明水期进行，导致招商引资困难，口岸经济发展缓慢。抚远口岸的"半年闲"状态成为制约抚远口岸对俄贸易发展的瓶颈。

8. 饶河水运口岸

饶河水运口岸是 1989 年经国务院批准的国家一类口岸，口岸于 1993 年开放，是乌苏里江流域唯一的通商口岸（见表 13-2）。2012 年，饶河县委、县政府对饶河口岸重新进行了规划，规划后的口岸设计通过能力由原来的年过货 100 万吨提升为 200 万吨，原过客 20 万人次提升为 50 万人次。自 2010 年开通口岸浮箱固冰通道以来，口岸冬季通关速度得到了极大提高，与俄罗斯对应的波克洛夫卡口岸之间的距离仅 470 米，车辆通行只需 2 分钟。2016 年，饶河口岸取得口岸落地签证权和边境旅游异地办证权，获得对俄肉类出口、冰鲜水产品进口指定口岸资质。

在日常运行中，由于双方口岸管理部门建制级别不对等、俄罗斯口岸工作效率低，饶河口岸的通关效率受到严重影响。另外，饶河口岸没有组建国际运输车队，运输业务全由俄罗斯汽车承担，因此饶河口岸的过货通关费用和运输成本过高，市场竞争力也较弱。饶河口岸也因口岸企业规模小、抗风险能力差、资金不足而未能明显拉动地方经济的发展。

（二）主要陆运边境口岸

1. 东宁口岸

东宁口岸于 1989 年 12 月经国家批准为一类口岸，俄罗斯对应口岸为波尔塔夫卡东宁口岸是我国距俄罗斯远东最大港口城市——符拉迪沃斯托克最近的一级陆路口岸，与俄罗斯陆路相接成网，铁路相通，也是中俄水陆联运的最佳路线。1990 年 3 月，中苏两国政府换文确认东宁口岸为双边公路汽车运输口岸，同年 5 月正式对外开放。1992 年 11 月，中俄两国政府换文开通旅客运输，陆续开通了东宁至俄罗斯近邻城市的旅游业务。1994 年 1 月，中俄两国政府再次将东宁确定为双边客货公路运输口岸。东宁口岸开放初期，在瑚布图河上架设了一座长 32 米、宽 4.5 米、30 吨的临时桥。1993 年，东宁口岸与俄罗斯合建了长 45 米、宽 9 米、60 吨的永久性界桥。东宁口岸的年设计货运通过能力为 100 万吨，旅客年通过能力为 100 万人次。

2. 绥芬河口岸

1953 年，绥芬河口岸被国家确定为一类口岸，绥芬河铁路口岸至中俄边境线 5.9 千米，是我国对俄贸易的重要口岸之一，距俄方的格罗捷阔沃火车站 26 千米。绥芬河铁路口岸站现为一等站，为客货运输站，主要办理国际货物联运和国际、国内旅客运输及货物的到发、装卸等作业。为了满足不断扩大的对外贸易，2010 年开始绥芬河对铁路口岸进行了改造。目前，铁路口岸货运站场扩能工程的集装箱货场、散货货场、物流仓储、机械换装 4 个货区建设已经完成，过货能力由 1300 万吨提升到了 3300 万吨，实现了跨越式提档升级，成为黑龙江省乃至全国铁路客货共线标准最高的铁路之一。

2020 年以来，绥芬河口岸俄罗斯农副产品进口量大幅度攀升，实现成倍增长。据统计，2020 年 1 月至 10 月，绥芬河市互贸区铁路互贸点累计进口农副产品 8.47 万吨，主要品种为亚麻籽、葵花籽、燕麦、油菜籽和面粉，较比往年大幅提升，创改革开放以来农副产品进口交易量之最。2020 年 1 月至 8 月，经由绥芬河铁路口岸进出境的中欧班列累计开行 111 列 9664 标准箱，同比增长 46.3%，持续保持高位运行，为保障国民经济平稳运行和稳外贸做出了积极贡献。

3. 密山口岸

密山口岸 1989 年经国务院批准并经中俄两国外交部换文确认的国家一类客货两用陆路口岸，1993 年 6 月正式开通。密山口岸位于兴凯湖西北岸 1.5 千米处，距中俄边境线 200 米。俄方对应口岸图里罗格口岸位于俄滨海边疆区兴凯区图里罗格镇北部，距密山口岸 2 千米。密山口岸年过货能力为 100 万吨，过客能力为 60 万人次。

密山市把密山口岸定位为以粮食、冰鲜水产品、果蔬等进出口为主的特色专业口岸，一些企业在俄建设了现代农业种植区、海产品养殖基地等。目前，密山口岸是对俄粮食回运的最便利通道，2014 年 10 月 9 日，国家质检总局下发了《关于进境粮食指定口岸措施的公告》，密山口岸获得了第一批进境粮食批准。

2018 年，密山口岸获批全省唯一对俄液化石油气及危化品运输指定口岸，对俄木材进口加工项目当年建设当年投产；密山市投资 500 余万元完善口岸设施，提升通关效率；密山口岸实现过货 3.5 万吨，同比增长 300%。

4. 虎林口岸

虎林口岸位于虎林市区东南 58 千米处，是经国务院批准的国家一类双边陆路客货运输口岸，与俄罗斯马尔科沃口岸相对应。过虎林口岸进入俄罗斯境内，可就近取道海参崴和纳霍德卡港到达韩国、日本及东南亚各国，直接打入亚太国际经济循环圈,参与国际经济大协作。虎林口岸开通后,由俄方倡议、俄方规划设施、俄方施工建设、中俄双方共同投资 96 万美元修建了目前中俄边境上最大的永久性公路桥梁——松阿察界河大桥,口岸因此不再受流冰期干扰,可全年过货,年过货能力达 260 万吨,过客能力达 100 万人次。2018 年,虎林口岸实现过货 6.75 万吨,同比增长 59%,创下 10 年来新高。2019 年,虎林口岸累计进出口货物 147 万吨,进出境人员 25 万人次,实现进出口贸易额 24 亿美元、关税 1.1 亿元。虎林口岸积极参与中蒙俄经济走廊建设,打造跨境产业体系,促进对俄经贸由出口主导向进口主导、由商贸为主向加工服务为主转变,虎林口岸内生动力将进一步提升。

(三)其他口岸

1. 哈尔滨太平国际机场空运口岸

哈尔滨太平机场位于哈尔滨市西郊的阎家岗,距市中心 40 千米,是国务院批准的国家 1 类口岸,口岸的查验机构包括边防检查站、海关办事处、卫生检疫所、动植物检疫所、进出口商品检验局等。

2. 佳木斯机场空运口岸

佳木斯机场航空口岸是 1992 年 12 月经国务院批准的对外开放 I 类口岸,口岸查验机构包括海关、边检、商检、卫检、动植物检疫等。

3. 齐齐哈尔三家子机场空运口岸

齐齐哈尔三家子机场原为军用机场,从 1986 年兼作民用,20 世纪 90 年代初期经国家批准成为中国对外开放空运口岸,是国家 I 类空运口岸的"特定机场"之一。齐齐哈尔三家子机场空运口岸设有边检、海关、卫检、动植物检、商检等查验机构。

三、口岸空间特征

(一)总体特征

松花江是一条重要的"黄金水道",带动周边市县经济发展,两翼是沿乌苏里江和黑龙江的口岸群体,起到巨大推动作用的是航空口岸,黑龙江省的外向型经济正是在这种全方位开放的格局推动下迅速发展,它们与内蒙古的满洲里口岸、吉林的图们口岸相互呼应,在我国的版图上成为"金鸡报晓"先锋。

这些口岸在地域上的三大格局已经形成,即中部的沿松花江口岸群、北部的沿黑龙江口岸群和东部的沿乌苏里江口岸群。

(二)航空口岸是人员往来的重要通道

黑龙江省内四大机场是国内外人员往来的主要通道,其中尤以哈尔滨机场客流量最大,齐齐哈尔、牡丹江、佳木斯四个城市机场陆续被批准为对外开放口岸，共同担负着人员往来的交通任务。

哈尔滨机场 1980 年建成并投入使用。在历史上，由于哈尔滨市特殊的地理位置，致使它很早就成了国际商埠，因而哈尔滨机场早就有为国际航线提供服务的历史。20 世纪 50 年代，中国和苏联关系很好，北京至赤塔的航线经过哈尔滨。20 世纪 60 年代至 80 年代每年都有多次国际客、货包机飞行。20 世纪 80 年代之后，随国内外政治经济形势的转变，许多国家和地区航空公司的飞机都曾来过哈尔滨。

现在哈尔滨已经开通的国际航线有多条，哈尔滨—哈巴罗夫斯克、哈尔滨—符拉迪沃斯托克、哈尔滨—布拉戈维申斯克、哈尔滨—赤塔、哈尔滨—阿巴干、哈尔滨—日本的新潟、哈尔滨—中国香港等地区。

齐齐哈尔航空口岸现已经开通北京、上海、广州、成都、大连、沈阳、长春、黑河、哈尔滨等国内航线，国际航线有对俄罗斯的乌兰乌德、赤塔、伊尔库斯克、哈巴罗夫斯克、布拉戈维申斯克，对韩国的首尔，对日本的东京等航线。

（三）沿松花江构成四通八达的口岸通道

松花江是我国一条重要的河流，从版图上看其区位优势十分突出，自西南向东北横贯黑龙江省中部，在东北特别是黑龙江省人民的生活中作用独特，对于东北地区特别是黑龙江省的经济发展和区域经济进步起着重要的作用。

由于松花江特殊的水文地理特征，沿岸港口建设条件十分优越，其中尤以哈尔滨和佳木斯的港口建设最佳。早在 1958 年，哈尔滨港就利用便利的松花江运输条件对苏联开放，主要是利用苏联的四个口岸（哈巴罗夫斯克、共青城、尼古拉耶夫斯克、布拉戈维申斯克）发展两国边境贸易，后来中断了 20 余年。伴随着我国改革开放的深化，边境贸易的日益发展，迫切需要恢复开通哈尔滨河运口岸。1989 年 7 月 1 日，经国家批准正式对外恢复开放了哈尔滨河运口岸，7 月 10 日，中苏水运航线正式开通过货。

1992 年 6 月 18 日，国家又批准哈尔滨河运口岸开辟国际客运航线，这样，哈尔滨就成了客运、货运功能齐全的国家级一类口岸。根据中俄两国政府协议，俄罗斯对中国船舶开放共青城至马戈港黑龙江河段，这样，从哈尔滨沿松花江、黑龙江下行的国际航行船舶可直接出海，驶入日本海的江海联运通道，其路径可抵达日本、韩国、朝鲜及东南亚等国家和地区的开放港口。

哈尔滨河运口岸通道即哈尔滨港地处松花江中游南岸，哈尔滨市区的东北部，内河运输的地位较重要，是我国东北地区内河最大的水陆换装枢纽港。从水路上看，哈尔滨港经松花江、黑龙江与俄罗斯远东地区的下列宁斯阔耶（7341 千米）、波亚尔科（1271 千米）、哈巴罗夫斯克（971 千米）、尼古拉耶夫斯克（1801 千米）等城市相连，经鞑靼海峡与日本海相通，还可经水路与"欧亚大陆桥"连接。从陆路运输上看，哈尔滨是公路、铁路的"辐射中心"之一，通过公路、铁路与省内的工业城市如齐齐哈尔、大庆、佳木斯、牡丹江、双鸭山、鹤岗、鸡西相连接，向南与吉林、辽宁的东北广大经济腹地连接，通过铁路、公路与沿渤海湾的几个重要海港如大连、秦皇岛、天津、营口等相连接。

（四）以绥芬河口岸为中心的乌苏里江沿边口岸群

绥芬河口岸与哈尔滨口岸、黑河口岸构成黑龙江省对外开放口岸的三大主体。绥芬河口岸是东部口岸群体中最发达的口岸，不仅在省内具有重要地位，而且在全国的口岸地域分工中也有重要分量。由于该口岸与对方口岸之间没有河流的障碍，铁路、公路畅通，绥芬河市铁路口岸区位条件很好，铁路运输极其便利，滨绥铁路与俄罗斯远东铁路在此接轨，把中国东北的各主要城市和俄罗斯远东地区的各主要城市及港口连接起来。该铁路口岸距东北地区黑龙江省重要工业城市牡丹江市 193 千米，距省会哈尔滨市 545 千米，距俄罗斯国境换装站格罗捷阔沃 26.5 千米，距离俄罗斯西伯利亚铁路枢纽站乌苏里斯克 120 千米，距离俄罗斯远东最大的海港符拉迪沃斯托克 230 千米。由于绥芬河铁路口岸特有的地缘优势，它已经成了连接东北亚与欧洲实行陆海联运的重要通道，并且成了"北开"的一个重要窗口，货运量一直居全省各口岸之首。

（五）以冬季冰上运输为特色的黑龙江沿边口岸群

黑龙江沿岸分布着 8 个口岸，其中，黑河口岸是西部的龙头，同江口岸在东部居中心地位。北部的口岸普遍距离较近，联系方便，虽然冬季黑龙江有漫长的结冰期，水运受到影响，但是冬季的汽运又十分方便，因此，北部口岸的运输方式基本上都是水运和汽运相结合的，在这里，气候反倒成为口岸发展的有利条件之一。

第二节　口岸贸易的发展

一、口岸贸易的特征

（一）主要贸易国为俄罗斯

黑龙江省与多个国家都有贸易往来，主要集中在俄罗斯、美国、印度、日本和韩国等国家，其中以俄罗斯为主。黑龙江省对俄贸易占全省贸易总额的比例多年来始终保持在 50% 的高水平，对俄罗斯的外贸依存度也始终高于全国水平。

黑龙江省与俄罗斯口岸贸易历史悠久，早在17世纪中叶就出现了民间贸易来往，但由于两国政治动荡，贸易往来一度处于停滞状态，缺乏政策鼓励的边境贸易，并没有取得很大的发展。直到1982年经两国政府换文批准，黑龙江省恢复同苏联的边境贸易，边境贸易往来逐步走上了稳步快速发展之路。随着改革开放步伐的深入，中国政府对易货贸易实行了一系列的优惠政策，同时批准开放了一系列边境口岸，充分利用黑龙江省邻近俄罗斯、沟通东北亚的地理位置和黑龙江水系四通八达的天然航道及良好的港航条件，大力发展水运口岸，并开通公路铁路口岸，加强地区间人员、物品流动。

（二）贸易方式以水运居多，货运以铁路为主

黑龙江省对俄口岸类型多样，包括10个水运边境口岸、6个公路边境口岸、2个铁路边境口岸、1个步行边境口岸。截至2020年，已运行口岸18个，绝大部分是水运口岸，其次是公路口岸和空运口岸，铁路口岸数量最少，但其在口岸贸易中的地位不容小觑。水运口岸数量虽多但是由于港口设施老化、航道条件差、对应俄罗斯口岸修缮闭关等原因，货运量和客运量较少。2019年，绥芬河铁路口岸货运量771.3万吨，运量是所有公路口岸货运量总和的9倍、所有水运口岸货运量总和的8倍。

（三）贸易出口以初级产品为主，进口以生产资料、重化工业产品为主

黑龙江省贸易商品结构的特点是，高附加值、高科技含量的商品较少且黑龙江省地方产品比重小。黑龙江省进口商品结构以生产资料、资源、重化工业产品为主，出口商品结构以皮革制品、羽绒制品、床上用品、装饰材料、电器产品、药品、食品、玩具、日用消费品等商品为主。显然，黑龙江省通过边境贸易出口的商品，初级产品比重大，商品档次低，种类少，附加值和技术含量均较低。另外，出口商品中外省市产品占比重较大，这反映出黑龙江省贸易商品结构与黑龙江省资源型、原料初加工及重型的产业结构相脱节：一方面边境贸易离开产业强有力的支撑显得后劲不足；另一方面产业缺少贸易的促动。当然，目前黑龙江省开展的边境贸易主要是以轻工业品换取重工业品，通过获取增值利益，从而为实现产业结构升级的目标创造经济条件。

二、电子口岸建设

（一）电子口岸建设现状

2003年，黑龙江省加快信息化建设步伐，完成网上税费支付项目应用推广的第一阶段工作；同时，加大电子口岸的推广力度，加快企业办理出口退税的速度。

2005年，推广应用HB2004办公自动化系统、风险管理平台2.0版、报关单数据质量检控分析系统、电子口岸预录入系统；同时，推动"电子口岸"建设，建立哈尔滨海关数据分中心与商务厅信息化处的沟通联系渠道。

2006 年，赴绥芬河、东宁、黑河等口岸就黑龙江省电子口岸建设试点工作开展调研，了解各口岸管理部门通关手续的具体规定，听取有关部门的意见和建议，继续推动"电子口岸"建设。

2007 年，成立黑龙江省电子口岸建设工作组，协助推动黑龙江省电子口岸建设。黑龙江省政府与总署签署了《关于建设黑龙江电子口岸合作备忘录》，完成了《黑龙江电子口岸建设总体规划》的编写。

2014 年，完成了西港查验平台和国家进境粮食指定口岸基础设施建设，推进了海关查私基地和电子口岸建设，提升了口岸通关便利化水平。

2015 年，推进黑龙江省电子口岸及哈尔滨跨境贸易电子商务综合服务平台建设，并完成测试，电子口岸正在进行系统测试；加强电子口岸和物流通道建设，东港货检通道完成基础工程，海关缉私基地建成使用；建立中俄法律服务中心和进出口商品认证服务中心，口岸"三个一"通关模式取得新进展。

2017 年，根据中俄贸易发展的实际需求，中俄海关进一步扩展合作成果，试点的商品种类包括从俄罗斯联邦出口到中国的板材、玉米、矿泉水、苏打水、麦芽啤酒、大豆，从中国出口到俄罗斯的水果、蔬菜、包装袋，试点口岸已扩展至 4 个口岸，分别为绥芬河、东宁、黑河、同江口岸。

黑龙江省电子口岸平台建设，经过开发系统功能、完善信息申报系统端口连接、开展应用培训和推广等一系列环节有效推进，2017 年 4 月 25 日正式上线运行，为顺利推进以电子口岸"单一窗口"为平台的"三互"大通关建设提供了技术支撑。按照国务院及国家口岸办的有关部署和要求，黑龙江省开展国际贸易"单一窗口"标准版应用全覆盖工作。通过分片组织召开各口岸办及企业相关人员参加的集中培训班，深入基层企业开展现场督促和面对面的技术指导等措施，确保完成国家规定利用"单一窗口"标准版网上货物申报比例达到30%的目标，降低了企业成本，提高了工作效率。

（二）电子口岸建设重点

边境口岸信息平台建设能够满足黑龙江省对俄贸易的多元化信息需求，电子口岸是黑龙江省对俄贸易信息化需求的组成部分，其关联着双边贸易的数据，并且会影响通关时间。电子口岸需在口岸通关法管理的基础上，关联对俄贸易实务，并向大物流、大通关方向延伸，形成统一的贸易信息平台。建设内容分两个层面：一是黑龙江省电子口岸建设，将与贸易和大通关相关的数据一起统一向信息平台上传，服务于口岸与企业的数据共享和核查；二是边境口岸及其载体城市电子化建设，集合相关政府部门和企事业单位，将通关流程及贸易流程整合于信息平台上，实现区域的标准化认证。

要在对俄贸易过程中实现内部的互联互通，需要以信息共享为建设基础，相关业务内容涉及有关机关部门和企事业单位，都要在黑龙江省政府的领导下参与信息化建设，保证管理与决策的实际性，推进大通关业务的运行。在省部机关统一建设的指向下，边境口岸及载体城市要在安全管理的大环境下，保证数据的标准化和身份认证的同一化。要致力于将电子口岸建设成在通关法管理下，通过身份认证的门户网络，集物流服务、通关服务和信息化服务的一体化信息平台，使在黑龙江省边境口岸物流体系运行下的口岸及载体城市实现内部资源互补、外部流通高效，进而提高对俄贸易的国际竞争力。

（1）推行平台下的身份认证。为保证口岸相关业务的安全及信息化网络的稳定运行，并基于我国相关法律法规进行系统内部的认证过程，在电子口岸的建设过程中推行身份认证是十分必要的。同时，认证的身份链接到信息平台下，使政府组织能够更有效地明确贸易往来结构，从大数据中掌握政策投放的导向，更有利于黑龙江省与俄罗斯之间的贸易往来。

（2）强化资源共享度。电子平台的施行要以标准的交换数据为前提，而建立规范数据标准要依托有关执法部门和相关单位的共同协作，进而为口岸进一步衔接提供基础，为进出口通关业务提供便捷服务，为黑龙江省相关管理部门决策提供信息支持，以实现区域内的数据和资源共享。

（3）加强电子口岸的建设投入。为保证边境口岸电子信息化的有效运行，黑龙江省要提供建设及维护的资金保障。初建并投入使用的信息平台系统会呈现不稳定状态，需要在结构上和内容上不断进行精进和革新，因此需要足够的技术和资金支持。待电子系统逐渐成熟，同样需要投入一定的人力、物力，一方面，要维持信息系统的运行并对系统进行定期维护；另一方面，要进行技术上的创新，逐步向现代化物流体系模式推进。

（4）确保数据和系统安全。口岸电子化建设需要录入企事业单位的相关信息，而且信息内容在不断膨胀，同时实现大通关的过程中存储的双边贸易信息也尤为重要。为实现信息平台下数据和资源的共享，既要保障数据内部的开放性，更要秉承系统安全的原则，建立系统安全管理和应急处理的制度，确保电子口岸的安全运行。

三、黑龙江省口岸贸易在东北地区的地位

东北地区口岸众多，口岸及口岸经济的发展对于促进当地经济社会发展、加速区域经济一体化的进程，具有十分重要的意义和作用。东北地区地处偏远，交通基础设施和经济发展都比较落后，地缘政治与地缘经济也极为复杂。因此，

大力发展口岸及口岸经济，充分发挥口岸作为经济实体和服务系统的作用，是东北东部边境地区实现经济发展的必不可少的经济增长点。其对于扩大东部边境地区的沿边开放，促进边境口岸地区经济发展，保障和促进中俄、中朝及中韩、中日经贸的持续快速发展，乃至东北老工业基地的全面振兴具有十分重要的意义。

黑龙江省口岸作为东北口岸的重要成员，在对俄贸易方面发挥着不可或缺的作用。黑龙江省作为内陆边境省份，与周边邻国的贸易往来自古有之，并且由于地理位置相近，文化交流频繁，货物与人员流动方便快捷，在现代对外贸易中也拥有得天独厚的优势。

对比东北地区口岸货运量可以看出，辽宁省货运量为东北三省之最。2009年到2018年，辽宁省口岸货运量逐年增加，同比增长幅度较大，2018年达到29994.6万吨，同比增长12.2%，是同年黑龙江省口岸货运量的7倍。辽宁省的比较优势在于拥有优良海港，它是整个运输链中大量货物的集结点，汇聚着内陆运输、水路运输等大量的货物，承担了东北地区70%以上的外贸运输量（见表13-3）。

表13-3　东北地区口岸货运量

年份	黑龙江省口岸		辽宁省口岸		吉林省口岸	
	货运量（万吨）	同比增速（%）	货运量（万吨）	同比增速（%）	货运量（万吨）	同比增速（%）
2009	817.30	-22.7	14354.70	17.5	160.35	-14.70
2010	859.21	8.4	16991.20	18.4	140.15	-0.16
2011	942.70	9.7	17421.10	2.5	114.13	120.02
2012	2521.10	13.8	17767.20	1.6	125.44	4.80
2013	2651.56	5.4	20006.40	12.4	166.59	32.80
2014	2474.70	-6.7	22401.30	11.67	283.82	70.37
2015	2454.10	-0.8	24107.90	7.62	324.26	13.80
2016	2712.30	4.1	24663.80	2.3	440	35.60
2017	3019.30	11.3	—		—	
2018	4142.30	37.1	29994.60	12.2	—	

注："—"代表数据缺失。

资料来源：历年《中国口岸年鉴》。

吉林省作为内陆省份，对外出口主要依托公路口岸和铁路口岸，地处中国、俄罗斯、朝鲜边境地带，东北亚地区也是世界上政治格局复杂的区域，与吉林省珲春市对接的俄罗斯远东地区是俄罗斯经济的落后地域，经济发展滞后，朝鲜仍处于国防政治阶段，对外仍处于封闭状态，朝鲜半岛局势对吉林省口岸经济的发展形成制约。

黑龙江省虽然口岸众多，但由于大部分是河运口岸，港口设施老旧，受天气气候影响大，货运量相对较小，超过 35% 的货物进出口都是在陆运口岸完成的。2009 年至 2018 年，黑龙江省口岸货运量呈现波动上升，同比增长速率不均衡，贸易稳定性较差，受国际经济波动和俄罗斯政策变动以及贸易主体企业的影响较大。2018 年，黑龙江省口岸货运量达到 4142.30 万吨，同比增长 37.1%。同年，河运口岸中黑河口岸和抚远口岸货运量在全国河运口岸中排名第 13 位和第 14 位，位列中游；铁路口岸中绥芬河口岸货运量 967.30 万吨，排名第 4 位。

第三节　利用外资与现代外贸

一、利用外资情况

改革开放以来，黑龙江省的外向型经济在实践中不断发展、扩大和深化，逐渐形成了全方位、多层次、宽领域的对外开放格局，其中利用外资是黑龙江省对外开放的重要内容，外商投资规模的不断扩大和外资企业数量的持续增加为黑龙江省的经济发展提供了巨大的动力。其中，装备、能源、石化、食品、医药和森工六大基地项目是外商投资的热点领域。黑龙江省在引进外资的同时，也引进了国外的先进技术和企业管理的先进经验，有效地提高了生产技术水平，加速了企业的技术进步，提高了引进技术的国产化率，促进了国民经济的发展。

（一）引资规模化，合同外资额波动上升

从 2004 年到 2013 年，黑龙江省引资项目逐年减少，引资项目的单项金额正在增加，项目吸引力加大，引资项目数减少引资数额却增多，单项引资规模提高，说明黑龙江省使用外资正朝着规模化、正规化发展。2008 年，到黑龙江省投资的大企业明显增多，特别是世界 500 强、跨国公司在黑龙江省的投资增长较快，由 2004 年的 19 家投资 23 个项目，增加到 2008 年的 34 家 44 个项目，如荷兰 TNT、英国联合食品两个世界 500 强企业进驻黑龙江省，一批带动行业的大项目在黑龙江省启动。从 2014 年到 2019 年，黑龙江省引资项目逐年增多，黑龙江省外资吸引力逐步增大。2019 年，黑龙江省外资及中国港澳台资投资新设立企业 158 个，比上年增长 24.4%，合同利用外资及中国港澳台资 20.3 亿美元，下降 76.1%（见表 13-4）。

表 13-4　黑龙江省利用外资情况

年份	项目数（项）	同比（%）	合同外资额（亿美元）	同比（%）	实际外资额（亿美元）	同比（%）
2000	281	-15.1	8.1	-12.8	8.3	1.5
2001	269	-4.3	9	10.5	8.6	3.7
2002	199	-26.0	11.2	25.6	9.5	9.8
2003	258	29.6	16.5	17	12.9	4
2004	286	10.9	19.7	19.4	14.5	124
2005	272	-4.9	21.6	9.6	15.2	4.8
2006	251	-7.7	26.1	20.8	17.4	14.5
2007	242	-3.6	29.6	13.4	21.7	24.7
2008	170	-29.8	40.3	36.2	26.6	22.6
2009	169	-0.6	33.6	-16.6	25.1	-5.6
2010	149	-11.8	28.7	-14.6	27.6	10.0
2011	131	-12.1	35.2	22.6	34.6	25.4
2012	98	-25.2	39	10.8	39.9	15.3
2013	86	-12.2	51.5	32.1	46.4	16.3
2014	102	18.6	61.4	19.2	51.6	11.2
2015	91	-10.8	58.4	-4.9	55.5	7.6
2016	117	28.6	77.2	32.2	59	6.3
2017	105	-10.3	97.6	26.4	58.6	-0.7
2018	127	21.0	84.9	-13.0	59.5	1.5
2019	158	24.4	20.3	-76.1	5.4	-90.9

资料来源：历年《黑龙江商务年鉴》和《黑龙江统计年鉴（2020）》。

（二）外商投资来源地拓宽，投资黏性增加

2006 年，黑龙江省新增叙利亚、也门共和国、塞舌尔、巴西、萨摩亚 5 个国家和地区的投资。2018 年，全年有来自 21 个国家和地区的外商及中国港澳台商投资企业在黑龙江省投资。外资及中国港澳台资主要来源地及投资金额前五位依次是：中国香港投资 35.81 亿美元；新加坡投资 6.21 亿美元；英属维尔京群岛投资 3.12 亿美元；韩国投资 2.38 亿美元；美国投资 2.19 亿美元。其中，中国香港和新加坡对黑龙江省的投资黏性最强，是黑龙江省主要的外来投资来源。

二、外贸发展状况

黑龙江省对外贸易，主体是对俄贸易。黑龙江省对俄贸易不仅占黑龙江省对外贸易的大部分,在全国对俄贸易中,黑龙江省对俄贸易也占有重要地位。

(一) 对外贸易优势

1. 地缘优势

黑龙江省地处东北亚腹地,北部、东部与俄罗斯接壤,边界线长达 2981 千米,占中俄边界线总长的 3/4 左右。黑龙江省有 27 个(包括未运行口岸)对俄贸易口岸,这为其发展对俄贸易提供了良好的条件。同时,黑龙江省在东北亚特殊的核心地理位置又使得它的贸易范围囊括了日本、韩国、朝鲜、蒙古,甚至与北美洲的美国、加拿大等都有合作的可能性。2010 年,绥芬河保税区建立,极大地促进了双方边贸的发展。随着黑龙江省对外开放水平的进一步提升,目前已在边境口岸建成多个对俄贸易基地,如农产品出口基地、对俄科技合作基地、境外能源原材料基地和对俄出口加工基地,这些基地的建设都得益于双方的地缘优势。同时,黑龙江省还发挥地缘优势,积极建立发展边贸物流业务,丰富了对俄经贸合作的内涵。

2. 边境文化交流频繁

自 1996 年中俄两国确立战略协作伙伴关系以来,两国政府和民间的交往日益频繁,以 2001 年《中华人民共和国和俄罗斯联邦睦邻友好合作条约》签订为开端,中俄两国通过互办"青年友谊年""国家年""语言年""旅游年"等活动交流往来日益频繁,人文交流极大地增进了双方之间的相互了解和传统友谊,为深化两国政治互信和经贸务实合作奠定了广泛的社会基础。在此基础上,两国开展了 2019 年第六届中俄博览会,组织了中俄经贸活动 19 项,在俄境内组织了经贸活动 10 场次;建设了"黑龙江—广东—俄滨海边区两省一区"合作平台,在广州举办了中国(广东、黑龙江)—俄罗斯经贸合作交流会暨中俄企业对接会。

3. 自然资源与优势产业互补

黑龙江省与其他国家尤其是与俄罗斯地区相比,在自然资源具有明显的区域差异性和互补性。其中,黑龙江流域农业资源占绝对优势,而工业资源特别是一些矿产资源和林木资源因多年开采已明显缺少;俄罗斯远东地区却拥有丰富的油气、矿产和林业资源,自然资源的互补性十分明显。俄罗斯受经济结构影响,重工业发达,但是轻工业产品匮乏,黑龙江省提供了内陆轻工业产品向俄罗斯出口的重要平台(见表 13-5)。

表 13-5 中俄两国边境地区资源互补情况

	中国边境地区	俄罗斯边境地区
资源结构	煤炭、耕地草场、劳动力资源	石油、天然气、煤炭、黑色及有色金属、森林、水资源

	中国边境地区	俄罗斯边境地区
产业结构	农业、石化、机械、钢铁、农产品加工	石油与天然气开采、煤炭、电力、森工、冶金、建材
技术结构	农业种植、食品加工、机电	军工、核电、能源开发、渔业、电力
进出口商品结构	出口农畜产品、食品、轻工产品、机电产品；进口工业原料钢材、化肥机械设备	出口石油、天然气、木材、煤炭、海产品、金属，矿物；进口食品、日用品

资料来源：中俄经贸合作网。

4. 进出口贸易历史悠久

黑龙江省为沿边大省，进出口贸易历史悠久，其中边境贸易最为繁盛。早在 17 世纪，黑龙江地区就与俄罗斯有了贸易往来。清朝政府和沙皇俄国政府在黑龙江两岸村屯中设有哨卡，所以也称为"卡座"贸易。1858 年，《中俄瑷珲条约》签订之后，由于该条约对两国边境贸易和管理等都有规定，边境贸易有了新的发展。当时，两国边境贸易的主要方式：一是边民携带对方短缺商品直接到对方市场交易；二是在对方市场设置固定摊位。双方交换的商品主要是火枪、皮张、布匹、车马鞍具、食品、糖、茶、药等生产和生活资料。

（二）外贸发展状况

黑龙江省主要外贸对象有俄罗斯、美国、日本、韩国、欧盟等，其中俄罗斯是黑龙江省最大的贸易伙伴，黑龙江省的对俄贸易在全国对俄贸易中占有较大份额。

2000 年至 2019 年，黑龙江省对外贸易总额呈波动上升趋势，除在 2009 年和 2016 年受世界经济波动的影响有所下降以外，其余各年皆保持稳中向好的增长趋势。黑龙江省对俄贸易增长趋势与全国对俄贸易趋势相似，呈现阶梯状增长，在经历经济危机后迅速回暖，但是之后黑龙江省对俄贸易回升速度远低于全国对俄贸易的回升速度。2019 年，全国对俄贸易再创新高，总量达到 1109.40 亿美元（见表 13-6）。

表 13-6 黑龙江省对外贸易情况

年份	黑龙江省对俄贸易总额（亿美元）	全国对俄贸易总额（亿美元）	黑龙江省对外贸易总额（亿美元）	黑龙江省对俄贸易占全国对俄贸易比重（%）	黑龙江省对俄贸易占全省对外贸易总额比重（%）
2000	13.70	80.03	29.85	17.12	45.90
2001	18.00	106.71	33.84	16.87	53.19
2002	23.30	119.27	43.49	19.53	53.57

续表

年份	黑龙江省对俄贸易总额（亿美元）	全国对俄贸易总额（亿美元）	黑龙江省对外贸易总额（亿美元）	黑龙江省对俄贸易占全国对俄贸易比重（%）	黑龙江省对俄贸易占全省对外贸易总额比重（%）
2003	29.60	157.58	53.29	18.78	55.54
2004	38.20	212.26	67.89	18.00	56.27
2005	56.80	291.01	95.66	19.52	59.38
2006	66.90	333.87	128.57	20.04	52.04
2007	107.30	481.55	172.97	22.28	62.04
2008	110.60	569.09	231.31	19.43	47.82
2009	55.77	387.52	162.30	14.39	34.36
2010	74.74	555.33	255.15	13.46	29.29
2011	189.90	792.73	385.23	23.96	49.30
2012	211.30	882.11	375.90	23.95	56.21
2013	223.60	892.59	388.79	25.05	57.51
2014	232.80	952.70	389.01	24.44	59.84
2015	108.50	680.16	210.12	15.95	51.64
2016	91.90	696.16	165.39	13.20	55.57
2017	109.43	842.21	189.51	12.99	57.74
2018	122.06	1071.07	264.37	11.40	46.17
2019	127.07	1109.40	271.09	11.45	46.87

资料来源：历年《黑龙江统计年鉴》。

黑龙江省近二十年以来的外贸依存度均值处于 12.27% 的水平，呈现波动上升的态势，在 2011 年达到峰值（19.89%）后逐年下降，2017 年才开始缓慢上升（见表 13-7），与全国外贸依存度对比可以发现，黑龙江省的变化趋势与全国的趋势一致。综合来看，黑龙江省的外贸发展可划分为三个阶段。

表 13-7　黑龙江省外贸依存度情况　　　　　　　　　单位:%

年份	黑龙江省对俄外贸依存度	黑龙江省外贸依存度	全国外贸依存度	全国对俄外贸依存度
2000	2.73	5.95	39.16	0.52
2001	3.82	7.19	38.60	0.63
2002	5.27	9.84	42.64	0.64
2003	4.32	7.77	51.61	0.75
2004	4.66	8.28	59.19	0.85

年份	黑龙江省对俄外贸依存度	黑龙江省外贸依存度	全国外贸依存度	全国对俄外贸依存度
2005	6.66	11.23	62.86	1.01
2006	6.96	13.38	64.36	0.99
2007	9.80	15.80	61.66	1.15
2008	8.60	17.81	56.01	1.15
2009	4.35	12.65	43.30	0.72
2010	4.72	16.87	49.16	0.87
2011	9.82	19.89	48.90	1.06
2012	9.98	17.84	45.44	1.06
2013	10.05	16.74	43.90	0.98
2014	10.01	15.89	41.01	0.96
2015	4.65	8.67	35.81	0.64
2016	3.94	7.25	32.77	0.61
2017	4.37	7.91	33.47	0.66
2018	7.46	10.68	33.33	0.76
2019	9.34	13.71	32.08	0.73

资料来源：历年《黑龙江统计年鉴》。

1. 稳步发展阶段（2000～2010 年）

这个时期黑龙江省对外贸易总额平稳上升，对俄贸易随之逐年增加，增长速度慢于对外贸易总额。黑龙江省外贸依存度逐年上升，略有波动，对外开放程度加深。2001 年底我国加入世界贸易组织，中国改革开放和经济发展进入加速期，中国的发展有力地促进了世界经济的发展，自 2002 年以来，中国对世界经济增长的平均贡献率接近 30%，是拉动世界经济复苏和增长的重要引擎。

随着中俄两国战略协作伙伴关系的巩固和发展，特别是国家和黑龙江省陆续出台鼓励支持对俄经贸合作的政策措施，有力推动了黑龙江省对俄经贸步入快车道，对俄贸易持续发展，惠及全省人民，也惠及俄罗斯特别是远东地区人民。俄罗斯政坛稳步过渡，黑龙江省经济迎来高速发展期，黑龙江省与俄罗斯贸易具备了有史以来最有利的发展环境，摆脱了 20 世纪 90 年代的不稳定状态，呈现出快速增长态势。

2005 年和 2006 年两年黑龙江省对俄贸易额实现 123.63 亿美元，相当于"十五"期间对俄贸易总额的 75%。2007 年，黑龙江省对俄外贸依存度达到 2000 年以来第一个小峰值（9.80%），全省对俄贸易额首次突破 100 亿美元大关，完成 107.28 亿美元，占全省外贸进出口总额的 62.04%，占全国对俄贸易的 22.28%，提前完成了对俄经贸科技合作战略升级的目标。受国际金融危机影响，2008 年涨幅偏小，随后几年外贸依存度有所下降，对俄贸易也呈下滑趋势，其余年份均稳步回升，实现贸易比重占黑龙江省外贸总额的 50% 以上，年均增速达 26.57%。

2. 快速发展阶段（2011~2015 年）

2011 年，黑龙江省对外贸易总额迅速回升到 385.23 亿美元，对外贸易平稳发展，对外贸易额高于黑龙江省多年对外贸易均值。在此期间，黑龙江省对外贸易总额突破 300 亿美元，黑龙江省外贸竞争力迈上新台阶。这一阶段，黑龙江省进口额增加，对外贸易出现逆差。

经过多年对俄贸易的实践，黑龙江省不断形成了较为完善的沿边开发开放和对俄经贸合作的政策法规体系，为对俄经贸合作的持续健康发展提供了保障。黑龙江省充分发挥具有比较优势的粮食、棉花、果蔬、橡胶等加工贸易发展，支持沿边重点地区发挥地缘优势，推广电子商务应用，发展跨境电子商务。2012 年 8 月，俄罗斯加入世界贸易组织议定书正式生效，俄罗斯迎来自身经济发展和对外经贸合作的新起点，对区域经济产生深远影响，黑龙江省及时调整对俄经贸合作的内容，努力搭建新的互认互利桥梁，实现互利共赢、共同发展。黑龙江省自俄罗斯大量进口原油，成为黑龙江省对俄贸易的一大亮点。

这一阶段，对俄贸易突破 200 亿美元大关，黑龙江省对俄贸易始终保持高水平。2014 年，黑龙江省对俄贸易出现近二十年来的最高值（232.8 亿美元），占黑龙江省对外贸易总额的 59.84%，占全国对俄贸易总额的 24.44%；黑龙江省对外贸易总额也达到近二十年来最高值（389.01 亿美元）。在此期间，黑龙江省外贸依存度有所下降，依旧远低于全国外贸依存度，过低的外贸依存度很难发挥其参与国际分工的能力，分享参与国际竞争所带来的经济利益的能力弱，对外贸易拉动经济作用不大，黑龙江省对外贸易竞争力有待加强。黑龙江省对俄外贸依存度在此阶段维持在 10% 的较高水平，高于全国对俄外贸依存度，显现出黑龙江省在对俄外贸方面无法比拟的优势。

2015 年，世界工业生产低速增长，贸易持续低迷，金融市场动荡加剧，大宗商品价格大幅下跌，世界经济整体复苏疲弱乏力，增长速度放缓。受世界经济波动影响，黑龙江外贸在 2015 年出现下降趋势。

3. 战略升级、预备新发展阶段（2016 年至今）

2022 年 10 月，中国共产党隆重举行第二十次全国代表大会。习近平同志在大会报告中响亮地宣布："高举中国特色社会主义伟大旗帜，全面贯彻新时代中国特色社会主义思想，弘扬伟大建党精神，自信自强、守正创新、踔厉奋发、勇毅前行，为全面建设社会主义现代化国家、全面推进中华民族伟大复兴而团结奋斗。"中国特色社会主义不断推向前进，推动我国迈上全面建设社会主义现代化国家新征程，改革开放和社会主义现代化建设深入推进。2017 年，黑龙江省对外贸易扭转下滑局面，全年对外贸易 189.51 亿美元，对俄贸易实现 109.43亿美元，同比增长 19.57%，进口 93.84 亿美元，高于全国对俄贸易平均增幅1.3 个百分点，占全省进出口总额的 57.74%，出口 52.60 亿美元。此后全国对俄贸易逐年增长再创新高，2019 年达到 271.09 亿美元；黑龙江省对俄贸易也逐步回升，2019 年达到 127.07 亿美元。

黑龙江省进入对俄贸易发展的新时代，作为东北亚连接欧亚的重要枢纽，黑龙江省成为中国向北开放的门户与前沿。抓住"一带一路"倡议机遇，推动中蒙俄经济走廊建设，以对俄经贸为重点起势落子，全力打造中国向北开放的重要窗口成为黑龙江省的定位。

三、存在的问题与发展方向

（一）存在的问题

1. 口岸基础设施不完备

黑龙江省现有国家级一类口岸 27 个，有全国其他省市不可比拟的对俄口岸群，但大部分口岸都是 20 世纪 80 年代末 90 年代初获准建设开通使用的，开放时间较长，年久失修，口岸建设投入不足。同时，各个口岸之间地理位置分散，联系不紧密，也影响了口岸聚集优势的形成。另外，大多数口岸受气候条件、口岸设施、运输条件限制，无法实现对俄经贸合作中进口大宗货物，如木材、铁矿砂、煤炭、回运玉米等进口通关，导致绥芬河铁路口岸等主要通关口岸车流紧张、运输不畅问题发生。此外，进口粮食、棉、石油等因受国家贸易、关税配额、专营口岸通道限制，通过黑龙江省口岸进口比较困难。

2. 俄罗斯贸易政策缺乏稳定性，投资风险高

俄罗斯经济相关的法律法规与措施经常修改，缺乏稳定性，注重实施贸易保护政策，包括设置较高关税壁垒、增加签证审批难度、限制土地购买等贸易限制措施，特别是对我国产品实行的关税壁垒政策，给双边贸易的发展带来不少困难。

3. 对俄经贸合作主体竞争力不强

黑龙江省对俄经贸合作的主体以民营企业为主，特别是以中小企业居多，对俄投资主体规模小、综合实力弱，难以参与重大投资项目竞争，竞争力不强。

（二）发展方向

1. 积极建设黑龙江省自由贸易试验区，完善口岸基础设施建设

黑龙江省口岸基础设施建设起步较晚，现有的铁路、公路、水路口岸的运

力已不能满足对俄贸易的物流运输需要，阻碍了贸易的大规模发展。因此，黑龙江省应该抓住自由贸易区的机遇，加快实体经济转型升级，并实施建设面向俄罗斯及东北亚的交通物流枢纽等方面的具体举措。

2. 规范市场秩序，审批程序进一步简化，加强中介服务和仲裁机构的规范与统一

避免烦琐流程，节约投资申报的时间和成本，提高外商投资者的申报效率，可以促进哈尔滨片区办事效率的提升，推动双方贸易的发展。

3. 扩大外贸规模

转变经营观念，发挥已有优势，促进省内有实力企业合作，必要时可与省外大企业合作，共同承担项目。提高企业的经营实力和资质，同时可以分散风险，提高民营企业的整体竞争力，有利于推动对俄大项目合作。

参考文献：

［1］黑龙江省人民政府．黑龙江省人民政府关于印发黑龙江省国民经济和社会发展第十四个五年规划和二○三五年远景目标纲要的通知［EB/OL］.［2021-04-22］. https：//www. hlj. gov. cn/n200/2021/1019/c1040-11023553. html.

［2］黑河市发展和改革委员会．黑河市国民经济和社会发展第十四个五年规划和二○三五年远景目标纲要［EB/OL］.［2021-04-15］. http：//www. heihe. gov. cn/info/1404/117709. htm.

［3］绥芬河市人民政府．绥芬河市国民经济和社会发展第十四个五年规划和二○三五年远景目标纲要［EB/OL］.［2021-03-03］. http：//www. suifenhe. gov. cn/zfxxgk/contents/4442/108024. html.

［4］鸡西市人民政府．黑龙江省鸡西市国民经济和社会发展第十四个五年规划和二○三五年远景目标纲要［EB/OL］.［2021-12-15］. https：//hs. drcnet. com. cn/docview. aspx? docid=6304922.

［5］鹤岗市人民政府．鹤岗人民政府关于印发鹤岗市国民经济和社会发展第十四个五年规划和二○三五年远景目标纲要的通知［EB/OL］.［2021-04-04］. http：//www. hegang. gov. cn/xxgk_new/z_xgknr/z_xghxx/z_xfzgh/2021/04/35149. htm.

［6］双鸭山市人民政府．双鸭山市人民政府关于印发双鸭山市国民经济和社会发展第十四个五年规划和二○三五年远景目标纲要的通知［EB/OL］.［2021-03-30］. http：//www. shuangyashan. gov. cn/index/html/viewnews_wj. jsp? id=13403760.

［7］伊春市人民政府．伊春市人民政府关于印发黑龙江省国民经济和社会发展第十四个五年规划和二○三五年远景目标纲要的通知［EB/OL］.［2021-03-27］. https：//www. yc. gov. cn/zwxxgk/zcgk/zc/zfwj/2021/04/147877. html.

［8］董鸿扬．走向城镇化的黑龙江［M］. 哈尔滨：黑龙江省教育出版社，2004.

［9］宇文懋昭．大金国志校证［M］. 北京：中华书局，2016.

［10］王禹浪，刘冠缨．黑龙江地区金代古城分布述略［J］. 哈尔滨学院学报，2009，

30 （10）：1-26.

　　［11］中共哈尔滨市委党史研究室．解放战争中的哈尔滨［M］．哈尔滨：黑龙江人民出版社，1991.

　　［12］黑龙江省档案馆．黑龙江沿革史讲稿［M］．哈尔滨：黑龙江省档案馆，1981.

　　［13］梁振民．新型城镇化背景下的东北地区城镇化质量评价研究［D］．长春：东北师范大学，2014.

　　［14］李伟．中国新型城镇化道路、模式和政策［M］．北京：中国发展出版社，2014.

　　［15］江赛．推动新型城镇化高质量发展［J］．产城，2020（4）：83.

　　［16］翟绪军，张学勇，王宠．黑龙江省新型城镇化高质量发展研究［D］．大庆：黑龙江八一农垦大学，2021.

　　［17］王丽娜，郭振．论"四化"同步推进产业结构优化升级［J］．学术交流，2021（2）：100-110.

　　［18］胡伟，夏成，陈竹．东北建设成为对外开放新前沿的现实基础与路径选择［J］．经济纵横，2020（2）：81-90.

　　［19］黑龙江省自然资源厅．黑龙江省国土空间规划（2021-2035年）公众版［EB/OL］．［2021-06-11］．http：//www.hljlr.gov.cn/zwgk/tzgg/202106/t20210611_279242.html.

　　［20］国务院．国务院关于调整城市规模划分标准的通知［EB/OL］．［2014-11-20］．http：//www.gov.cn/zhengce/content/2014-11/20/content_9225.htm.

　　［21］吕萍．黑龙江省边境口岸发展现状［J］．俄罗斯学刊，2015，5（2）：43-51.

　　［22］朱麟奇．中国东北对俄边境口岸体系研究［D］．长春：东北师范大学，2006.

　　［23］朱智鹏．黑龙江省对俄边境口岸物流体系建设研究［D］．哈尔滨：哈尔滨商业大学，2016.

　　［24］丛志颖，于天福．东北东部边境口岸经济发展探析［J］．经济地理，2010，30（12）：1937-1943.

　　［25］李莉莉．辽宁省发展现代港口物流研究［D］．大连：大连海事大学，2006.

　　［26］刘寅初，李仁哲．浅析以发展口岸经济推动吉林省高质量发展的路径［J］．吉林工程技术师范学院学报，2020，36（7）：88-90.

　　［27］王桂兰，张彤彤．黑龙江省使用外资问题研究［J］．黑龙江对外经贸，2009（8）：7-9+12.

　　［28］聂蒲生．论黑龙江省与俄罗斯边境贸易的历史渊源［J］．北方经贸，2001（8）：94-95.

　　［29］张凤林．黑龙江省引领对俄经贸合作优势与潜力分析［J］．商业经济，2014（12）：11-13.

　　［30］张彤彤，曹晓东．改革开放40年来黑龙江省对俄贸易发展综述［J］．对外经贸，2020（1）：58-62.

　　［31］国家发展和改革委员会．国家发展改革委关于印发哈长城市群发展规划的通知［EB/OL］．［2016-03-20］．http：//www.gov.cn/xinwen/2016-03/20/content_5057739.htm.

　　［32］黑龙江省人民政府．黑龙江省人民政府关于印发哈大齐工业走廊产业布局总体规

划的通知［EB/OL］.［2007－08－17］. https：//www.hlj.gov.cn/n200/2007/0817/c75－141048. html.

［33］黑龙江省人民政府. 黑龙江省人民政府关于印发黑龙江省沿边开放带发展规划的通知［EB/OL］.［2009－03－23］. https：//www.hlj.gov.cn/n200/2009/0323/c75－128930. html.

［34］中华人民共和国中央人民政府. 国务院关于印发全国主体功能区规划的通知［EB/OL］.［2011－06－08］. http：//www.gov.cn/gongbao/content/2011/content_1884884. htm.

［35］黑龙江省人民政府. 黑龙江省人民政府关于印发黑龙江省主体功能区规划的通知［EB/OL］.［2012－05－21］. https：//zwgk.hlj.gov.cn/zwgk/publicInfo/detail? id=177612.

［36］黑龙江省人民政府. 黑龙江省人民政府关于印发黑龙江省东部煤电化基地发展规划和东部煤电化基地建设支持政策的通知［EB/OL］.［2008－05－09］. https：//www.hlj.gov.cn/n200/2008/0509/c75－103183. html.

［37］黑龙江省人民政府. 黑龙江省人民政府关于加快大小兴安岭生态功能区建设的意见［EB/OL］.［2008－11－25］. https：//www.hlj.gov.cn/n200/2008/1125/c75－102915. html.

［38］中华人民共和国国家发展和改革委员会官网. 中华人民共和国国家发展和改革委员会中华人民共和国国土资源部中华人民共和国建设部公告2007年第18号［EB/OL］.［2007－04－06］. https：//www.ndrc.gov.cn/xxgk/zcfb/gg/200704/t20070406_961289. html? code=&state=123.

［39］黑龙江省人民政府. 工业强省建设"新字号"壮大增添强动力［EB/OL］.［2019－09－16］. https：//www.hlj.gov.cn/n200/2019/0916/c312－10908180. html.

［40］黑龙江省人民政府. 黑龙江省人民政府关于印发黑龙江省国民经济和社会发展第十三个五年规划纲要的通知［EB/OL］.［2016－04－11］. https：//zwgk.hlj.gov.cn/zwgk/publicInfo/detail? id=337974.

［41］方雅淳. 黑龙江省高铁沿线区域经济空间格局变化研究［D］. 哈尔滨：东北林业大学，2019.

［42］于亚滨. 哈尔滨都市圈空间发展机制与调控研究［D］. 长春：东北师范大学，2006.

［43］张炳辉，杨东亮. 新一轮东北振兴视角下的哈长城市群产业协同发展研究［J］. 学习与探索，2016（7）：118-122.

［44］"一带一路""兴边富民"龙江口岸行系列报道之"最"说黑河［J］. 黑龙江画报，2017（7）：52-53.

［45］张凯. 江西省宜春市行政区划与经济区划的冲突与调适研究［D］. 南昌：南昌大学，2019.

［46］李博雅. 经济区的区域划分与协调机制构建［J］. 开放导报，2021（4）：53-61.

［47］刘明吉. 黑龙江省八大经济区发展的财税政策创新研究［D］. 哈尔滨：哈尔滨商业大学，2016.

［48］魏红立. 东北振兴中黑龙江省产业结构优化升级研究［D］. 哈尔滨：黑龙江大学，2009.

［49］首都科学决策研究会．"十二五"规划《建议》省区市对比［J］．领导决策信息，2010（50）：12-13.

［50］张越．黑龙江省八大经济区发展的政策研究［D］．哈尔滨：哈尔滨商业大学，2013.

［51］贾玉梅．人口发展功能分区与建设八大经济区［J］．奋斗，2010（5）：27-28.

［52］孙庆超，陈向东．黑龙江开发区［M］．哈尔滨：黑龙江人民出版社，1993.

［53］陈鸿鹏，马琳．关于优化黑龙江省开发区产业布局及功能定位的建议［J］．商业经济，2021（1）：4-6.

［54］杨宇．开发区：东北新成长空间［M］．北京：科学出版社，2019.

［55］陈丽敏．基于产业集群视角的黑龙江省产业结构优化研究［D］．哈尔滨：黑龙江大学，2010.

［56］侯光雷，王志敏，张洪岩，张正祥．基于探索性空间分析的东北经济区城市竞争力研究［J］．地理与地理信息科学，2010，26（4）：67-72.

［57］曹阳，赵英才，马林．东北经济区产业结构特征与区域发展模式探析［J］．吉林大学社会科学学报，2007（6）：107-113.

［58］邢焕峰．东北经济区整体化发展及其协调机制研究［D］．长春：东北师范大学，2008.

［59］乔榛．建党100周年时域下黑龙江省对新中国的经济贡献［J］．学理论，2021（7）：68-70.

［60］黑龙江省社会科学院课题组，曲伟．优势、反差与对策——黑龙江省在全国经济格局中地位的量化研究［J］．学习与探索，2009（1）：149-152.

［61］宋琳琳．黑龙江省在东北亚区域合作中的新进展与新机遇［J］．大庆师范学院学报，2020，40（1）：43-50.

［62］笪志刚．新机遇与新挑战背景下黑龙江省扩大与东北亚合作的新路径［J］．商业经济，2020（1）：1-5+18.

［63］刘小辉．基于区域经济一体化的黑龙江省产业结构研究［D］．哈尔滨：哈尔滨工程大学，2006.

［64］张苏文，杨青山．哈长城市群核心-外围结构及发展阶段判断研究［J］．地理科学，2018，38（10）：1699-1706.

［65］张炳辉，杨东亮．新一轮东北振兴视角下的哈长城市群产业协同发展研究［J］．学习与探索，2016（7）：118-122.

［66］于亚滨，马双全．哈长城市群规划布局与实施的思考［J］．城市建筑，2017（24）：118-121.

［67］王姣娥，杜德林．东北振兴以来地区经济发展水平演化及空间分异模式［J］．地理科学，2016，36（9）：1320-1328.

［68］许欣．东北振兴战略演进轨迹及其未来展望［J］．改革，2017（12）：15-24.

［69］战伟．建设"龙江丝路带"对推进黑龙江经济发展的研究［D］．哈尔滨：黑龙江大学，2019.

［70］唐庆祥 . 东北地区城市群协调发展问题研究［D］. 长春：吉林大学，2017.

［71］刘清才，齐欣 . "一带一路"框架下中国东北地区与俄罗斯远东地区发展战略对接与合作［J］. 东北亚论坛，2018，27（2）：34-51+127.

［72］黑龙江省人民政府 . 黑龙江省口岸建设［EB/OL］.［2021-10-06］. https：//www. hlj. gov. cn/34/57/560/.

［73］中华人民共和国外交部 . 中华人民共和国政府和俄罗斯联邦政府关于中俄边境口岸协定［EB/OL］.［1994-01-27］. http：//treaty. mfa. gov. cn/tykfiles/20180718/1531876991500. pdf.

［74］黑河市人民政府 . 口岸建设［EB/OL］.［2021-10-06］. http：//www. heihe. gov. cn/sq/jbgk/dwjl/kajs. htm.

［75］绥芬河市人民政府 . 绥芬河口岸俄罗斯农副产品进口大幅攀升｜互贸进口同比增长 167%［EB/OL］.［2020-11-26］. http：//www. suifenhe. gov. cn/contents/1961/87685. html.

［76］密山市人民政府 . 2019 年密山市人民政府工作报告［EB/OL］.［2020-11-05］. http：//www. ahmhxc. com/gongzuobaogao/20121. html.

［77］商务局 . 2019 年虎林口岸内生动力将进一步提升［EB/OL］.［2019-02-11］. http：//www. hljhulin. gov. cn/index/main！queryById. action？ id = 4028e4e16883689e0168db7369c9009e.

［78］中国电子口岸 . 中国电子口岸机构简介［EB/OL］.［2021-10-09］. https：//www. chinaport. gov. cn/pages/survey/survey. html.

［79］国务院 . 国务院关于支持沿边重点地区开发开放若干政策措施的意见 .［EB/OL］.［2016-01-07］. http：//www. gov. cn/zhengce/content/2016-01-07/content_10561. htm.

第五篇

可持续发展与战略展望

第十四章　生态文明与可持续发展

近年来，黑龙江省生态文明建设取得了新的突破：①生态文明建设水平进一步提升。黑龙江省紧紧围绕"建设生态强省"的奋斗目标，努力建设好、保护好和利用好生态资源。②生态保护全面加强，环境质量显著提升。黑龙江省持续做好蓝天、碧水、净土的保卫战，全省国家级自然保护区数量位居国家第一。③生态优势加速转化。黑龙江省全力打造旅发大会品牌，深度开发全域全季旅游，"北国好风光·尽在黑龙江"的旅游品牌已推广到全国。

黑龙江省"十四五"规划和2035年远景目标建议提出了"十四五"时期黑龙江省生态文明建设的具体目标：①生产生活方式绿色转型成效显著，绿色生态产业体系基本建成，北方生态屏障功能进一步提升，生态环境更加优良，建成生态强省。②污染防治攻坚战不断取得重要成果，污染物排放总量持续降低，基本消除重污染天气，城乡人居环境明显改善。③生态产品价值加速转换，重点林区焕发青春活力，生态旅游首位度显著提高，旅游强省加快建设。

第一节　生态环境现状

一、自然生态

2020年，黑龙江省生态环境质量为"优""良""一般"的县（市）分别有21个、52个、2个。黑龙江省有兽类88种，鸟类390种，省属国家重点保护野生植物15种。黑龙江省已建成4个国家生态文明建设示范市（区）、126个国家级生态乡（镇）。黑龙江省森林覆盖率为47.3%，林木蓄积量为22.4亿立方米。黑龙江省草原面积207万公顷，治理"三化"草原面积1.6万公顷。

二、土地环境

2020年，黑龙江省土壤环境风险得到有效管控，受污染耕地、受污染地块安全利用率分别达到92%、100%。125个县（市、区）全部完成耕地土壤环境质量类别划分，优先保护类占比99.87%。黑龙江省实施危险废物专项整治3年行动，固体废物零进口法定目标提前实现，城市、县城生活垃圾无害化处理率分别达到99.76%和97.94%。黑龙江省整治653家企业和10家化工园区的危险废物，完成黑龙江省4606家危险废物产生单位的调查评估。2020年，黑龙江省新增水土流失治理面积4175.67平方千米。

三、水环境

2020年，黑龙江省水环境质量获得显著提升，62个国控考核断面优良水体比例为74.2%，较2015年提高11.3%。国控断面劣Ⅴ类全部消除，43个县级以上集中式饮用水水源保护区环境问题得到全部整治。四大水系水质持续向好，松花江、乌苏里江、绥芬河干流的水质状况均为良好，黑龙江干流水质达到考核目标要求。在107个国、省控河流监测断面中：Ⅱ类水质占比8.4%，Ⅲ类水质占比61.7%，Ⅳ类水质占比23.4%，Ⅴ类水质占比1.9%，劣Ⅴ类水质占比4.7%。与2019年相比，Ⅰ类、Ⅲ类水质比例升高2.2%。15个湖库的26个国、省控监测点位中，有13个点位达到功能区水质的目标要求。

四、大气环境

2020年，黑龙江省的大气环境质量保持优良，平均优良天数比例为92.9%，较2015年提高6%。黑龙江省13个城市环境空气质量综合指数排名前3位的分别是：大兴安岭地区、黑河市、伊春市。2020年，黑龙江省实施散煤污染治理"三重一改"攻坚行动，黑龙江省削减散煤319.51万吨。黑龙江省累计淘汰改造县级以上城市建成区10万吨及以下小锅炉3302台，实现超低排放煤电机组106台，治理"散乱污"企业1454家。黑龙江省的平均重度及以上污染天数比例同比降低0.2%，$PM10$、NO_2均值浓度分别降低3微克/立方米和1微克/立方米。黑龙江省的酸雨频率为0，与2019年持平，降水pH年均值为7.08。

五、声环境和辐射环境

2020年，黑龙江省13个城市昼间区域声环境质量平均等效声级为53.9分贝，昼间道路交通声环境质量平均等效声级为65.8分贝。各类功能区昼间总达标点次为395个，达标率为92.3%；夜间总达标点次为319个，达标率为74.5%。2020年，黑龙江省辐射环境质量总体良好，其环境电磁辐射水平低于国家规定的电磁环境控制限值。

六、气候变化和环境基础设施

2020 年，黑龙江省有大兴安岭地区、逊克县 2 个国家低碳城市试点，齐齐哈尔高新区 1 个国家低碳工业园区试点。截至 2020 年底，全省县级以上城市累计建成排水管网 1.72 万千米，累计建成污水处理厂 118 座，污水处理能力 493 万吨/日。全省累计建成城镇生活垃圾处理设施 91 座，处理能力 2.81 万吨/日。

第二节　生态文明建设

近年来，黑龙江省在生态文明建设方面采取了一系列措施：建立绿色发展观念，树立绿水青山就是金山银山的意识；深化尊重自然、传承历史、绿色低碳等理念，加大对自然生态系统和环境的保护力度；推动城市发展由外延扩张式向内涵提升式的转变，全面推进资源节约、循环利用；建立健全生态文明制度体系，建设人与自然和谐发展的绿色生态省份。具体而言，主要措施包括以下几个方面：

一、推进环境综合治理

一是加强重点流域水污染治理。加大对松花江流域水环境综合治理的力度，加强流域内的城镇和工业园区污水、垃圾、污泥、危险废物处理等设施建设，改善重点流域水环境质量。以饮用水水源地保护为重点，科学划定饮用水源保护区，健全饮用水卫生供应系统和监测系统。加强水功能区限制纳污红线管理，建立入河湖污染物限排总量控制和水功能区监督管理制度，保护水生态环境。加强农村面源污染治理，畜禽养殖粪污及死亡动物、农作物秸秆、废弃农膜及农业投入品废弃包装物的治理。加强城市河湖综合整治和水系连通，消除城市黑臭水体，保护地下水系统。

二是打好大气污染防治攻坚战。建立大气污染联防联控机制，加大对工业、城镇生活、农业、移动源等各类污染源的综合治理，加强挥发性有机物、SO_2、氮氧化物、颗粒物等多污染物协同控制，确保稳定达标排放，稳步减少重污染天气。加强城中村的棚户区改造、集中供热替代、散煤清洁化治理、煤改气。加快优化产业结构、调整能源结构，加强企业技术改造及污染治理，重点推进淘汰落后产能、清洁能源替代利用、煤炭清洁高效利用、工业节能和清洁生产改造、秸秆综合利用和供热计量改革等。

三是深化污染联防联治机制。推进环境监测网络的一体化建设，实现环境信息共享，系统提升环境监管水平。严格环保执法，建立环保与各职能部门的联动机制。强化环境考核和问责机制。完善突发环境事件的应急机制。完善危险废物经营许可证制度，加强危险废物污染环境突发事件应急体系的建设。深入做好大气、水、土壤等污染防治工作。

二、构建区域生态屏障

一是严格执行开发保护制度。推动各地区依据主体功能定位发展，加快完善财政、产业、投资、人口、环保等配套政策，健全国土空间用途管制制度，完善自然资源监管体制。强化土地用途管制，落实占补平衡制度，切实减少各类建设对耕地的占用。科学划定城市开发边界，控制城市开发强度，推动城市发展由外延扩张式向内涵提升式转变。落实最严格的耕地保护制度、节约用地制度、基本农田保护制度，加快划定永久基本农田保护红线，加强黑土地、草原保护和利用，强化土地用途管控。开展水土流失综合治理，加强坡耕地及侵蚀沟水土流失治理。严格河湖管理与保护，严禁非法侵占河湖水域。构建反映市场供求和资源稀缺程度、体现自然价值和代际补偿的资源有偿使用和生态补偿制度。

二是扩展城市生态空间。将环境容量和城市综合承载能力作为确定城市定位和规模的基本依据，划定水体保护线、绿地系统线、基础设施建设控制线、历史文化保护线、永久基本农田、生态保护红线，打造以自然山水为依托，林地、草原、农田为基础，园林绿地为重点的城市绿地生态系统。优化重组城市内部生态节点、生态廊道、生态斑块等生态功能区，维护景观生态格局连续性，形成结构合理、环境优良、景观特征明显的城市空间生态格局。全面推进城市园林绿化及人居生态环境建设，促进城市的绿色发展。加快城区老工业区、独立工矿区搬迁改造和采煤沉陷区的生态修复与综合治理，加强工矿损毁土地复垦，加快资源枯竭城市转型，促进城市生态环境良性发展。推动齐齐哈尔、牡丹江、绥芬河、海林等市（县）生态市建设。

三是打造区域生态廊道。依托长白山脉、张广才岭、大小兴安岭等构筑生态屏障，新建一批自然保护区，加强自然保护区管理。以山脉、河流水系、道路为基本骨架，平原、台地为自然本底，城市区域为人文景观板块，推动自然景观与人文景观共融，打造区域生态廊道。依托黑龙江省现有的各级交通路网，建设交通干线两侧绿化带，构建高度连通的生态廊道网络体系。以松花江、嫩江等主要河流为轴线，合理规划滨河绿带、坝、堤、人行步道系统，建设沿江水系自然景观带，加快推进哈尔滨松花江百里生态长廊的廊道建设。

三、发展绿色循环低碳

一是发展绿色生态产业。倡导实施绿色循环低碳生活方式，鼓励绿色生产和绿色消费，推广使用绿色产品。大力发展节能环保产业，提升节能环保技术、现代装备和服务水平。发展有机农业、生态农业，特色经济林、林下经济、森林旅游等林产业和草牧业。因地制宜地发展新能源和可再生能源，推动能源新技术产业化。强化约束性指标管理，实行能源消费总量和强度双控行动，健全节能和能源消费总量控制目标责任制和奖励制度，确保完成节能和能源消费总量目标。实施全民节能行动计划，提高节能标准，开展能效"领跑者"引领行动。进一步完善能源统计制度，控制重点城市煤炭消费总量。建立健全工业、建筑等重点用能单位节能管理制度，强化节能评估审查和节能监察，加强对可再生能源发展的扶持。

二是大力发展绿色循环经济。合理规划园区产业结构和企业空间布局，推动企业、园区和行业间废弃资源、能源、伴生副产品的循环利用，加强城市生产和生活系统循环链接，积极开展园区循环化改造和低碳经济园区。推进再生资源产业规范化、规模化发展，提高工业固体废物综合利用水平。鼓励企业实行清洁生产和工业用水循环利用，建设节水型工业。加强重点企业的清洁生产审核，推进重点行业改造生产流程，提高能源资源利用水平和效率。

三是大力发展资源节约集约利用。统筹土地资源的开发利用和保护，使得工业向园区集中、居住向社区集中、农业适度规模集中，推动土地集约利用、规模经营，提高土地使用效率。在严控增量用地、优化利用存量方面实行建设用地强度控制。严格土地利用总体规划实施管理，优化土地资源配置，推动土地的综合开发利用，推广应用科学先进的节地技术和节地模式。加强生活垃圾分类回收和再生资源回收的衔接。严格水资源红线管理，加强用水效率控制管理，强化工业、农业等领域节水改造和技术推广，全面推进节水型社会建设。实行雨污分流，加大推广再生水利用力度，提高污水资源化利用程度。强化节能理念，大力发展绿色建筑和低碳、便捷的交通体系，推进绿色生态城区建设。

四、开展环境影响评价

一是以改善环境质量为核心，实行最严格的环境保护制度，建立统一、高效的环境监测体系和跨行政区环境污染与生态破坏联合防治协调机制，形成政府、企业、公众共治的环境治理体系。二是严格执行环境影响评价制度，对纳入规划的重大基础设施等建设项目依法开展环境影响评价、履行相关程序、落实环境保护要求。三是完善产业和项目准入制度，严格土地、环保准入，确保项目选址或选线与区域生态环境保护相协调。四是把环境影响问题作为规划实施监督及规划后评估的重要内容，密切关注对区域生态系统、环境质量、人民健康的不良影响，发现不良生态环境影响应及时提出改进措施或调整修订规划。五是严格执行污染物排放标准，完善污染物排放许可制度，严格控制规划实施区域内的主要污染物排放总量。

第三节　生态环境可持续发展

近年来，黑龙江省坚持"绿水青山就是金山银山，冰天雪地也是金山银山"的发展理念，协同推进高质量发展和生态环境高水平保护，促进经济社会发展全面绿色转型。近年来，黑龙江省在生态环境可持续发展方面采取了一系列措施，并取得了一系列成就：

一、建立以人为核心的生态城镇化

统筹城市规划、建设、管理，优化空间结构，强化文化保护，塑造城市风貌，体现时代特色。实施城市更新行动，加强城镇老旧小区改造和管网改造，提升城市品质。推动城镇绿色发展，推进城市生态修复、功能完善工程，增加功能休闲区密度，强化绿道建设，增强城市防洪排涝能力，建设海绵城市、韧性城市。加强新型社区、智慧社区建设，提升城市治理水平。有序推动农业转移人口市民化，完善财政转移支付、城镇新增建设用地规模与农业转移人口市民化挂钩政策，保障进城落户农民土地承包权、宅基地使用权、集体收益分配权，增强基本公共服务功能。优化行政区划设置，突出龙头引领作用，推进以县城为重要载体的新型城镇化建设。多措并举促进房地产市场平稳健康发展，有效增加保障性住房供给。

二、提升生态系统质量和稳定性

加强生态环境系统保护修复，从生态系统整体性和流域性出发，统筹山水林田湖草系统治理，实施重要生态系统保护和修复重大工程，开展大规模国土绿化行动，推行林长制，加快形成自然保护地体系，完善生态廊道和生物多样性保护网络。提高重点流域生态环境和水域生态功能，推动生态系统功能整体性提升。打好污染防治攻坚战，强化多污染协同控制和区域协同治理，加大散煤污染治理力度，加强江河湖泊生态保护和系统治理，加强危险废物医疗废物收集处理。实施节水行动，建立水资源刚性约束制度。强化河湖长制，聚焦河流湖泊安全、生态环境安全、城市防洪安全，建设一批基础性、枢纽性的重大项目。

三、推进"绿水青山就是金山银山"生态价值

探索政府主导、企业和社会各界参与、市场化运作、可持续的生态产品价值实现路径。加强自然资源评价监测和确权登记，探索建立生态产品价值核算机制。完善生态保护补偿机制，争取国家加大对森林、草原、湿地和重点生态功能区转移支付力度，推进排污权、用能权、用水权、碳排放权交易，形成受益者付费、保护者得到合理补偿的良性局面。大力发展碳汇经济等以生态为本底的新产业新业态，充分挖掘和释放生态价值，支持国有林区开展森林生态资源资产化和资本化试点，构建现代林业经济新体系。

四、"冰天雪地也是金山银山"建设实践

探索建立多元化的冰雪资源价值实现路径机制，把"冷资源"变成"热经济"，推动冰雪产业高质量发展。构建大冰雪产业体系，促进冰雪旅游、冰雪运动、冰雪文化、冰雪艺术、冰雪装备、冰雪教育培训等协同创新发展，培育冰雪全产业链，打造全国冰雪旅游目的地、人才培养基地、装备研发制造基地、赛事承办地。巩固提升冰雪大世界、雪博会、中国雪乡等品牌国际影响力，打造冰雪节庆、冰雪民俗等文化产品。建设国际冰雪产业合作样板区，打造国际化冰雪产业精品，建设国际冰雪运动基地和冰雪产业国际交流平台。

五、推进绿色发展方式

强化国土空间规划和用途管控，落实生态保护、基本农田、城镇开发等空间管控边界。建设绿色低碳的工业体系、建筑体系和流通体系，加快绿色金融发展和绿色技术创新。推动绿色环保产业成长为支柱型产业，建设人与自然和谐共生的现代化。推动煤炭等能源清洁低碳安全高效利用，推进秸秆综合利用，建设国家级资源综合利用基地。开展绿色生活创建行动，培养节约习惯，普遍推行垃圾分类和资源化利用。落实国家2030年前碳排放达峰行动方案，新能源装机比重和消费占比大幅提升，合理降低碳排放强度。

六、培育林区生态产业新优势

加快建立现代企业制度，持续扩大开放合作，激发森工集团、伊春森工集团、大兴安岭林业集团转型的发展新动力，打造国内领先的生态产业企业。加大森林资源培育和生态系统保护力度，不断增强优质生态产品有效供给的能力。

充分发挥林业投资平台功能，培育壮大优势生态产业链，提高附加值，构建以森林农业、森林食品、森林康养为主的现代林业生态产业体系。提升"黑森""伊森""大兴安岭"等林业生态产品的品牌影响力和市场占有率。

七、生态旅游首位度提升

充分发挥四季分明的独特区位优势，做好线路设计和嫁接，打造国际冰雪旅游度假胜地、中国生态康养旅游目的地、中国自驾和户外运动旅游目的地，提高客源市场首位度。发挥大森林、大草原、大湿地、大湖泊、大界江、大冰雪特色资源优势，深度开发生态度假旅游新品、冰雪旅游名品、康养旅游精品，构建全谱系多元化旅游产品新体系，提高全省旅游产品首位度。培育特色旅游新业态新模式，催生壮大旅游新增长点，完善旅游全景化体验功能，满足游客多元需求，延长旅游产业链条和价值链条，提高综合效益首位度。

第十五章　生态建设与绿色发展

第一节　重点生态区

黑龙江省锚定"协调有序、绿色安全、美丽富饶、集约高效、生机活力、价值转换"的国土空间开发保护目标，通过实施"重构集聚、绿色低碳、强核固边、规模增效、北开南联、品质跃升"的空间战略，构建了"两屏四廊、两大平原、一圈一团一带 K 型点轴"的国土空间开发保护格局，为建设现代化新龙江提供了坚实的国土空间保障。

黑龙江省科学划定生态保护红线，坚持保护优先、应划尽划的原则，划定了黑龙江省的生态保护红线，主要分布在黑龙江省中部的大小兴安岭、张广才岭—老爷岭的水源涵养与生物多样性功能区，黑龙江省西部的松嫩平原生物多样性维护功能分布区以及土地沙化敏感性生态保护区，黑龙江省东部的三江平原生物多样性维护功能区。

一、大小兴安岭、张广才岭—老爷岭的水源涵养与生物多样性功能区

黑龙江—呼玛河源头水源涵养与生物多样性保护生态功能区地处大兴安岭山脉的东北坡，总面积 27636 平方千米，属寒温带大陆性季风气候，拥有中国唯一的寒温带森林生态系统及其生物种群，是中国生物多样性和生物基因库保护的重要地区。该生态功能区生态环境若遭到破坏，不但其生物多样性会明显下降，濒危物种受到威胁，其独特的寒温带森林景观也将不复存在。黑龙江—呼玛河源头水源涵养与生物多样性保护生态功能区的破坏还将直接影响与其紧邻的松嫩平原的区域环境及气候，对农业生产、生态环境保护以及人们的日常生活等各方面都会造成一定的影响。

汤旺河水源涵养与生物多样性保护生态功能区位于黑龙江省东北部，由伊

春市和铁力市东南段的山地组成，总面积 22372 平方千米。汤旺河水源涵养与生物多样性保护生态功能区自然资源丰富、植被群落类型复杂多样，分布有大片较原始的红松针阔叶混交林，是中国目前保存下来最为典型和完整的原生红松阔叶混交林分布区之一，也是中国和亚洲东北部很具代表性的温带原始红松针阔叶混交林区。复杂的生境条件为野生动植物的生存和繁衍创造了十分有利的条件。汤旺河水源涵养与生物多样性保护生态功能区是松嫩平原和三江平原的重要屏障，在地理位置上占据重要的地位。其生态环境若遭到破坏，不但自身的生物多样性会受到影响，对西部地区的荒漠化、东部三江平原地区的农业生产以及区域的生态环境安全等方面也会造成重要的影响。

松花江下游南部农、牧业与湿地保护生态功能区位于黑龙江东部，总面积 12369 平方千米。松花江下游南部农、牧业与湿地保护生态功能区是黑龙江省湿地面积最大、最集中的分布区，也是中国湿地及其生物多样性最为丰富的关键地区之一。松花江下游南部农、牧业与湿地保护生态功能区内湿地生物多样性十分丰富，是许多珍稀濒危动物，尤其是水禽的重要栖息地和繁殖地，是重要的湿地物种基因库和种群资源圃。若其生态环境遭到破坏，则无异于使区内面积不断减少的湿地及其脆弱的生态系统雪上加霜，对其周围居民的生产、生活会产生不可估量的影响。

大兴安岭嫩江源头水源涵养生态功能区位于加格达奇区和松岭区，土地面积是 19008 平方千米。嫩江是松花江的最大支流，是松花江水系的北源，嫩江流域面积达 26.78 万平方千米，在此形成的松嫩平原更是黑龙江省乃至中国的粮食生产基地。该区的森林植被一旦遭到破坏，会直接影响到整个嫩江流域的生态安全和社会经济发展。因此，保护大兴安岭嫩江源头水源涵养生态功能区的生态环境和水源涵养能力，可以有效保护嫩江的水生态环境，进而对改善松花江水质产生影响，也对流域内人们的生产生活有着巨大的推动作用。

二、松嫩平原生物多样性维护功能分布区以及土地沙化敏感性生态保护区

松嫩平原中部农业与土壤保持生态功能区由黑龙江省中部的绥化市、望奎县、巴彦县、木兰县、依安县、明水县、青冈县、兰西县、克山县、克东县和拜泉县组成，总面积 31460 平方千米。其地形与气候等因素使得该区成为水土流失较重地区，区内的大面积有机土壤被雨水冲走，使得农业生产发展较慢。若不对松嫩平原中部农业与土壤保持生态功能区生态环境进行有效保护，那么该区剩下的就只有盐碱地和没有肥力的土壤了，这对于在该区劳作的农民而言是非常大的打击，不但会影响到农民生活水平的提高，也将会影响到该地区的

可持续发展，产生的后果极其严重并无法挽回。

嫩江下游湿地保护与沙化和盐渍化控制生态功能区由黑龙江省西南部的肇源县、杜尔伯特蒙古族自治县和泰来县组成，总面积 14200 平方千米。嫩江下游湿地保护与沙化和盐渍化控制生态功能区在历史上为牛、羊的放牧区，目前土壤裸露区域较多，加之降水较少、土壤干旱，使得土壤质量下降，土地沙化严重。该区的草原生态环境若继续遭到破坏，则沙漠化的趋势将进一步恶化，沙漠化面积也将不断扩大，不但会影响到本区的农业生产和经济发展，也将会影响到大庆市等周围地区的沙漠化和可持续发展，甚至会影响到哈尔滨市的生态环境安全，保护嫩江下游湿地保护与沙化和盐渍化控制生态功能区的生态环境意义十分重大。

大庆地区矿业与土壤保持生态功能区位于黑龙江省西部的大庆市，总面积 5170 平方千米。该区为大庆油田的所在地，其出产的石油供往全国各地，为国家的经济发展提供了充足的物质基础。若不对大庆地区矿业与土壤保持生态功能区的防洪功能进行有效保护，则会给区内的经济及社会发展带来巨大的危害，造成油田减产或停产，不仅会对黑龙江省的经济发展造成影响，也会对全国的经济增长形成阻碍，甚至会影响到全社会的稳定。

齐齐哈尔市城镇与湿地保护生态功能区位于黑龙江省西部的齐齐哈尔市，总面积 4365 平方千米。该区有在中国乃至世界都占有重要地位的湿地，在这片湿地上物种丰富，各种珍禽异兽和睦相处，区内以鹤类居多，建有国家级丹顶鹤保护区——扎龙自然保护区。若其生态环境遭到破坏，将会导致湿地面积萎缩，湿地生态系统退化，野生动物数量减少，丹顶鹤等珍贵鸟类的生存环境受到威胁。这种情况也将会影响到周围生态环境和社会经济发展。

三、三江平原生物多样性维护功能区

松花江下游北部农业与沙化控制及土壤保持生态功能区位于黑龙江东北部，由汤原县的东南部、鹤岗市的南部、萝北县的南部和绥滨县组成，总面积约 6200 平方千米。该区地势平坦，多低洼处，排水较为困难，且区内春、夏两季雨水较为密集、雨量大，易形成洪泛区。松花江下游北部农业与沙化控制及土壤保持生态功能区为产粮大区，若不对该区生态环境进行保护，会严重危害到区内农作物的生长，给人民的生产生活带来困难，阻碍地方经济的发展，也会给其周围地区正常工作带来严重的威胁。

抚平原农业与湿地及界江国土保护生态功能区位于黑龙江东部，由同江市和抚远县组成，总面积 11212 平方千米。抚平原农业与湿地及界江国土保护生态功能区地处平原，排水不畅，且区内雨季降水量较大，多发暴雨，易在区内形成洪灾。本区土壤肥沃,适于农作物的种植,若抚平原农业与湿地及界江国土保护生态功能区的生态环境遭到破坏,会给区内人民的正常生活带来巨大困难,进而也会影响到周围地区的可持续发展。

兴凯湖农业、牧业、渔业与湿地及生物多样性保护生态功能区位于黑龙江东南部的密山市,总面积 7843 平方千米。兴凯湖是古代火山爆发后,因地势陷落积水而形成的,为中俄界湖。兴凯湖由大、小两湖组成,小兴凯湖温柔恬静,鱼跃鸟飞,大兴凯湖烟波浩渺,气势磅礴。兴凯湖是一座集防洪蓄水排涝、灌溉及旅游等多功能于一体的天然水体。兴凯湖农业、牧业、渔业与湿地及生物多样性保护生态功能区的生态环境若遭到破坏,不但其自然景观会被毁坏,周围的生物会失去栖息的环境,同时也会对中俄两国的关系产生巨大的影响。

镜泊湖林业、农业适度发展与生态旅游生态功能区位于黑龙江东南部的宁安市,总面积 7923 平方千米。镜泊湖林业、农业适度发展与生态旅游生态功能区旅游资源丰富,自然景观和人文古迹较多,其中著名的镜泊湖是世界第二高山堰塞湖,是一座保持完整的火山博物馆,镜泊湖瀑布撼人心魄,蔚为壮观,自然风光美丽迷人,是一处人间仙境。镜泊湖林业、农业适度发展与生态旅游生态功能区的生态环境若遭到破坏,其独特的景观将不复存在,人们从此会失去一个度假休闲的好去处,这既是我们的遗憾,也将是子孙后代的遗憾;同时也将对周围的自然景观和人文古迹构成威胁,并且影响到该区域社会经济的可持续发展。

第二节　生态建设与绿色发展

黑龙江省是中国的资源大省、生态建设示范省,在生态文明建设中具有重要地位。自 2000 年黑龙江省被确立为全国第 3 个生态省建设试点以来,黑龙江省生态环境进一步改善,环境污染防控、治理得到进一步提高,生态建设与发展取得了较大成效。

一、土地生态建设与绿色发展

黑龙江省土质肥沃,自然肥力较高,松嫩平原中部是世界三大黑土带之一。根据 2018 年度土地利用变更调查结果,黑龙江省土地总面积为 45.25 万平方千米,占全国土地总面积的 4.9%,居全国第 6 位,2019 年耕地面积 1584.4 万公顷,占黑龙江省土地总面积的 35%。黑龙江省的耕种条件十分优越,是中国重要的商品粮基地。黑龙江省集中连片的耕地后备资源主要分布在三江平原东部、松嫩平原北部及黑龙江沿岸。黑龙江省在严格保护耕地特别是基本农田、加强土地利用宏观调控、实施土地通途管制和改善生态环境等方面做出了很大努力，通过实施规划的强化控制和引导，妥善处理了保障发展和保护资源的关系，极大地促进了全省经济社会快速持续发展。但随着社会经济的快速发展，黑龙江省的土地生态环境也出现了一系列问题。

黑龙江省经历了长期的土地开垦利用，松嫩平原西部风沙盐碱地区、北部水土流失地区、三江平原东部低洼易涝地区、工矿城市和大城市附近环境污染地区，这些地区的土地沙化、盐渍化、水土流失、湿地面积缩小、功能退化及环境污染等土地生态环境问题突出，土地生态环境脆弱区面积不断增加。面对土地生态环境产生的问题，黑龙江省采取了一系列措施，以切实加强寒地黑土保护，科学防治土壤环境污染。①有序推进土壤治理与修复。以农用地和重点行业企业用地为重点，完成了土壤污染状况详查；以影响农产品质量和人居环境安全的突出土壤污染问题为重点，制定了土壤污染治理与修复规划；根据耕地土壤污染程度、环境风险及其影响范围，确定了治理与修复的重点区域；结合城市环境质量提升和发展布局调整，以拟开发建设居住、商业、学校、医疗和养老机构等项目的污染地块为重点，开展了治理与修复。②实施农用地分类管理。按污染程度将农用地划为优先保护类、安全利用类、严格管控类三个类别；以耕地为重点，分别采取相应的管理措施，保障农产品质量安全。③加强寒地黑土保护。推广黑土地保护性耕作技术应用，采取秸秆还田、增施有机肥及生物肥、轮作休耕等措施进行综合治理，提升了土壤有机质含量，改善了土壤理化和生物性状，实现了黑土地合理持续开发利用。④加强建设用地分类管控。对石化、焦化、制药、电镀等工矿企业用地适时开展土壤环境状况评估。⑤强化未污染土壤保护。科学有序地开发利用未利用地，防止造成土壤污染；对矿山、油田等矿产资源开采活动影响区域内未利用地进行环境监管；加强对排放重点污染物建设项目的污染风险管控，防范建设用地新增污染。

二、森林生态建设与绿色发展

黑龙江省是中国森林资源最丰富的省份，森林面积和木材蓄积位居全国前列，森林资源丰富，是中国北方重要的天然生态屏障。"十三五"期间，黑龙江省林草事业改革发展取得了明显成效：累计完成营造林 38.8 万公顷，森林抚育 349.2 万公顷，森林覆盖率提高到 47.3%，森林蓄积增加到 22.4 亿立方米。全省近 3 亿亩天然林资源全面停止商业性采伐。退化草原生态修复治理 21.2 万公顷，草原综合植被覆盖率稳定在 75% 以上。黑龙江省广袤的森林资源对东北、华北乃至全国生态平衡起着至关重要的作用，同时在维护国家生态安全、粮食安全、国土安全及促进经济社会发展等方面发挥着积极作用。

黑龙江省的森林资源长时间处在采育失调的情况下，致使林木分布不匀，林分质量降低，林业结构不合理，功能不全。一些地方林木采伐过量且集中，毁林开荒乱砍滥伐现象严重，破坏了天然植被，降低了森林的生态功能。"十三五"期间，黑龙江省全力推进落实林长制工作，全面推开活化森林资源产权要素，实现资源变资产、资产变资本、资本变资金的价值转换，与此同时，科学开展国土绿化行动，完成营造林100万亩，森林抚育483万亩；再打造100个村庄绿化示范村；完成草原生态修复10万亩，还湿4万亩；主要造林树种的良种使用率提高到75%。"十四五"时期，黑龙江省将加快林草事业高质量发展，力争到2025年，全省森林覆盖率达到47.3%，比"十三五"期末增加0.02个百分点。黑龙江省未来将在森林生态建设和绿色发展方面采取如下措施：一是坚持以人为本，把城市、城镇、村庄等人口聚集的地方作为绿化重点，以生态脆弱地区为主攻方向，加大造林绿化力度；二是大力开展灭荒造林，对宜林荒山、荒地采取多种造林方式进行生态改造，力争实现荒山荒地绿化；三是积极推进国际界江防护林建设，尽全力推动国际界河防护林体系建设，加大防风固岸、涵养水源，调节气候功能，维护国土安全和生态安全。

三、湿地生态建设与绿色发展

黑龙江省是全国湿地资源丰富的省份，2020年共有556万公顷湿地，湿地面积居全国第四位，占全省土地总面积的比重为11%。黑龙江省湿地面积大、类型多、分布广、区域性差异显著，且主要分布在松嫩、三江两大平原和大、小兴安岭地区。省内有河流湿地、湖泊湿地、沼泽湿地和人工湿地4个湿地类，15个湿地型，拥有扎龙、三江、洪河、兴凯湖、珍宝岛、七星河、南瓮河、东方红等国际重要湿地。

黑龙江省湿地经过几次大规模开发，面积大量减少，功能降低。据普查数据，黑龙江省天然湿地由1986年的572.8万公顷减少到2015年的556万公顷，湿地面积丧失直接造成生态环境的丧失和破碎化，进而使湿地功能和物种多样性丧失。河流上游大规模的水利工程建设，拦蓄径流，改变了河流泛滥的频率和时间，湿地来水量明显减少；农田周围挖沟排水，使地表疏干，改变了地表的水流方向，也导致湿地来水量降低；湿地周围环境的变化由草地或森林景观转变为农田景观，植被拦蓄地表径流能力显著降低，泥沙增多，淤积湖泊或沼泽湿地，使其蓄水能力减弱；许多湖泊因缺少水源而干枯，局部地方沼泽已经向干草甸演替，甚至有些地方已经有岛状林出现。由于农药、化肥使（施）用量大幅度增加，城市工业和生活污水污染严重，水体受到污染，使湿地受到不同程度的污染。由于湿地面积减少、水资源量减少和生态环境质量下降，破坏了野生动植物的生存环境和栖息地，致使黑龙江省种群数量减少，湿地防洪水功能减弱，洪涝灾害和旱灾频繁发生。

湿地在维护生态安全、国土安全、粮食安全、水资源安全、生物多样性安全等方面发挥着不可替代的作用。2003年，黑龙江省出台了中国第一部保护湿地资源的地方性法规《黑龙江省湿地保护条例》。2015年，为了适应新形势下湿地保护工作的需要，黑龙江省重新制定了新的《黑龙江省湿地保护条例》。文件指出：计划在2016年到2020年开展恢复湿地面积工程、湿地生态修复工程、湿地保护体系建设工程、湿地可持续利用示范工程、保护管理能力建设五大工程；依托"兴凯湖"、构建三江平原和松嫩平原腹地"挠力河、乌裕尔河流域湿地保护网络"、打造松花江特别是哈尔滨沿江"万顷松江湿地、百里生态长廊"城市自然湿地示范区，开展湿地生态建设；开展三江平原、大兴安岭和松嫩平原地区重要生态功能区域湿地恢复和综合治理，实施湿地生态系统与功能恢复、关键物种栖息地恢复、有害生物防控等建设项目；采取生态补水、退耕还湿、植被恢复、栖息地改善、面源污染防控及污染治理等综合措施，扩大沼泽湿地规模，逐步恢复湿地生态系统的功能。为加强对湿地的保护，近年来黑龙江省在大江大河沿岸等区域建立了湿地类型自然保护区、湿地公园、湿地保护小区，形成了覆盖全省的湿地保护网络；同时，还建立了扎龙国际重要湿地长效补水机制，将湿地率、湿地保护率纳入到全省地方经济社会发展指标考核体系、黑龙江省绿色发展指标体系和黑龙江省生态文明建设考核目标体系。

四、草地生态建设与绿色发展

黑龙江省草质优良、营养价值高，适于发展畜牧业，是中国重点牧区省份之一。2019年，黑龙江省草地面积201.8万公顷，占全省土地总面积4.5%的比重。其中，天然草地、人工草地主要分布在松嫩平原。松嫩平原的草地类型以草甸类草地和干草地为主，草地植被覆盖度平均约70%，以羊草、星星草、野古草、针茅、冰草等为主要优势草种。三江平原的草地类型以草甸类草地和沼泽类草地为主，草地植被覆盖率达到85%，以中生和湿生的小叶樟、狭叶甜茅、苔草等为主要优势草种。北部、东部山区半山区草地主要分布在黑龙江省大小兴安岭林区，主要为林间草地。

由于长期遭受自然灾害且受到人类活动的影响，黑龙江省草地出现不同程度的退化，从新中国成立初期（1951年）的1066.7万公顷，到1999年末的753.2万公顷，20年间，草原面积减少了313.5万公顷，平均每年减少草原6.7万公顷。近年来，黑龙江省草地面积不断减少，沙漠化现象越来越严重。《黑龙江省土地利用总体规划（2006—2020 年）》指出：保持牧草地面积稳定，把人工草地、改良草地、重要放牧场、割草地及草地自然保护区等具有特殊生态作用的草地，划定为基本草地，实行严格保护；加强对黑龙江省草地的保护力度，禁止违法滥开、滥垦草地；控制建设占用优质草地，稳定优质草地面积；加大草地改良力度，提高草地质量；通过实施"三化"草原治理和退牧还草工程等草原生态治理建设项目，进一步提升草原生态监测和防灾减灾能力，改建和新建草原生态综合监测站，建成黑龙江省松嫩平原草原生态固定检测网络；新建草原防火站，促进黑龙江省国家级极高和高级草原火险县草原防火站建设覆盖率达到 60%。

五、水环境生态建设与绿色发展

黑龙江省河流众多，北部和东部山区降雨充沛，地表径流发育；西部和东部的松嫩平原、三江平原及兴凯湖平原赋存丰富的水资源。2019 年，黑龙江省水域及水利设施用地面积 217.1 万公顷，占全省土地总面积的 4.8%。全省境内江河湖泊众多，有黑龙江、乌苏里江、松花江、绥芬河四大水系，主要湖泊有兴凯湖、镜泊湖、连环湖等湖泊。由于受所处地理位置及区域经济发展水平的影响，黑龙江省 13 个市（地区）水资源开发利用程度参差不齐。

黑龙江省水资源开发利用率较低，且开发相对集中，一些地区由于盲目扩大种植规模已造成部分中小河流断流；全省灌区的水田灌溉大都以传统的大水漫灌为主，浪费现象比较严重；由于尚未建立合理的水资源费征收制度，导致农民水商品意识淡薄，水资源浪费现象严重。近年来，黑龙江省环保部门加大了对水环境的综合整治工作，同时环保与水利部门还对水污染防治工作加大监管力度，使得污染物排放量呈逐年下降趋势，水环境得到了进一步改善，但水环境恶化的趋势并没有得到根本性遏制，个别地区的水污染有增加趋势。黑龙江省河流水质状况总体为轻度污染，水域内主要超标污染物由从前的高锰酸钾指数和生化需氧量、氨氮和石油类化合物，变成了只有高锰酸钾指数和生化需氧量，氨氮与石油类化合物已基本通过了综合治理。

第十六章 区域经济发展战略与展望

第一节 发展目标

2020 年 11 月 26 日，黑龙江省第十二届委员会第八次全体会议审议通过了《中共黑龙江省委关于制定国民经济和社会发展第十四个五年规划和二〇三五年远景目标的建议》。文件提出了黑龙江省到二〇三五年基本实现社会主义现代化的目标：到二〇三五年，黑龙江省全面建成农业强省、工业强省、旅游强省、科教强省、生态强省、文化强省，实现黑龙江全面振兴全方位振兴，基本实现社会主义现代化，到本世纪中叶把黑龙江省建成富强民主文明和谐美丽的社会主义现代化新龙江。全省综合实力实现新跨越，自主创新能力和制造业竞争力大幅提升，经济总量和城乡居民人均收入再迈上新的大台阶；农业现代化发展水平稳居全国领先地位，基本实现新型工业化、信息化、城镇化，建成现代化经济体系；基本实现治理体系和治理能力现代化，人民平等参与、平等发展权利得到充分保障，形成一流营商环境，建成法治黑龙江、法治政府、法治社会；新时代文化体系基本建成，文化产业加快发展，文化软实力显著增强，国民素质和社会文明程度达到新高度；建成全国生态文明示范省，生态环境更加优良，实现美丽龙江建设目标；高水平对外开放形成新格局，对俄合作新优势明显增强。平安黑龙江建设达到更高水平，人民生活更加美好，中等收入群体显著扩大，基本公共服务实现均等化，人的全面发展、全体人民共同富裕取得更为明显的实质性进展。

黑龙江省未来的发展目标是以推动高质量发展为主题，以深化供给侧结构性改革为主线，以改革创新为根本动力，以满足人民日益增长的美好生活需要为根本目的，进而统筹发展和安全，自觉全面融入以国内大循环为主体、国内国际双循环相互促进的新发展格局，着力解放思想，建设现代化经济体系，推动形成优势互补、高质量发展的区域经济布局，推动更高水平开放，推进治理体系和治理能力现代化，增进人民福祉，集聚各类人才，采取新的战略性举措，走出一条质量更高、效益更好、结构更优、优势充分释放的振兴发展新路，维护国家"五大安全"能力进一步提升，全面振兴全方位振兴取得新突破，为全面建设社会主义现代化新龙江开好局、起好步。

第二节　发展任务

一、实现农业现代化，推进乡村振兴

黑龙江省坚持把解决好"三农"问题作为工作中的重中之重，优先发展农业农村，夯实农业基础地位，全面实施乡村振兴战略，强化以工补农、以城带乡，推动形成工农互促、城乡互补、协调发展、共同繁荣的新型工农城乡关系，建成农业强省。

（一）推动农业全产业链融合

以"粮头食尾""农头工尾"为抓手，突出龙头企业带动作用，推进绿色食品加工业全产业链发展，发展出口导向型农业，实现农产品多层次、多环节转化增值，把农业和农产品精深加工业打造成万亿元级产业集群。因地制宜发展农村新产业新业态，完善农产品现代流通体系，创建国家级农村产业融合先导区。推动农村一二三产业融合发展，丰富乡村经济业态，拓展农民增收空间，提高农业质量效益和竞争力。

（二）建设"藏粮于地、藏粮于技"示范区

坚决履行维护国家粮食安全政治责任，编制实施"藏粮于地、藏粮于技"国家战略示范区建设规划。毫不动摇抓好粮食生产，严守永久基本农田红线，稳定粮食播种面积，继续推进高标准农田建设，实施中低产田改造、水利现代化、科技兴农、现代育种、智慧农业建设等重点工程。创建建三江国家级农业高新技术产业示范区，粮食综合生产能力达到1600亿斤，粮食产量稳定在1500亿斤以上，国家粮食安全"压舱石"地位更加稳固。开展"中国粮食、中国饭碗"质量提升行动，优化种植业结构，统筹粮经饲发展，对标国际标准完善农业生产标准体系，创建国家食品安全示范区和绿色发展先行区。实施优质粮食工程和"两牛一猪一禽"工程，打造寒地黑土、绿色有机、非转基因高质量农产品和高品质食品品牌，开展粮食节约行动，确保人民群众"舌尖上的安全"。

（三）持续深化农业农村改革

健全城乡融合发展机制，推动城乡要素平等交换、双向流动。完善农村基

本经营制度，落实第二轮土地承包到期后再延长三十年政策。深化农村土地制度改革，完善承包地"三权"分置，稳慎推进宅基地制度改革，健全城乡统一的建设用地市场。建立土地征收公共利益用地认定机制，缩小土地征收范围。培育壮大新型农业经营主体，因地制宜发展农民合作社和家庭农场，高质量办好供销合作社，完善生产、供销、信用"三位一体"农民合作经济组织体系，推进以农业生产托管服务为重点的农业社会化服务。健全农村金融服务体系，发展农业保险。深化农村集体产权制度改革，完善农村集体产权权能，发展多种形式的股份合作，发展壮大新型集体经济。

（四）实施乡村建设行动

把乡村建设摆在社会主义现代化建设的重要位置，统筹规划设计，科学组织实施，高质量推进基础设施补短板，大力度强化公共服务补强提，进一步完善乡村水、电、路、气、通信、广播电视、物流等基础设施。实施强县战略，增强县城综合服务能力，把乡镇建成服务农民的区域中心，支持林场所振兴发展。形成良好的村落布局和乡村风貌，因地制宜推进农村改厕、生活垃圾和污水处理，改善农村人居环境，提高农房建设质量，建设美丽乡村。提高农民科技文化素质，加快培育新型职业农民，推动乡村人才振兴。

（五）保护黑土地——"耕地中的大熊猫"

对黑土地实行战略性保护，坚持生态优先、用养结合，落实国家东北黑土地保护规划纲要，扩大黑土地保护利用试点。加大耕地轮作休耕力度，确保黑土地不减少、不退化。采取工程、农艺、生物等多种措施，稳步扩大玉米秸秆还田及覆盖免耕，增加土壤有机质含量，提高耕地质量等级。坚持最严格的耕地保护制度，建立加强黑土地保护长效机制，实现黑土地永续利用。

（六）巩固脱贫攻坚成果同乡村振兴衔接

巩固脱贫攻坚成果，全力推进脱贫群众迈向富裕。坚持摘帽不摘责任、不摘政策、不摘帮扶、不摘监管，增强政策延续性，突出产业支撑，强化就业扶贫、产业扶贫等后续扶持，加强扶贫资产监管，推动特色产业可持续发展。完善民生基础保障，健全返贫监测和帮扶机制，防止返贫和发生新的贫困，健全农村社会保障和救助制度，持续推进脱贫地区发展。

（七）打造北大荒现代农业航母

继续深化农垦体制机制改革，建立现代企业制度，健全运行机制。建设现代农业大基地、大企业、大产业，率先实现农业物质装备现代化、科技现代化、经营管理现代化、农业信息化、资源利用可持续化，建成现代化大农业全国标杆，真正成为标准的制定者、行业的引领者、三产融合的示范者，打造世界级农业领军企业，进入世界 500 强行列，成为国家在关键时刻抓得住用得上的重要力量。

二、构建现代产业体系，推动经济结构升级

黑龙江省坚持把发展经济着力点放在实体经济上，着力优化产业结构，培育壮大市场主体，提高经济质量效益和核心竞争力，建设工业强省。

（一）打造先进制造业优势集群

以"百千万"工程为引领，围绕构建"433"工业新体系和"一区两带多基地"工业新布局，推进龙头带动、链条延伸、协同配套，加快打造农业和农产品精深加工、石油天然气等矿产资源开发及精深加工2个万亿元级产业集群。健全振兴先进制造业政策体系，加快培育先进制造业万亿元级产业集群。实施制造业智能化改造提升工程，滚动实施千企技术改造行动，加快工业互联网建设与应用，推进"企业上云"，培育建设数字车间、智能工厂，建成智能制造哈大齐先导区，打造东北工业智能化转型样板区。加速形成带动能力强的百亿元级骨干企业矩阵，形成一批千亿级和百亿元级产业园区。

（二）推动产业基础高级化

实施产业基础再造工程，加强基础研究和共性技术研发，努力在高端装备制造等领域突破一批核心基础零部件，在复合材料等领域突破一批关键基础材料，在高效增材制造等领域突破一批先进基础工艺，在智能制造等领域突破一批共性关键技术，形成整机牵引与基础支撑协调发展的产业格局。实施产业链提升工程，推动产业链、供应链、创新链和资金链等多链融合，增强核电装备、飞机制造、汽车生产等产业配套能力，实施"链长制"，推进稳链、补链、延链、强链，优化区域产业链布局，加快打造高能级产业链条。

（三）提升产业链供应链稳定性

以自主可控、安全高效为目标，形成具有更强创新力、更高附加值、更安全可靠的产业链供应链。聚焦三次产业关键产品和服务，依托终端龙头企业，建立产业链供应链清单图谱，强化高端零部件、中间产品和基础原材料稳定供应，确保核心生产系统平稳运行。积极拓展与国内外产业链供应链合作广度深度，立足省内拉长育壮产业链供应链，补短板、锻长板，实现产业链供应链稳定可靠，提升全产业链水平。加强标准、计量、专利等体系和能力建设，深入开展质量提升行动。强化自主产品应用迭代升级，加大对幼稚产业、产品的政策扶持保护，增强主导产品本地配套能力。

（四）加快发展现代服务业

推动生产性服务业向专业化和价值链高端延伸，与先进制造业、现代农业深度融合，加快工业设计、研发外包、流程诊断、技术测试与分析、法律、服

务等行业专业化、高端化发展。大力发展服务型制造，促进现代物流、现代金融等现代服务业与制造业跨界融合，促进通用航空产业发展。加快生活性服务业向高品质和多样化升级，促进健康、养老、育幼、文化、旅游、体育、培训、家政、物业等产业提质扩容。推动服务标准化、品牌化建设，培育一批具有较强市场竞争力的黑龙江服务品牌。

（五）发展战略性新兴产业

加速发展壮大新一代信息技术、航空航天、高端装备、新能源汽车、新材料、新能源、生物技术、绿色环保等战略性新兴产业，提升战略性新兴产业规模，培育新增长点。把以石墨为代表的碳基材料、以减量化为代表的复合材料产业打造成最具优势和潜力的产业。提高通用飞机、先进直升机、无人机、传感器、动物疫苗、铁路通信信号和安全运营技术等产业化水平，建设哈尔滨新区战略性新兴产业集聚区和航空航天产业基地。积极促进"军转民""民参军"，大力发展航空航天装备及配套、船舶及海洋工程配套、小卫星制造和卫星应用、军民两用材料及制品等重点产业。

（六）加快发展数字经济

推动数字产业化、产业数字化，促进数字经济与实体经济深度融合。培育数字经济新产业、新业态和新模式，拓展数字技术在现代农业、智能制造、智慧城市、流通体系等领域开发应用场景，加快数字应用和开发数字产品，大力发展平台经济、共享经济、未来经济。培育数据要素市场，探索建立数据要素定价机制，构建市场化公共数据资源管理服务体系。扩大基础公共信息数据有序开放，建设政府数据统一共享开放平台，建立健全数据分类分级安全保护制度。

三、提高综合竞争力，融入新发展格局

黑龙江省坚持实施扩大内需战略同深化供给侧结构性改革有机结合，发挥自身优势，升级扩大高质量供给，加快培育新产业、新业态、新产品，创造引领新需求，提高融入新发展格局能力和水平。

（一）参与国内国际双循环

统筹利用国内国际两个市场两种资源，发挥向北开放窗口的地缘区位优势，支持企业开拓国际市场，优化进出口产品结构，扩大贸易规模，提升贸易质量。落实外商投资准入前国民待遇加负面清单管理制度，提升引进外资和对外投资质效，深化国际产能和装备制造合作，加强同俄罗斯在技术成熟的制造业领域投资合作，推动工业和技术合作项目建设，推进国际营销体系建设，探索设立海外商务代表处和黑龙江商品展示中心，形成国际合作和竞争新优势。

（二）积极融入国内大循环

依托强大国内市场，充分发挥绿色有机食品和生态康养旅游等高品质产品服务供给能力、在国内占有重要地位的国宝级装备制造企业、经受住新冠肺炎疫情考验的坚韧稳定产业链供应链的优势，实施增品种、提品质、创品牌战略，提高供给体系对国内需求的适配性和竞争力，扩大市场占有率。破除妨碍商品服务流通的体制机制障碍，贯通生产、分配、流通、消费各个环节，实现上下游产业供销有效衔接，降低全社会交易成本。完善扩大内需政策支撑体系，强化服务保障，提升企业开拓市场能力，加快提高集群配套水平。

（三）激发消费新潜力

健全促进消费的体制机制，提升传统消费，培育新型消费，适当增加公共消费。打造哈尔滨国际消费中心城市，形成若干区域消费中心城市。创新消费模式和业态，发展无接触交易服务，鼓励在线教育、互联网医疗、直播电商等消费新模式新业态加快发展。推动汽车等消费品由购买管理向使用管理转变，扩大绿色消费、健康消费、安全消费、节假日消费。优化城乡商业网点布局，加快地方特色商业街区建设，推进成熟商圈提档升级。支持知名品牌连锁商业企业进县城，开展城乡高效配送专项行动，拓展农村消费。改善消费环境，强化消费者权益保护。

（四）积极扩大有效投资

优化投资结构，保持投资较快增长，发挥有效投资对优化供给结构的关键作用。突出产业政策导向，聚焦消费新增长点，持续扩大先进制造业、现代服务业、战略性新兴产业投资。持续推动"百大项目"建设，聚焦"两新一重"，在传统产业改造升级、农业农村、公共安全、生态环保、公共卫生、民生保障等领域谋划建设一批强基础、增功能、利长远的重大项目。深化投融资体制改革，聚焦激发民间投资活力，积极运用 PPP 模式，发挥政府投资撬动作用，引进战略投资者，形成市场主导的投资内生增长动力。

（五）推进现代流通体系建设

统筹推进现代流通体系硬件和软件建设，发展流通新技术、新业态、新模式，加快形成内外联通、安全高效的流通体系，有效保障经济循环畅通。完善现代商贸市场、冷链物流体系，支持关系居民日常生活的商贸流通设施改造升级、健康发展。推动物流企业转型发展，培育更具竞争力的现代流通企业，推进数字化、智能化改造和跨界融合。强化金融支持，提供更多直达各流通环节经营主体的金融产品。

四、优化国土空间布局，推进新型城镇化发展

黑龙江省深入实施主体功能区战略、区域协调发展战略，完善新型城镇化

战略，促进各类要素合理流动和高效集聚，加快形成优势互补、高质量发展的区域经济布局。

（一）推进以人为核心的新型城镇化

统筹城市规划、建设、管理，优化空间结构，强化文化保护，塑造城市风貌，体现时代特色。实施城市更新行动，加强城镇老旧小区改造和管网改造，提升城市品质。推动城镇绿色发展，推进城市生态修复、功能完善工程，增加功能休闲区密度，强化绿道建设，增强城市防洪排涝能力，建设海绵城市、韧性城市。加强新型社区、智慧社区建设，提升城市治理水平。有序推动农业转移人口市民化，完善财政转移支付、城镇新增建设用地规模与农业转移人口市民化挂钩政策，保障进城落户农民土地承包权、宅基地使用权、集体收益分配权，增强基本公共服务功能。优化行政区划设置，突出龙头引领作用，推进以县城为重要载体的新型城镇化建设。多措并举促进房地产市场平稳健康发展，有效增加保障性住房供给。

（二）优化区域空间发展格局

围绕城市化地区、农产品主产区、生态功能区，立足资源环境承载能力，优化重大基础设施、重大生产力和公共资源布局，优化生产、生活、生态空间，推动形成主体功能明显、优势互补、高质量发展的国土空间保护开发新格局。加快哈长城市群建设，强化轴带支撑能力，推动一体化发展示范区高质量发展。实施强省会战略，提升哈尔滨城市功能，形成全省高质量发展核心动力源。加快打造以哈尔滨为核心的现代化都市圈，在1小时圈层内推动哈尔滨大庆绥化一体化发展，在2小时圈层内推动哈大齐牡创新协同发展，增强区域中心城市辐射带动功能，构建多点支撑、协调发展的区域发展格局。

齐齐哈尔加快建设精密超精密装备制造特色产业基地、农产品精深加工基地，打造老工业基地转型升级全国样板。牡丹江发挥区位优势，进一步拓展开放合作空间，打造向南和对俄开放重要窗口，形成跨省旅游特色区。佳木斯强化东部区域中心城市功能，增强人口和生产要素集聚能力，鸡西、双鸭山、七台河、鹤岗推动优势产业提质升级，打造东部石墨产业集群，加快发展绿色产业，促进市域经济高质量转型，打造以佳木斯为枢纽，"四煤城"组团发展的东部城市群。加强伊春、大兴安岭等地区生态保护，推进绿色发展，创造更多生态产品，培育壮大林区生态产业，形成生态富矿。推进边境地区兴边富民，完善基础设施和提升基本公共服务能力，彰显黑河边境城市特色，发挥自贸区片区引领作用，突出大通道功能，强化区位集聚效应，推动人口集聚、产业提质、开放提效，打造形成黑河、绥芬河—东宁50万人口级别城市，建设美丽边城，提升边境品位，增强边境地区综合实力。

（三）高标准建设哈尔滨新区

强化带动哈尔滨实现新飞跃的使命担当，实施《黑龙江省哈尔滨新区条例》，更好发挥新区高质量发展引领辐射作用。加大改革创新先行先试力度，发挥"五区叠加"的体制优势，在打造精简高效的行政管理模式、构建信用承诺为主的政务服务模式、创新政策制度的有效供给方面开辟新路。增强产业项目集聚能力，走产业高端化、集群化、绿色化发展之路，构建食品、金融、数字、光电、医药等百亿元级产业链，形成强劲增长极。加快自贸区哈尔滨片区建设，在优化营商环境、投资贸易便利化、金融创新、跨境合作等方面发挥排头兵作用，建设联通国内、辐射欧亚的物流枢纽和中俄全面合作重要承载区。加强基础设施配套建设，推动省级教育、医疗资源向新区导入，疏解老城区功能，提升综合承载能力，加速集聚优质资源要素，把新区打造成一座功能集聚、要素齐全、设施先进、生态美丽的现代化新城。

（四）高质量发展县域经济

牢固树立县域兴则全省兴、县域强则全省强的理念，依托优势资源禀赋和产业基础，强化招商引资项目建设，做强做优立县特色主导产业，增强辐射带动乡村发展和村民致富能力。创新县域经济发展政策环境，激发内生动力，大力扶持民营企业发展，推进园区特色化、专业化提档升级，促进农民更多地进园区就业，推动以市带区，增强区域发展动力，解决整体偏弱问题。促进地方与垦区、林区、矿区融合发展，形成优势产业集群。增强争先晋位意识，形成竞相发展态势，打造一批县域经济强县，进而推动县域经济整体跨越。

五、推动基础设施发展，提高现代化建设承载力

黑龙江省坚持服务发展、惠及民生、引领未来的目标导向，统筹产业布局、区域战略、国防要求需要，打造集约高效、经济实用、智能绿色、安全可靠的现代化基础设施体系。

（一）打造现代化交通运输体系

高质量构建交通网络，推进重大工程建设，推进哈绥铁伊、牡敦、齐满高铁建设，谋划齐通高铁项目，实现高速铁路网覆盖11个市、融入全国网，推进既有铁路升级改造，实现黑河、加格达奇快速通达，提升普速铁路网质量，形成东联西出、南北贯通铁路网。推进高速公路大项目建设，实现地级市之间高速公路连通，畅通国省道主通道，打造沿边高等级公路走廊，实施通村公路提级改造和连通工程，全面提升公路质量和路网密度。全力推进哈尔滨国际航空枢纽二期、三期扩建工程建设，加快升级改造区域干线机场，推进支线机场和通用机场建设，形成国际枢纽主导、区域干线支撑、支线机场协同、通用机场

联动的机场网络。高效能强化服务保障，打造综合客货运枢纽站场和集疏运交通衔接转换系统，推进智慧交通建设，促进各种运输方式深度融合和系统集成，提高现代指挥调度和综合运输服务能力。

（二）提升能源基础设施现代化水平

加快实施"气化龙江"，推动中俄远东天然气管道建设，统筹推进省内天然气干支线管网建设，加快储油储气重点项目建设，建立多层次天然气储备体系。优化电力生产和输送通道布局，提高新能源消纳和存储能力，争取建设以黑龙江省为起点的特高压电力外送通道，实现 500 千伏电网市（地）全覆盖、220 千伏电网县（市）全覆盖，完善电网网架结构。加快配电网智能化升级改造，补齐农网短板，构建坚强智能电网。

（三）推进水利基础设施高质量发展

强化水资源合理配置，争取启动三江连通工程，加快推进一批大中型水库工程建设。持续开展城乡饮水工程升级改造，建设城市备用水源地，保障供水安全。加强省内水网研究，加快防洪排涝工程建设，实施乌苏里江干流治理、界河三期治理工程，加强中小河流治理，进一步开展病险水库、水闸除险加固，补齐抵御灾害能力短板。全面提升水利智慧化水平，提升水资源综合利用效能。

（四）加快新型基础设施高质量建设

以"数字龙江"为引领，加快建设新型信息基础设施，推动 5G 移动通信网络规模部署，实现重要区域全覆盖。大力拓展 IPv6 应用，建设国家骨干网、接入网，全面建成"全光网省"。充分发挥独特冷资源等优势，加快布局建设大数据中心，把哈尔滨打造成全国大数据中心重要基地。推进超级计算、分布式计算和云计算中心建设，打造"中国云谷"，创建国家大数据综合试验区。布局建设全网赋能的工业互联网集群，争创国家级工业互联网示范区。建成统一的充电设施运营管理平台，实现国家电网车联网数据共享，构建车桩相随、智能高效的充电基础设施体系。

六、统筹发展和安全，建设平安黑龙江

黑龙江省坚持总体国家安全观，坚决扛起维护国家"五大安全"政治责任，把安全发展贯穿发展各领域和全过程，提升安全发展能力水平，守好祖国"北大门"。

（一）保障国家国防安全

完善边防法规体系，构建党政军警民一体化强边固防机制，建立边境地区、国门口岸突发事件联合应急处置机制，提高管边控边治边和移民管理治理能力。构建边境综合防卫管控体系，推进"智慧边防"建设，夯实国防保障能力，维

护军事设施和国防科工领域安全。加强国家安全人民防线建设，建立健全国家安全风险研判、防控协同、防范化解机制，增强维护国家安全能力。完善国防动员体系，加强全民国防教育，提高国防动员能力。支持驻省解放军和武警部队现代化建设，实施国防领域重点工程，提升双拥共建工作水平。

（二）保障国家产业安全

坚决兜住民生产业安全底线，聚焦涉农产业、居民基本生活必需品产业及关系国计民生和国家安全的基础产业、战略性产业，增强产业体系抗冲击能力，确保极端情况下产业安全运行、产品稳定供应。积极推进自主产品研发推广应用，强化以应用为导向的前瞻性、颠覆性技术战略布局，以国宝级企业为主体，突破关键核心技术及产品，扩大自主生产能力，提高本地配套率，形成产业备份系统，为国家产业安全再立新功。

（三）保障国家粮食安全

巩固国家粮食生产核心区地位，稳定粮食播种面积，提高生猪生产能力，构建科学合理、安全高效的重要农产品供给保障体系，建设国家重要商品粮基地。实施农业"走出去"战略，更加积极地利用国际农产品市场和农业资源。建立健全粮食产购储加销体系，加强粮食和重要农产品储备安全保障能力建设，有效保障重要农产品市场稳定。

（四）保障国家能源安全

建设"百年油田"，推进大庆油田常规油气资源抓稳油增气，页岩油、页岩气、致密油气等非常规油气资源抓勘探上产，推进页岩油气开发利用取得突破，老油田实现二次革命。加快释放煤炭安全优质产能，提高煤炭省内自给率。优化电力结构，优先发展新能源产业，推进核能供暖示范。建设全国重要的对俄能源合作基地和运输通道。

（五）保障国家生态安全

优化生态安全屏障体系，推进大小兴安岭、长白山国家重点生态功能区建设，统筹实施生态修复和保护工程，深入实施退耕还林还草还湿。建立生态安全监测智慧平台，对生态保护红线、自然保护区、重点生态功能区、生物多样性保护优先区等实施常态化监测管理，建立健全风险评估和应急处理机制。建立与吉林、内蒙古省（区）际生态保护与治理协作机制。

七、融入"一带一路"，打造对外开放新前沿

黑龙江省发挥向北开放重要窗口作用，加快构建开放型经济新体制，积极拓展与"一带一路"沿线国家和地区交流合作，促进更大范围、更宽领域、更深层次开放，形成高水平对外开放新格局。

（一）加强高质量国内区域合作

深入对接国家重大区域发展战略，拓展对内对外开放合作新空间。深化龙粤、哈深对口合作，推动广东先进经验在黑龙江省"带土移植"，形成一批干部人才交流、产业对接互补、重点园区共建、重大项目合作成果。与广东联手对俄深入合作和对接粤港澳大湾区建设，在对俄经贸合作、航空交通运输、产业对接发展等方面取得更大成果。深入推进与京津冀协同发展、长江经济带发展、长三角一体化发展等对接和交流合作，在引资引智、承接产业转移等领域实现突破。

（二）推进全方位对外开放合作

优化口岸布局，突出口岸聚焦发展、差异化布局和"岸产城"融合发展，打造沿边口岸经济发展带。建设重点开发开放试验区、跨境经济合作区、边境经济合作区、互市贸易区、综合保税区等对外开放合作园区体系，促进货物贸易与产业协调发展，构筑互利共赢的产业链供应链合作体系。推动黑瞎子岛保护开发，建设黑瞎子岛中俄国际合作示范区。提升中俄博览会、哈洽会等展会国际化水平，深度参与"中蒙俄经济走廊"建设及东北亚区域合作。加强与同纬度国家在生态、环保、生物、冰雪产业等领域合作和对欧美、日韩开放，拓展绿色食品国际市场，高质量融入"一带一路"。

（三）强化对俄罗斯开放合作

全面提升对俄合作承载能力，建设服务全国对俄合作的"云上"综合服务平台。突出进口抓落地加工、出口抓提档升级，打造跨境产业链和产业聚集带。推动对俄货物贸易扩量提质，扩大原油、天然气、煤炭、铁矿石、粮食等大宗商品和关键零部件进口，扩大属地产品特别是机电产品、先进技术装备对俄出口。推动对俄边境贸易创新发展，实施"互市贸易+落地加工"模式，探索发展离岸边境贸易。大力发展对俄服务贸易，建设中医药、文化等服务出口基地。培育对俄贸易新业态，支持增设跨境电商服务试点城市，完善边境仓、海外仓网络布局，扩大跨境电商零售进口试点。引进金融机构跨境结算功能性总部，建设对俄跨境人民币结算中心，打造中俄数字经济创新发展区。

（四）打造自贸区对外开放高地

对标国际先进规则，以贸易自由便利和投资自由便利为重点，赋予自由贸易试验区更大改革自主权，树立服务国家战略的"龙江样板"。以制度创新为核心，抓好集成式借鉴、首创性改革、差异化探索，形成更多可复制可推广经验，辟建体制机制改革试验田。实行外商投资非禁即入，实施一批利用外资重大标志性工程，培育产业集聚发展增长极。探索建立与国际接轨的国际人才引进和技能人才评价体系，打造吸引会聚人才平台。

第三节　哈长城市群发展战略

　　加快哈长城市群发展，是实施黑龙江省新型城镇化战略的重要举措，对黑龙江地区的社会经济发展具有重要的促进作用：①有利于黑龙江省粮食主产区的新型城镇化发展，促进形成黑龙江省功能完备、分工合作、布局合理的城镇体系，形成黑龙江省城镇化的战略新格局；②有利于推动东北地区等老工业基地振兴等战略的实施，促进黑龙江省的产业集群发展和人口集聚，解决黑龙江省的发展难题，依靠内生发展促进黑龙江省经济提质增效升级，培育推动黑龙江省国土空间均衡开发，发展黑龙江省经济的重要增长极，推动黑龙江省的全面振兴；③有利于形成黑龙江省的优质发展格局，提升黑龙江省区域发展新空间，加强黑龙江省的发展后劲，推动黑龙江省区域协调发展；④有利于融入"一带一路"建设，发展黑龙江省与东北亚地区的合作，提升黑龙江省的对外开放水平。

一、优化城市群空间格局

　　强化哈尔滨、长春两市的核心带动作用，有效发挥其他城市的支撑作用，建设哈尔滨—长春发展主轴和哈尔滨—大庆—齐齐哈尔—牡丹江、长春—吉林—图们江发展带，构建"哈尔滨和长春双核、哈尔滨—长春主轴、哈尔滨—大庆—齐齐哈尔—牡丹江和长春—吉林—图们江两带"的城市群空间格局。

　　相向发展，提升双核。提升哈尔滨和长春双核的集聚和辐射强度，推动哈尔滨和长春两市的分工协作、互动发展，发挥哈尔滨和长春两市的服务和开放功能，推动周边地区和城市的人口、经济、社会等要素流动，以及产业转移，最后推动区域之间的协同发展。以五常、双城等重点县（市、区）为基础，建立哈长一体化发展的示范区，探索哈长一体化发展的示范区的基础设施、公共服务、体制机制协同等。

　　南北延伸，拓展一轴。依托贯通南北的哈尔滨—大连的高铁交通轴线，将哈尔滨—长春作为发展主轴，向北延伸至绥化，进而带动沿线城镇、人口、经济、社会、产业等要素的集聚，最后形成黑龙江省建设面向东北亚地区、具有较强竞争力的城市发展轴和产业集聚带。

　　扩大开放，壮大哈大齐牡发展带。在"一带一路"倡议和"中蒙俄经济走廊"建设的背景下，建设黑龙江省内陆海丝绸之路经济带，发展绥满高速、哈齐高铁、哈佳高铁、哈牡高铁、牡绥铁路、牡佳高铁等重要交通轴带，连接哈尔滨、大庆、齐齐哈尔、牡丹江、绥芬河等重要节点城市，继而强化黑龙江省对内蒙古东部地区的辐射及对俄蒙开放的枢纽功能，促进黑龙江省口岸与中心城市双向互动，形成东北地区陆路对外开放型城市发展带。

二、完善城市群发展体系

发挥哈尔滨、长春的引领带动作用，发展引领城市群的都市圈，促进区域重点城市的枢纽功能，提升中小城市的支撑能力，进而优化黑龙江省的城镇发展体系，促进黑龙江省内大中小城市和小城镇之间的相互协调发展。

发挥哈尔滨、长春的带动作用。哈尔滨市要充分发挥产业基础优势、科教文化资源、开放通道节点功能，提升对俄开发开放、物流集散、创新引领等功能。优化黑龙江省城市重大基础设施和产业布局，依托现有交通干线，发挥五常、尚志、宾县、阿城、双城、肇东、兰西等卫星城的功能，促进哈尔滨的新区建设，打造哈尔滨大都市圈。提升哈尔滨市高端装备制造、绿色食品等优势产业集群的辐射带动作用，促进与哈长发展主轴、哈大齐牡发展带等周边城市联动发展，建设东北亚区域性中心城市、对俄合作中心城市、国际冰雪文化旅游名城。

构建联动发展区。以哈尔滨、长春、大庆、绥化等城区为基础，联动安达、肇东、宾县、尚志、双城、五常等县（市、区），形成城市群联动发展区，促进产业协同、功能联动、基础设施共享，增强要素集聚能力，发挥规模效应，提升发展效率，实现城镇空间向网络化组织转变，推动城市群发展壮大。

做大做强区域重点城市。发挥大庆等区域重点城市的支撑功能和区域辐射带动作用，将大庆建设成为城市群区域中心城市；将齐齐哈尔建设成为城市群西北部重要开放城市；将绥化建设成为城市群北部重要节点；将牡丹江及绥芬河建设成为对俄合作开放示范城市。大庆：新材料产业基地、石油化工产业基地、装备制造基地。齐齐哈尔：重型装备制造基地、生态旅游基地、绿色食品基地。绥化：寒地黑土生态宜居城市、绿色农产品加工与物流集散基地。牡丹江：国际休闲与北国风光山水旅游名城、黑龙江对俄合作桥头堡。绥芬河：区域商贸物流中心、对俄合作开放示范城市这些区域重点城市的功能定位如下：

建设重要节点城镇。强化节点城市空间连接、功能传导作用，引导产业转移承接和布局优化。支持绥芬河、东宁等建设全面开放的口岸城市，发展口岸经济。加快发展肇东、尚志、宾县、五常等核心城市的周边县（市），承接核心城市功能转移。提升安达、肇源、肇州、扶余等交通节点城市的发展质量。增强其他县城的基础功能与支点作用，培育一批特色中小城镇，形成网络化城镇发展格局。

建设美丽乡村。完善县域村庄规划，统筹农村基础设施和服务网络建设，科学引导农村住宅和居民点建设。严守耕地保护红线，落实耕地保护责任，推动建立健全耕地补偿机制。加强农村人居环境治理，加快农村公共事业发展，全面改善农村生产生活条件。依托白山黑土、松嫩平原，促进传统与现代、人文与自然有机融合，建设美丽、宜居的特色农村。推进农场、国有林区、林场、牧场小城镇建设，更好发挥服务农村（林区）、带动周边的作用。以环境整治和民风建设为重点，扎实推进文明村镇创建。

三、推动人口布局优化

推动以人为核心的新型城镇化，促进有能力在城镇稳定就业和生活的常住人口有序实现市民化，引导要素在城市群空间集聚，形成更合理的人口、城市与经济布局体系。

发挥特大城市、大城市集聚效应。优化提升哈尔滨的综合服务功能，有序疏解特大城市非核心功能，引导人口向新区、开发区合理布局，推进城区、开发区、县域协调发展，防治"城市病"。提升齐齐哈尔、大庆等城市综合功能，促进产城融合，有序推进棚户区改造、农民工融入城市等城镇化进程，增强人口承载集聚能力。

发展中等城市。全面放开牡丹江等城市落户限制，利用本地特色资源，合理拓展产业空间，有效承接产业转移，提高人口吸引聚集能力，形成城区人口规模在50万以上、具有较强空间承载能力的中等城市。

培育一批生态宜居小城市。依托"一轴两带"节点地区、沿边开放地区与特色资源地区，发展一批基础较好、承载能力较强的小城市，积极承接大中城市产业转移，完善公共服务资源配置，强化宜居环境建设，扩大对外围城市人口的服务和吸纳半径，引导农业转移人口就地就近市民化。

第四节 哈尔滨都市圈发展战略

哈尔滨现代化都市圈的发展战略主要包括：充分发挥产业集聚和带动作用，实施重点产业大项目建设工程，改造提升传统优势产业，大力发展战略性新兴产业，延伸产业链条，壮大产业规模；以产业园区为平台，创新体制机制；建设技术先进、特色鲜明、竞争力强的新型产业基地和现代化产业园区，推进工业结构优化升级。

一、加快信息化与工业化深度融合

加快信息化与工业化深度融合，推动工业转动力、转方式，促进工业提质增效、升级扩量。以创新为驱动，坚持"改旧上新"，推动小企业提升规模、大企业做大做强。坚持扩大增量带动工业结构调整，通过基础工业产品和上游工业产品延伸、引入要素、存量扩张、高新技术成果产业化、资源开发和精深加工形成新增量。完善省重点产业园区配套设施和公共服务体系，提升承载产业项目的能力。创新产业项目谋划生成路径，全力推进产业项目建设。积极发展新技术、新产业、新业态、新商业模式，构建以高端装备制造、资源精深加工、战略性新兴产业为重要支撑的产业新格局。

二、积极发展高端装备制造业

积极发展高端装备制造业。支持重点装备制造企业，大力推动技术创新、产品创新，促进装备制造业高端化，建设具有国际竞争力的先进装备制造业基地和重大技术装备战略基地。加快建立电力装备制造协作配套体系，提高电力装备先进制造水平。发展航空发动机和燃气轮机等系列产品，建设国家重要的燃气轮机产业基地。依托齐齐哈尔轨道装备公司，建设中国重要的重载快捷铁路货车研发、制造产业基地。加快培育机器人龙头企业和关键配套企业，打造产业集群，形成较为完备的机器人产业体系。加快引进先进源头技术，积极开发高精度关键功能部件，推进黑龙江省重型数控机床产品系列化、谱系化。推进汽车整车量产规模化，大力发展汽车零部件产业，实现汽车产业零部件就近配套和集群化发展。加快发展大型高效联合收割机、大马力拖拉机配套农机具等高端农业装备及关键核心零部件制造，构建农机装备制造产业体系。

三、加快发展资源精深加工

加快发展资源精深加工。依托优势资源，延伸产业链条，提高资源精深加工比重，建设国家新型原材料基地。在大庆布局石化、煤化工重大项目，延伸发展精细化工，围绕石化煤化源头产品，大力发展高端精细化工产品。培育发展战略性新兴产业，推进新产品、新技术研发应用，突破工程化、产业化瓶颈，加快发展成长性好的战略性新兴产业和高新技术产业，抢占经济和科技制高点。重点发展特种金属新材料、高性能纤维及复合材料、半导体新材料、化工新材料，推进产业规模化、高端化发展。坚持规模化、特色化发展方向，加强生物技术药物、化学药品与原料药、现代中药研发，支持重点龙头企业加快创新药、专利药研发和产业化，提升生物医药产能规模和竞争力。培育发展卫星应用、新一代信息技术和空间探测技术溢出产业，加快国家高分卫星中心和资源卫星应用中心在黑龙江省落地，建设卫星数据基础平台。推广军民两用卫星激光通信技术，加快建设空间激光通信研发基地。建立地理信息服务与应急保障体系，推进航天遥感、卫星导航与定位和地理信息技术成果综合应用、产业化发展，开展精准农业、现代林业、环境保护、智能交通、防灾减灾等领域的典型应用示范。

第五节　东部城市组团发展战略

东部城市组团的发展战略主要包括：

充分发挥煤炭资源富集、城市相对密集、煤电化产业基础良好的优势，推动资源型城市经济转型。以延长煤炭产业链为主攻目标，以大项目建设为载体，合理布局、有序开发，科学高效利用煤炭资源，大力发展煤炭深加工产业、接续替代产业和循环经济，推动资源型城市转型，打造新的经济增长极。大力发展煤电化产业，稳定东部煤炭矿区产能，适量减少省内煤炭调出，适度增加生产矿井和国家规划矿区的接续产能建设，加大煤炭地质勘查力度，提高储量级别。合理开发和有效保护煤炭资源，对焦煤等稀缺和特殊煤种实施保护性开采，加大褐煤开发力度。采用先进技术和设备改造现有选煤生产工艺，提高煤炭产品附加值。加快鹤岗、依兰、鸡西等地区煤层气勘探评价及开发利用，建设煤层气地面开发及利用示范基地。

统筹煤炭资源，重点发展煤制烯烃、煤制乙二醇等现代煤化工，适度发展煤焦化、电石化工，规模化、集约化开展煤焦化副产品深加工，加快油页岩开发利用，打造龙江煤化工品牌。构建七台河煤焦化副产品深加工和综合利用基地，适度发展煤焦化产业，大力整合、集中七台河及周边地区焦炉煤气、煤焦油、粗苯等煤焦化副产品资源，发展煤焦化副产品深加工，重点建设七台河新兴煤化工产业园。构建鹤岗煤制化肥及下游产品基地，发展大型煤制化肥，重点建设鹤岗新华煤电化产业园等。构建鸡西褐煤提质深加工基地，发展以永庆矿区褐煤提质和深加工为代表的现代煤化工，重点建设鸡西永庆煤化工产业园。构建双鸭山新型煤化工基地，发展以煤制烯烃为代表的现代煤化工，重点建设双鸭山经济开发区、鲁能工业园区等产业园区。依托佳木斯、牡丹江化工产业基础和科技人才优势、中心城市区位优势，发展煤化工延伸加工，构建煤化工精深加工基地。

一、加强电源电网建设

依托大型煤炭基地建设，积极推进大型坑口电站建设。推进以大中城市为主的热电联产项目建设，加快县城和重点城镇热电联产项目建设。实施煤电一体化，推进煤炭开发项目与火力发电项目（含热电联产项目）的整合，鼓励上下游互相参股，提高电煤保障，降低发电成本。以龙煤集团为主，加强煤矸石、劣质煤综合利用，建设矸石电厂。充分利用煤层气、油页岩等资源，建设发电项目。鼓励发展天然气分布式热电冷联供项目。大力发展风电、水电、生物质发电和太阳能发电项目，建设双千万千瓦风电基地、荒沟抽水蓄能电站项目，加快牡丹江、呼玛河等流域水能资源综合开发。升级改造农村电网，强化网络联络，提高智能化水平，建设安全可靠、经济高效、清洁环保的坚强电网。建设黑龙江省统一电网，实现城乡各类用电价格统一。

二、发展非煤替代产业

（1）非煤工业。加快非煤产业发展，逐步提高非煤产业比重，推动资源型城市产业升级。发展新材料产业，重点发展化工新材料、非金属工程材料、硅基及光伏新材料等技术和产品。发展非金属矿优势矿种精深加工，搞好石墨、硅线石及石材深加工制品的开发和应用。发展生物医药产业，重点发展现代中药、生物医药、兽药等产品。加速食品产业升级步伐，壮大以绿色特色食品为主导的新型食品产业集群。加快装备制造业改造，打造具有核心技术的新型煤机装备制造业产业集群，重点发展大功率采煤机和重型掘进机等大型高产煤矿井下综合采掘设备以及高端电线电缆、石油钻采设备。大力发展现代农机和风电装备制造业。加强资源整合，不断延伸产业链，促进石化产业升级，发展壮大冶金工业。推进林板、林纸一体化进程，扩大人造板和造纸生产能力，延伸发展家具等木材精深加工，形成以人造板、造纸、家具为主的林木加工产业集群。

（2）生产性服务业。适应提升煤电化基地产业竞争力的需要，强化现代服务业支撑作用，以现代服务业发展促进煤电化基地建设，以煤电化基地建设带动现代服务业发展，形成协同发展的良好格局。重点培育现代物流、科技研发、金融保险、信息服务、商务服务和为农服务等生产性服务业。构筑以中心城市为平台的研发设计中心和技术交易中心，建设机械加工、煤化工等行业信息技术服务平台，建设对俄贸易中心和物流枢纽。

三、发展循环经济

以减量化、再利用、资源化为原则，以提高能源资源利用效率和改善环境质量为核心，不断扩大循环经济发展规模，建立形成低投入、低消耗、低排放、高效率的可持续发展模式。

（1）建立循环经济体系。加快推进基础设施和配套服务体系建设，引导企业合理利用能源资源、延长产业链条、加强耦合联动，实现企业、园区、城镇和区域层面的循环发展。以电力、化工、造纸等行业为重点，对资源循环综合利用企业、省级以上循环经济试点企业以及列入重点流域水污染防治规划的重点排污企业实施清洁生产审核，培育一批"零排放"试点示范工程。加快产业园区循环化改造，在国家级、省级重点工业园区全面推行清洁生产，推进废物交换利用、能量梯级利用、水的分类利用和循环使用等工程建设，形成闭合循环工业链条。在城镇推进再生资源和废弃电器、电子产品的回收和加工利用，组织开展"城市矿产"示范基地试点和工程机械、矿山机械、废旧轮胎等再制造产业化工程试点，鼓励和支持大中城市餐厨废弃物资源化利用。

（2）推进资源综合利用。充分利用国家税收优惠政策，引导资源综合利用。以工业和建筑业为重点，突出抓好粉煤灰和煤矸石等大宗固体废弃物及建筑渣土的管理和综合利用，建设一批大中城市建筑固体废弃物综合利用产业化项目，推动新型墙体材料和利废建材产业化。建立健全大中城市垃圾收集系统，全面推行城市生活垃圾分类收集，加快城乡垃圾无害化处理步伐，鼓励垃圾分选、综合利用、焚烧和填埋气体利用。积极推进秸秆、畜禽粪便、林业三剩物等再利用，加快污泥综合利用。加快可再生资源回收利用基地建设。

四、强化资源型城市转型机制

（1）构建可持续发展长效机制。抓紧开展黑龙江省循环经济指标的测算工作，建立循环经济指标评价体系，统一评价标准。加快循环经济立法步伐，为循环经济发展提供法制保障。完善资源性产品价格形成机制，研究制定黑龙江省资源性产品成本财务核算办法，探索建立资源型城市可持续发展准备金制度。制定出台支持资源型城市可持续发展的政策措施，健全考核评价体系。积极做好国家资源型城市可持续发展试点工作，组织开展省级资源型城市可持续发展试点。

（2）加大政策支持力度。加强对资源枯竭城市转型工作的指导，提高资源枯竭城市财力性转移支付使用效益。积极争取中央财政对资源型城市特大型矿坑、深部采空区治理的支持。鼓励资源型城市发展接续替代产业，在产业布局、项目审核、土地利用、贷款融资、技术开发、市场准入等方面给予支持。支持资源型城市、资源型企业开发利用区外、境外资源。

第六节　陆海丝路带发展战略

在"一带一路"倡议和"中蒙俄经济走廊"建设的背景下，黑龙江省提出建设龙江陆海丝绸之路经济带的倡议。龙江陆海丝绸之路经济带大致呈东西走向，起自黄渤海、东南亚沿海、俄罗斯远东港口，经大（连）哈（尔滨）佳（木斯）同（江）、绥满、哈黑、沿边铁路4条干线到达边境口岸，出中国境后，与俄罗斯的西伯利亚、贝阿铁路相连接，向西抵达欧洲。对外，黑龙江陆海丝绸之路经济带能起到辐射东北亚国家和地区及欧洲，尤其是俄罗斯和欧盟国家的作用；对内，黑龙江陆海丝绸之路经济带能起到辐射中国东北、华北、华东、华南地区，尤其是环渤海、长三角、珠三角等城市群的作用。

黑龙江省建设陆海丝绸之路经济带，具有十分重要的意义和作用：一是深化中国与周边国家全方位的务实合作，为促进中国与其他国家和地区经济互利、共赢发展创造极为有利的条件。二是促进东北亚地区人口、经济、交通、信息等要素的充分流动，进而实现资源高效配置、市场深度融合，加快培育中国黑龙江省对东北亚地区经济合作竞争的优势。三是把黑龙江省建成面向对俄、对东北亚地区开放的重要枢纽和集聚亚洲、欧洲、北美洲等多种资源和市场的开放平台，进而全面提高对外开放水平。四是拓展黑龙江省沿边开发开放的深度和广度，进而在全国沿边开放格局中发挥重要的战略作用。五是引导黑龙江省边境地区的经济社会协调发展，尤其是促进中俄边境基础设施的互联互通，创造沿边地区和城市合作增长点，进而推进中俄双边实现全方位的合作。

一、产业战略布局

依托国际货运通道和主要交通干线，以中心城市和交通枢纽城市为重要节点，依托哈长城市群等重点区域，打造黑龙江陆海丝绸之路经济带的"一核、四带、一环、一外"的产业空间分布格局。

1. "一核"——哈尔滨都市圈

以黑龙江省会哈尔滨市为核心枢纽，建设哈尔滨市对俄合作的中心城市，主要依托哈尔滨市的国际金融、物流、商务、旅游，以及高新技术服务等高端服务业，推进哈尔滨市的装备制造、新材料、新能源、现代医药和生物等产业，进而将哈尔滨市打造成为中俄间经贸合作的加工制造基地、信息金融服务基地、文化科技交流基地、物流集散枢纽基地等。

2. "四带"——哈大齐（满）、哈绥北黑、哈佳双同、哈牡绥东

①哈大齐（满）产业聚集带：以哈尔滨市为区域核心城市，以大庆和齐齐

哈尔为区域副中心城市，囊括哈大齐关于走廊沿线的肇东、安达等县域，充分利用俄沿边地区的油气资源，进而发展哈大齐（满）产业聚集带的能源装备制造、农机装备制造、交通运输装备制造等产业，发展竞争力强、技术先进、职能特色鲜明的新型产业基地等。②哈绥北黑产业聚集带：以绥化、北安、黑河等为核心节点城市，囊括五大连池、绥棱、海伦、孙吴等经济县域，充分利用俄沿边地区的油气资源打造石油化工综合体和新兴基础原材料加工区，进而发展原材料加工、轻工纺织、绿色食品、商贸物流等产业，发展外向型的商品集散地、示范经济区、产业聚集区、旅游度假胜地等。③哈佳双同产业聚集带：以佳木斯、双鸭山、同江等为核心节点城市，囊括依兰、宾县、方正、富锦、桦川、集贤等县域，主要打造对俄及东北亚地区开放合作的新兴产业带，发展稀有金属原材料、钢铁与铝材新材料、绿色食品精深加工等产业，进而建设成现代农业示范、进出口加工基地、国际物流枢纽。④哈牡绥东产业聚集带：以牡丹江、绥芬河、东宁等为核心节点城市，囊括尚志、五常、阿城、宁安、海林等县域，主要打造对俄及东北亚区域开放合作的先进制造产业带，在建设贸易投资平台、物流集散中心、进出口加工基地、国际旅游目的地的基础上，发展机电、建材、物流、电子、旅游等产业，以及进口木材、宝玉石等资源加工业。

3. "一环"——沿边境地区的环形产业聚集带

以同江、抚远、逊克、饶河、孙吴、嘉荫、绥滨、密山、漠河、呼玛、萝北、虎林、塔河等边境口岸县（市）为重要节点，搭建牡丹江（鸡西）、三江、兴安3大沿边开放区和黑瞎子岛的中俄跨境经济合作区，进而建设黑龙江省的特色鲜明、差异化发展的沿边开放经济带，主要对俄发展外向型经济，最后形成黑龙江省的沿边开发开放的先行区。

4. "一外"——境外产业园区

境外产业园区，尤其是指俄罗斯的境外产业园区。这些境外产业园区主要分布在与黑龙江省接壤的外贝加尔边疆区、阿穆尔州、犹太自治州、哈巴罗夫斯克边疆区、滨海边疆区等联邦主体，以及弗拉基米尔州、车里雅宾斯克州、阿金斯克州等俄罗斯腹地的联邦主体，主要依托这些境外产业园区发展农业、林业、采掘业、石油化工、装备制造、现代服务业6大跨境产业集群，进而与黑龙江省形成上下游衔接、境内外互动产业链条相对完整的中俄跨境产业格局。

二、交通战略布局

1. 航空通道

以哈尔滨的太平国际机场为重要航空枢纽，以齐齐哈尔、佳木斯、牡丹江、黑河、抚远、漠河等支线机场为一般节点的中俄、中欧、亚洲等的航线。

2. 公路通道

这里是指以连接相关重要节点、相关的产业园区、相关的边境口岸的国省干线为主的公路网络。

3. 铁路通道

①绥满铁路过境通道。东起俄罗斯远东滨海边疆区的符拉迪沃斯托克等港口，经绥满铁路，到达绥芬河，经哈牡和牡绥高铁，到达哈尔滨，经滨洲铁路，到达满洲里，由满洲里出境后到达俄罗斯外贝加尔斯克，进而连接与俄西伯利亚大铁路，向西经莫斯科、圣彼得堡，抵达波罗的海沿岸和汉堡、鹿特丹港。②东北港口至同江铁路大桥过境通道。南起大连港等港口，经哈大高铁，到达哈尔滨，经哈佳高铁，到达同江，从中俄同江铁路大桥出境至俄罗斯远东犹太自治州首府比罗比詹，进而与俄西伯利亚大铁路、贝阿铁路接轨。③哈尔滨至黑河铁路过境通道。南起哈尔滨，经滨北线、北黑线等铁路，到达黑河，从中俄黑河公路大桥出境至俄罗斯远东阿穆尔州首府布拉戈维申斯克，进而与俄西伯利亚大铁路、贝阿铁路接轨。④沿边铁路过境通道。南起老黑山，北止于洛古河，经黑龙江省沿边铁路，经东宁、绥芬河、虎林、饶河、抚远、同江、名山、逊克、黑河、漠河等边境口岸，并在这些口岸出境，进而与俄西伯利亚大铁路、贝阿铁路接轨。

4. 水运通道

这里是指以哈尔滨港和佳木斯港为重要水运枢纽，黑河、抚远等口岸港口为重要节点，建设黑龙江、松花江、乌苏里江航道等重要水路运输通道及江海联运通道。

5. 管线通道

这里的管线通道主要包括从黑河过境的中俄东线天然气运输管道，从漠河过境的中俄漠大石油运输管道。

6. 电网和光缆通道

这里主要包括中俄黑河—布拉戈维申斯克的跨境国际输电线路、哈尔滨—唐山北电南送输电线路。从俄罗斯北部的摩尔曼斯克出发，向东沿北冰洋大陆架穿白令海峡，从符拉迪沃斯托克登陆，经绥芬河与哈尔滨主干光纤网相连的北极圈欧亚洲际光缆通信主干网，争取在哈尔滨设立国际通信关口局。

参考文献：

[1] 黑龙江省人民政府. 中共黑龙江省委关于制定国民经济和社会发展第十四个五年规划和二〇三五年远景目标的建议［EB/OL］．［2020-12-07］. https://www.hlj.gov.cn/n200/2020/1207/c35-11011966.html.

［2］黑龙江省生态环境厅．黑龙江省生态环境厅关于做好"十四五"主要污染物总量减排工作的通知［EB/OL］．［2021-08-17］．http：//law. foodmate. net/rule/show-210916. html.

［3］黑龙江省生态环境厅．一图读懂｜2020年黑龙江省生态环境状况公报［EB/OL］．［2021-06-07］．https：//www. hlj. gov. cn/n200/2021/0607/c35-11018485. html.

［4］信用佳木斯．全文发布！2021年黑龙江省政府工作报告［EB/OL］．［2021-02-25］．http：//credit. jms. gov. cn/311/29673. html.

［5］国家发展和改革委员会．国家发展改革委关于印发哈长城市群发展规划的通知［EB/OL］．［2016-03-11］．https：//www. ndrc. gov. cn/xxgk/zcfb/ghwb/201603/t20160311_962177. html？code=&state=123.

［6］黑龙江省人民政府．黑龙江省人民政府关于印发哈大齐工业走廊产业布局总体规划的通知［EB/OL］．［2007-08-17］．https：//www. hlj. gov. cn/n200/2007/0817/c75-141048. html.

［7］黑龙江陆海丝绸之路经济带建设领导小组办公室．《中共黑龙江省委黑龙江省人民政府"中蒙俄经济走廊"黑龙江陆海丝绸之路经济带建设规划》摘要［EB/OL］．［2015-04-14］．https：//heilongjiang. dbw. cn/system/2015/04/14/056452724_01. shtml.

［8］陈晓红，娄金男，王颖．哈长城市群城市韧性的时空格局演变及动态模拟研究［J］．地理科学，2020，40（12）：2000-2009.

［9］张苏文，杨青山．哈长城市群核心-外围结构及发展阶段判断研究［J］．地理科学，2018，38（10）：1699-1706.

［10］刘迪，吴相利．哈长城市群经济格局时空演化特征［J］．地域研究与开发，2016，35（5）：18-24.

［11］杜立柱，张毅．新常态下哈长城市群发展战略研究［J］．城市发展研究，2016，23（6）：82-87.

［12］初楠臣，姜博．哈大齐城市密集区空间联系演变特征——基于东北振兴战略实施前后的视角［J］．经济地理，2015，35（3）：66-72.

［13］崔佳，臧淑英．哈大齐工业走廊土地利用变化的生态环境效应［J］．地理研究，2013，32（5）：848-856.

［14］万鲁河，张茜，陈晓红．哈大齐工业走廊经济与环境协调发展评价指标体系——基于脆弱性视角的研究［J］．地理研究，2012，31（9）：1673-1684.

［15］万鲁河，王绍巍，陈晓红．基于GeoDA的哈大齐工业走廊GDP空间关联性［J］．地理研究，2011，30（6）：977-984.

［16］李海燕，陈晓红．基于SD的城市化与生态环境耦合发展研究——以黑龙江省东部煤电化基地为例［J］．生态经济，2014，30（12）：109-115.

［17］陈晓红，吴广斌，万鲁河．基于BP的城市化与生态环境耦合脆弱性与协调性动态模拟研究——以黑龙江省东部煤电化基地为例［J］．地理科学，2014，34（11）：1337-1343.

［18］王振芬，曹宇星．黑龙江省水环境质量与发展趋势［J］．黑龙江科学，2018（9）：30-31.

后　记

　　《黑龙江经济地理》是《中国经济地理丛书》之一，历时五年，终于以飨读者。关于黑龙江地理类书籍已经出版过多部著作，包括臧淑英教授主编的《黑龙江地理》等。本书在借鉴前人成果的基础上，着重以经济地理核心内容为纲，在强调地域分布和空间分异的基础上，探讨黑龙江省社会经济发展的内在规律和战略部署。

　　全书由吴相利教授负责框架设计，具体分工为：张鹏执笔撰写了第一至第六章；姜丽丽执笔撰写了第八至第十四章；初楠臣执笔撰写了第七章、第十五至第十七章。全书由吴相利统稿审定、张鹏定稿。参与本书前期调研、资料收集及图表绘制的人员有李延平、李鑫、国庆福、谷天石、赵乘锐、崔婧熙、张欣雨、张瑶、陈申威、白永辉、张瑶、庄成祥、焦子毓、姚均、周昱宏、张红、周佳雨等研究生。

　　在本书付梓之际，特别要感谢北京科技大学张满银教授的深切希望和建设性意见、北京师范大学吴殿廷教授对全书细致的审阅和修改意见，还要感谢经济管理出版社的大力支持和帮助。由于编写组能力和时间有限，疏漏和偏颇之处敬请读者批评指正。

张鹏

2021 年末